中国近现代外交史（第二版）

A Diplomatic History of Modern China

熊志勇 苏浩 陈涛 李潜虞 著

北京大学出版社
PEKING UNIVERSITY PRESS

图书在版编目(CIP)数据

中国近现代外交史/熊志勇等著. —2 版. —北京:北京大学出版社,2014.1
(21 世纪政治学规划教材·国际政治系列)
ISBN 978-7-301-23447-1

Ⅰ.①中… Ⅱ.①熊… Ⅲ.①外交史-中国-近代-高等学校-教材 ②外交史-中国-现代-高等学校-教材 Ⅳ.①D829

中国版本图书馆 CIP 数据核字(2013)第 266407 号

书　　　名:	中国近现代外交史(第二版)
著作责任者:	熊志勇　苏　浩　陈　涛　李潜虞　著
责 任 编 辑:	张盈盈
标 准 书 号:	ISBN 978-7-301-23447-1/D·3455
出 版 发 行:	北京大学出版社
地　　　址:	北京市海淀区成府路 205 号　100871
网　　　址:	http://www.pup.cn
新 浪 微 博:	@北京大学出版社
电 子 信 箱:	ss@pup.pku.edu.cn
电　　　话:	邮购部 62752015　发行部 62750672　编辑部 62765016/62753121 出版部 62754962
印 刷 者:	北京虎彩文化传播有限公司
经 销 者:	新华书店
	730 毫米×980 毫米　16 开本　22.75 印张　382 千字 2005 年 11 月第 1 版 2014 年 1 月第 2 版　2023 年 3 月第 7 次印刷
定　　　价:	59.00 元

未经许可,不得以任何方式复制或抄袭本书之部分或全部内容。
版权所有,侵权必究
举报电话:010-62752024　电子信箱:fd@pup.pku.edu.cn

前言

中国是一个历史悠久的国家。几千年的历史留给我们各种各样的遗产，而影响最大的非近现代史莫属。一部中国近现代史中，其主要内容多半有关中国与他国的关系。虽然新中国成立已经六十多年，但此前一百多年的历史却没有从我们的生活中消失。进入 21 世纪的中国是一个开放的国家，一个快速发展的国家，一个越来越深地融入国际社会并对世界发挥越来越大影响的国家。但那一百多年的烙印仍时时地显现在我们的政治、经济和社会生活当中，有时甚至支配了人们的思维方法。这种"近代史情结"带给我们爱国主义的精神，促使我们积极向前，激励我们重新崛起。同时，它也给我们造成一些苦恼、困惑和难题。

1840 年之前的中国至少是一个亚洲大国，但闭关自守、因循守旧的思想和政策致使中国迅速地落后于世界发展的潮流。当东西方两种国际体系发生碰撞时，我们在咄咄逼人的资本主义列强面前束手无策，成为殖民主义"炮舰政策"的牺牲品。中国受尽西方列强的欺辱，被一系列不平等条约所束缚。中华民族不仅丧失了大量土地、支付了巨额的赔款，而且失去了独立和自由。中国沦为半殖民地半封建的国家。然而，中国人没有沉沦。几代爱国志士为了寻求救国救民的真理，探索复兴中华之路，努力地学习和思考，认真地摸索和尝试，甚至抛头颅、洒热血，前仆后继。在他们的带领下，全民族不怕牺牲，携手奋斗，一步步地争回了我们的主权。当 1949 年中华人民共和国宣告成立之时，我们又可以让世界听到中华民族独立的声音。

今天，当我们为和平发展的目标而奋斗的时候，回顾那一百多年多灾多难的近现代史，特别是那时的中国外交史，我们从中可以吸取大量的经验教训,可以全面地了解当年的问题和症结,可以更好地理解当前的形势和任务,从而更珍惜来之不易的独立自主,更重视与世界各国的平等友好交往,更自觉地执行"和平"与"发展"的政策。

这本教材第一版出版于2005年,经过近八年的使用,它的不足之处显现出来。同行和学生们也提出了一些批评建议。我们决定对该教材进行修订,并得到北京市教委的支持。修订工作包括三方面:一是对结构进行调整。由于高校每学期实际上课时间最多16周,所以全书改为16章。二是对内容作了增删。删除一些对外交史而言并不重要的事例,而增加一些新的材料,同时注意吸收近年来的研究成果。三是对参考书目和思考题进行更新,并补充了一些注释,便于读者的进一步研究。此前,为了便于读者深入了解这段外交史,我们曾编辑出版了《中国近现代外交史资料选辑》。

目　录

第一章　清代早期的中外关系　1
- 第一节　东西方国际体系的碰撞　1
- 第二节　清政府的"闭关政策"　9
- 第三节　英国的马嘎尔尼使团　17
- 小结　19

第二章　鸦片战争期间的对外交涉　21
- 第一节　第一次鸦片战争与《南京条约》　21
- 第二节　《望厦条约》和《黄埔条约》的订立　27
- 第三节　第二次鸦片战争与《北京条约》　31
- 第四节　对沙俄扩张的让步　39
- 小结　41

第三章　近代外交体制的建立　43
- 第一节　中体西用思想的形成　43
- 第二节　涉外体制的建立　49
- 第三节　对外行为的改变　54
- 第四节　教案的处理　61
- 小结　64

第四章　边疆危机的外交困境　65
- 第一节　琉球事件的中日交涉　65
- 第二节　马嘉理事件的中英交涉　70
- 第三节　伊犁问题的中俄交涉　77

第四节　日本侵朝危机的处理　　81
　　小结　　84

第五章　中法战争与应对南部威胁　　86
　　第一节　中法战争的以战求和　　86
　　第二节　中葡条约的订立　　98
　　第三节　就英国侵略缅甸和中国西藏的交涉　　101
　　小结　　104

第六章　甲午战争与以夷制夷政策　　106
　　第一节　中日矛盾不断加深　　106
　　第二节　清政府以夷制夷的对策　　111
　　第三节　《中俄密约》的签订　　123
　　小结　　125

第七章　义和团运动与八国联军入侵　　127
　　第一节　列强划分在华势力范围　　127
　　第二节　清政府对义和团运动的利用　　133
　　第三节　八国联军与《辛丑条约》　　140
　　第四节　沙俄对中国东北的侵占　　144
　　小结　　147

第八章　清朝末年的无力抗争　　148
　　第一节　清政府调整对外政策　　148
　　第二节　中俄《交收东三省条约》的签订　　152
　　第三节　日俄战争与清政府的"中立"　　154
　　第四节　英国再次入侵西藏　　158
　　第五节　列强争夺铁路修建权　　163
　　小结　　168

第九章　中华民国初年的妥协外交　　169
　　第一节　革命党人的对外主张　　169
　　第二节　临时政府的外交政策　　173
　　第三节　争取列强承认的外交妥协　　179
　　小结　　188

第十章　第一次世界大战与中国　190
第一节　关于"二十一条"要求的交涉　190
第二节　中国参加世界大战　198
第三节　"西原借款"与山东问题的换文　204
第四节　巴黎和会上的挫折　207
小结　212

第十一章　南北政府对峙期间的外交　214
第一节　华盛顿会议与"九国公约"　214
第二节　《中俄解决悬案大纲协定》的签署　220
第三节　北京政府的修约努力　224
第四节　广州、武汉国民政府收回主权的斗争　230
小结　236

第十二章　南京政府初期的外交选择　237
第一节　"联美抑日反苏"的政策　237
第二节　南京国民政府的修约成果　245
第三节　中东路事件上的中苏角力　252
小结　256

第十三章　应对日本扩大侵华的政策转变　258
第一节　"九一八"事变中的软弱态度　258
第二节　争取国际社会的支持　264
第三节　日本入侵华北与对日妥协　270
第四节　内外压力下对日政策的转变　275
小结　279

第十四章　抗战前期的"苦撑待变"外交　281
第一节　自卫抗战与布鲁塞尔会议　281
第二节　争取欧洲列强的活动　287
第三节　联苏合美的外交努力　291
第四节　从"苦撑待变"到"积极促变"　296
小结　303

第十五章　参加世界反法西斯阵营　　　　　　　　　　　305
　　第一节　加入世界反法西斯同盟　　　　　　　　　　305
　　第二节　提升中国国际地位的努力　　　　　　　　　310
　　第三节　中国与美英苏之间的分歧　　　　　　　　　318
　　第四节　抗战胜利前夕的外交活动　　　　　　　　　324
　　小结　　　　　　　　　　　　　　　　　　　　　　329

第十六章　南京国民政府外交的终结　　　　　　　　　　331
　　第一节　对日受降与战争问题的处理　　　　　　　　331
　　第二节　国际舞台上的外交活动　　　　　　　　　　338
　　第三节　内战期间的中美关系　　　　　　　　　　　340
　　第四节　新旧对外政策的交替　　　　　　　　　　　347
　　小结　　　　　　　　　　　　　　　　　　　　　　353

参考书目　　　　　　　　　　　　　　　　　　　　　　355

第一章
清代早期的中外关系

中国是世界上幅员辽阔、文明发达最早的国家之一。自古以来,中国一直作为一个强国屹立在亚洲。中国很早就与周边的国家和民族建立了密切的往来关系,中国文化对这些国家产生了不少的影响。相比之下,中国同西方国家接触较少,尽管曾经有过像丝绸之路这样的联系。在历史上,虽然中国同邻居发生过政治纠纷和战争,但从长时间来看中外关系基本上保持着一种和平的势态。华夏文明和封贡制度维系了宗藩体系的稳定,这种状况直到19世纪资本主义在全球兴起的时候才被打破。基督教文明和自由平等的意识形态在欧洲建立了新的国际关系体系。这个体系随着商业的扩张向东方蔓延。中国没有赶上这股社会变迁的潮流,逐渐落后于世界的发展进程。从清初开始,中国受西方殖民主义东进的冲击,传统的中外关系体制面临挑战。

第一节 东西方国际体系的碰撞

在古代,中国人就与周边地区,甚至远至欧洲和非洲的人们相互往来,譬如起始于西汉时期的丝绸之路是亚欧互通有无的商贸大道;明朝的郑和下西洋,他的船队不仅到过东非,而且有人考证认为远及澳大利亚和美洲。但那时世界上还没有主权国家观念,也就谈不上今天这种国家间关系。

1. 古代中国的宗藩体系和封贡制度

由于地理上的半隔离状态、文化交流十分有限和战争的破坏,古代的中国一直以世界地理、文化和政治中心自居,中国的皇帝是受天命来统治"天下",正如《诗经》中所说:"普天之下,莫非王土。"这种优越感或许就是中国、中华名称的来由。这里的"天下"包括地理和人类的总和。虽然古代儒家主张"天下一家",但由于文化的差异,它还是认为"华夷有别"。自春秋战国时起,拥有华夏文明、处于中原的民族往往视四裔民族为东夷、西戎、南蛮和北狄,认为他们都是野蛮人。到后来,将所有不拥有中原文化的其他民族和外国人都被统称为"夷",中国人从而讲求华夷之辨和夷夏之防。这种思想一代一代继承下来,到清朝也不例外。本来属于夷蛮之列的清朝统治者入主中原后就成了华夏文化的传承者。

  这种思想体现到对外关系中,中国的中央王朝最初通过和亲、赠礼、互市、结盟和军事征服等方式与四周的夷狄保持了比较稳定的关系。儒家推崇以"王道"而不是"霸道"来统治天下。《礼记·中庸》提出"柔远人则四方归之,怀诸侯则天下畏之"。为了"怀柔远人","天子"往往是采取安抚的手段来处理与夷狄的关系,包括物质上的"厚往薄来"和政策上的"一视同仁"。单纯安抚不成,就要依靠"羁縻",即一方面用军事和政治的压力加以控制,另一方面以经济和物质利益给以抚慰。唐高祖曾强调"怀柔远人,义在羁縻"。政治手段主要就是册封和结盟。历史发展到了明朝,这种关系逐渐演化成了比较规范的宗藩关系。宗藩关系有两重含义:一是指中国的中央王朝与各地方民族政权的关系;二是指中国与周边小国的关系。需要指出的是,由于中国古代并没有主权国家的观念,这两种关系的界限是不清楚的。在宗藩关系中,中国是当作"天朝"和"上国"的宗主国,在它周边的小国是被称为"藩邦"、"藩属"或"属国"的藩属国。藩属国政权通过朝贡和册封的方式在政治上依附于中国王朝,从而在东亚形成宗藩体系。如1405—1433年间,明成祖派郑和率庞大的船队7次下西洋就是要宣传华夏文明、显示皇威,以求巩固和扩大宗藩体系。1417年,苏禄国三位王公率多达340余人的代表团访华,向明朝皇帝进贡,并得到册封。其中,东王病故于中途,安葬在山东德州。1463年,明朝皇帝任命吏部官员潘荣为使节前往琉球,遵旨谕祭了故王尚泰久,册封世子尚德为中山王。这种宗藩关系根本不同于西方殖民主义时代宗主国与殖民地或保护国的关系。对于前者,藩属只是在形式上依附于中国王朝,其统治者从天子那里得到执政的合法性,从而自行管理国家。对于后者,宗主国在政治上、经济上和军事上都控制殖民地。殖民地就是一个附庸。

  这里需要指出的是,中国王朝出于对藩属的保护,曾派大军进入藩属,有时卷入了藩属的内政。16世纪末,因日本侵略朝鲜,明朝两度派大军进入朝鲜,与朝鲜军队并肩作战,击退侵略者。16世纪中期,越南黎朝与清王朝建立了宗藩关系,1788年乾隆皇帝派大兵保护受阮氏西山起义军威胁的黎氏王朝,但1789年阮军大败清军,建立西山王朝。后来,西山王朝也与清王朝建立了宗藩关系。

宗藩体系和封贡制度在清朝又有发展。清政府初建时凡涉及外国的事务分别由礼部和理藩院来处理。礼部是沿袭明朝原有的机构。它在明朝负责同藩属的往来关系,在清朝主要负责处理有关南部和海外各国的事务。理藩院为清朝所建,它最初是负责蒙古事务,后来也负责同北部诸国的关系。清代同中国有往来关系的国家据《清通典》的记载有40多个。这些国家大致上可以分为两类(对清政府来说,这种分类不是很明确的):一类是具有朝贡义务的"属国",其国王一般须受清朝皇帝的敕封;另一类是只有通商往来的"外国",其君主完全不受清朝皇帝的敕封(虽然清政府有时单方面地给予敕谕)。由礼部分掌的属国有7个:朝鲜、琉球、安南(今越南)、南掌(今老挝)、暹罗(今泰国)、苏禄(今菲律宾苏禄群岛)、缅甸。由理藩院分掌的有17个,如哈萨克左右部、布鲁特东西部、安集延、廓尔喀、布丹、哲孟雄等。其余各国都属于外国。

根据钦定礼部则例和钦定大清会典,属国朝贡要遵守一系列详细的规定。部分主要规定如下:

(1)各国有一定的贡期,如朝鲜每年一次,琉球隔年一次;

(2)贡使团的人数有一定的限制,一般贡使、随员和从役不超过百人,进入京城的不得过20人(西洋各国使团包括正副使和随员不得超过22人);

(3)使团来京须按照规定的路线;

(4)贡使在觐见皇帝时,皇帝赐宴时和皇帝颁赏时,都必须行跪拜礼;使节要向清帝献上贡品,贡品的种类和数量都有规定。

如朝鲜与中国的关系密切,它一年一贡,贡使"渡鸭绿江入境,由凤凰城陆路至盛京,入山海关赴京师",除正副使外,还有书状官1人、大通官3人、护贡官24人、有赏从役30人,无赏从役不计数。贡品一般是该国的特产。清政府凡受一次贡品,也必有一次赏赐,一部分给对方的国王,一部分给予使臣。根据中国传统,颁赏要遵守厚往薄来的原则。除了朝鲜外,安南、琉球两年一贡,苏禄五年一贡,缅甸十年一贡等。使团从入境到出境期间皆由清政府派兵保护。保护的同时也起监视的作用,主要是防范中外官民发生直接联系。

贡使到京后,先要进表,即递国书。这套仪式在礼部举行。贡使递表时,使团其他人要下跪。礼部侍郎接表后将其置于堂案正中。这时正使以下人都要行三跪九叩礼。然后双方才商定使者朝见皇帝的时间。贡使见皇帝时,还要行三跪九叩礼。

构成封贡制度的另一面是清政府对于属国国王的册封。凡属国遇有嗣位者,他都要派遣使节来中国,请求清廷给予"敕封",即承认他对王位的继承。清政府可采用两种方式,一种是不派使,由该国使者把皇帝的诏书带回;另一种是派使。清廷的使者是"天朝"的代表,因而属国对他的接待十分隆重。清使臣奉诏敕进入这个国家后,该国国王要派大臣前往迎接,对正副使行一跪三叩礼。宣读诏书的日子,国王要率众臣到宾馆把诏敕迎进皇宫大殿,先行三跪九叩礼后,跪着听宣读诏敕。读完后还要再行一遍礼。如1654年,顺治皇帝颁发诏书册封琉球国王尚质称:"故特遣正使兵科副理官张学礼、副使行人司行人王垓赍捧诏印,往封为琉球国中山王,仍赐以文币等物。"①

虽然说上述这些规定和礼仪都是针对属国的,但是在一般情况下清政府也把外国以属国相待,只是无须册封。凡中国以外的国家都被统称为"群番"或"四夷"。所有外国来华的船只都是"贡舟",礼物都是"贡品",文书都是"贡单",而人员则都是"贡使"。清政府对其待遇也都是一样。那些不在朝贡之列的国家就没有来京的权力。在当时的官方记载上,荷兰和其他西洋国家也被列入朝贡国的名单中,只不过考虑到其路途遥远,要远越重洋,清政府不得不允许其贡无定期,贡物无定额。从1655年到1795年间共有17个欧洲国家的使团访问了中国,其中俄国6个,葡萄牙4个,荷兰3个,教廷3个,英国1个。除了英国使团(由马嘎尔尼率领),其他16个使团都向中国皇帝行了跪拜礼。他们中间多数使团这样做是为了争取得到贸易的特许。如1656年7月荷兰使节来京,是为了谋取荷兰东印度公司在广州的通商权利。由于他们顺从了中国的叩头礼节,受到皇帝的接见和款待。最后朝廷同意荷兰人来广州贸易,每年一次为限,为期8年,但每趟人数不得过百,而其中20人须进京向皇帝纳贡。

对于那些外国商人来说,顺从中国的朝贡规定是为了得到贸易上的好处。换句话说,朝贡是幌子,通商是目的。而对清政府来说,允许外国人来做买卖完全不是为了经济上的利益,却是从政治上着眼的。清政府继承了前代统治者的"怀柔远人"政策,允许通商只是其手段之一,根本目的在于显示天朝的尊严、炫耀中国的实力和表明大清圣德可以"化育四夷"。如乾隆年间,由于种种原因清政府多次下令关闭中俄间的恰克图市场。1792年,中俄达成《恰克图市约》,重开边贸。该条约指出,"恰克图互市于中国初无利益,大皇帝普爱众生,不忍尔国小民困窘",才同意重开市场。② 这种互市就是要表现

---

① 熊志勇、苏浩、陈涛:《中国近现代外交史资料选辑》,世界知识出版社2012年版,第2页。
② 王铁崖:《中外旧约章汇编》第一册,生活・读书・新知三联书店1957年版,第29页。

对属民的关爱。

总之,清政府实行这种封贡制度就是把封建的等级观念引进到国家与国家的关系之中。由封贡制度所支撑的宗藩体系几近一种君臣关系,即上下、尊卑这个不可动摇的君主专制原则在清政府对外关系中的体现。

2. 资本主义的兴起

15世纪和16世纪,在西欧出现的资本主义萌芽逐渐发展,产生了早期的资本主义经济。与其先前的生产方式相比,资本主义生产方式的特征之一是商品经济的发展,这就意味着需要丰富的原料、廉价的劳动力和广阔的市场。为了满足新的生产方式的需要,从资本原始积累时期起,西欧新兴的资产阶级就开始对世界的其他地区进行扩张和掠夺,它们之间也为争夺世界霸权地位展开了搏斗。这种经济上的需求促使世界各地区各国间的政治经济文化等方面的往来愈益频繁,生产力发展带来的交通工具的改进也推动了这一发展。昔日那种比较松散的、局部性的、半封闭的状态逐渐被打破。一个以资本主义体系为主导的新世界在形成。可以说,资本主义的产生和发展才使这个世界中产生了现代意义上的国际关系。

资本主义经济首先在西欧等国发展起来,特别是在英国和法国。在16世纪,在英国的诺弗克、约克、威尔克等地遍布呢绒业手工工场。到17世纪,它成为英国在世界上首屈一指的行业。英国的其他行业也发展非常快,如采煤、冶金、火药、造纸、造船等。在此基础上,英国的商业也有了很大的发展,从16世纪后半期到17世纪初,许多海外贸易垄断公司建立起来,并得到英王室的特许。这些公司都拥有自己的船队,甚至拥有武装力量,垄断着一个地区的贸易。如1555年成立的莫斯科公司,专营对俄贸易,后又扩展到中亚地区;1600年出现的东印度公司规模庞大,资金雄厚,它主要在印度和中国开展贸易,也包括好望角以东地区。

法国的资本主义也发展迅速,特别是到了18世纪以后。它的采矿业和冶金业非常发达。如勒克勒佐冶金公司拥有蒸汽机、汽锤和高炉等先进设备。丝织业也是一个主要工业,其产品在欧洲非常畅销。法国奢侈品工业生产的化妆品、高级服装、家具和鞋等已在国际市场上占据首位。一些大的海外贸易公司积极地开拓国际市场,如经营对非贸易的几内亚公司,在东方经营贸易的法国东印度公司等。

为了追求财富和资源,海外殖民扩张成为资本主义原始积累的重要方式。与其相伴随的是远洋探险和开辟新航路。西班牙、葡萄牙和意大利人率先到世界各地冒险。1487年,葡萄牙人迪亚士抵达非洲最南端的好望角,开辟绕道非洲前往东方的路线。15世纪末,意大利人哥伦布在西班牙的资助下到达美洲大陆。1519年,葡萄牙人麦哲伦率5艘帆船出航,绕过南美洲,经麦哲伦海峡进入太平洋,于1521年到达菲律宾。他本人死于中途,但船队于1522年经由印度、绕过好望角,回到西班牙。

西班牙人和葡萄牙人开始在其到达的地方建立殖民帝国。到16世纪中叶,西班牙占据了除巴西以外的整个中南美洲大陆,以及加勒比海上的圣多明哥、牙买加、古巴和波多黎各等岛屿。在亚洲,它占有了菲律宾群岛。葡萄牙先后占据了巴西和印度的果阿,在科伦坡、苏门答腊、爪哇、加里曼丹等地建立了商站。

从17世纪起,荷兰、英国和法国的势力取代了西班牙和葡萄牙。荷兰殖民者从葡萄牙人手中夺得非洲的好望角殖民地、亚洲的锡兰、印度的马拉巴海岸和科罗曼德海岸,以及马六甲,进而又夺得印度尼西亚的爪哇和苏门答腊等地。后来,葡萄牙在印度洋的殖民地几乎全部落到荷兰人手中,印度尼西亚成为荷兰殖民活动的中心。英国的东印度公司到18世纪控制了印度的大部分地区,拥有行政权,垄断贸易,拥有武装和司法特权,实际上已将其变为殖民地。英国还夺得美洲的弗吉尼亚、缅因、新泽西等殖民地。到18世纪中叶,英国在美洲的13个殖民地已连成一片。法国也在积极地拓展海外殖民地。从17世纪后半期开始,法国陆续占有了北美洲的加拿大、南美洲的圭亚那部分和加勒比海上的安德列斯群岛、非洲的塞内加尔、马达加斯加等。为了争夺殖民地和世界霸权,列强之间战争不断:1618—1648年的欧洲"三十年战争"、1652年的英荷战争、1654年的英西战争、17世纪后期几次法荷战争和法西战争、1701—1714年的西班牙王位继承战、1700—1721的北方战争、1740—1748年的奥地利皇位继承战争和1756—1763年的七年战争等等。

3. 威斯特伐利亚体系与国际关系准则

在中世纪和近代之交,出于军事割据、海权争夺、殖民扩张和政治斗争等因素,欧洲战乱频繁,秩序受到破坏,经济发展受到阻碍。为了避免频繁的战争,寻求大家可遵守的国际关系准则,一些进步的思想家对封建时期的国家关系提出了批判。如英国著名思想家霍布斯认为国家是人造物体,国家的主权为灵魂,官吏为骨骼,财富为体力,民怨为疾病,内乱为死亡等等。他强调国家的主权和权力体现在法律里面,而国家最高统治者就代表了国家的普遍意志。法国著名思想家布丹则强调主权是国家的最本质特征,其来自家长权力的集合,而主权的最重要权力是立法权。实际影响最大的非荷兰学者格劳秀斯莫属。他在17世纪上半叶写出了《战争与和平法》和《海洋自由论》等国际法著作,较为系统地阐述了各国应遵守的国际关系准则。他认为国家是"一群自由人为着享受公共的权利和利益而结合起来的完善的团体"。国家的主要特征是拥有主权,即"它的行为不受另一种权力的限制,所以它的行为不是其他任何人类意志可以任意视为无效的"[①]。他认为,如同一国有法律一样,国际上也要有法律,以保证各国的共同利益。这就是国际法。国家之间发生分歧应该通过和平方式来解决,如果发生战争也需按照国际法的规定来处理。他专门对使节的权利和功能进行了论述,指出使节有受他所出使的国家接纳的权利,有其人身财产不受侵犯的权利等。他的思想对近代国际关系产生了重大影响,突出表现在《威斯特伐利亚和约》上。

中世纪后期,德国诸侯贵族按新旧教分裂成为两大阵营,各自结成新教同盟和天主教同盟。双方矛盾尖锐,摩擦不断,主要分歧是国家体制采取联邦制或君主制。1618年,由于奥地利统治者压迫捷克新教徒,捷克人民起义,成为战争的导火索。这场战争从新旧教之争转为争夺领土、抢权夺利的混战。战争本身也由德国内部的战争转变为欧洲各国的战争。西欧、北欧和中欧的主要国家都参加了,如法国、瑞典、丹麦、西班牙、奥地利等。这场大规模的战争持续了30年之久,参战国家都精疲力竭,困难重重。从1643年起,交战双方开始在威斯特伐利亚谈判,历时5年才达成和约——《威斯特伐利亚和约》。这项条约规定法国、瑞典和德意志新教诸侯得到大片领土;承认各诸侯拥有独立的外交权;瑞士和荷兰获得了独立等。

这次谈判与和约呈现以下几个特点:(1) 除英国、俄国等少数国家未出席会议外,大多数欧洲国家都参加了会议,创立了以国际会议解决国际问题的方式;(2) 和约承认德意志各诸侯国享有独立的主权,承认荷兰、瑞士为独立国,从而明确主权平等的原则;(3) 和约规定缔约国不得违反其条款,创立了对违约国可实行集体制裁的先例;(4) 和约缔结之后,各国普遍建立了常驻外交使节制度以便进行交往,从而在主权国家之间普遍建立了外交关系。这个条约的签订表明国际关系的一大发展,在实践上肯定了格劳秀斯提出的国家主权、领土和独立应受尊重等原则。

这项条约的重要意义不单在于它落实了格劳秀斯所创建的国际法思想,更在于它创立了一个新的国际关系体系——威斯特伐利亚体系,或称条约体

---

① 王福春、张学斌:《西方外交思想史》,北京大学出版社2005年版,第47页。

系。这个体系是建立在各国主权相互独立的基础之上,体系内的国家要遵守条约,并根据一系列国际法规则来进行交往,首先是主权平等和民族独立。其次是通过常驻外交使节处理国家间事务,依法办事。然而,欧洲国家并不完全遵守自己已经承认的这些规则。一方面,在以后的年代中,它们之间照旧发生战争;另一方面,欧洲列强还对其他地区和国家不断地进行殖民扩张和侵略战争。争霸成了西方列强对外关系的主线。

1815年,拿破仑帝国瓦解后,欧洲出现了维也纳体系。1918年第一次世界大战结束时出现了凡尔赛体系。这些体系的划分都是从欧洲格局出发的。如果从国家间关系考察,它们依然继承了威斯特伐利亚体系所提出的国际关系准则。从广义上讲,在东亚存在一个宗藩体系的时候,欧洲出现了一个威斯特伐利亚体系。前者的基础是国家的等级制,后者的基础是国家的主权平等。两个体系从16世纪开始发生碰撞。

4. 葡萄牙占据澳门

资本主义的发展把欧洲与世界联系在一起。欧洲商人和殖民者的目光投向亚洲,也投向中国。意大利人马可·波罗的游记中有关中国富甲天下、金银遍地的描写使西方人以为只要来到中国就会满载黄金珠宝、丝绸瓷器而归。从16世纪起,以追求利润为目标的葡萄牙、西班牙、法国和英国等国家的商船就陆续来到中国沿海口岸进行贸易,但遭遇重重困难。当时的明朝根据封贡制度,把对外贸易视为对朝贡国的一种恩惠,而不是常规的经济往来。它对非朝贡国基本上是持半封闭的态度。虽然中国经由广州、泉州和宁波同海外许多国家有着贸易往来,但这种贸易往来有两个特点:一是主要由政府控制,从中方角度看是官方贸易,私人贸易受到严格的限制。为了禁止沿海居民同外国人做买卖,政府除了严加巡缉外,还鼓励他人告发。二是只与得到特许的朝贡国国民展开。如1519年葡萄牙派使比留斯访华,希望同中国建立通商关系,但明朝政府以葡萄牙不是朝贡国,拒绝了通商的要求。

渴望高额贸易利润的葡萄牙商人只好想方设法开辟渠道:一方面继续大搞走私贸易;另一方面则在1535年用重金贿赂地方官员黄庆,使澳门开放为通商地。当时,外国人在广州等地不许入城,在澳门不许长期居留。外商只能在每年夏秋时节来澳门做买卖,临时搭篷住宿,贸易结束后便须全部离去。对此极为不满的葡萄牙商人于1554年又通过贿赂广东海道副使汪柏,借口带来的"贡品"路上被海水打湿需借地晾晒,得到在澳门租地搭棚、存放货物的权利。1557年,葡人进一步在那里建房居住,设立官员进行管理,俨然把这块土地视为其殖民地。但葡人并不交租,只对广东海道每年纳贿银500两。到1564年,澳门已形成初具规模的港口小城,葡人盖建的住所已有千间以上,在澳葡人也近千人。至1570年,葡人在澳门又兴建了三座教堂、一家医院和一间仁慈堂。大小中国官员因受贿而不加制止。1573年,海道受贿事被揭发,于是贿金改为地租。同时,明朝以该地绑架拐骗成风不好管理为由,下令在澳门附近筑墙为界。1614年,明朝崇祯帝批准了粤督张鸣冈的奏章,正式宣布允许葡人居留澳门,但要对其有所约束。于是,葡人在澳门获得三种权利:(1)居留权,他们可以在那里长期居住,但每年要向香山县交纳地租500两;(2)贸易权,不仅葡人而且其他国家的商人也可以来这里进行贸易,他们都要向中国官府交纳商税;(3)自治权,澳门建立了葡萄牙人的自治机构,还有议事会和驻军。但有关中国人的事务仍由香山县负责。1744年,香山县设海防军民同知一职,专理澳门事务。这样从1553年起,澳门逐渐成为一个在中国管辖之下由葡萄牙人经营的贸易港口。澳门成为来华经商的外国人的共同居住地。1623年,葡萄牙任命了首任澳门总督,赋予其负责当地行政事宜,但仍向中国缴纳地租。

另外一些欧洲人则采取其他方式从中国谋取经济利益。有的殖民者在中国沿海干起了海盗勾当,他们剽劫行旅、掠卖良民。对于这种强盗行径,中国军民给予了应有的回击。17世纪初,荷兰殖民者不断袭击澎湖、厦门一带,以此胁迫与中国通商。1624年,明军收复澎湖后,荷兰人退往台湾南部,并获准通商。1626年,西班牙也借口保护中国与吕宋间贸易,先占领台湾基隆,后逐步控制台湾北部。1642年,荷兰军队打败西班牙人,荷兰占领了整个台湾。1661年,郑成功在当地居民的配合下率兵收复了台湾。1637年,英国人威得尔率船队为做买卖硬闯进珠江口,虎门炮台开炮示警,英方便动用武力,一度占领炮台,并烧毁一村庄。结果,广东总督做出让步,要求英方交还抢掠的财物,许可它在广东做些买卖后离开。以后来华的英国人依然受到种种限制或被课以重税。欧洲商人和殖民者一直未能得到正常的贸易许可。

第二节 清政府的"闭关政策"

16世纪末,生活在中国东北的满洲族或称满族人兴起。经过其领袖努尔哈赤和皇太极的努力,到17世纪30年代末,西起贝加尔湖、北到外兴安岭、南至日本海、东达鄂霍次克海(包括库页岛在内)的广大地区都纳入了版图,并设置了宁古塔将军、黑龙江将军来管理这个地区。1644年,满族政权推翻了明王朝,建都北京,开始了清朝统治中国的时期。

1. 沙皇俄国向中国北部边疆的扩张

清朝遇到的第一个对外关系上的麻烦是来自它的邻居俄国。自16世纪中期起,俄国农奴主贵族为了扩大土地和掠夺珍贵的毛皮,开始向西伯利亚地区扩张。1651年,俄国商人哈巴罗甫率远征队深入到黑龙江流域一带,并在雅克萨和尼布楚(今称涅尔琴斯克)等地设立了据点,并沿黑龙江而下,进到松花江和乌苏里江一带。在当地居民的请求之下,清政府派驻宁古塔的军队前往救援,迫使哈巴罗甫向后撤退。1654年,斯梯帕罗夫又率队沿黑龙江南下,被清军船队包围消灭。1667年,在俄国入侵者的煽动下,居住在嫩江流域的索伦部头人根忒木尔叛国投靠沙俄。他逃入俄境后,沙俄殖民当局如获至宝,接受他加入俄国国籍并给予各种奖赏,试图引诱更多中国边民叛国投俄。为此,清政府多次向沙俄政府提出抗议,要求引渡根忒木尔,但遭到对方的拒绝。这个问题成为两国间长期得不到解决的一个争端。

在这个时期,沙俄还多次向中国派出使团,目的是搜集各种情报和开辟通商渠道。有的使团态度十分恶劣,如1670年来的米洛瓦诺夫使团甚至狂妄地要求清政府臣属于沙俄,接受沙皇的最高统治。清政府对沙俄在东北的侵略行径多次提出交涉和抗议,要求俄国政府和地方当局予以制止。1676年尼果赖使团来华时,清政府再次向他表示:如要通商和好,应把逃犯根忒木尔交还。1683年,清廷授命理藩院正告沙俄殖民者赶紧从雅克萨和尼布楚撤走,交还根忒木尔,这样双方才能友好相处,否则"必致天讨,难免诛伐"。清政府一再发出的和平呼吁却未能得到对方的响应,终于不得不接受沙俄的狂妄挑战,行使自卫权利。1685年,清政府发兵攻打雅克萨,把俄军驱逐之后也撤离该城。不久俄军又卷土重来,占据了雅克萨。1686年,清政府再次出兵雅克萨,打得俄军死伤累累,无力再战,被迫同意和谈。在这种情况下,清军于1687年8月奉命从雅克萨撤走。

尽管清军在反侵略的战争中取得了重大的胜利,但清政府一如既往地争取通过谈判解决中俄争端。1687年,它两次向沙俄政府建议举行会议,确定疆界,以便边界两边的人民能安宁生活,两国能友好相处。沙皇政府虽然接受了谈判的主张,却没有放弃侵占黑龙江流域的野心。在谈判之前,沙皇对俄国谈判代表下达了详细的训令,确定谈判的方案:要求以黑龙江为界;如果中方不同意,则提出第二个方案,以流入黑龙江的牛满江或精奇里江为界;如果中方再不同意,就提出第三个方案,以雅克萨为界,但俄国人可以在黑龙江、牛满江和精奇里江捕鱼。如果上述三项方案都不能被清政府所接受,俄国使臣应该争取缔结临时停战协定,然后准备新的战争。此外,沙俄政府在谈判中还想得到更多的贸易利益。它甚至指示其代表可以设法贿赂中国代表。

清政府对谈判所持的立场是非常明确的。在谈判代表起身前,康熙皇帝提出了谈判方针。他指出:这次谈判是因为俄国侵略我国边境,占据尼布楚和雅克萨,收纳叛逃者才举行的。尼布楚、雅克萨、黑龙江及其支流全属中国的土地,不能让给俄国;应该向俄国索回逃犯根忒木尔等;在此基础上,"准其通使贸易",否则立即回来不必再谈。

谈判于1689年8月在尼布楚举行。中方代表团由索额图率领,俄方代表团由果罗文率领。正式会谈开始前,双方就各方所带人员的数量和警卫的位置作了对等的安排。第一次会谈在22日举行。会议开始后,俄方代表首先诬指中国挑起战争,硬要清政府接受"两国以黑龙江至海为界"。这种无理要求当即遭到中方代表的驳斥。索额图指出,自雅克萨以西至尼布楚色楞一地区历史上属于中国所有,由于俄国人的侵入,中国政府才不得不实行自卫。他提出自后贝加尔湖沿外兴安岭为两国国界。俄方无言以答,竟蛮横地拒绝讨论历史事实。第二天再次举行会议,中国代表避免僵持,首先提出中俄两国边界以俄国不超过尼布楚为限,这种让步遭到对方的拒绝和嘲笑,从而使谈判陷入僵局。会谈只好暂时中止,转入会外活动,主要由两国翻译人员往来交涉。清政府代表在这过程中一直采取主动姿态,多次做出让步,从尼布楚一直退到格尔必齐河。俄方代表理屈词穷。这时尼布楚一带的布里亚特等族居民纷纷起义,要求回到中国方面,使俄国代表团感到紧张,只好同意中方的方案。在即将签字的前夕,俄方又提出外兴安岭与乌弟河之间的划界问题,中国代表团同意此段边界问题暂时搁置。至9月6日,双方终于在一切重大问题上全面地达成协议。7日,中俄《尼布楚条约》由双方代表签字盖印,并举行宣誓,从而正式生效。

《尼布楚条约》共6款,其主要内容是:(1)以格尔必齐河、额尔古纳河和外兴安岭为两国国界。但兴安岭与乌弟河之间的划界尚未解决。(2)俄人在雅克萨所建城障应立即拆掉,俄国人退回其国境。(3)今后互不收容对方逃犯。(4)两国人民持有护照者可以往来边界进行贸易。

《尼布楚条约》是中俄两国正式缔结的第一个条约,是双方经过平等协商、中方做出重大让步的结果。它是一个平等的条约。《尼布楚条约》的签订从法律上肯定了中国对黑龙江流域的领土主权,一度遏制了沙俄殖民主义者在这个地区的扩张。

然而,在中俄中段边界地区沙俄殖民者仍然在侵犯中国主权,明目张胆地支持中国准噶尔叛乱集团,并且逐步侵吞中国的领土。他们在哲得河流域、色楞格河流域和恰克图等地区建立哨所,占去中国大片领土。这些情况严重地威胁着中国北部边疆的安全。为此清政府多次警告沙俄不得勾结准噶尔叛乱集团,不得武装侵袭中国领土,并一再敦促俄国政府举行谈判,解决中段边界问题。

1725年,俄国政府派遣拉古津斯基使团来华。他们在1726年10月到达北京,与清政府代表图理琛等人举行了30多次会谈,终于在1727年4月达成协议:边界部分关于乌弟河地段由于地形不明仍留待以后解决,中段边界问题到边界地区去继续商定;双方逃犯相互引渡;中国允许俄国三年一次来京贸易,人数不超过二百。6月间,双方在恰克图附近的波尔河边举行边界会谈。8月31日,双方签订了有关中俄中段边界的初步协定,即《布连斯奇界约》。11月2日,中俄双方代表又根据这一条约的精神,签订了囊括中俄关系各方面的《恰克图界约》,共11款。其中规定中段边界划在额尔古纳河至沙毕纳依岭(沙宾达巴哈)一线;规定了双方的通商方法,并确定以恰克图为两国贸易地;准许俄国人在北京建立教堂。双方互换边界地图和关于边界的地形说明。以后,双方又签订了具体的勘界界约。这些条约正式地规定了中俄的中段边界,对沙俄殖民者侵吞蒙古的土地起到了一定的遏制作用。

《尼布楚条约》和《恰克图界约》大体上解决了中俄之间交涉的各项问题,成为中俄关系的基础。在中俄经贸方面,由于双方纠纷,恰克图多次闭关。1792年,中俄达成《恰克图市约》,重开边贸。此后,贸易往来才逐渐稳定下来。在文化交往方面,清政府准许俄国派人来中国学习满汉文字,并在北京设"俄罗斯馆"供俄国学生居住。清政府同时也选派八旗官学士入俄罗斯馆学习俄文,培养俄语翻译。

2. 外国传教士在中国

伴随着欧洲商人走向世界的还有天主教势力。这是因为最早从事殖民扩张的葡萄牙和西班牙没有十分强大的军事力量作后盾。为了能够比较顺利地占据殖民地,他们在施用暴力的同时必须设法怀柔当地人民,而传教就是一种很好的麻痹人们的精神武器。与此同时,在中世纪末期受到宗教改革运动打击的罗马教廷迫切希望通过殖民扩张向世界其他地区传播天主教,以壮大其影响。于是,教俗扩张势力联手在殖民过程中开展传教活动。

由于中国文化对周边国家的影响,以及欧洲商人难以在中国落脚的原因,欧洲人非常重视通过传教来了解和影响中国。最早来华的主要是耶稣会士(天主教的一派),其中许多人就是乘坐武装商船或海盗船来到中国的。耶稣会创始人之一的沙勿略于1542年访问了印度和日本,从这些地方他了解到中国的情况,便向教廷报告说:中国是能影响远东局势的国家,只要把中国劝化,它周围的邻国一定会自动地归向天主。他指出中国人尊敬学者,讲求学术,因此派到那里去的人要有学问。著名传教士利玛窦也提到要想传教成功必须使教士得到中国人的尊敬,做到这一点的最好方法是传播学术。

16世纪中叶,葡萄牙人占据澳门后,传教士就不断地进入澳门,向中国人传教。起初,传教士向广东省的中国官员申请进入内地传教,都遭到拒绝。1581年,意大利籍传教士罗明坚和利玛窦跟随葡萄牙商人进入广州和肇庆,向地方官员赠送厚礼,以建立联系。1583年,他们再次来到肇庆,向地方官员送礼,并请求给予一个地方居住和建造一个教堂,"以便在那里念经和祈祷,隐居和默想",因为澳门太喧嚣无法做这些事情。这次,地方官员同意了他的请求。利玛窦开始在肇庆进行传教。1589年以后,他又陆续到广东的韶州、南昌和南京等地活动。1601年,他与另一名传教士庞迪我一起带着贡品,到北京进见明万历皇帝。17世纪后半叶,法国殖民势力迅速扩大,由法国国王路易十四派遣的天主教传教士张诚、白晋等人来到中国。他们于1688年到达北京,受到清朝康熙皇帝的接见,并得到任用。

传教士能够迅速打入中国,一方面由于他们结合中国儒家经典介绍基督教教义,另一方面由于他们在中国传播西方的科技知识的努力。利玛窦1559年在南昌刊刻了《天学学义》一书,第一次利用儒家思想来论证基督教教义。此书后来改名为《天主实义》,并于1601年在北京重刻,多次再版。他列举了大量的中国经典论点,试图说明天主教与中国原有的儒家思想是一致的。他曾向明朝万历皇帝说:"上帝就是你们所指的天,他曾经启示过你们的孔丘、孟轲和许多古昔君王,我们的来到,不是否定你们的圣经贤传,只是提出一些补充而已。"[①]传教士艾儒略也大量引述中国经典来介绍基督教,如《三山论学记》等。到了清代,传教士南怀仁所著的《教要序论》、《圣体答疑》等书,白晋所著的《古今敬天鉴》等书也继续了这个传统。

为了在中国进行文化传播,最早进入中国的传教士罗明坚和利玛窦带来了大量的外文书籍,他们的住所成了西洋图书馆。金尼阁来华时携带了7000

---

① 顾长声:《传教士与近代中国》,上海人民出版社1981年版,第6页。

部书籍。利玛窦入华之初即绘制了一幅世界地图《万国舆图》，使中国人第一次认识了五大洲。他有意地把中国放在地图的中央，迎合中国人对中华的认识。鉴于中国王朝统治者相信星相，但当时中国的历法又不准，于是传教士利用先进的科学知识帮助修订，从而赢得皇帝官员的赏识。熊三拔、汤若望等人参加了修订历法的工作。汤若望主持编写的《崇祯历书》利用了当时世界上比较先进的天文历算知识和技术，全书共137卷。一些耶稣会士还和中国学者一起绘制了中国地图，如《康熙皇舆全图》和《中国全国舆图》都是当时相当精确的杰作。在其他领域，传教士也有突出表现。在数学方面，利玛窦与明朝官员徐光启合译了《测量法义》、《测量异同》和《几何原本》等。白晋和张诚译了《实用几何学》。他们所采用的一些术语一直沿用至今。在医学领域，邓玉函的《人身说概》和罗雅谷等人的《人身图说》向中国人介绍了西方的生理学解剖学知识。在科技领域，传教士的著作有《远西奇器图说》、《远镜说》和《泰西水法》等。还有些传教士奉朝廷之命，协助制造西洋火炮。北京圆明园内曾有一片欧式园林建筑，俗称"西洋楼"，由远瀛观、大水法和观水法等十余个建筑和庭园组成。它们是于乾隆时期1747年开始筹划，至1759年基本建成。由欧洲传教士郎世宁、蒋友仁、王致诚等设计指导，中国匠师建造。

传教士在文化交流方面所做的工作的确丰富多彩，但这一切都是为了推动传教和殖民事业。西欧各国来华的传教士足迹遍及中国十余省，平均每年约有30多名传教士在中国活动。汤若望和南怀仁还出任过清政府的钦天监一职，可以出入宫廷。1692年，康熙皇帝专门下旨，允许人民自由信教，传教事业在华进展迅速，中国天主教徒达到15万人。

随着教会在中国影响的扩大，罗马教廷开始直接干涉中国的内政。1704年，罗马教皇格勒门十一订立"禁约"，禁止中国教徒遵守中国的政令习俗。它的主要规定如：教徒不许参加祭孔子祭祖宗；不许到祠堂行礼；不许按中国的规矩在家里立先人牌位；入教的官员或进士等不许入孔庙行礼。1705年，罗马教廷派使节到北京，要求康熙皇帝下令天主教徒遵守教皇禁约，而康熙早就表示"祭祖祀孔"是中国的一种崇敬的礼节，与宗教无关。因此，他拒绝了这项要求，并下令把使节押解到澳门，囚死在狱中。1706年，康熙帝发出上谕：凡传教士愿从清政府规定安分传教者可领传教印票，不从者一律遣返回国。但教皇并不罢休，他于1715年重新颁布"禁约"，并于1720年再次派使节到北京要求康熙皇帝禁止中国天主教徒祭祖祀孔。康熙皇帝坚决回拒了这种无理要求，并在使节带来的禁约后面朱批："以后不必西洋人在中国行教,禁止可也,免得多事。"①从此,清政府开始实行禁教政策。

雍正帝继位后继续执行这项政策。由于地方上多次向他报告:传教士在各省传教,人心渐被煽惑;或外国人无视我法律,为非作歹,骚扰百姓等,雍正帝很担忧。他特别担心的是如果大批的中国人加入教会,听从教会的指挥,那一旦外国侵略者大兵压境,中国就极为危险了。为此于1723年,他召见在京的传教士,说明他的考虑,要求他们只能居住在北京和广州,不能深入到其他省去。1724年,他又传谕禁止天主教在华活动,并下令没收教会在各地的财产。然而,直到1839年6月,仍有欧籍传教士65人在中国各地秘密活动,天主教徒约有30万人。

3. 清政府实行闭关政策

在清朝统治初期,为了对付明朝残留的抗清力量,清政府一度实行海禁政策,禁止沿海居民出洋,限制中外往来。在台湾的反清力量降清后,清政府才于1684年解除海禁,并在厦门、广州、宁波和上海设立四处口岸,负责管理海外贸易事宜。此后,清政府制定了一系列规定,审定船户出海资格、实行联保制度、限制船只大小和载货类型等。对于外来船只,清政府指定停泊地点,严禁输入军火,不许久留内地,并从1686年开始建立行商制度。当时许多来华商船都装配了火炮,进关后要卸掉,完成交易后再装上。洋商不能私自与中国商人进行交易,需要经由官方指定的行商进行贸易。行商包购进口货,并根据洋商的需要统一采购,也由行商负责交纳相关税费。1720年,这些行商自行组织起"公行"并制定行规。

由于清朝是满族人入主中原,每逢人民起来反抗专制王朝的统治,清政府总认为是汉人不服管束。它害怕随着中外交往的增多,这种反抗力量同西洋人一起构成对其统治的威胁,再加上传教士同外国商人有着非常密切的关系,所以在禁教的同时清政府也逐步对贸易范围实行限制,减少中外之间的往来。1716年,康熙诏谕中明确地指出:"海外如西洋等国,千百年后中国恐受其累,此朕逆料之言。又汉人人心不齐……朕御临多年,每以汉人为难治,以其不能一心之故。"②1717年,清政府干脆下令不许中国商船到欧洲人控制下的南洋吕宋(今菲律宾)、噶喇叭(今爪哇)等地进行贸易,但与东洋(指朝鲜、琉球、越南和日本等国)的贸易照旧。这是闭关政策的开端。雍正时期,

---

① 熊志勇、苏浩、陈涛:《中国近现代外交史资料选辑》,第5页。
② 《清实录》第6册,中华书局1987年版,第650页。

清政府继续限制中国人出海。雍正皇帝认为:"贸易外洋,多系不安本分之人。"与此同时,清政府也限制外商,防止中外勾结。1725年,清政府规定外国商船离开要报告船号、人数和姓名,不准搭载内地人口。1744年,清政府下令不准代买违禁物品等。1727年,清政府进一步明确地规定外国商船只能到广东的虎门和福建的厦门两处。1757年,清政府正式实行闭关政策。乾隆皇帝宣布,西洋商船只准在广东的虎门一处停泊贸易。

1759年,两广总督李侍尧奏准皇帝颁布了《防范外夷规条》。这项文件确定"公行"为管理对外通商的机构。公行是由官方特许的商人组成的垄断性外贸组织。外国人来广州做买卖必须经由公行,其行动也由公行的行商负责约束。文件的具体内容有:(1)外国商人只准在规定的时间,即每年的五月至九、十月间来广州进行贸易,期满必须离去。(2)在广州期间他们只能住在由公行所设的"夷馆"内,由行商负责管束稽查。(3)外商在华只能雇用翻译和买办,中国人不准向外商借贷资本。(4)外商不能雇人向内地传递信件。(5)要加强河防,监视外国船舶的活动。这些规定在以后的嘉庆和道光年间屡被重申。

1835年,经清廷批准,广东当局再颁章程规定:(1)外国战舰不得入虎门之内,商馆内不得储藏枪炮武器;(2)外国妇女不可偕来商馆;(3)外船雇用领水和买办人员,须在澳门同知衙门注册,由该衙门发给执照,随身携带备查;(4)外商雇用中国仆役人员的人数要有限制;(5)外人居住商馆期间不得任意乘船出外游览,仅于每月初八、十八、二十八,三日得往各花园及河南寺庙散步游玩,但须带翻译随行,如有不当行为,翻译须负责任;(6)外人不得自由向官厅递禀,如有陈诉,须由公行代陈;(7)公行有指导及保护外人之责,不得负外人债务;(8)外人每岁在广东商馆居住经营商务,须有一定期限(大约四十日,有时得延长),事毕即须离去。①

清政府采取一系列措施来限制中外贸易是从减少纠纷、防止外来影响、避免引发社会动荡着眼,虽然在一定程度上这是规范管理的需要,但更是为了维护和巩固其专制统治的需要,同时也是对西方扩张威胁的一种被动防范。对外贸的限制反映了中国当时小农经济的自给自足性质,对外贸易对中国来说并非所需。但过度的限制,特别是在18世纪中期以后只留广州一口限时通商,以致这项政策被称为"闭关政策",就给中国带来了严重的危害。虽然它仅是一项对外贸易政策,但给中国造成了一种封闭的状态,妨碍了中外必要的经济、文化和科学技术的交流,使中国人无法充分了解世界,无法吸收

---

① 熊志勇、苏浩、陈涛:《中国近现代外交史资料选辑》,第6—8页。

外国的先进东西,故步自封。这项政策在一定程度上还阻碍了中国社会的进步,使中国在日后的国际竞争中处于不利境地。同时,它也加深了中外矛盾。

第三节 英国的马嘎尔尼使团

受闭关政策影响最大的外商是英国商人。英国商船首次来华是在1637年,从此中英贸易关系逐渐发展起来。最初,英国的对华贸易是由1600年组建的东印度公司所垄断。1699年,这家公司在广州设立了商馆,他们积极活动,力图把贸易范围扩大到广州和宁波以外的地方去。到第一次鸦片战争前,中英贸易已在中外贸易中占主要地位。1775年到广州的38只外国商船中,英国商船就占24艘。18世纪末中英贸易额达到1000万两银,占中国同欧美国家海上贸易总值的80%左右。

中英贸易虽然发展迅速,但存在两个重大问题。一是处于自然经济阶段的中国不需要大量进口外国的工业品,而外国市场却又需要中国出产的茶叶、丝绸和瓷器,需要量也逐年增加。这样,中国在对外贸易中一直处于出超国的有利地位。1781—1790年间,中国输往英国的商品,仅茶叶一项就达9626万多银圆,而英国输入中国的工业品从1781到1793年总共才1687万多银圆,只及上述茶价的六分之一。长期处于这种状况对英国来说是十分不利的,改变这一状况的唯一措施是设法打开中国的市场。二是从18世纪中叶开始,英国进入工业革命的阶段,商品生产大量增加,尤其是纺织品。1840年,英国煤的产量达到3600万吨,铁的产量达到142万吨,棉纺织业的用棉量为4.59亿磅。当时,英国的工业产量占世界工业产量的45%,出口每年达到5000余万英镑。英国作为最发达的资本主义国家迫切需要开辟新的市场。但同期在中国,清政府却采取了闭关政策,大幅度地减少了英国商品的进口。这种矛盾是十分尖锐的。在英国商人的反复要求下,英国政府于1787年曾派卡斯卡特勋爵来华,商议中英贸易问题,但他在中途病故,未能到达中国。于是,英国政府在1792年又派马嘎尔尼勋爵率领使团来中国。

英国政府对派遣这个使团非常重视。马嘎尔尼是国王的亲戚,富有外交经验,曾担任过驻俄公使和驻孟加拉的总督。使团的成员包括精通军事和科学技术的人员。他们来华乘坐的是装配了64尊炮位的军舰,携带着能宣扬英国国力和技术的船只模型、机械与望远镜等天文仪器,以及能充当广告用的纺织品作为礼品。为了使中国不便拒绝英国使臣前来,英国政府决定这个使团在名义上是向清朝的乾隆皇帝祝贺寿辰。实际上,根据英国国王的训令,马嘎尔尼使团的任务是要求中国皇帝保护英国商人的在华利益,并设法使中国成为英国商品的巨大市场,但为了消除中国方面的猜疑,他要向中国当局强调英国的和平目的。在英王致中国皇帝的国书中,把派使的目的说成是"增进对于人类居住的地球的知识,调查全球各地的出产,把生活上的技艺和享受传布到那些迄今对此尚无所知的地方",并不提及商业开发。

对于首次来华的英国使团,清朝统治者表现出高度的重视。乾隆皇帝多次颁发谕旨,对接待方式做了规定。他提出了一个"不卑不亢"的原则。根据他的旨意,直隶总督亲自到大沽去迎接,对使团所需一切免费供应。但是,在清朝统治者的心目中,来者也不过是个贡使。护送使团人员的车船上都插有上书"英吉利贡使"的旗帜。马嘎尔尼为了能进京面见中国皇帝,对此都装作不知。当时乾隆皇帝正在承德避暑,使团便转赴热河行宫。在觐见皇帝之前,双方在礼节问题上发生了争执。清廷最初坚持马嘎尔尼见皇帝时要行三跪九叩礼,但遭到英使的拒绝,认为这么做不公平。马嘎尔尼指出,对待附属国与对待独立国在礼仪上理应有所区别。最后清廷同意他们用谒见英王时最崇敬的礼节来觐见清朝皇帝,即免冠鞠躬屈一腿。

1793年9月14、17日,乾隆皇帝在行宫极为隆重地两次接见了马嘎尔尼,并盛情地款待了他。尽管清廷给予英使的接待是破格的,但仍把英国视同藩属。觐见之后,马嘎尔尼一行返回北京,开始同清朝官员会谈。他正式提出了一系列要求,主要内容包括:(1)在舟山地区和广州附近各划出一岛和一块地方供英国商人居留;(2)将宁波和天津开口贸易;(3)英商于广州与澳门间运输货物,免征税或减少税收;(4)准许英国在北京常驻使节。清政府对这些要求全都拒绝。乾隆皇帝在给英国国王乔治三世的回信中自称为"朕",把对方的来信说成是"表文",并极力称赞英王"恭顺之诚"。乾隆皇帝还强调:"天朝物产丰盈,无所不有,原不借外夷货物,以通有无。"他在两封信中解释了为什么不同意英国的要求。对于第一条,他指出"天朝尺土俱归版籍,疆址森然",不能让与外人;对于第二条,由于那些地方没有洋行和翻译,不便于开放;对于第三条,他认为中国对各国商人要一视同仁,不能只优待英商;对于最后一条,则强调它与"天朝体制不合,断不可行"。①

为了让英国"贡使"看到中国"民物康阜,景象恬熙"而"知感知畏",乾隆还安排马嘎尔尼一行由内陆至广州,也是沿途款待,劳民伤财。清王朝为接待英国马嘎尔尼使团的招待费不下17万英镑,全部费用耗银85万两左右。

---

① 熊志勇、苏浩、陈涛:《中国近现代外交史资料选辑》,第11—13页。

通过这次交往,清政府实际上意识到英国并不恭顺,他们的要求或"更张定制"或"越例",所谓定制和例就是前人立下的规矩。清帝认为这些要求有碍其统治,是非分之求,因此指示要对英国人提高警惕。

马嘎尔尼使团在中国一无所获,于1794年回到英国。但是英国政府并不甘心失败,于1816年又派阿美士德勋爵作为全权特使,率领一个多达600人组成的使团前往中国。由于有上次的教训,英国方面打算提出的要求比上次少,主要是希望清政府能为广州的贸易提供一些方便条件。具体要求是:(1)对公司通商的权利作详细规定,以免地方官吏的不法勒索;(2)通商不得因细故而停止,公司可与任何华商交易;(3)中国官吏不得擅入公司所租用的行馆,公司可自由雇用仆役,官吏不得侮辱英商;(4)中国在北京指定一个衙门,以便公司经理或英国驻使可和它文书往来。然而,清政府对这个使团并不欢迎。8月12日,阿美士德一行抵达天津后,嘉庆帝派户部尚书和世泰等人前往迎接。在礼仪问题上,这些清朝官员同英国使团发生争执。他们再三开导,劝英国人按照中国的传统礼节去觐见皇帝,但阿美士德坚决反对这么做。于是28日,清官员让使团连夜赶到北京圆明园。在他到达后,皇帝立即传旨召见。但阿美士德再次表示不能行三跪九叩礼。和世泰便向皇帝报告说,英国使节推托有病不能觐见。嘉庆皇帝大怒,以为英使有意侮慢倨傲,下令把英国使团逐出中国。事后,嘉庆帝发现真相,又派人追到良乡,收下使团带来的几件贡品,送给英王一些礼物,并把一份给英王的敕书交给使团。信中解释了遣回英使的原因,并提出"嗣后无庸遣使远来"。

阿美士德使团依然未能完成其使命。这次出现的问题看起来是礼仪之争,但根本矛盾在于英国资产阶级政府千方百计要打开中国的市场,而中国君主专制统治者却坚持闭关自守。即便中英双方能在礼仪问题上互相妥协,使团也无法达到其目的。

小　　结

明末清初,东西方两种国际体系——以中国为首的宗藩体系和威斯特伐利亚体系开始发生碰撞。主要作为商人和传教士的欧洲人进入中国,他们不仅带来了西方的宗教和文化,而且要与中国开展贸易。他们的活动对中国的传统观念造成破坏,对中国的社会带来冲击,对中国的体制构成挑战,特别是有可能威胁到清政府的统治。从当时发生的种种冲突看,两种体系难以协调。从经济上看,前者是建立在小农经济基础之上,后者是代表了新兴的资本主义;从政治上看,前者仍然死守专制的君主制度,后者开始实行民主代议制;从外交上看,前者坚持国家间的等级制,后者强调主权独立平等。两个体系间存在着根本性的尖锐矛盾,远不是一次谈判能够解决的。虽然18世纪的中国是世界上的强国之一,清朝统治者以天朝上国自居,但却害怕与欧洲国家交往。面对来自欧洲的商业扩张和宗教势力的挑战时,清政府只会实行保守的闭关政策,以维护自身的专制统治。这项政策不仅加深了中西之间的矛盾,而且妨碍了中国自身的进步。就是在这种被动应对的局面下,中国进入了它的新时代——近代。

思考题

1. 什么是宗藩体制?
2. 为什么说《尼布楚条约》是一项平等条约?
3. 清政府为什么要实行闭关政策?
4. 如何看待马嘎尔尼访华?

参考书目

陈尚胜:《中国传统对外关系的思想、制度与政策》,山东大学出版社2007年版。

顾长声:《传教士与近代中国》,上海人民出版社1981年版。

萧致治、杨卫东:《西风拂夕阳——鸦片战争前中西关系》,湖北人民出版社2005年版。

朱雍:《不愿打开的中国大门——18世纪的外交与中国命运》,江西人民出版社1989年版。

第二章
鸦片战争期间的对外交涉

东西方两种体系的碰撞集中体现在中外贸易中,尤其是中国与当时最强大国家英国的贸易。在中英正常贸易中,英国方面长期处于不利的地位:贸易严重入超和对华出口不畅。英国资产阶级追求利润的愿望得不到满足。英国商人曾试图按照欧洲国家解决问题的方式,通过中英两国政府谈判来解决这个问题,但由于中国政府坚持闭关政策,英国两个使团都无功而返。渴望打开中国市场的英国资产阶级选择了其他手段,这就是鸦片贸易。走私鸦片不仅给中国带来严重的经济损失,而且威胁到清政府的统治。而当清政府决心禁止鸦片的时候,欧洲列强则诉诸武力来打开中国门户。

第一节 第一次鸦片战争与《南京条约》

从18世纪中期开始的工业革命到19世纪40年代已在英国基本完成,英国成了世界上头号工业大国和海上强国。经济迅速发展使得英国公司急于开辟国际市场,尤其是出现生产过剩的时候。1825年在英国爆发了世界资本主义发展史上的第一次经济危机。因此,作为远东的大国——中国,成为英国资产阶级长期瞩目的一个地区。

1. 林则徐禁烟

由于受中国传统经济体制和清政府闭关政策的影响,英国对华贸易一直处于入超地位,即中国无须大量进口英国商品,而英国却需要大量购买中国商品茶叶、瓷器和丝绸等。如1793年,中国出口英国的茶叶为1600万磅,而到19世纪20年代,平均每年出口英国的茶叶达3000万磅以上。结果,英方就不得不每年因贸易逆差而付给中方巨额银圆。

为了能从中国赚钱，英国商人找到一种可以打入中国的东西，即鸦片。鸦片来自英国所占领的印度的孟加拉，由英国东印度公司专营。鸦片贸易利润极高。以1817年为例，每箱上等鸦片在印度的拍卖价为1785卢比，在中国的卖价为2618卢比。除去少量运费，余下的都是鸦片烟贩的利润。所以不仅英国人，美国人、葡萄牙人等都参与这项能获取暴利的买卖。1830年前后，鸦片走私从广东发展到东南沿海地区，一直到直隶和东北的沿海一带。1795—1799年，平均每年输入鸦片4124箱（每箱100—120斤）；1835—1838年竟高达每年3.55万箱。据一项研究估计，鸦片战争前的十年里，从广州走私运往中国内地的鸦片共达23.81万箱。鸦片贸易扭转了中英贸易的局面，在鸦片战争前的十年里，中国白银平均每年外流1000万两，约为清政府每年总收入的四分之一。英国的对华贸易便处于出超地位。

然而，鸦片贸易的赢利并不能解决其他工业品进入中国的问题。中英两国的正常贸易依然存在纠纷。1834年4月，英国政府派遣律劳卑为驻华商务监督，管理英国在华商人，并负责与清政府进行有关交涉。这是英国政府最早派来中国的外交官。英国政府指示他设法同清政府建立联系，努力到广州以外的地方开辟商埠，并在中国沿海寻觅一些地方，以便英国海军在一旦发生战争时可以安全活动。7月25日，律劳卑违反惯例，不经广东地方当局的同意，直接从澳门来达到广州，投递公函，要求拜会两广总督卢坤。卢坤认为这么做不符合惯例，事关"天朝制度"，要求对方改具禀帖交公行转呈。律劳卑拒绝。于是卢坤下令封舱，停止中英贸易。9月5日，律劳卑无视中国领土主权，带了两支英舰闯入海口，炮轰虎门炮台，后又闯入黄埔，企图以武力威胁中方恢复贸易。由于遭到中国军民的坚决抵抗，加之兵力不足，在行商和英商的斡旋下，律劳卑同意退回澳门。29日，中方解除贸易禁令。不久，律劳卑病死。他的继任者德庇时、罗宾臣和义律先后都主张对中国采取强硬手段。

鸦片贸易给中国带来了白银大量外流的灾难，造成了清政府财政上的困难和社会的不安。从1729年起，清政府就一再下令禁烟，但一直没有什么成效。1837年，道光皇帝连发上谕，命各地查堵烟船，缉办鸦片私贩，在全国展开禁烟运动，甚至将吸食鸦片的庄亲王等官员或革去王爵或降职。当时担任湖广总督的林则徐厉行禁烟和戒烟，成效显著，受到道光帝的嘉奖。1838年9月，他奏呈皇帝强调鸦片之危害，"数十年后，中原几无可以御敌之兵，且无可以充饷之银"。林则徐的警示令道光皇帝担忧。12月31日，道光帝任命林则徐为钦差大臣，节制广东水师，前往广东查禁鸦片。

第二章 鸦片战争期间的对外交涉

林则徐到广州后于1839年3月18日发布公告,下令所有外商交出全部鸦片,并具结申明以后来船永远不夹带鸦片,否则"一经查出,货尽没官,人即正法"。① 英国驻华商务监督义律阻挠英国商人缴烟具结。一批外国鸦片贩子将停泊在海上的鸦片船开走,致使广东政府无法查缴。于是,在广州人民的配合之下,24日,林则徐派兵封锁英商居住的商馆,断绝商馆与外界的交通,撤退商馆里的中国雇员和仆役,并下令将黄埔的外国货船暂时"封舱",停止贸易。26日,林则徐发出速缴鸦片烟土的告示,指责外国烟贩走私贩毒是谋财害命,警告他们中国人民坚决反对贩卖鸦片。此时,义律感到无法抗拒缴烟,便命令英商缴烟,同时说服美商也一齐缴烟,声称烟价将由英国政府付给。义律的这种做法显然是要扩大矛盾面。中方采取了这些措施之后,外国商人被迫就范。最后由义律负责,外国商人共交出鸦片237万余斤。1839年6月3日,林则徐在虎门的海滩上将这批鸦片全部销毁。

在收缴鸦片之后,林则徐坚决要求外商具结,保证不再从事鸦片贸易,然后就可以恢复通商。林则徐认为,"鸦片必要清源,而边衅亦不容轻启"②。这种对守法和违法的外国商人区别对待的策略卓有成效。到1839年底,62艘外国商船具结进口,甚至个别英国商船也不顾义律的阻挠愿意具结进口。

就在林则徐禁烟的同时,1939年4月,义律向英国外交大臣报告,要求英国政府赶快派兵来华,对中国进行"迅速而沉重的打击"。5月,他又命令英国商船都开往澳门,一律不准通过具结继续在广州贸易。他还拒绝接受林则徐给予英商作为鸦片补偿的1000箱茶叶。这些做法加剧了紧张的形势。7月7日,英国水手在尖沙咀村酗酒行凶,打伤村民多人。村民林维喜伤重于次日身亡。林则徐一再要求英方交出凶手,义律抗拒不交。8月15日,林则徐下令断绝澳门英人的柴米蔬菜的供应,撤出英商雇用的中国工人。9月4日,义律率军舰在九龙强买食物不遂,便开炮轰击中国炮台和兵船,遭到中国水师官兵和炮台的还击,不得不退却。11月3日,英国商船"皇家撒克逊"号遵令具结,准备进口贸易,遭到义律所派军舰的阻挠。在穿鼻洋面,英国军舰还炮击护送英国商船入港的中国兵船,中国水师给予迎头痛击,侵略者再度受挫败退。4日至13日,英舰又先后在穿鼻洋面发动6次进攻,皆被击退。

林则徐的禁烟措施原本得到道光皇帝的认可。但是当道光帝收到清军在穿鼻海面七次击退入侵英军的报告后,他便改变了主意。11月29日,他指

---

① 熊志勇、苏浩、陈涛:《中国近现代外交史资料选辑》,第16页。
② 《筹办夷务始末》道光朝第1册,中华书局1964年版,第216页。

责林则徐的区别对待方法,认为"若屡次抗拒,仍准通商,殊属不成事体"①,他下令把英国商船全部驱逐出境,"不必取具甘结",停止贸易,同时向各国宣布英人的罪状。清廷对国际形势毫无了解,对敌情毫无认识,在顺利的情况下盲目乐观。道光皇帝的命令破坏了林则徐分化敌人的策略。1840年1月5日,林则徐只好遵令在广州正式封港,断绝中英贸易。这个做法激化了中英矛盾,给英国殖民者入侵中国提供了借口。

2. 英国发动战争

英国政府此时正想扩大事态以便对华发动战争。许多与对华贸易有关的英国商人也纷纷要求英国政府对中国采取坚决有力的行动。1839年10月18日,英国外交大臣巴麦尊通知义律,英政府准备派遣远征军来华。1840年2月20日,英国政府任命乔治·懿律和查理·义律为正副全权代表,统帅军队侵华。这支远征军包括48艘舰船,4000余名士兵。

1840年6月,英国发动了对华战争。此时担任两广总督的林则徐作了充分的军事准备,英军无法得逞。28日,懿律下令封锁珠江口,并立即启程北上。7月初,英军驶经福建海面,炮轰厦门港,被中国守军击退。7月6日,英军攻占定海。8月9日,英军进泊天津大沽口外,向清政府递交照会,施加压力。道光皇帝事先已得知英舰可能北上天津,考虑到天津海防力量不足,所以8月9日接到直隶总督琦善关于英军已到大沽口外的奏报后,立即命令琦善不要随便开枪开炮,如有投递禀帖等事,"即将原禀进呈"。② 于是,琦善于8月15日派人前往英舰取回《巴麦尊致中国皇帝钦命宰相书》,并立即送呈北京。这份照会称林则徐禁烟是对英人"强行残害",要求:(1)偿还烟款;(2)对待英国驻华官员须按"文明国"成例;(3)割让岛屿;(4)赔偿行商欠英商的债务;(5)赔偿军费等。道光帝本以为断绝中英贸易就可以了事,没想到英军会进逼大沽。他不得不委派直隶总督琦善与英方谈判。8月30日,琦善与义律在大沽口会谈。琦善清楚其首要任务是让英人退兵,解除对北京的威胁。于是在对方的压力下,琦善把禁烟一事归罪于林则徐措施不当,表示将对烟款问题做出答复,还同意就英方各项要求在广州进行具体谈判解决。这是中英之间初次谈判交锋,英方以为中方基本上答应其条件,再加上英军

---

① 《筹办夷务始末》道光朝第1册,第243页。
② 熊志勇、苏浩、陈涛:《中国近现代外交史资料选辑》,第21页。

中流行疫病,不便采取军事行动,乃于9月15日起航南返,并同意在广东继续与清朝谈判。

琦善退兵成功,道光帝大喜。9月17日,道光帝任命琦善为钦差大臣,赴广东继续办理中英交涉,同时下令将林则徐、邓廷桢等革职查办,由琦善署理两广总督。他还在9月29日下令各省撤防,"以节糜费"。

3. 广州谈判

11月末,琦善到达广州,将珠江口防务设施撤除,遣散水勇、乡勇,以讨好英国侵略者。在谈判过程中,义律重新提出赔偿烟价、赔偿军费和在闽浙粤沿海割让一口岸的要求,作为交还定海的条件。对义律提出的各项侵略要求,中方同意赔偿烟价500万两,而不是英方要求的700万两;中方同意除广州外再开放一处口岸供外国人按广州方式贸易,而不是三处。琦善对割地一事,表示不敢做主,答应向道光皇帝请示。英方坚持的这些要求都超出道光皇帝的预料,他全部拒绝,并指示要待机反击英军。由于道光帝的强硬态度,谈判中止。

1841年1月初,英军向虎门的沙角、大角炮台发起进攻,并占领了这两个炮台。1月8日,英方向中方进一步提出把所占领的沙角留给英国人,用于贸易和居住,并限期要中方做出答复。被英方军事行动所吓倒的琦善立即同意考虑英方原来的要求,并请求清廷批准给英国人在外洋提供一处居住地。此事未经道光帝同意。20日,义律竟然单方面地发布公告,诡称"和中国钦差大臣已经签订了初步协定",其主要内容是割让香港本岛及其港口,赔偿烟价600万元,开放广州贸易等。26日,英国就以所谓的协议为借口强占香港,下令中国守军撤走。第二天琦善与义律谈判时,义律出示这份协定,要求中方同意,琦善未敢答应。2月10日,两人再次于穿鼻洋蛇头湾会谈,琦善拿出自己拟定的条款,其中有"准就新安县属之香港地方一处寄居",义律对此不满,会谈仍无结果。13日,义律照会琦善,又提出他拟定的"条约草案",其中一条是将"香港一岛,给予大英国王"。15日,琦善派人前往表示拒绝。翌日,义律再次照会琦善,要求在条约上签字,琦善托病不应。

英军攻占在大角和沙角炮台的消息传到北京后,道光帝大为震惊。1月27日,他下令对英宣战,要对英军"痛加剿洗"。30日,他任命奕山为靖逆将军,隆文和杨芳为参赞大臣,共赴粤作战。但2月2日道光皇帝收到琦善的报告称英方已"自知懊悔",愿交还定海和沙角炮台,只求在香港"泊舟寄居",他的态度又发生动摇。道光帝表示体谅琦善"苦心调停"的苦衷。后来有人揭发琦善私议割让香港,他又怒气冲天,于2月26日下令把琦善撤职,押解北京。中英谈判破裂。同时,他下令调集各路军队,全歼英军,不准再考虑通商问题。然而,英国军队先下手了。2月26日,英军攻占了虎门炮台。5月,英军占领广州城外所有炮台,并开炮猛轰广州城。奕山被迫派广州知府向英军求降,接受英方提出的休战条件,答应交纳赎城费600万元,商馆损失费30万元,并率领外省军队退驻离广州60里以外的地方。赎金交齐后,英军归还所占炮台,退出虎门。

4. 中英签订《南京条约》

1841年4月间,英国政府接到义律关于初步协定的报告,对其内容极不满意,认为义律从中国得到的权益太少。30日,英国内阁开会决定召回义律,改派璞鼎查为全权代表,以东印度海军司令巴尔克为海军司令,陆续增调援军1万多人。英国政府指示璞鼎查必须使中国无条件地接受英国所提出的全部要求,才能停止军事行动。8月中,璞鼎查率英军到达中国,随后沿海岸北上展开大规模军事行动,接连攻克厦门、定海、镇海、宁波、余姚、慈溪、奉化、乍浦、吴淞和上海等城市。1841年10月18日,道光帝曾任命大学士奕经为扬威将军,调集皖、赣、川、豫、陕、甘等省的军队前往浙江作战。1842年3月,在敌情不明、准备不足的情况下,奕经分兵三路企图同时收复宁波、镇海和定海三城,结果遭到英军猛烈攻击,全面溃败,从此不敢再战。7月21日,英军占领了控制长江、运河两水道的镇江,切断了南北的漕运。道光帝获知镇江失守后,正式任命耆英和伊里布为钦差大臣,向英方求降。8月4日,英军舰只出现在南京下关的江面上,耆英和伊里布随即赶到,开始了谈判。

根据道光帝的"妥速办理"的指示,中方代表在谈判中只对福州开埠和占领舟山作为赔款担保二事提出异议,英方提出的其余条约条款完全接受。8月29日,中英双方在停泊于南京江面的英船"康华丽"号上签署《南京条约》。

《南京条约》是中国近代史上签订的第一个不平等条约,条约共分十三款,其主要内容包括:(1)五口通商。中国开放广州、厦门、福州、宁波、上海五处为通商口岸,准许英人居住贸易。(2)割让香港岛。中国将当时广东省宝安县的一个沿岸小岛香港,割与英国。(3)赔款2100万元。其中包括赔偿英国鸦片烟价600万元、军费1200万元和行商债务300万元。(4)协定关税。英国商人"应纳进口、出口货税、饷费,均宜秉公议定则例"。(5)废除公行制度。取消过去英商只准与清政府所指定的行商进行贸易的限制,规定英商"勿论与何商交易,均听其便"。

1843年10月,英国政府又强迫清政府先后签订了中英《五口通商章程》和《虎门条约》,作为中英《南京条约》的附件。这些附件使英国人又在中国得到许多特权,其主要内容是:(1)领事裁判权。通商口岸发生中英商民纠纷,英国人"由英国议定章程、法律,发给管事官照办",即英国人不能由中国政府根据中国法律处理,而要由英国领事按照英国法律处理。(2)片面最惠国待遇。《虎门条约》规定:"设将来大皇帝有新恩施及各国,亦应准英人一体均沾,用示平允",即清政府答应将来给予其他国家的任何权利,英国都可以同样享受。(3)低关税。英商货物的进出口关税一般为值百抽五。(4)租界。英国人可以在通商口岸租地造屋,永久居住。(5)外国军舰常驻中国港口。《虎门条约》规定:"凡通商五港口,必有英国官船一只在彼湾泊。"所谓的英国官船实际上就是军舰。于是,英国军舰可以常驻通商口岸。

鸦片战争的失败给中国带来了极为深刻的教训。当时中国是拥有广阔的领土、4亿人口、近90万人的军队和国内生产总值为世界第一的大国。1820年,中国GDP占世界比重近33%。直到第二次鸦片战争后,中国的GDP仍是世界第一。① 清政府又是在自己的土地上进行正义的自卫,然而却被打败了。其根本原因在于中国是一个没落的专制帝国,清政府腐败无能,军队战斗力差和装备简陋。从对策角度看,清政府妄自尊大,对国际形势毫无所知,顽固坚持闭关政策,时而轻敌言战,时而谈判拖延时日,根本无力阻止英国侵略者。

第二节 《望厦条约》和《黄埔条约》的订立

中英签订条约一事对热衷于扩大对华贸易的其他外国商人来说是一个机会,他们纷纷要求本国政府对清政府提出类似的要求。

1. 中美订立《望厦条约》

中英《南京条约》签订的消息传到美国之后,美国政府决定派担任国会外交委员会委员的顾盛为特使前往中国谈判,争取缔结类似《南京条约》的条约,而且期望他能到达北京和宫廷,面见皇帝。1843年秋,根据美国政府的指

---

① 麦迪森:《中国经济的长远未来》,新华出版社1999年版,第57页。参见 Madison, "Historical Statistics of World Economy", Table Two, http://www.ggdc.net/MADDISON/oriindex.htm. 麦迪森教授对历史经济数据的研究具有世界公认的权威地位,此网站包括他的全部研究数据。

示,驻广州领事福士把顾盛使团即将来华,并欲进京的消息通知中国地方官员。福士还要求面见清朝官员,商议使团来访的安排。按以往的规矩,中国官员不会会见被视为"夷目"的外国官员,有事只由外商的翻译代传。这次考虑到旧章程正在改变,若不接见可能带来麻烦,钦差大臣耆英便于10月2日接见了福士。耆英首先表示不仅中国皇帝而且百姓都认为美国人是朋友。但当福士提出美国使团要去北京,他立即表示反对。理由一是路途遥远,过分辛苦;二是各国人来华只为贸易,有关贸易的事完全由皇帝所派的钦差大臣在广州处理,没必要去北京。接到耆英的有关报告后,清廷于11月15日下令制止美国使团进京,"著耆英等婉为开导,谕以天朝抚驭各国,一视同仁,凡定制所应有者,从不删减,定制所本无者,不能增添。若各国纷纷请觐,观光上国,不但无此政体,且与旧制有乖,万难代奏"①。从此,进京问题成为中美交涉的重点。

顾盛使团于1844年2月24日到达澳门。27日,他便照会护理两广总督的广东巡抚程矞采,要求同中国钦差商议签订条约的事情,并提出要进京向皇帝递交国书。程矞采再三进行劝阻。4月9日,清廷闻讯后接连发布4道上谕,采取3项措施。一是下令程矞采尽力阻止美国使团北上;二是马上派已任两江总督的耆英为钦差大臣再次去广州谈判条约;三是命令沿海各地官员,如见到美国使团的船只,不准动武,允许美国人购买生活用品,但不许登岸,劝他们返回广州。6月17日,耆英一行到达澳门附近的望厦村。21日,布政使黄恩彤与使团秘书初步会谈,美方提出条约草案47条。22日,耆英回信表示他将尽快地处理条约签订事宜,美国使团没有必要去北京了。

耆英等人研究过条约草案后,认为它的内容与刚刚订立的中英《虎门条约》类似,基本上符合清政府对于通商的政策,看来签订条约不难,困难的是美国使团仍打算北上。他担心订立条约之后,美国使团便会启程进京,因此决心设法阻止。6月24日,耆英亲自与顾盛会谈。中方也提交了一份草案。在会谈中,双方讨论了过去遗留下来的一些民事争执,并未涉及商约问题。耆英最关心的是美使要求进京的问题,所以他再三解释进京是没有用的,明确指出违背天朝旧制的东西皆不能准许,请对方把国书交出来,由他代为转呈。

双方由于语言不通,虽有翻译,谈判也很吃力。便决定通过交换书面文件形式进行协商。耆英致顾盛书中提到下面几条:(1)各国不辞艰险远道来

---

① 《筹办夷务始末》道光朝第5册,中华书局1964年版,第2763页。

华,利在通商,"各国有求于中国,非中国有求于各国也";(2) 按照客从主人的原则,来华商人要按中国的规章制度办事;(3) 中国与他国间不需因和好而改变各自制度;(4) 中美之间没有理由要动武。顾盛致耆英书中强调三点:(1) 出于真诚希望中美两国和好的愿望,不再要求北上;(2) 若今后有其他国家使节进京,也应给予美国使臣同样的待遇;(3) 尽快地议定条约。可以看出美国使团是作了让步,6月29日,耆英在复照中称赞顾盛的态度,同意他的第二点要求。就条约内容的交涉中,双方对一些细节进行了调整。

在谈判中耆英总担心顾盛以呈递国书为名要求进京,屡次问到"国书作何办理"。他要求顾盛把国书交出,由他代奏大皇帝。起初,美方坚持由清中央政府直接派人来收取。经过交涉,双方同意日后如有国书,由奉命办理外务的钦差大臣,或两广总督,或两江总督代奏。耆英抱定一个主意,即"其国书一日未交,则夷情一日未定"。7月3日上午,顾盛终于把国书交给耆英,让他转交给中国皇帝。这一下耆英心里踏实了,当天下午就同美方在议定的《五口贸易章程:海关税则》(即《望厦条约》)上签字。

《望厦条约》共34款及税则,其中大部分内容与中英条约相似。突出的不同之处是规定在中国领土上的外国人可以不受中国法律的管辖;美国可以在开放口岸派驻领事,美国人可以携带家属在此居住,并设立教堂和医院;美国若有国书要交给中国朝廷,由办理外国事务的钦差大臣,或两广、闽浙、两江总督代奏;由于各个口岸情况不一,有关贸易和海面管理各款会有需要略改之处,可以在十二年后由双方派人修订。

2. 中法订立《黄埔条约》

鸦片战争爆发后,法国就在准备向中国扩张。当时法国在中国的商业利益很小,每年不过一二艘商船,但1841年法国政府派真盛意来中国进行调查,试图扩大法国在远东的利益。中英《南京条约》签订后,法国也想得到同样的利益。1844年8月,法国政府派遣曾任驻希腊公使的剌萼尼为专使带领8艘兵船到达澳门。剌萼尼详细地研究了《南京条约》和《望厦条约》的内容,了解了这两个国家同中国的谈判情况,并分析了清政府的状况。他找到了清政府的弱点,于是便大肆放出风声要中国割地,要北上面见皇帝,对清政府进行讹诈。10月初,清政府派耆英同他开始谈判。由于有了前次谈判的经验,耆英明白对方的关键要求是得到商业的利益。根据清政府一视同仁的政策,耆英迅速地答应了法方提出订立商约的要求。1844年10月24日,在停泊于广州附近的黄埔的法舰阿吉默持号上,耆英与剌萼尼签订了中法《五口通商章程》,及附件《海关税则》,即通常所说的《黄埔条约》,共36款。

根据这项条约,法国与英美一样得到了五口通商、协定关税、领事裁判权和片面的最惠国待遇等重大特权,而且还获得其他一些新的特权。如条约的第二十二款规定,法国可以在五个通商口岸建造教堂、医院和学堂,并或租赁房屋及行栈贮货,或租地自行建屋,而且占地面积和建屋多少都不受限制。这款还规定若有中国人损坏法国人的教堂和墓地,"地方官照例严拘重惩"。

在签约之后,剌萼尼进一步要求清政府开禁天主教。清廷虽然对此事存在顾虑,但在剌萼尼的威胁下,也怕法国再找麻烦,只好答应。1844年11月11日,道光皇帝批准天主教开禁。清政府虽然同意天主教弛禁,却没有公开宣布这项决定。剌萼尼对此毫不放过。1845年8月初,他利用《黄埔条约》即将换约之际,向耆英提出要求公布弛禁令。换约之后,他亲自到上海、宁波和厦门等地进行调查,12月初回到澳门。他向清政府指出,各地实行弛禁令"有名无实",要求清政府切实履行其承诺,并进行威胁。1846年2月20日,在剌萼尼的紧逼之下,道光皇帝只得正式下令准许天主教传教士在通商口岸自由传教,不许各地官吏查禁天主教,并发还过去没收的天主教堂。从此,天主教在中国的影响迅速增长。

以《南京条约》《望厦条约》和《黄埔条约》为先例,葡萄牙、比利时、瑞典、挪威等国也都相继派代表来中国要求通商,均沾利益。清政府对它们的要求都一概允准。这些条约不仅让清政府割地赔款,更重要的是打破了闭关政策。中国东南沿海的大门被打开,中国关税自主权被剥夺,中国司法主权也遭到破坏,中国的海防没有了保障。

3. 外国租界的设立

五口开放通商之后,中外商业活动增加,外国人也要求入驻这些城市。在广州和福州两地,民众强烈表示反对外国人入城。1842年11月,广东的民间团体"社学"号召全省人民起来为反对英国在广州"创立码头"而斗争。受"华夷之辨"思想的影响,《全粤义士义民公檄》就指出:"华夷未可杂居,人禽不堪并处。"广州民众阻止外国人入城的斗争在私下里得到两广总督叶名琛的支持。英国方面几经交涉未果,外国人只好住在城外沿江被称为十三行的地区。英国人在福州碰到同样的问题。尽管英方一再要求当地政府准其入城,但均因福州民众的坚决反对而未能落实。直到1850年,地方官员才允许英国官员和平民都入城居住。

上海的情况有所不同。外国人认为上海老城太小,不适合居住,请求另找地方居住。对英国方面的这个要求,中方表示欢迎,因为从闭关政策的原则出发,这么做便于对外国人的控制以及限制外国人与中国人的往来。1845年11月,英国驻上海领事巴富尔和中方苏松太道宫慕久议定《上海租地章程》,"划定洋泾浜(今延安东路)以北,李家庄(今北京东路)以南之地,准租与英国商人,为建筑房舍及居住之用"①。东面是以黄浦江为自然界限。来年9月,进一步议定西边以边路(今河南中路)为界。这块占地830亩的土地成为英国人的居留地,也就是最早的租界。界内实行"华洋分居",外国人拥有土地的"永租权"。1848年1月,法国驻上海领事敏体尼在当时上海县城与英租界之间的地方租赁房屋,设立领事馆。然后他要求上海道台吴健彰按照英国先例划地,供法人居住贸易。次年4月,上海道台发布公告,规定以上海县城与英租界之间总面积为986亩的土地为法租界。他在法方的压力之下,甚至表示"倘若地方不够,日后再议别地,随至随议"。美国的圣公会传教士也在苏州河北岸虹口地区广置土地,建造房屋,并要求上海道台将该地划为美租界。1863年6月,该地区正式确认为美国租界。9月,美、英租界合并为公共租界。外国侵略者以后陆续在租界内设立工部局、巡捕房等行政和司法管理机构。这种租界制度逐渐从上海扩展到其他通商口岸。租界成为外国人在华发挥政治、经济和文化影响的基地。

第三节　第二次鸦片战争与《北京条约》

鸦片战争和不平等条约未能解决中外之间的根本矛盾。战后,中国的开放程度仍然十分有限,毕竟中国对国外商品的需求极小。清政府也没有从战争中吸取教训,还在维护旧的闭关政策,民众同样依然用古老的方式来反抗外来势力。

1. 列强要求修约

列强对华贸易的逆差问题没有解决。以英国为例,1850年英国对华输出的商品甚至比1844年还减少了75万镑。仅布匹一项,1842年以后的进口量没有发生多大变化。不少外国商品运到中国卖不出去。鸦片贸易依然是外国商人牟利的主要手段。出现这种现象的原因在于中国仍处于自给自足的小农经济,而外国商人却认为是中国开辟的通商口岸太少,从事贸易的条件

---

① 熊志勇、苏浩、陈涛:《中国近现代外交史资料选辑》,第33页。

不好和权力不够所导致。于是,列强提出修约的要求。

中美《望厦条约》和中法《黄埔条约》中有一项规定是"各口情形不一,所有贸易及海面各款恐不无稍有变通之处,应俟十二年后,两国派员公平酌办"①。《南京条约》中没有这项规定,但英国援引最惠国待遇也要求享有12年后修约的权力。1854年,英国联手美国和法国准备向清政府提出全面修约的要求,主要内容是:开放中国沿海各口岸及内地各城市,准许外国人自由出入进行贸易,长江自由通航,废除进出口货物的子口税,准许外国使节常驻北京等。4月,英、法、美三个公使共同向两广总督叶名琛提出修约要求,叶名琛指定广州城外仁信栈房为接见地点,遭到外国公使的拒绝。于是,公使们分别前往上海进行交涉。两江总督怡良根据朝廷不许"迁就了事"的指示,要求他们回到广州去谈,强调办理外务是两广总督的职责。公使们又与江苏巡抚吉尔杭阿交涉,也遭到拒绝,不得不回到广东,但叶名琛却躲避不见,理由是他没接到处理修约一事的谕旨。8月28日,英国公使包令、美国公使麦莲与法国公使布尔布隆在香港商议,决定先前往上海进行交涉,然后一起到天津附近的白河口与清朝全权大臣交涉修约问题。9月底,三国使节来到上海。他们要求江苏巡抚吉尔杭阿通知清政府做好谈判准备。咸丰皇帝获悉后却把吉尔杭阿严厉斥责一番,自恃天津海口大船不能驶入,仍坚持要外国使节返回广州。

三国公使不理睬清政府的要求,他们决心北上(法国公使因故没有同去,派秘书为代表)。10月15日,大小军舰5艘开抵大沽口外。长芦盐政文谦和天津镇总兵双锐同英美译员作了初步的会晤。随后,清政府派前长芦盐政崇纶在直隶总督桂良的指导下负责谈判,并明确地要求他们"勿轻有允许"。11月3日,包令和麦莲率领160多人登陆,与崇纶会谈。两个使节各提出一份修约要求。这些要求上报清廷后,咸丰皇帝认为这些要求"荒谬已极"②,逐一批驳。但他同意在减免广东茶捐、审理民夷争执等方面做些让步。根据皇帝的指示,崇纶照会麦莲,对其多数要求一一驳斥。由于清政府的坚决态度,英美使节没达到目的,只得悻悻离开大沽。

第二次带头提出修约的是美国。1856年,美国公使伯驾照会叶名琛,要求中国政府派遣钦差大臣,在北京谈判修改条约。英国公使包令和法国代办顾随也根据各自政府的指示,分别向叶名琛递交照会,支持美国的修约要求。

---

① 王铁崖:《中外旧约章汇编》第一册,第56页。
② 熊志勇、苏浩、陈涛:《中国近现代外交史资料选辑》,第46页。

列强提出的主要修约内容是派遣使节常驻北京,中国全境开放,取消对个人自由的任何限制。清廷接到叶名琛关于三国联合修约的报告后指示说:"择其事近情理无伤大体者,允其变通一二条,奏明候旨,以示羁縻。"①在叶名琛接到该指示之前,伯驾由于在广东交涉一直没有结果,已于7月1日离开香港,扬言将到北京修约。伯驾希望包令同去,但包令认为修约必须靠武力支持,而当时美国在中国的兵船只有两艘,法国连一艘都没有,英国海军也暂时无法提供有力的支持,因此他拒绝了伯驾的请求。顾随也持同样的看法。伯驾8月到达上海后,预定送他北上的美国海军汽船迟迟不来。同时,上海的地方官吏又竭力阻挡他去天津。在这种情况下,伯驾只得在11月返回香港。

2. 英法挑起战争

1856年10月8日,中国水师在广州水面上查获到一艘走私船"亚罗号",并拘捕了船上有海盗嫌疑的水手12人。这艘中国船为了走私方便曾在香港注册,但在被中国水师扣押时执照已过期10余天。事情发生后,英国驻广州领事巴夏礼硬说它是英国船,指责中国水师上船捕人是违反了《虎门条约》的规定,还说船上悬挂的英国旗被中国水兵扯下是对英国的侮辱。英方蛮横无理地向两广总督叶名琛提出最后通牒,要求道歉和释放被捕水手。中方怕把事情弄大,放回了全部水手。但英方以广州当局未派高级官员解送和未送交道歉书,拒绝接受。23日,英国军舰闯入省河,对广州发动进攻,占领了沿江的炮台,并一度攻入广州城内,抢掠总督衙门,焚烧民房。英国侵略者的行径激怒了当地的百姓,民众组织起来进行阻击。12月14日,广州民众向十三洋行商馆进攻,将商馆全部焚毁。英军由于兵力不足2000人,暂时退据虎门,等待援军。1857年3月,英国政府任命额尔金为全权代表,他率领大批军队在7月到达香港。英国还照会法、美、俄等国,建议联合出兵。此时,法国政府已借口马神甫事件决定对中国发动战争。

鸦片战争后,许多外国传教士无视条约的规定,凭借领事裁判权的保护,非法到5个通商口岸之外的地方活动。1853年,法国天主教传教士马赖进入广西西林县。他不仅传教,而且包庇违法教徒,行凶作恶,激起民愤。1856年2月,西林县新任知县张鸣凤将马赖和不法教徒共26人拘押,不顾领事裁判权的规定,将马赖及2名教徒处死。几个月后,消息传到法国,法国政府便以"为保护圣教而战"的名义,向英国建议联合出兵中国。1857年4月,葛罗被

---

① 熊志勇、苏浩、陈涛:《中国近现代外交史资料选辑》,第47—48页。

法国政府任命为全权大臣,10月率军队到达香港。

于是在1857年10月,英法两国军队组成5000多人的联军。12月12日,英法两方分别照会两广总督叶名琛,要求入城、修约和赔偿十三洋行商馆的损失。叶名琛自以为无事,回绝了英法的要求。26日,英法发出最后通牒,要求24小时内给予答复。叶名琛不做任何防守准备,还下令士兵不准"挑衅",也没有采取其他可能缓和矛盾的措施,只迷信仙人的乩语,断定"十五日后便无事"。28日,英法联军攻陷广州城,总督叶名琛做了俘虏,后被送往印度加尔各答囚禁。广州将军穆克德纳和广东巡抚柏贵投降,成了英国人的傀儡。

美国没有派兵参加联军,但支持英法对中国提出的要求。1857年5月,美国国务院给新任驻华公使列维廉的指令是要他与英法实行外交合作,不要参与战争,可待机进行"调停"。广州城被英法联军攻占后,列维廉向英使额尔金表示祝贺。俄国自19世纪40年代以来一直在黑龙江一带进行扩张,先在庙街建立了据点,后于1856年设置了滨海行政区。1857年,俄国政府派普提雅廷出使中国,提出对黑龙江以北广大地区的领土要求。清政府拒绝谈判。于是他前往香港,与英法美一道共同对清政府施压。

1858年2月,四国驻华公使先通过驻上海的领事向清政府发出照会,英法的照会大致相同,要求公使驻京、开放新口岸、外人可以随意到内地游历、赔偿军费和广州侨民的损失、修订税则等。美俄的照会除支持英法的要求外,还敦促清政府速派代表到上海进行谈判。对此,清政府一方面要求英法美使节退到广州去和新任两广总督黄宗汉商办,要求俄国使节去黑龙江等候谈判;另一方面调兵遣将,准备一战。由于没有得到肯定的答复,四国使节决定一起北上,迫使清政府屈服。4月中旬,英、法、美、俄四国的舰只先后到达大沽口外。24日,四国公使提交照会,要求清政府立即派代表在北京或天津进行谈判,并限6日内给予答复。

咸丰皇帝对列强的这些做法十分不满,试图分化四国公使。清政府同意在天津进行谈判,派仓场侍郎崇纶为交涉代表。对方认为其地位太低又无全权,拒绝接受。清政府只好再派直隶总督谭廷襄为钦差大臣,英法公使仍借口他不拥有全权而拒绝谈判。尽管如此,清政府还是通过谭向对方提出要求:"必须该两国将广东省交还,真心悔过,方能逐款定议,大皇帝谕令限期于4月底交还省城,如逾期不还,一交5月,当即兴兵攻打省城。"与此同时,美国公使和俄国公使同意与谭廷襄进行谈判。中方同意为美国在广东和福建各加开一处口岸,并减少船钞,也同意俄国可以经过海道到五口通商,但坚决反对公使驻京、内江通商和内地游历等要求。

由于清政府坚持英法方面先交还广州然后才能谈判的立场,英法两国决定诉诸武力。5月20日上午8时,英法联军将招降书交给谭廷襄,限其两小时内撤退守军,交出大沽炮台。10时,英法联军发动进攻。虽然炮台守军顽强抵抗,但联军还是攻下大沽炮台,逼近天津。谭廷襄以天津无防可守为借口,自动弃守。英法联军把不占领天津作为诱和手段,只占领了天津城外的望海楼一带。在列强的实力威胁面前,清政府软了下来,29日派大学士桂良和吏部尚书花沙纳为全权代表前往天津同侵略者谈判,后又加派耆英协助,期望通过他与外国人的关系能设法"转圜"。

3.《天津条约》的谈判

清政府代表同英法美俄等国代表分别举行谈判。由于英国在华利益和影响最大,英方同清政府谈判的时间最长。在谈判中,英方态度极为强硬。英国公使额尔金先是指出桂良等人虽有全权名义,但没有关防敕书,是否开始谈判,还有待考虑。于是,清政府马上颁发钦差大臣关防。随后,英方于6月6日通知中方:必须允许英国公使"进京驻扎,方能在津议事,否则仍直带兵入都",桂良十分害怕,向清廷强调形势"万分危迫"。清政府不得不同意在议和之后,公使可以进京。6月9日,耆英会见额尔金的代表威妥玛和李泰国,力图斡旋,但对方不承认他的代表资格,并当场加以羞辱。耆英狼狈返回北京。咸丰皇帝以擅自离职有违圣旨为由,令耆英自尽。

在谈判中,中方同意在税收等问题上接受对方的要求,但关键的问题是内地游历、长江航行和外国使节驻京。咸丰皇帝认为如果外国人进入长江内地,"后患无穷",只允许在五口之外再开放一两个口岸,而且必须在闽粤两地,不得进入"内江地面"。咸丰指出公使驻京一条"为患最剧,断难允行"。然而在列强的压力下,中方不得不同意接受对方要求。1858年6月26日、27日,清政府代表分别同英、法代表签订了《天津条约》。两份条约的条款不尽相同,主要内容如下:(1)公使驻京。根据中英条约的规定,公使可以在北京"长行居住,或能随时往来"。(2)内地游历。条约规定外国人可以持照到中国内地各处游历传教。(3)长江开放和加开口岸。中英条约规定长江沿线开放三处口岸(后定为汉口、九江和镇江),加开牛庄、登州(后改为烟台)、台湾(台南)、潮州(后改为汕头)、琼州为通商口岸。中法条约又加开淡水、和江宁两处。列强可以在各通商口岸停泊军舰。(4)修订税则。确定当时的税收较高,需要重订。同时规定减轻商船吨税。(5)赔款白银600万两。其中赔偿英国400万两,赔偿法国200万两。(6)规定会审制度。中外两国人员之间的争端由中国地方官与外国领事会同审办,主要体现在租界内。中英条约中还特别规定若双方在条约文本上出现争议,以英文本为准。《天津条约》最后规定,经缔约国双方政府批准后,于下一年在北京交换批准书。

就在中英、中法《天津条约》签订之前,俄国和美国已经分别同清政府签订了新的条约。6月13日,中俄达成《天津条约》,同意就东北的边界进行勘查,同时也给予俄国到中国沿海开放口岸通商的权力、领事裁判权和片面最惠国待遇等特权。6月18日,中美达成《天津条约》。这个条约规定美国公使每年可以到北京暂住一次,但若中国许可别国公使常驻北京,则美国公使也一律照办;美国人有在中国沿海的贸易权;美国军舰可以在通商口岸巡查;美国享有最惠国待遇;中国保护传教士和教徒等。条约特别规定中美和平友好相处,今后若中国同他国发生争执,"一经知照,必须相助,从中善为调处"。这条规定凸显美国对华政策与他国不同,增加了清政府对美国的好感,为日后美国扩大在华影响奠定了基础。

咸丰皇帝勉强接受签约一事,但对驻使的要求实在难以接受,曾要求桂良等再去同英方商量附加的限制条件,如"来时只准带人若干,到京后只准暂住若干时,一切跪拜礼节悉遵中国制度,不得携带眷属"等。然而,桂良等人怕再引出纠纷,不敢向对方提出。所以,此事在天津谈判期间未能最终解决。这年10月,清政府派桂良、花沙纳和两江总督何桂清等人为代表到上海同列强就关税问题继续谈判,咸丰皇帝试图利用这个机会改变条约的内容。他指示谈判代表向英方提出一个折中的方案,以完全豁免洋货进口税的条件来换取列强同意取消《天津条约》。但是桂良等在谈判中根本不敢把这些要求都提出来,只是提出外国使节驻京一个问题。英方拒不接受。11月,清政府与英、法、美三国分别签订了《通商章程善后条约:海关税则》。这份条约除了调整个别物品的税率外,主要规定各通商口岸要聘请外国人"帮办税务",也就是管理海关。

4. 大沽冲突

对于上海谈判的结果,咸丰皇帝十分失望。他下令加强大沽、天津一带的防守力量,练水师,筑炮台,准备阻止列强第二年到北京来换约。1859年初,英、法政府分别任命普鲁斯和布尔布隆为驻华公使,前往北京。咸丰皇帝获知这个消息后,先是下令在上海同他们交换条约批准书,同时频频发出调集各路军队的命令,摆出准备一战的姿态,后于3月29日又提出作为下策,如果对方不肯,可以让他们来北京,但事先要说好,"由海口进京时,所带人数不准超过十名,不得携带军械,到京后照外国进京之例,不得坐轿摆队,换约之后,即行回帆,不许在京久驻"。显然清政府还是希望能通过妥协的办法来处理此事,避免同列强发生冲突,但底线是外国使节不能常驻北京。

6月初,普鲁斯和布尔布隆先后到达上海。美国公使华若翰也已先期到达。清政府代表桂良等试图说服对方不要北上,就在当地换约。但三国公使通知中方,在换约前不讨论任何有关条约的问题,并拒绝与清政府的代表见面。于是,清廷退而求其次,同意三国代表来北京,但要在北塘登陆进京,原因是大沽河口已设置障碍物,而北塘向来是各国贡使来京的贡道。6月18日,军机处指示顺天府"应照各夷朝贡之例"为各国使节准备住所,清政府要试图以此维护自己的尊严,杀对方的威风。

然而,三国代表断然拒绝清政府的这一要求。英国海军提督贺布于6月17日率军舰到达大沽口外,要求清政府清除河道中铁戗等各种障碍物,并表示坚决不走北塘。清政府虽然坚持原议,但也要求守军别"轻举妄动",顾全大局。6月20日,三国公使到达大沽,24日向中国守军发出最后通牒。中方未予理睬。第二天,英法联军便向大沽炮台发起进攻,遭到中国守军的顽强抵抗。在炮战中,英法联军13艘兵舰中,6艘受重创,4艘被击沉,贺布本人也身受重伤。当时停泊在附近海面上的美国舰队司令高喊"血浓于水"的口号,下令开炮为英法军助战。英法联军被迫撤走。

大沽冲突后,美国公使华若翰表示为了两国的友好关系,同意从北塘登陆进京换约。但他到北京后还是与中方在跪拜礼问题上争持不下,最后回到北塘才与清政府代表恒福交换了条约批准书。

这次胜利使清政府盲目乐观,咸丰皇帝在1859年8月1日的上谕中提出取消《天津条约》,还要向英法索取赔款和另立条约。咸丰皇帝依然留下北塘不设防,作为对外议和的地点。同时,他告诫统兵大臣见到敌人后不能先开火,妨碍和谈。

5. 签订《北京条约》

大沽冲突成了英法政府再次发动对华战争的借口。1860年2月,英法政府派额尔金和葛罗为全权代表,又派克灵顿和孟斗班分别率领英军1.8万余人,法军7000余人,舰船200多艘一起前往中国。听到英法再次派兵前来中国,咸丰皇帝的态度又软了下来。他不再提另立条约,只希望在一些关键问题上对原有条约进行修改,并表示若对方"减从",可以来北京换约。4月21日,英法联军占领舟山;5月3日,英军攻占定海。5、6月间,英军又占领大连,法军占领烟台。7月底,英法联军的大批舰只集结在大沽口外。此时,负责防守的僧格林沁以为敌人不善于陆战,仍留下北塘一处不设防。咸丰皇帝强调"以抚局为要"。然而,英法联军根本不是来中国议和的,8月1日趁北塘不设防之机大规模登陆,绕道进攻大沽,14日占领塘沽,21日攻占大沽炮台,并于24日攻占天津。

清政府赶紧派桂良前往天津同英法方面和谈。在这种情况下,侵略者提出了更多的新要求,如加开天津为通商口岸,增加对英法赔款各800万两,并要先付现银200万两,英法特使各带兵1000人进京换约。对方的苛刻要求使咸丰皇帝感到不安。他担心列强军队进京后会推翻清朝的统治,不得不表现出强硬的态度,拒绝了对方提出的增加赔款和带兵进京换约的要求。9月9日,英法联军向通州推进,咸丰皇帝也宣布要亲自率军前往通州,"以伸天讨,而张挞伐"。但同时,他又下令派怡亲王载垣和兵部尚书穆荫为钦差大臣去通州议和。他想摆出强硬的姿态迫使对方在和谈中放弃苛刻的要求。随着侵略军进逼通州,本来就没有大战决心的咸丰皇帝改变了其态度,14日宣布取消亲征。15日,他授权载垣、穆荫进行谈判。

载垣要求英法联军撤至天津,然后进行谈判。对方断然拒绝。于是,载垣要求对方派人到通州谈判。16日,中方接受了巴夏礼、威妥玛和巴士达等人提出的全部要求,包括赔偿现银和带兵进京换约。17日,英法代表又提出在互换和约时,须面见皇帝,亲递国书。中方代表知道届时对方是不肯行跪拜礼的,而且咸丰皇帝强调指出外国使节拜见皇帝时不按中国规矩行礼一事关系到"国体所存,万难允许。该王大臣可与约定,如欲亲递国书,必须按照中国礼节,跪拜如仪,方可允行"①。这是维护中国的宗藩体系和王朝统治者威严的最后底线。为了避开这个难题,中方代表不同意英法代表向皇帝呈递国书的要求。但英法方面坚持不让,谈判破裂。18日,英法联军又向清军开火,战事再起。于是,中方扣押了英法的谈判人员巴夏礼等近40人,试图以此逼迫对方退军。这种做法既违背国际惯例,也不符合中国的传统。被激怒的英法联军发动猛攻。18日,通州陷落。21日,清军与敌军在八里桥激战,再次失利。咸丰皇帝于22日惊慌出逃,行前任命恭亲王奕䜣为全权议和代表。10月6日,英法联军占领北京西郊的皇家园林圆明园,大肆抢掠并放火焚烧。13日,北京城沦陷。

---

① 熊志勇、苏浩、陈涛:《中国近现代外交史资料选辑》,第55页。

第二章 鸦片战争期间的对外交涉

火烧圆明园

在列强的压力下,奕䜣不得不同英法代表进行和谈,实际上是无条件地接受了对方的全部要求。1860年10月24日、25日,奕䜣代表清政府与英法代表分别交换了《天津条约》的批准书,还另外签订了《继增条约》,也就是《北京条约》。

中英、中法《北京条约》的主要内容包括:(1)对英法的赔款都增加到800万两(在条约规定之外,清政府还同意向英法分别支付"恤金"30万两和20万两)。(2)增开天津为通商口岸。(3)割让香港对岸九龙司一处给英国(即九龙半岛南端界限街以南的地区)。(4)准许中国人与英法人订立合同,到英法属地或海外其他地方做工。(5)偿还以前没收的天主教堂财产,"并任法国传教士在各省租买田地,建造自便"①。

第二次鸦片战争并非由鸦片引起,冲突的起源依然还是实行扩张主义的资本主义国家与坚持朝贡制度和闭关自守政策的中国君主专制王朝的矛盾。咸丰皇帝为了维护宗藩体系的规矩,总想把外国人拒于京师之外,甚至不惜牺牲经济利益。然而,列强不仅要扩大对华贸易,而且要坚持其平等的理念。在这次战争中,清政府的态度时强时软,往往开头比较强硬,被打输后又妥协投降。《天津条约》和《北京条约》的签订决定了清政府闭关政策的破产。

第四节　对沙俄扩张的让步

在中俄《尼布楚条约》签订以后的150年间,沙皇历代统治者都没有忘记

---

① 此项规定为法文本《中法北京条约》中所没有的,是由充当翻译的法国传教士孟振生私自加入到条约的中文本中。中方以为这是法国的要求,清政府也就认可了。

对东方的侵略扩张。辽阔富饶的黑龙江流域一直是他们的扩张目标。彼得一世曾毫不隐讳地说:俄国"必须占领"黑龙江口,女皇叶卡捷琳娜二世也把夺取黑龙江作为"远东政策的中心"。进入19世纪以后,沙俄政府的这一政策更为明确。俄国的武装探险队一再闯入黑龙江流域。1855年,俄国人开始在黑龙江下游建立移民区。清政府曾派代表去谈判,但无效果。1856年,俄国军队顺江而上,强占战略据点,并设立包括黑龙江下游地区在内的所谓"滨海省"。1857年,沙俄开始在黑龙江中下游实行武装殖民,并派出使节普提雅廷同清政府谈判,他在天津交涉未成后转往香港,同英法美三国公使一道逼迫清政府让步。

1858年,俄国又派出军队逼近瑷珲一带。俄国东西伯利亚总督穆拉维约夫逼迫黑龙江将军奕山谈判。他以武力相威胁,迫使奕山于5月28日在《瑷珲条约》上签字。这个条约把黑龙江以北、外兴安岭以南的领土划给了俄国;但瑷珲对岸精奇里江以南至豁尔莫勒津屯的地区,即江东六十四屯仍由中国人永远居住,由中国官员管理,俄国人"不得侵犯";乌苏里江以东的中国领土为"中俄共管"。清政府闻讯后,拒不承认该条约,并把奕山革职。

在这期间,英法联军攻占大沽。俄国代表普提雅廷趁机迫使清政府在6月13日订立中俄《天津条约》。这个条约主要规定:(1)俄国在上海、宁波、福州、厦门、广州、台湾、琼州7处口岸有通商的权利;(2)在内地的传教权、领事裁判权和片面最惠国待遇等特权;(3)对于边界事务规定"以前未经定明边界,由两国派出信任大臣秉公查勘"。

1859年4月24日,俄国政府委任驻北京东正教会监护官丕业罗幅斯奇为全权代表同清政府户部尚书肃顺互换了《天津条约》。俄国代表同时提出了其他要求,包括割让乌苏里江以东地区、俄国在库伦、张家口等地设立领事等。这些要求都遭到清政府的拒绝。于是,俄国任命伊格纳切夫为驻华公使。他于7月初来到北京,继续同清政府进行交涉,但仍无结果。于是,伊格纳切夫便前往上海,同英法一起对清政府施加压力。

1860年10月,英法联军攻占北京。伊格纳切夫以调停人的身份,促使清政府同英法两国签订了《北京条约》。随后,英法军队退出了北京城。伊格纳切夫就以调停有功为由,向清政府提出新的条约草案,还威胁清政府代表:若不同意新条约,他将让英法联军从天津折回北京。清政府害怕俄国与英法勾结为患,就于11月14日在中俄《北京条约》上签字。这个条约不仅确认了《瑷珲条约》的规定,即把黑龙江以北的60万平方公里土地划归俄国所有,还把乌苏里江以东的40万平方公里的土地也划归俄国,惟"遇有中国人住之处及中国人所占渔猎之地,俄国均不得占,仍准中国人照常渔猎"。该条约还把俄方提出的中俄西段边界走向强加给中国,并同意俄国取得在库伦、张家口、喀什噶尔等地免税贸易和设立领事的权利。

1862年8月起,清政府勘界大臣明谊和俄国政府全权代表巴布科夫等人在塔尔巴哈台(今新疆塔城)开始勘分西北边界的谈判。俄方代表强硬地要中方接受其划界方案,并多次出动军队袭击博罗胡吉尔等地,还扬言要攻打喀什噶尔和伊犁。明谊严正拒绝了对方的要求,谈判中断。1864年10月,中俄重开谈判。俄国派兵威逼塔城,巴布科夫坚持必须按俄国的要求确定边界,并声称若不照此办理,就要派兵强占。其时,第二次鸦片战争才结束不久,清政府担心又发生战事,决定作出让步。10月7日,明谊被迫与俄方签订《中俄勘分西北界约记》。这样连同《北京条约》中的规定,俄国占据了巴尔喀什湖以东、以南原属中国的领土,包括原为中国内湖的斋桑湖以南以北和特穆尔图淖地区,共计44万平方公里的土地。[①]

小　　结

两次鸦片战争,第一次源于禁止鸦片贸易,第二次源于两起民事纠纷,但真正的原因都是贸易之争,西方列强在对华贸易中赤字居高不下。围绕这个问题展开的斗争,反映了东西方两种国际关系体系碰撞的结果。欧洲列强为了获取在华的经济利益,试图把威斯特伐利亚体系的国际关系准则强加给中国;清季的中国并不在乎贸易利益,却拒绝接受西方的行为准则,并想让西方人遵守朝贡制度的规矩。在侵略和反侵略的斗争中,西方人凭借坚船利炮,赤裸裸地宣示武力,清政府仍想沿用传统的羁縻政策,恩威并施制服对方。结果,清朝的妥协无法满足列强的需求,手持长矛大刀的清军也无法抵挡使用洋枪洋炮的西方侵略军。天朝上国的架子不管用,还是强权说话算数,中国一败再败。两场战争的失利,就让清政府的闭关政策失效了,封贡制度对西方人不灵了,宗藩体系也受到挑战。旧的思想、旧的体制和旧的政策让中国吃够苦头,一系列的不平等条约把中国从东亚强国的位置上拉下来。割地赔款、关税自主权的丧失、司法主权的破坏,这个结果一下子让中国逐步沦为半殖民地半封建社会。清政府无法把西方人挡在中国国门之外,他们堂而皇之地进入了中国。

---

① 此前对于该段边界未有条约规定。

思考题

1. 分析鸦片战争爆发的原因。
2. 简析《南京条约》《望厦条约》和《黄埔条约》的主要内容。
3. 分析第二次鸦片战争时清政府时战时和的对策。
4. 分析清廷不愿意让外国使节常驻北京的原因。

参考书目

季平子:《从鸦片战争到甲午战争》,华东师范大学出版社 1998 年版。
马廉颇:《晚清帝国视野下的英国》,人民出版社 2003 年版。
茅海建:《天朝的崩溃:鸦片战争再研究》,生活·读书·新知三联书店 1995 年版。
中国社会科学院近代史研究所:《沙俄侵华史》,人民出版社 1978—1990 年版。

第三章
近代外交体制的建立

两次鸦片战争的失败使清政府受到沉重的打击。一系列不平等条约的订立使中国"天朝上国"的地位不保。闭关政策的失败让中国门户洞开,西方人根据条约不仅可以堂而皇之地随意进入中国,而且在中国取得各种各样的特权和利益。传统的世界观被动摇了,原有的制度面临挑战,清政府的统治受到威胁。旧的道路肯定行不通了。尽管清朝统治阶级中一部分人仍然坚持传统的思想和政策,但越来越多的人开始睁眼看世界,寻找清政府的应对之策,探索国家的前进道路。一股新的力量在中国成长。在其影响下,清政府开始奉行洋务政策,改善中外关系。

第一节 中体西用思想的形成

两次对外战争的失败给中国社会造成了极大的冲击,动摇了统治者的传统思想意识,侵犯了他们的权益和地位。虽然仍有些人顽固不化,照旧高唱"天朝上国"、"神威远震"的老调,借以自欺欺人,但是严酷的现实使得统治者中一部分人以及社会精英的思想开始发生变化。

1. 洋务思想的产生

早在19世纪40年代初,在西方侵略势力的刺激下,已有中国人开始提出向西方学习、改革弊政、富国强兵的主张。林则徐、魏源便是其中的代表人物。林则徐在广州查禁鸦片的时候,非常积极地去了解外国人的情况。他派人到澳门进行调查,组织人员翻译西文书报,如英文的《广州周报》《中国丛报》等报纸杂志,并整理编辑成《澳门月报》;翻译了英国人慕瑞所著的《世界地理大全》;在此基础上编辑成《四洲志》一书,介绍世界各国的地理;摘译了英国人德庇时所著的《中国人》,编成《华事夷言》一书以了解外国人对中国的看法和评论;还翻译了大量有关外国军事技术的材料。通过对外国情况的了解,他建议要仿造西洋的枪炮轮船和按照西洋的方法来训练军队,并提出"器良、技熟、胆壮、心齐"的八字主张,希望通过学习西方技术来对付敌人。

  魏源为湖南邵阳人,著名学者。1841年6月,林则徐被贬后在北上途中会见了好友魏源。他把《四洲志》书稿和在广州收集的一些资料交给魏源,希望魏源能进一步研究外国史地,编撰一部新书。此后,魏源做了大量调查研究,以《四洲志》为基础,于1843年1月编成50卷本的《海国图志》。以后他又陆续补充,于1847年编成60卷本的《海国图志》,1852年增加到100卷。这本书介绍了当时世界各主要国家的历史、地理和社会情况,同时总结鸦片战争的经验教训,提出一套对付外国侵略者的策略。魏源突破"天朝上国"的旧观念,认为中国非世界中心,只是世界的一员。他把香港英国公司绘制的地球全图放在全书之首。他提出了著名的"师夷之长技以制夷"的思想,特别强调向西方学习的重要性,指出"善师四夷者,能制四夷;不善师四夷者,外夷制之"。他认为:要富国强兵,要战胜侵略者,不仅要在一定程度上依靠人民,实行正确的战略战术,还必须向西方学习,改进中国落后的武器装备和练兵方法。他还对西方国家的政治制度表现出兴趣,称赞美国"以部落代君长(指各州州长和总统的选举制),其章程可垂奕世而无弊",形容瑞士不设君位的政治民主为"西土之桃花源"。①

  在魏源思想的基础上,冯桂芬的主张更进了一步。他在1861年写成一部以革新君主专制统治为内容的政论著作《校邠庐抗议》,其内容涉及政治、经济、军事、文化各个方面。他指出当时的中国"人无弃才不如夷,地无遗利不如夷,君民不隔不如夷,名实必符不如夷,船坚炮利不如夷,有进无退不如夷"。他认为中国要想富强起来,就要在维护正统专制统治的思想和体制的条件下,"采西学","制洋器"。因此,对西方国家要"始则师而法之,继则比而齐之,终则驾而上之,自强之道,实在乎是"。冯桂芬的改革思想归结于一句话就是"以中国之伦常名教为原本,辅以诸国富强之术"②,也就是一方面必须坚持作为原则的传统伦理道德,即三纲五常;另一方面学习其他国家的有益于国家富强的经验和方法。这些人的思想影响了19世纪后半叶中国的思想

---

① 参见魏源:《海国图志》,岳麓书社1998年版。
② 参见冯桂芬:《校邠庐抗议》,上海书店出版社2002年版。

界,其中某些内容就被后来的洋务派所吸收。洋务派代表人物张之洞最后在19世纪末把冯桂芬的主张进一步提炼为"中学为体,西学为用"①。这集中体现了洋务运动的指导思想。

2. 洋务运动的兴起

除了两次鸦片战争外,另一个对清政府带来巨大震动的事情是太平天国。1851年1月11日,为了反抗清朝,洪秀全领导下的太平军在广西金田举行起义。太平军作战英勇,迅速攻占一个又一个由清军把守的城市。1853年1月12日攻克武昌;2月9日开始沿长江东下。3月19日,太平军攻下南京,在此建都,改名为天京。为了对付太平军,中国地方官一再向英国驻上海领事阿礼国及其他外国领事求援,都遭到拒绝。当时,中英两国因贸易问题矛盾重重,而且太平军借基督教的"上帝"之名进行反清宣传,使得一些外国官员出于对宗教的认同对太平天国有好感,或认为可以利用太平天国的力量来对清政府施压。英、法、美驻华公使曾分别访问南京,随后都表示持"中立"立场。直到《天津条约》和《北京条约》签订后,列强对太平天国的态度才有所变化,并开始配合清政府镇压太平军。当第二次鸦片战争结束时,太平天国仍在顽强地抵抗清政府的镇压。

在这样一种内外交困的局面下,第二次鸦片战争刚刚结束,1861年1月,以恭亲王奕訢为首的官员就向皇帝提出了一个重视开展外交工作的长篇奏折"通筹夷务全局"。实际上,这也是一份综观形势全局的分析报告。恭亲王指出,当时对清政府威胁最大的是农民起义军,是"心腹之患";俄国对中国领土有野心,是"肘腋之患";英国要通商而不服从清政府的命令,仅是"肢体之患",因此"灭发捻为先,治俄次之,治英又次之"。②他分析说:列强在交换条约以后都撤到南方去了,他们所要求的东西只是以条约为依据的商业利益,并不危害清朝的统治和疆土,因此可加以笼络。他甚至认为:英国"并不利我土地人民,犹可以信义笼络"。因此,恭亲王建议对外实行"外敦信睦,而隐示羁縻"的对外战略,也就是对外要以诚相待,保持联系,软硬兼施,制约列强。这些官员提出这种主张的原因在于两次鸦片战争的失败使其终于认识到保

---

① 张之洞的原话是"旧学为体,新学为用"。参见《张文襄公全集·劝学篇二·设学第三》,台北:文海出版社1980年版,第9页。其中,旧学指"四书五经,中国史学政书地图",新学指"西政西艺西史"。在他之前已有人用"中学为体,西学为用"一语。
② 熊志勇、苏浩、陈涛:《中国近现代外交史资料选辑》,第60—62页。

守的排外思想和闭关政策并不能救中国,有必要暂时做出妥协,以便维护清政府的统治和设法振兴国家。他们清楚地看到清朝统治所面临的内外困境。相较而言,农民起义比列强入侵更有害于清朝统治。第二次鸦片战争中,英法联军虽然攻进北京,但没有试图改变清朝的统治地位,中国内部的统治秩序并未变更。不仅如此,列强反而有帮助清政府消灭起义军的表示。因此,他们主张同列强搞好关系,以便巩固对内统治。

除此之外,这些清政府的高官主张新的对外战略,目的不仅是缓和中外矛盾,而且试图通过向外国学习,寻求新路,进行自救,以图中兴。这些人后来就被称作"洋务派"。在中央,洋务派的代表人物有恭亲王奕䜣和军机大臣文祥等要员;在地方,有曾国藩、左宗棠、张之洞和李鸿章等封疆大吏。在他们的周围集中了一批比较了解国内外形势,希望通过兴办洋务达到富国强兵的官僚和知识分子。洋务派官员同另外一些顽固守旧的官员在很多问题上发生冲突。保守势力在中央有大学士倭仁、徐桐、李鸿藻和一些御史等,在地方有一些总督。他们反对任何外来的新鲜事物,坚持维护封贡制度,空喊爱国口号,却又拿不出实际可行的对策。如他们认为学习西学就会使读书人"变而从夷";他们把火车、轮船这些东西看成是"奇技淫巧"。

洋务派官员掀起了一场大规模改变清政府政策的运动——洋务运动,涉及的范围非常广泛,包括建立外事机构、调整对外政策,兴办军事工业、训练新式海军和陆军、建立学堂、派遣留学生、创办近代工矿交通企业等等。由于在维护清朝统治方面,旧的政策行不通而洋务派的主张又有新意,因此清廷倾向于接纳洋务派的主张,特别是在对外政策方面。在19世纪60年代以后,洋务派在清政府中取得了主导地位。从而,洋务运动在19世纪后半期对中国发展产生了巨大的影响。

洋务派在鸦片战争以及镇压太平天国的过程中,亲眼看到西方侵略者船坚炮利的"长技",因此渴望学习引进这些"长技"。第二次鸦片战争刚一结束,作为洋务派首领的恭亲王奕䜣就提出:"探源之策,在于自强,自强之术,必先练兵。现在抚议虽成,而国威未振,亟宜力图振兴,使该夷顺则可以相安,逆则可以有备,以期经久无患。"[1]他后来明确地主张:"自强以练兵为要,练兵又以制器为先。"[2]《北京条约》签订后,曾国藩也曾提出:"此次款议虽成,中国岂可一日而忘备? ……目前资夷力以助剿济运,得纾一时之忧,将来

---

[1] 《筹办夷务始末·咸丰朝》第8册,中华书局1979年版,第2700页。
[2] 《筹办夷务始末·同治朝》第3册,中华书局2008年版,第1081页。

师夷智以造炮制船,尤可期永远之利。"①1861年8月,他又强调购买外国船炮为"今日救时之第一要务",并且指出"轮船之速,洋炮之远,在英法则夸其所独有,在中华则震於所罕见",从而主张在购买之后,"访募覃思之士,智巧之匠,始而演习,继而试造,不过一二年,火轮船必为中外官民通行之物,可以剿发逆,可以勤远略"②。他的主张得到恭亲王奕䜣的赞赏,被称为"深思远虑之论"。李鸿章也曾表示:"深以中国军器远逊外洋为耻,"③"中国文武制度,事事远出西人之上,独火器万不能及。"并明确地指出:"中国欲自强,则莫如学习外国利器,欲学习外国利器,则莫如觅制器之器。"④建立军事工业和新式军队成了洋务派的要务。

洋务派兴办的军事工业起始于1861年曾国藩在安庆设立的内军械所,和1862年李鸿章在上海设立的三所洋炮局。但这些机构规模小、设备简陋,所以没有生产出现代化的装备。真正发挥作用的企业是1865年在丁日昌的建议下,曾国藩、李鸿章在上海创办的江南制造总局。这年,李鸿章买下了美商的旗记铁厂。他把这家能够修造轮船枪炮的工厂同丁日昌、韩殿甲主持的两所炮局合并组成江南制造总局,创办时投资白银54.3万两,用于购厂、购地建厂、购买设备和原材料,以及工人薪金等。江南制造总局逐渐发展成为能够炼钢铁、造快枪、制大炮、造轮船和生产弹药大型企业,后来主要为南、北洋海军修理舰船。该局有工人2000多人,每年经费少时十几万两,多时达到90多万两。该局还建有兵工学校,专门培养军工技术人员。除此之外,在1865年至1890年间,洋务派在全国其他地方还建立了20个军工局厂,其中规模较大的有金陵机器局、福州船政局、天津机器局和湖北枪炮厂。其中,金陵制造局是李鸿章署理两江总督时于1865年建立的,它主要生产大炮和弹药,常年的经费是10万两,主要为淮军提供装备。福州船政局是1866年左宗棠在福州建立的船舶修造厂,它后来成为建造轮船和生产水师装备的最大企业。船政局还附设了船政学堂,培养造船人才和轮船驾驶员。左宗棠最初聘用法国人日意格和德克碑等负责监造船只、培训中国工人和学生。当中国学生培养出来后,他们逐步取代了外国人,承担起企业的管理和技术工作。船厂的常年经费为60万两,到1895年共生产了36艘大小船只,从150马力的木壳船发

---

① 《曾文正公全集·卷首·奏议·奏稿卷12》,台北:文海出版社1974年版,第2025页。
② 熊志勇、苏浩、陈涛:《中国近现代外交史资料选辑》,第68页。
③ 《李文忠公全集·朋僚函稿卷2》,台北:文海出版社1980年版,第2432页。
④ 《筹办夷务始末·同治朝》第3册,第1088—1089页。

展到 2400 马力的铁甲巡洋舰。1866 年由奕䜣奏请朝廷批准,并于次年由崇厚建立了天津机器局。后来在李鸿章担任直隶总督时,该企业大规模扩充。它的平均年经费是 30 多万两,主要生产洋枪炮、各种弹药和军事装备。该局一度也生产过后膛枪,由于成本比进口还要高,只得停产。1891 年,该局还动工兴建一个炼钢厂。湖北枪炮厂则由张之洞建立。1884 年中法战争爆发后,就任两广总督的张之洞因沪、津两地生产的弹药供应不足而进口军火又太贵,决定在广州创办一家枪炮厂,后他调任湖广总督,便把厂子建在了汉阳。该厂常年经费 40 万两,后来加到 80 万两,设备从德国引进,生产的毛瑟枪和小型陆炮质量较好。再加上其他小企业,洋务派建立的军火工厂遍及全国。虽然这些官办企业生产效率不高,水平也较低,但它们为新式的军队提供了部分装备,而且开了近代工业的先河。

建立新式军队的工作可追溯到 1861 年。奕䜣、文祥等奏请训练八旗兵使用洋枪洋炮。次年,在天津成立了洋枪队,聘用外国教练进行训练。随后,上海、广州、福建等地也成立了同样的洋枪队。1864 年,总理神机营事务的奕譞在北京建立了"威远队",使用洋枪洋炮,并按外国军队的方式布阵。在镇压太平天国过程中发挥了重要作用的湘军和淮军也大力引进洋枪洋炮。从 1862 年起,李鸿章借助上海口岸的方便,大批购进洋枪炮,并雇用外国教习,训练淮军。到 1865 年底,淮军扩充到 5 万多人,完全使用洋式武器,成为清军精锐部队。这也奠定了李鸿章在统治集团中的地位。曾国藩率领的湘军也曾大量引入洋枪洋炮,其部队由于 1872 年他去世而衰落。而另一支湘军在左宗棠的领导下也购入洋枪炮,组织洋枪队。后来左宗棠率军进入大西北,他仍然通过上海购买外国枪弹,并在西安和兰州设厂制造军火,成为清军另一支主力部队。

建立新式军队的另一项工作是组建中国的海军。1874 年,奕䜣和李鸿章等人都上奏建议加强海防。第二年,总理衙门决定从建立北洋水师开始,建立三支舰队,每年经费 400 万两。至 1884 年,北洋水师、南洋水师和福建水师都初具规模。北洋水师由直隶总督兼北洋大臣节制,实际上也就是由李鸿章管辖。其防御的海域为奉天、直隶和山东。1881 年,淮系将领丁汝昌被任命为北洋水师提督。这支舰队的主力舰只包括排水量为 7350 吨的"定远舰"和"镇远舰",是清朝海军中最大的两艘主力舰,其他主要舰只还有"济远"、"经远"和"来远"等 8 艘巡洋舰。这些舰只都是德国造的。李鸿章还先后在旅顺口、大连湾和威海卫等地加强防务,修筑炮台,使旅顺口和威海卫成为北洋海军的两个主要基地。但从 1888 年后这支舰队未添新军舰,1891 年后由于海防经费被挪用修筑颐和园,连枪炮弹药也缺乏。南洋水师由两江总督兼南洋海防大臣节制,防御的海域为江浙一带。其多数船只由福州、江南两个造船厂建造,其中福州船政局制造的"开济"、"镜清"、"寰泰"和两艘买自德国的巡洋舰都有2000吨以上的排水量。福建水师由闽浙总督管辖,防御的海域为福建和广东。它的大部分船只都是福州船政局制造,少量购自英国和美国,排水量都在1000—1500吨之间,是三支海军中最弱的。为了统一海军的指挥权,1885年清政府成立海军衙门,任命奕譞为总理海军事务大臣,奕劻和李鸿章为会办大臣,善庆和曾纪泽为帮办。

在兴办军事工业和建立新式军队的过程中,清政府遇到一系列困难。首先是经费,政府虽多方筹措,但无法保证需要。其次,原材料和燃料的供给、交通通信的配合和其他后勤保障等,国内都不具备或欠缺。为此,洋务派认识到国家的富强除要学习西方列强的长技外,还要有雄厚的经济实力。李鸿章说:"古今国势,必先富而后能强,尤必富在民生,而国本乃可益固。""惟中国积弱,由于患贫,西洋方圆千里、数百里之国,岁入财赋以数万万计,无非取资于煤铁五金之矿,铁路,电报,信局,丁口等税。酌度时势,若不早图变计,择其至要者逐渐仿行,以贫交富,以弱敌强,未有不终受其敝者。"①基于这种"寓强于富"的认识,从19世纪70年代以后,洋务派大力创办民用企业,到90年代有了20多个这类企业。其中比较重要的如轮船招商局、开平矿务局、上海机器织布局、天津电报总局和汉阳铁厂等等。

以"富国强兵"为目的的洋务运动历经30余年。洋务派大力引进西方的科学技术和机器设备,在为中国建立了一支新式军队的同时,创建了中国的近代工业,也在一定程度上推动了中国经济和社会的变革。虽然一些洋务人士也提出要进行政治改革,但都未能引起清政府的重视。因此,洋务派的改革举措虽取得了一些成绩,但未能触及中国深层次的问题和矛盾。

第二节 涉外体制的建立

19世纪60年代以后,中外往来大量增加,特别是外国使节常驻北京,使中外政府间有了正式的外交关系。清政府不得不采取具体措施来应对这种变化,开始重视对对外关系的管理工作。

---

① 《李文忠公全集·奏稿卷43》,台北:文海出版社1980年版,第43页;《李文忠公全集·朋僚函稿卷16》,第25页。

1. 对外政策的调整

根据"外敦信睦,而隐示羁縻"的对外战略,洋务派为了建立与外国的正常关系,主张建立外交机构和采取新的外交举措。奕䜣于1861年在奏折中提出了六项具体建议:(1)设立总理各国事务衙门;(2)南北分设通商大臣;(3)加强关税的管理;(4)在处理对外交涉事务中,有关督抚应相互照应;(5)设立专门学校培养语言人才;(6)各开放口岸要按月把内外商情和各国报纸报道汇报中央政府。这些政策措施具有进步意义,它是从"夷务"向"洋务"的转变开始。一方面,这些措施主张反映出洋务派打算采取积极的态度来与外国打交道;另一方面,恭亲王并没完全抛弃旧的宗藩体制,如考虑到清廷仍不打算放弃天子的威严,所以依然坚持拒绝觐见外国使节等传统做法。

一些洋务派(以及早期维新派)成员注意了解西方近代外交知识,主张按国际法和国际通行做法处理对外关系。他们通过留学或阅读当时翻译过来的国际法著作,如《万国公法》等,初步具有了国家主权平等的思想。他们认识到各国都有自己的主权,不能恃强凌弱。李鸿章指出:"各国均有保护其民,自理财赋之权",倘若外国要求之事有"上侵国家利权,下夺商民生计"者,"皆可引万国公法直斥之"。著名思想家和实业家郑观应认为,根据《万国公法》,"各国之权利,无论为君主、为民主、为君民共主,皆其所自有","决无可以夺人与甘夺于人之理"。著名外交官薛福成批评清政府自处于公法之外,其结果"公法内应享之权利,阙然无与……公法外所受之害,中国无不受之"。他建议广泛印发有关国际法和通商条约等书籍,以便遇有外国人"阻挠公事,违例干请者,地方官不妨据约驳斥"①。

他们还主张不能因坚持虚礼而损实利,主张修改不平等条约和保护中国侨民利益。如1879年,薛福成撰《筹洋刍议》,主张发展工商业,实行关税自主,抵制外国商品倾销,扩大丝茶出口,以改变外贸入超。他在担任驻外使节时,注意考察侨民情形,大力呼吁在侨民聚居地设领事以加保护,并促进清廷革除旧禁,允许华侨"往来自便",鼓励他们归国"治生置业"。另一位著名外交官马建忠认为,对外交涉应该"理"、"用"兼备,"假公法以求全",主张逐渐通过修约增加关税,富国富民。他们采用均势原则观察国际形势。均势理论是当时西方列强在争夺殖民地的过程中为平衡利益要求而形成的一种国际关系理论。他们根据这一理论和当时列强争霸世界而形成对峙的局面出发,

---

① 候德彤:《论洋务派外交思想的近代意识》,载《东方论坛》1992年第2期,第63、62页。

主张在外交上联络一个强国,结成联盟,而牵制他国。这些看法对19世纪后半期清政府的外交有一定的影响。

2. 外事机构的设立

在鸦片战争之前,中国没有真正的外事机构。第一次鸦片战争之后,清政府旧的机构已不适应对外交涉的需要。按照列强的要求,1842年10月清廷任命耆英为两江总督,并作为钦差大臣兼筹一切通商交涉事宜。通商大臣之设由此发轫,因为最初只开放五个口岸,史称"五口通商大臣"。1844年,耆英调任两广总督。于是,五口通商大臣一职成了两广总督例兼的职务。这个职务是一种类似钦差大臣的兼职,长期由两广总督兼任,但到第二次鸦片战争期间又改由两江总督担任。设立这个职务表明清政府仍然认为对外交涉只是临时性的、不重要的。

第二次鸦片战争之后,对外保持经常性联系是不可避免的了。开放口岸增加,交涉事务频繁,外国公使即将驻京等等,这些都超出了一个通商大臣所能照应的范围,需要在北京设立一个职权更广泛的专门机构和一批官员来处理这些事务。在这样的背景下,清廷于1861年1月20日下令组建"总理各国事务衙门",简称总理衙门、总署或译署。在体制上,它是仿军机处设置。总理衙门的总理大臣由亲王等皇族兼任,人数不固定,一人为总领。其他大臣则由皇帝从军机大臣、尚书、侍郎、京堂中指派兼任。首任总理衙门大臣是恭亲王奕䜣、大学士桂良和户部侍郎文祥。下一级官员为章京,主要负责办理具体事务。总理衙门内先设英国股、法国股、俄国股、美国股,1883年又加设海防股。

上海海关大楼

严格地说,这个机构还不是一个专门的外交机构。这个机构虽然是个新机构,而参与其工作的人员却抱有新旧两种思想,责任也不清。由于在1861年11月奕訢配合慈禧太后进行政变有功,他被任命为议政王,并掌握军机处。于是在工作性质上,总理衙门时常与军机处混搅在一起,到后来所有的军机大臣都兼总理衙门大臣。从工作范围看,由于负责官员身兼二任,工作内容也就内外不分。总理衙门不仅负责外交、外贸和海关,还要负责铁路、矿务、海军、传教、工厂等事务,因为这些事务的处理都涉及外国人。这样,清政府原有的其他部门仍一概不过问同洋人有关的事务,所有洋务都落于总理衙门的管理范围之内。另外,清政府还把设立总理衙门当作一种权宜之计,打算洋务减少后就把它撤销,仍恢复旧制。

由于中国疆域辽阔,不能事事由北京处理。清政府在成立总理衙门时还设置了三口通商大臣,常驻天津,办理天津、牛庄(后改为营口)和登州(后改为烟台)三个通商口岸的事务。三口通商大臣不具有钦差性质,由崇厚担任达十年之久。1870年之后改为北洋通商大臣,加钦差名义,一直由直隶总督兼任。他管理直隶、奉天、山东三省的通商交涉事务,并办理有关外交、海防、关税、北洋海军和兴办工矿等洋务。原有的五口通商大臣在第二次鸦片战争期间改由两江总督兼任。1866年,五口通商大臣改称为南洋通商大臣,因为东南沿海、沿江的通商口岸已增加多处,这些通商口岸的事务都由其管理,他也管有关外交、海防、关税、南洋海军和兴办工矿等洋务。1873年,由两江总督兼任该职成定制。南、北洋大臣虽列于总理衙门之下,但并不是其下属,无隶属关系,只是所办之事要由总理衙门转承。他们小事自办,大事请旨。在交通通信不便的情况下,这两个职务的设置加快了地方上外事的处理。19世纪后期在中国外交上发挥重大作用的李鸿章曾担任直隶总督兼北洋大臣长达28年之久。由于他的作用和影响,其实际地位远在南洋大臣之上。

1861年,总理衙门之下成立"总税务司",即海关。实际上,19世纪50年代中期在英美等外国人的主持下,上海地方当局按照西方模式在建立了海关。后来,清政府在此基础上组建了总税务司。虽然它归总理衙门管,但大权仍把持在外国人手中,其首长也称总税务司。第一任总税务司为英国人李泰国。1863年,英国人赫德被任命为总税务司,任职长达40余年。各地海关的高级职务也由外国人担任。清末,海关税收成了清政府一项重要的财政收入,赔款和借债都由关税支出和担保。这也使外国人有可能通过海关来影响清政府,尤其是赫德对清政府的影响相当大。1865年,总税务司署由上海迁到北京。赫德向总理衙门递交了《局外旁观论》说帖,要求清政府认真履行条约,因为"违背条约,在万国公法准至用兵,败者必认旧约,赔补兵费,约外加保方止",而且"一经动兵,外国有得无失"。他的意见对清政府的外交有很大影响。奕䜣曾这样评价他:"臣衙门所设总税务司赫德,系英国人,办理各口各国之事,毫无窒碍。"19世纪后期,清政府在处理对外事务时经常求助于赫德。1868年,英国公使阿礼国根据《天津条约》的规定提出修约的要求。清政府派赫德和两个总理衙门章京为代表同英国使馆的官员事先协商修约的内容。赫德的影响甚至扩大到中国内政。1867年清政府先后任命张凯嵩和吴棠为云贵总督和四川总督,其人选就是根据赫德的建议而来的。

总理衙门

1862年,总理衙门又成立了下属的京师同文馆。其最初的目的是培养懂外文的翻译人才,先后设置了英文、法文、俄文、德文和日文馆,后又把俄罗斯馆合并进来。但清政府后来意识到这些人仅掌握外文还不够,所以从1866年起在同文馆内又增加了自然科学的课程,有算学、天文、化学、力学等。同文馆招收八旗十三四岁以下的儿童为学生。总税务司赫德兼任监察官,实际控制了经费和人事大权。经他介绍,美国传教士丁韪良自1869年起任总教习,即校长达二十五年之久。各馆除有中国教习外,都聘请外国人为教习,即教师。洋务派对同文馆寄有很高期望。如李鸿章曾说:"果有精熟西文者,转相传习,一切轮船、火器等巧技,当可由渐通晓,于中国自强之道似有裨助。"[①]所以,1863年担任江苏巡抚的李鸿章在上海,1864年两广总督瑞麟在广州,也先后成立了性质相同的广方言馆。

---

① 《筹办夷务始末》同治朝第2册,中华书局2008年版,第612页。

第三节 对外行为的改变

在洋务派的领导下,清政府越来越注意与列强的合作,避免再次发生冲突。这种变化得到列强的认同,中外关系逐渐地发生变化。

1. 借力列强镇压太平天国

通过两次鸦片战争,清政府看到外国军力的强大。1862年1月,太平军进攻上海,清廷命令总理衙门与英法在京使节商量"借师助剿"太平天国事,指示江苏巡抚薛焕:"与英、法两国迅速筹商,尅日办理,但于剿贼有裨,朕必不为遥制。其事后有必须酬谢之说,亦可酌量定议,以资联络。"①13日,由苏松太道吴煦与英法驻沪领事商量之后于上海成立了外国商人与江浙官绅合伙的中外会防局。20日,太平天国忠王李秀成的部队进攻吴淞时遭到法国兵舰开炮阻击。清廷得知后十分高兴,认为列强在用行动来示好。英法两国此时也决定要协助清政府镇压太平军。2月,慕王谭绍光率部进攻上海浦东时,英法军队和外国雇佣军洋枪队一起作战,击退太平军的进攻。3月中,英法公使向清政府表示愿意帮助清政府镇压太平军,并派兵舰在长江协同清军作战。3月,上海"中外会防局"官绅与英国领事商定,租用英国船舶将曾国藩的军队9000人从安庆运到上海。4月,英国天津驻军司令迪佛立同意在天津为清政府训练军队。也就在这个月,太平军从清军手中夺下宁波。英法方面借口太平军炮弹落到租界内,要求太平军把防卫清军的大炮从城墙上移开,遭到太平军的拒绝。于是5月,英法侵略军出动兵船和军队帮助清军进攻宁波。在激烈的战斗中,法国舰队司令耿尼重伤毙命,而太平军也因为双方力量悬殊撤出了宁波。

清政府还主动地聘用外国人来镇压太平军。1862年7月,英国海军大臣批准英国现役军人海军上校阿思本为清政府服务。8月,英国政府批准英国军官公民和军舰受清政府雇用。于是1863年1月,清政府派人与阿思本订立合同,委托他率领一支由清政府订购的兵船和由他招募的600多名英国海军人员参加镇压太平天国。后来由于曾国藩和李鸿章同阿礼国争夺这支军队的控制权,引起一场争执,清政府不得不解散船队。清政府也利用了美国人华尔组织的一支雇佣军。这支被称为"常胜军"的军队由苏松太道吴煦督带

---

① 《筹办夷务始末·同治朝》第1册,中华书局2008年版,第119—120页。

领。在慈溪战役中,华尔被太平军击毙。常胜军改由英国人戈登率领。李鸿章的淮军在常胜军的配合下,在1863年接连攻陷由太平军控制的太仓、昆山和苏州,1864年4月又攻下常州,使太平天国丧失了在苏南的根据地。法国人勒伯勒东也率领了一支被称作"常捷军"的中法混合军,效力于清政府。左宗棠的湘军与这支军队联手在1863年从太平军手中夺回严州和金华,1864年3月占领杭州。1864年7月19日,曾国藩的军队攻下天京,平定了太平军起义。

2. 斌椿考察团

根据《北京条约》的规定,1861—1862年间,英法俄美等国的公使相继来京,建立了使馆。按照国际惯例,两国建立外交关系,应互换使节。西方列强为了便于向清政府施加影响,也一再催促清政府派出常驻使节。这方面英国人最积极。担任中国海关总税务司的英国人赫德每次到总理衙门办事时总要谈论这件事。1866年3月,英国使馆参赞威妥玛所写的《新议略论》的内容之一也是劝说清政府遣使出洋。总理衙门觉得此事难办,因为朝廷内很多人反对派使。主要原因是礼节问题。因为这类使节不是前往藩属,而是到西洋诸国。清朝官员若向洋人元首行跪拜礼,这有碍于大清帝国的尊严,若按西方的方式行礼,那将来外国驻华使节在面见中国皇帝时便有借口不行跪拜礼,这又违背中国的国体。另外,清政府也难以找到愿意出使的人,因为一般官员都把办夷务视为畏途,避之唯恐不及,谁又肯被派往夷蛮之地呢。当时,总理衙门也苦于对外国的现实情况一无所知,而外国人对中国了解越来越多,因此打算派人出国考察。

清政府第一次派人出使西方各国是在1866年。那年担任总税务司的英国人赫德回国休假,临行前建议清政府派同文馆的学生与他一道到英国观光。总理衙门接受了这个建议,并经过皇帝的批准,派遣3名同文馆学生随赫德到欧洲游历,并指定总理衙门63岁的副总办斌椿带领这批学生。

斌椿一行费时三个多月,先后游历了法国、英国、荷兰、丹麦、瑞典、芬兰、俄罗斯、德国、比利时等11个国家。他们乘坐了轮船、火车和电梯,参观了许多大城市和名胜,看到了电报、织布机和其他机器,大开眼界。在伦敦照相馆,他拍下了生平第一张照片。由于他们的官方身份,得到一些国家的重视。在赫德的安排下,英国政府以很高的规格接待了他们。首先,英国外交大臣克拉伦登勋爵接见了他们。然后,英国皇家专门为中国来访者举办了一次宫廷舞会。5月7日晚,斌椿在译官的引导下,进入白金汉宫,成为进入此地的第一个中国官员。数百级台阶上铺着地毯,两旁摆满了鲜花,灯火照耀,宫廷卫兵列队两侧。斌椿在众官员的簇拥之下走进舞厅。舞厅之大,令人瞠目结舌;大厅之豪华令人称奇。厅的四角仅各种灯就悬挂了上千盏。参加舞会的公爵、侯爵、大臣加上家眷共上千人。跳舞者袒肩露背,珠光宝气,光彩耀人。随着乐队的演奏,他们翩翩起舞,场面宏大,使斌椿大开眼界同,感慨万分。他对王太子讲:"中华使臣,从未有至外国者,此次奉命游历,始知海外有此胜境。"第二天,维多利亚女王亲自接见了斌椿一行。他对女王表示:"得见伦敦屋宇器具制造精巧,甚于中国。至一切政事,好处颇多。"①斌椿一行在英国逗留的时间长达1个月零7天。在此期间,他们还参观了英国的造船、钢铁、纺织等工业企业,看到的东西都令他们惊奇。在瑞典,政府专门安排他们游览了北极圈内小城,斌椿等人在这里看到了白昼奇观,兴奋得彻夜不眠。瑞典国王在自己的别墅接见了斌椿,皇太后得知中国官方考察团到来后,也特意在太后宫召见。

虽然斌椿一行只是走马看花,但西方的物质文明和现代政治给他们留下了深刻的印象。按照总理衙门的要求,斌椿提交了一份详细的出使日记,即《乘槎笔记》。尽管斌椿之行对清政府影响不大,但这次旅行对于中国人了解外国、破除传统的自大思想是有一定作用的。

3. 蒲安臣使团

斌椿一行回来后不久,清政府便开始考虑向外派出正式代表团,因为根据1858年的中英《天津条约》,10年后双方可以对海关税则和通商条例协商修订。中国与其他国家的条约中也有类似的规定。由于有了上一次修约的教训,清政府担心届时可能引起另一起波折,需要提前做准备。1867年10月,总理衙门饬令各省将军、督抚就各国可能在修约中提出的问题,特别是遣使问题各抒己见。这些高级官员普遍认为有必要向国外派出使节,以便直接了解各国的实情和要求。奕䜣认为,这些年来外国人对中国的情况已经了如指掌,而中国人对外国的情况却知之甚少,因此难以制定正确的政策,确实有必要派人到国外了解情况。然而清政府一时找不出合适的出使人选,选人不当又怕误事。另外,官员们受当时守旧观念的影响,没有人愿意承担这项任务。11月,总理衙门最终选择了即将离任的美国公使蒲安臣。

美国驻华公使蒲安臣于1862年来京上任。他采取了既要与英法等列强

---

① 参见斌椿:《乘槎笔记》,岳麓书社1985年版。

合作，又要与清政府合作的政策。为帮助清政府了解外国，1864年9月，蒲安臣把美国传教士丁韪良翻译的《万国公法》赠送给总理衙门，供"参酌援引"。奕䜣等人看了这本书后认为"其中亦间有可采之处"，决定予以刊行。蒲安臣还帮助清政府妥善处理了几起涉外事件，得到了清政府官员的信任。1867年秋，蒲安臣准备离任，前往总理衙门辞行时，总理衙门的官员询问他能否作为中国的使节出使各国。蒲安臣考虑到这么做有助于美国在华利益，就接受了这个建议。清廷也批准了总理衙门的建议。11月21日，谕旨任命蒲安臣为清政府"办理各国中外交涉事务大臣"，前往同中国有条约关系各国，向各国说明中国愿意同他们友好相处，清政府正在努力增进交往。蒲安臣高兴地接受了这项任命。

这是第一个清政府代表团，也称为蒲安臣使团。它的组成包括作为副手的办理各国中外交涉事务大臣志刚和孙家谷。清政府害怕得罪英法两国，便邀请两国各派一人作为使团的顾问，即左协理柏卓安（英国使馆翻译），右协理德善（海关税务司法籍职员）。由于这是中国代表团，而团长又是美国人，清政府特别要求蒲安臣无论碰到什么事都要告诉中国官员，以便他们向总理衙门汇报；对两国有益无损的事情可由他同中国官员一起决定；遇有重大问题，需详细报告总理衙门，由总理衙门决定。

代表团一行约30人，于1868年2月25日由上海出发，经日本于4月1日到达美国旧金山。中国使团受到了热烈的欢迎。在旧金山的一个月时间里，几乎天天都有欢迎会和宴请。4月29日，加利福尼亚州州长设宴招待使团，有400多人参加。蒲安臣在宴会上讲，他的出使意味着中国已经踏上和平与进步的道路，"希望这个伟大民族向西方文明的光辉旗帜伸出它的双手的日子，不久就来临"。代表团在旧金山参观了造船厂、织毡厂和铸钱局，并会见了华侨。5月1日，使团离开旧金山，绕道巴拿马于6月2日到达华盛顿。第二天，蒲安臣一行拜访国务卿西华德。6日，美国总统约翰逊在白宫接见了使团，蒲安臣递交了国书。10日总统又设宴招待代表团。约翰逊总统在宴会上说："中国与美国仅隔一水，实为近邻，将来交往日久，自必愈见和洽。"

从6月22日到7月20日，蒲安臣一行到纽约和其他城市访问。回到华盛顿后，蒲安臣几次单独会晤西华德，商谈由西华德起草的一份新条约。7月28日，他擅自同美方签订了《中美天津条约附约》（也称《蒲安臣条约》）。事前，他既未与同行的中国官员商量，更未得到总理衙门的同意，严重地违反了清政府给他的指令。但蒲安臣自己却十分得意，大肆吹嘘这个条约。他在8

月 21 日于波士顿发表演说时大谈这个条约所体现的保全中国领土及主权的不割让主义，他还说："这个条约承认中国是一个平等的国家，……中国人现在可以与英国人、法国人、俄国人、普鲁士人以及一切国家的人，并肩而立了。我很高兴，美国有勇气实行它的伟大平等原则。"①

蒲安臣率领代表团于 8 月 18 日离开美国前往英国。9 月 19 日，使团到达伦敦。由于英国方面认为《蒲安臣条约》是牺牲英国利益来扩大美国的在华影响和利益，英国政府对使团十分冷淡。直至 11 月 20 日，维多利亚女王才在温莎宫接见代表团。12 月 26 日，英国外交大臣同蒲安臣进行了会谈。12 月 28 日，英方照会蒲安臣，声明说：英国政府绝不想用非友好压力加诸中国；但中国必须忠实履行条约规定，保护英国在华侨民；如英侨受到伤害，英国将向中国中央政府进行交涉，而不同地方政府打交道。使团能得到英方这种承诺，自然很满意，因为先前英国方面动辄以军舰大炮威胁中国。蒲安臣在复照中表示同意。

1869 年 1 月 2 日，蒲安臣使团到法国巴黎。20 日，使团同法国外交大臣会晤。21 日，蒲安臣向法国皇帝拿破仑三世递交国书。蒲安臣在致辞中表示了中国的友好愿望。尽管法国方面给予使团很好的接待，但在 9 个月的时间里，法国方面没有提出订立新约的要求，也没有像英国那样做正式的表示。

离开法国后，蒲安臣使团先后访问了瑞典、丹麦、荷兰和普鲁士，于 1870 年 2 月到达俄国。16 日在圣彼得堡，沙皇亚历山大二世接见了使团一行，对使团来访表示欢迎。第二天，由于受了风寒，蒲安臣病倒了。21 日，蒲安臣去世。之后，使团由志刚担任首席代表，又继续访问了比利时、意大利、西班牙等国，直到这年 11 月 18 日才返回北京。蒲安臣死后，清政府追封他一品衔，封赏一万两银，以感谢他驻京时"和衷商办"和出使时"为国家效力"。奕訢亲自赴美国使馆表示对蒲安臣的哀悼。由蒲安臣率领的这个中国代表团在两年多的时间里访问了欧美 11 个国家，向各国首脑转达了中国愿同各国和平往来的愿望。这个主动姿态反映了清政府对外政策的重大发展，也是清政府的一项积极措施。

《蒲安臣条约》签订之前未经清政府同意，清政府对蒲安臣擅权不满，所以签订后迟迟不予批准。美国公使劳文罗斯和代办威廉士都一再向总理衙门询问此事。清政府表示要等到使团从欧洲回来，以便对条约进行充分讨论，做出令人满意的安排。蒲安臣对此事也相当着急，便从欧洲派柏卓安回

---

① 熊志勇：《中国与美国——迈向新世纪的回顾》，河南人民出版社 1995 年版，第 50—51 页。

国说明条约,以求迅速批准。柏卓安向清政府介绍说美国总统已批准这个条约,并指示尽快交换批准书,以示美国对中国的友好和加强两国关系。1869年11月20日,清政府终于批准《蒲安臣条约》,因为"查续立条约八款均为两国有益"。23日,由总理衙门大臣董恂同威廉士互换批准书。《蒲安臣条约》的一个特点是,它的一些规定明确中美双方权利对等,这在先前的中外条约中是没有的。其主要内容是:(1)中美两国人民可以随时来往两国,享有与他国侨民一样的权益;(2)中美两国国民可以进入对方国家的学校,中美两国人可以在对方指定地方办学校;(3)中国可向美国各通商口岸派驻领事。

《蒲安臣条约》有关移民自由条款的提出无疑是从美国的利益出发的。19世纪中叶,美国形成西部开发的热潮,十分缺乏劳动力。根据这一条约,大批华工被运往美国,从事开矿、筑路、垦荒等艰苦的工作。单就美国西部的筑路工人来说,1869年为1万人,其中华工为9000人。到1875年为止,在美国太平洋沿岸的华工共达10万之多。这些华工为美国西部的开发立下了汗马功劳。美国旧金山等地的唐人街也就是从这个时期逐步形成的。有必要指出的是,虽然《蒲安臣条约》这项有关华人合法进入美国的规定最初显然是为了美国利益而定的,但是后来在美国发生排华浪潮时,在美国的华人就援引这项规定来为自己的合法地位辩护。

《蒲安臣条约》重视教育,主要是想通过学校传播美国的思想文化,扩大美国在中国的影响。从之后的发展来看,这项内容不单是扩大了美国的在华影响,客观上为中国学生赴美留学提供了条约依据,也为中国培养了一批人才。1868年,早年赴美学习、毕业于耶鲁大学的容闳抱着教育救国的志愿,向江苏巡抚丁日昌提出派学生出国留学的计划。1870年经曾国藩同意并向清廷奏准,派江南制造局、上海广方言馆总办陈兰彬为留美学生委员,容闳为副委员,又经同李鸿章商量,制订了《挑选幼童前赴泰西肄业章程》。清政府于1872年8月挑选了第一批30名学生赴美国学习。此事开公派留学先河。1873年,福州船政大臣沈葆桢也正式向清政府奏请派遣优秀船政学堂的学生出洋留学,并于1877年后陆续派学生到英国和法国学习。许多留学生日后成为中国著名的工程师、军事指挥官和其他人才,如严复、詹天佑、刘步蟾和萨镇冰等。

4. 再次修约的谈判

由于清政府推行洋务,开始与列强合作,逐渐开放中国市场,列强得以越来越多地向中国出口商品。中国进口货总值1864年为4600万两,1871年增为7010万两,至1881年进一步增加到9190万两。中国在1864年至1876年间或有过出超,但1877年后年年入超。外国资本也开始进入中国,创办了各种企业。如1880—1885年间,外国人在中国开办了19家企业。外国企业经营的轮运公司已在中国具有压倒性的优势。如1877—1887年,外轮在各通商口岸进出口轮船的吨位中占到63%—74%,特别是英国的轮船公司。外国银行也来到中国开设分行,如英国汇丰银行先后在香港和上海开设分行,以后在中国主要通商口岸都有了它的分行。六七十年代,法国和德国的银行也来中国开设分行。① 尽管如此,欧洲列强仍然认为他们在中国受到限制,其经济利益未能得到满足。他们不断地向清政府提出相关的要求。

1867年10月,在总理衙门就修约问题向各省督抚征求意见时,奕訢向朝廷上奏中对各国修约的情势做了一个分析:"各国中财力以英为最强,其所重在通商;性情以法为最悍,其所重在传教;俄则善柔阴狠,时时注意于边界。三者鼎峙,而其余群相附和,总不外乎唯利是图。"在对外政策上有重大影响的洋务派官员两江总督曾国藩、湖广总督李鸿章和陕甘总督左宗棠的意见大致相似,认为觐见、遣使、传教可行,曾李二人认为挖煤一事也可试办,但贩盐、内地设栈、内河行轮、造铁路和架电线等事则不可答应,因为它们有碍民生。如曾国藩在奏折中指出:"今若听洋人贩盐,则场商贩运之生路穷矣,听洋人设栈,则行店囤积之生路穷矣,听小轮船驶内河,则大小舟航水手、舵工之生路穷矣;听其创办铜线、铁路,则车驴、任辇、旅店、脚夫之生路穷矣。"至于对英谈判对策,清政府官员基本主张:"窒碍最甚者应行拒绝,其可权宜俯允者,仍与羁縻相安。"② 这成了后来谈判的实际做法。清政府对这次修约采取了主动的姿态。

1868年1—9月,中英就修约问题展开谈判。其间,英国驻华公使阿礼国曾3次照会中方,提出英方的要求。1月的照会中,他提出5项要求:免除厘金、改订税则、内河行驶轮船、海关设立货栈、长江增开商埠。此后,他不断地征求英商的意见,在9月的照会中,他提出了19项要求,其中特别强调内地设货栈、内河行驶轮船和开采煤矿的要求。

清政府接受了对方的多数要求,草约很快达成,但由于英国国内对草约

---

① 严中平:《中国近代经济史统计资料选辑》,科学出版社1955年版,第116—122、221页。姚贤镐:《中国近代对外贸易史资料》第2册,中华书局1962年版,第1042、1058—1059页。
② 《筹办夷务始末·同治朝》第5册,中华书局2008年版,第2119页;第6册,第2226页;第7册,第2514页。

的意见不一致,英国政府迟迟不作正式表态。经清政府一再催促,双方于1869年10月23日签订了中英《新定条约》16款和《新修条约善后章程》10款,主要内容为:开放温州、芜湖为商埠;洋布、大呢、洋绒进口交正税和子口半税外在有通商口岸各省一律免税;英商可雇用中国木船行驶内河、装运货物;中国在南部省区选择二三处地方采煤等。

这份条约的规定有利于英国商品进一步打入中国。但在华英国商人对此远不满意,他们联合国内与对华贸易有关的商业团体和具有政治势力的商人纷纷上书英国政府,反对这份条约,指责新约中开放的新商埠太少,没有注意英商在四川和湖南等地的商业利益,没有为英商取得在中国设铁路和开矿的权利等等。主要由于英商的坚决反对,英国政府于1870年7月宣布不批准中英新约和善后章程。

1862年3月4日,中俄订立了《陆路通商章程》。它主要规定:(1)两国边境贸易在百里内概不纳税;(2)小本营生的俄商可以蒙古各地贸易,概不纳税;(3)俄商运俄国货物至天津,按照各国税则三分减一交进口正税,经张家口时可酌留十分之二在当地销售;(4)俄商自张家口贩运土货出口,只交子税,不再重征。

这些规定确定了陆路通商减税的先例,减少了中国政府的税收。但是俄国对此仍不满意,1865年又提出修约要求。经过几年的交涉,清政府最终考虑"商务所在仍可通融",对俄方的要求作出让步。1869年4月27日,中俄签订《改订陆路通商章程》,把原来规定的在张家口可酌留十分之二在当地销售改为可"酌留若干";把原来给予小本营生俄商的特权给予所有俄国商人。

第四节 教案的处理

第二次鸦片战争后,外国传教士在中国的活动日益活跃。他们的身影遍及全国,特别是天主教传教士。1870年,在中国的外国天主教传教士有250人左右,南至海南岛,北至东三省,西至西藏,都有他们的行踪。1876年,在华的外国基督教(新教)传教士则有436人,以美国人居多,其次是英国人。他们主要分布在江苏、浙江、安徽、江西、湖北、四川、云南、陕西和甘肃等省。外国传教士除了传教外,也开展了其他一些活动,如在各地开办了一些学校,建立了一些医院和育婴堂,并从事恤贫赈灾等慈善事业。教会还创办了一些报纸杂志,如1865年在广州办的《中外新闻七日录》,1868年在福州办的《福州中国记事日报》,1868年在上海办的《万国公报》等。一些传教士还热心地传播西学,出版书籍如《公法便览》《格致须知》《大英国志》和《地理全志》等等,的确对中国人了解世界起到了促进作用。

然而,有些传教士却仗着不平等条约的保护,依靠本国领事和兵舰做后盾,经常在中国各地为非作歹,欺压百姓,干涉诉讼,造成中国民众与教会的诸多矛盾,形成了许多案件。由于教会的特殊地位,各地一些非法之徒借机成为教民,仗势欺人,讹诈平民,强占人妻,侵占人产,甚至殴毙人命。教民犯法,被官府拘押,传教士就出面为他们说情,强迫官府予以释放,因此一些地方官府不愿也不敢触及此类事件。

外国传教士的这些恶行激起中国民众的极大愤慨,冲突时有发生。在多个省份发生教案,民众攻击教堂,驱逐传教士,以至形成有规模的反洋教运动。1861年的"贵州教案"是《北京条约》订立后的第一个教案。贵州的天主教主教胡缚理骄横跋扈,他甚至乘坐紫呢大轿,雇用鼓吹,盛设仪仗,到贵州巡抚衙门"呈送执照",援引《天津条约》的保护,表示可到内地传教。他的行径引起当地官绅的极度嫌恶。巡抚何冠英和提督田兴恕发起"灭教"运动,号召全省各级官员驱逐传教士。6月,贵阳青岩镇的一所教会学堂被摧毁,教徒4人被处死刑。1862年2月,在开州又发生法国传教士文乃耳和教堂老师、教徒4人被处死刑的事件。贵州教案发生后,法国驻华公使向清政府强烈抗议,要求将田兴恕等负责官员3人拘传到北京处斩,云贵总督亲向胡缚理主教道歉等。英美公使也出来为法国公使说话。在列强的压力之下,清政府不得不在1863年12月答应将负责官员分别交部议处,最终将何冠英和田兴恕革职,并将田兴恕分配新疆,把提督衙门拨给胡缚理作为天主教堂,又赔款1.2万两白银。

1862年,南昌民众将法国天主教堂和育婴堂捣毁。法国方面又向清政府威胁勒索,清政府答应赔偿1.7万两白银,并另拨给九江城外地若干亩供教会建造使用。1868年,扬州也发生教案,万余群众焚毁了当地的英国教堂。英国方面在提出抗议的同时派四艘军舰到南京,向两江总督曾国藩提出最后通牒。在侵略者的压力下,曾国藩答应将扬州知府和知县撤职,赔偿教堂损失,并在教堂界内树碑,严禁侵犯。

更为严重的教案是1870年的天津教案。第二次鸦片战争中,天津一度被侵略军占领。天津开为通商口岸后,外国人侵占大量土地作为租界,这些事情都引起天津民众对外国人的不满。1870年6月,法国天主教育婴堂所收留的婴孩大量死亡,与此同时又不断有幼童失踪的事件发生,而查获的拐犯在供词中又牵涉到教堂,于是各种传闻不胫而走,民众对教堂的所作所为极为气愤。6月21日,许多群众到望海楼天主教堂前示威。法国领事丰大业要求三口通商大臣崇厚派兵弹压。因崇厚只派去几名官兵,丰大业竟持枪到崇厚衙门质问,并向崇厚开枪,没有命中。出衙门后,他遇见天津知县刘杰,又开枪行凶,打伤了刘杰的随从高升。丰大业的秘书西蒙也开枪威胁群众。抗议群众怒不可遏,奋起反抗,当场将丰大业和西蒙打死,随后放火焚烧了法国教堂、育婴堂和领事馆,以及英美教堂数所。在这起事件中,被打死的外交官、传教士和商人共20人,其中法国人13名,俄国人3名,比利时人2名,意大利和爱尔兰人各1名。

这起严重事件发生后,法、英、美、俄、普、比、西七国联合向清政府提出抗议,并派舰只到天津和烟台一带示威,要求惩办有关官员和民众。法国代办威胁直隶总督曾国藩说:"不将府县及提督陈国瑞即行抵命,早晚该国水师提督到津,即令其便宜行事。"英国公使威妥玛也以兵力为恫吓,迫使清政府接受法国方面的要求。

清政府内部对于此事的处理发生争执。一部分官员认为此时正好利用民意,与法国断交,甚至禁止传教。另一部分官员,主要是洋务派官员认为要对列强妥协和惩办凶手。曾国藩认为:"即便曲在洋人,而公牍亦须浑含出之。外国既毙多命,不肯更认理亏,使在彼有可转圜之地,庶在我不失柔远之道。"他主张:"切实查明,严拿凶手,以惩煽乱之徒,弹压士民,以慰各国之意,皆系目前要务。"① 6月23日,清政府派曾国藩到天津查办,后曾国藩又奏请李鸿章协同处理。他们最终决定判处死刑16人,缓刑4人,充军25人,赔款50万两,并由清政府派遣高级官员,带着国书,到法国去谢罪。

这个道歉使团是由三口通商大臣崇厚率领的,也就成为第一个由中国大臣率领的使团。当时,法国在普法战争中被打得一败涂地,国内又发生了巴黎公社革命。法国政府躲到凡尔赛去。于是,崇厚一行等到局势稳定下来和法国政府迁回巴黎,向其政府递交了国书并表示歉意后才回国。

19世纪下半叶,教会势力在中国迅速发展,大小教案屡见不鲜。但由于清政府在教案的处理上都采取了妥协退让的政策,基本按照外国人的要求办,所以没有酿成较大的中外纠纷。然而,正是清政府的这种做法,致使教会越来越肆无忌惮,侵犯中国人权益的事情越来越多,也使中国民众积压起对教会越来越强烈的不满和义愤。

---

① 《筹办夷务始末·同治朝》第8册,中华书局2008年版,第2922—2023页。

小 结

两次鸦片战争打断了中国封建社会延伸两千多年的轨迹,宗藩体系也被列强打开了缺口。中国不由自主地在经济上卷入了资本主义体系,成了外国商品的市场;在国际关系上卷入条约体系,外国人用其体系的规则来要求中国。结果,原来是泱泱大国的中国现在却要对外国人唯命是从。环境的剧烈变化让一些中国人开始思考,渴望了解世界,提出学习西方的主张。两次对外战争的失败使中国人直接体验了洋枪洋炮的厉害,因此向西方学习"长技"成了洋务派的基本认识。在中体西用思想的指导下,清政府中的洋务派试图通过富国强兵的方法来扭转局面。为此,他们需要一个稳定的国际环境。他们新建外事机构、调整对外政策,采取比较积极的态度对待西方列强:学习、合作、妥协、示好。他们企盼与列强相安无事。洋务派主流的思想局限于此,他们没意识到中西矛盾的根本所在,他们没提出更有实质性意义的变革举措,即使在对外交往上,他们没想过要改变封贡制度,更不想放弃宗藩体系。他们以为凭借洋务运动就可以拯救清朝统治,就可以重返大国地位。洋务派能改善中国与列强的关系,能提高中国的军力,但能改变由条约体系带来的地位变化吗?

思考题

1. 试析中体西用思想的产生。
2. 洋务派主张的"富国强兵"能拯救中国吗?为什么?
3. 第二次鸦片战争之后,清政府进行了哪些对外政策和体制的调整?
4. 分析《蒲安臣条约》与先前其他条约的差别。

参考书目

王立诚:《中国近代外交制度史》,甘肃人民出版社1991年版。
王晓秋:《近代中国与世界——互动与比较》,紫禁城出版社2003年版。
夏东元:《洋务运动史》,华东师范大学出版社1992年版。
张力、刘鉴唐:《中国教案史》,四川省社会科学院出版社1987年版。

第四章
边疆危机的外交困境

第二次鸦片战争之后,清政府在洋务运动的影响下对涉外机构和外交政策进行了重大调整,稳步地发展与列强的关系,谨慎处理涉外事件。中外之间的冲突暂时偃旗息鼓,再加上国内的民众反抗力量在太平天国被镇压后处于低潮,清政府经历了一段相对平静的日子,国家的形势有所好转。19世纪六七十年代是同治皇帝的统治时期,史上有"同治中兴"之说。然而,中国没有得到多长的喘息时间,从70年代起,不仅西方列强给中国边疆地区带来紧张局势,而且新兴的东亚强国日本也开始侵扰中国。

第一节 琉球事件的中日交涉

日本在历史上同中国往来密切。19世纪上半叶同中国一样,日本作为一个弱国,也遭到西方列强的欺侮。1868年,日本政府推行明治维新的改革运动,走上了发展资本主义的道路,并逐步壮大起来。

1. 订立《中日修好条规》

由于受岛国的领土限制,日本急于向外扩张以获得资源和市场,亚洲邻国便成为其进行扩张的目标。1870年7月,日本政府派外务卿柳原前光来中国进行建交和通商的预备会谈。他于9月先到上海后到天津,分别会见了三口通商大臣成林和直隶总督李鸿章,并把日本外务卿的书信转交北京的总理衙门。清政府最初认为中日之间事实上早在上海开展通商,没有必要订立条约。柳原前光表示,中国已与英法等国签约通商,不该歧视近邻,日本也打算与中国订约。他甚至向成林暗示,如果中方不同意,日本将请求英法介入。

日方的要求产生了影响,李鸿章认为既然中国和日本都面临西方列强的威胁,"中国正可联为外援,勿使西人倚为外府,宜先通好,以冀同心协力"。总理衙门建议:"与其将来必允,不如此时即明示允意,以安其心"①,同意日本派代表到天津谈判签订条约以固邦交。这个建议得到朝廷的批准。

1871年7月,日本派议约专使大藏卿伊达宗臣来华谈判签约事宜。清政府任命李鸿章为全权大臣同其在天津进行谈判。日本方面提出要"与西人同例,一体定约",即条约中要包括西方列强同中国签订的条约的内容。清政府官员认为日本与西方国家不同,本来与中国的关系就比较密切,而且历史上中国受过倭寇侵犯之害,不能过于迁就对方的要求。李鸿章就有"日本近在肘腋,永为中土之患"的担心。② 另外,一些官员仍以上国自居,把日本视为"向来臣服朝贡之国"。因此在谈判中,中方态度比较强硬,拒绝按以往不平等条约的例子签订条约,特别是不同意列入"一体均沾"的条款。日本当时也无力强迫中国接受其要求,于是在9月13日和清政府签订了《修好条规》和《通商章程:海关税则》两个文件。这份条约的特点是其规定都是对等的,没有最惠国待遇的内容。其主要内容包括:(1)两国可互派使节,驻扎对方首都;(2)中日两国相互享有领事裁判权;(3)两国商民只能在指定的彼此口岸往来交易,不得运货进入内地;(4)一国的商船货物进入对方通商口岸,应照对方通商税则纳税;(5)其中第二款规定:若与他国有纠纷,两国要互相帮助,或从中调处。

对于这样一份比较合理的条约,日本统治者极为不满,认为没有充分满足日本的利益要求。伊达宗臣回到日本后遭到激烈的指责,被迫辞职。一些国家驻日使节也向日本政府就《修好条规》第二款提出质疑。美国驻日使馆代办说这是中日"结成攻守同盟",德国驻日代表说对中日缔约感到惊异。所以,日本政府迟迟不批准条约。

1872年5月,日本派柳原前光来华要求改约。他提出取消中国在日本的领事裁判权和日本所受的关税约束,以及取消两国相互帮助的条款。中方代表李鸿章表示拒绝,要求对方必须先换约。1873年4月,日本不得不派外务卿副岛种臣来华。30日,他与李鸿章在天津交换了条约批准书。副岛一行的另一个公开使命是祝贺同治皇帝大婚及亲政。5月7日,他来到北京。6月29日在北京举行的外国使节觐见皇帝的大典上,他以外务卿兼特使的身份第

---

① 《筹办夷务始末·同治朝》第8册,第3131、3159页。
② 《李文忠公全集·奏稿卷17》,第54页。

一个受到接见。这是自19世纪60年代各国在北京设立使馆以来,皇帝第一次接见外国使节。

2. 琉球事件的处理

副岛的不公开使命是与清政府就琉球事件进行交涉。琉球位于中国台湾以北、日本以南,是一个由群岛组成的小国,历史上是中国的藩属,定期向中国政府纳贡。1606年,日本萨摩藩主曾用武力征服了琉球,琉球也被迫向日本进贡,成为该藩的属国。明治维新之后,日本就开始着手吞并它,并进而染指台湾。1872年,日本封琉球国王为藩主。琉球国王一直对日本的扩张心存担心,直到1874年仍向清政府派出进贡使节,以保持同中国的关系。

日本在准备吞并琉球的同时,利用1871年发生的琉球船民事件为借口侵犯台湾。那年,一批琉球船民因遇暴风漂泊到台湾,被当地高山族人杀死54人。次年,日本鹿儿岛县当局得知此事后,就要求向台湾兴师问罪。就任外务卿不久的副岛种臣积极推动此事。日本政府聘请曾任美国驻厦门领事的李仙得为外务省二等出仕。李仙得去过台湾,并搜集了大量资料。他向日本方面建议,若日本要在东亚施展威权,就必须"南据澎湖、台湾两岛",而琉球群岛在这方面作为军事基地具有重要意义。为此,1873年5月,日本来使副岛种臣在北京请求谨见时,派副使柳原前光就此事向总理衙门提出质问。总理衙门官员在答复中明确指出:"二岛俱我属土,属土之人相杀,裁决固在于我,我恤琉人,自有措置,何预贵国事,而烦为过问?"但同时,他们又说:"杀人者皆属'生番',故且置之化外,未便穷治。"①于是,日本方面抓住这样一些只言片语,以清政府未能对台湾东部土著居民地区行使管辖而否认台湾东部为中国领土,借口对台湾发动侵略。

日本一方面从外交上对付清政府,另一方面着手入侵台湾。1874年4月,日本政府设立"台湾事务局",派兵侵犯台湾。5月2日,日军在陆军中将西乡从道的率领下向台湾进发。5月7日,日军在台湾登陆,遭到当地居民的顽强抵抗,退守龟山。占领军不仅面临后勤供应的困难,还受到疫病的威胁。

5月3日,日本方面把西乡从道致闽浙总督李鹤年的照会交给中方,称军队前往台湾是要稍示惩罚生番。11日,李鹤年答复称:台湾全地久隶属中国版图,此事该由中方处理,要求日方撤军。清廷31日收到李总督的报告。6月上旬,清廷再次收到李总督有关台湾居民与日军交火的报告后指示:"生番

---

① 王芸生:《六十年来中国与日本》第一卷,生活·读书·新知三联书店2005年版,第64—65页。

既居中国土地,即当一视同仁,不得谓为化外游民,恝置不顾,任其惨遭荼毒。事关海疆安危大计,未可稍涉疏虞,致生后患。"①清政府这次改变了以前的说法,明确地指出台湾居民都是中国人。

5月19日,日本第一任驻华公使柳原前光也出发前往中国。清政府最先是从英国公使威妥玛和法国等国的外交官处得知日本出兵的。5月11日,总理衙门致电日本外务省,质问日本如要派兵前往台湾,为何不先就问题进行讨论。14日,清政府指示福建船政大臣沈葆桢带领兵船,以巡阅为名,前往台湾察看,不动声色,相机筹办。29日,清政府进一步任命他为钦差办理台湾等处海防兼理各国事务大臣,全权负责处理此事。沈葆桢在台湾一方面派人与日方交涉,另一方面布置全岛的防务,并加强与当地民众的联系。7月初,清政府再次指示他:"务当与之极力理论,断不可任其妄为,倘该国悍然不顾,亦当示以兵威,不得稍涉迁就,致误事机。"②

但清政府还是力图通过外交方式来解决这起事件。在与日本交涉的同时,清政府把有关情况通报一些欧美国家。日本不仅面临日军在台湾的困境,而且也受到英国等国的压力。英国对日本出兵台湾感到不安。它怕中日冲突将影响到英国的在华贸易,更不愿看到日本独占具有重要战略意义的台湾。英国公使威妥玛向日方表示,英国在华商人与台湾有密切的商务关系,英国不能坐视日本占领台湾。拥有菲律宾殖民地的西班牙也向日本提出抗议。谈判逐渐成为双方解决问题的重点。5月底至6月,中日双方在上海和台湾多次交涉都没有结果。于是,日本在8月派内务大臣大久保利通为特使来中国交涉。他于9月到达北京,14日同总理衙门第一次会谈。尽管日方以扩大战争进行恫吓,要求清政府放弃台湾东部领土,但清政府坚决拒绝。10月18日,日方终于表示拟将军队撤出台湾,但日本兵不能空手而回。总理衙门对此的答复是,中国可以不指责日本出兵台湾,并愿意给抚恤金若干,但不能补偿兵费,同时日本必须从台湾撤兵。当时,清政府一方面感到军事准备不足,另一方面害怕日本铤而走险,还是决定采用羁縻的方法解决。日方要求至少得到抚恤银200万两。在英国公使威妥玛的调解下,10月31日,中日达成《北京专条》,规定日本撤军和中国给予日本赔偿50万两。然而,条约中竟然称"台湾生番曾将日本国属民等妄为加害",把日本出兵说成是"原为保

---

① 《筹办夷务始末·同治朝》第10册,中华书局2008年版,第3754页。
② 同上书,第3777页。

民义举"。① 这样,实际上清政府就是默认了琉球居民是日本人。这份协议后来成了日本占有琉球的借口。12月底,日军撤离台湾。

为了加强台湾的防务,清政府在1885年10月正式把台湾改道建省,任命刘铭传为首任巡抚。

3. 日本吞并琉球

清政府在处理台湾问题时对琉球的模糊立场使日本得寸进尺。1875年,日本政府禁止琉球向清朝进贡,1876年又接管了琉球的司法权和警察权。日本逐步吞并琉球的做法遭到许多琉球官员的反对,他们派人与日本政府交涉,同时也派遣使节到中国求援,希望继续保持同中国的传统关系。根据琉球的要求,清政府多次同日本交涉,要求保持琉球的独立。1877年4月,琉球国王尚泰密的姐夫紫巾官向德宏来到福州,向闽浙总督等哭诉日本不准琉球向清朝进贡一事。清政府接到报告时,恰好刚任命何如璋为首任驻日公使,于是指示他到日本后相机处理此事。何如璋到日本后进行了调查研究,他提出日本割断琉球与中国的关系是为了将琉球设县,"阻贡不已,必灭琉球;琉球既灭,行及朝鲜"②。根据何如璋的建议,清政府决定对日"据理诘问"。1878年9月3日,何如璋向日本外务省提出质问和抗议。10月7日,何如璋再次照会日本,提出日本禁止琉球向清朝进贡是"背邻交,欺弱国",是"不信不义无情无理之事",势将"贻笑于万国"。日本指出这份照会失礼,要求中方道歉,否则停止谈判。

中日双方交涉不下。1879年4月,日本政府宣布把琉球群岛改为冲绳县,并命令琉球的藩主移到东京居住,从而把琉球置于日本的行政管辖之下。从5月起,清政府多次向日本驻华公使宍户玑发出照会,指责日本灭人之国、绝人之祀,违背中日《修好条规》对两国"倍敦和谊"的规定,蔑视中国以及与琉球有条约关系的其他国家,要求日本停止把琉球改为日本的县。宍户玑反驳说,这是日本的内政,不容他国干涉。1879年5月底,清政府还曾请来华游历的美国前总统格兰特进行调解,但都毫无结果。

1880年3月,日本派人来中国提出解决琉球问题的方案:(1)日本愿意把琉球群岛最南部的宫古列岛和八重山列岛划归中国,中国应当承认琉球的其余部分完全归日本所有;(2)清政府应同意修改1871年的中日条约,给予

---

① 王铁崖:《中外旧约章汇编》第一册,第343页。
② 熊志勇、苏浩、陈涛:《中国近现代外交史资料选辑》,第109页。

日本单方面最惠国待遇等特权。8月,总理衙门开始同宍户玑谈判。此时正是中俄关系因伊犁问题而处于紧张状态,清政府担心日本同俄国勾结,打算对日本作出让步。同时,清政府打算把这两个列岛转交琉球国王,以保持"琉祀"。为此,清政府就表示同意日本的方案,并于10月同日使宍户玑达成初步协议。清政府对日本作出如此重大的让步,总理衙门认为"凡此皆为顾全大局,联络日本起见"①。但这份协议遭到清政府中不少人的反对,因为它既破坏了琉球的独立,也伤害了中国的利益。这些官员主张暂缓交涉。李鸿章从另外一个角度也认为此事需暂缓,因为与俄国的谈判正在关键时候。因此,清政府最终拒绝批准初步协议。日方对此非常不满,1881年3月,日本宍户玑离开北京时说:"中国自弃前议,今后琉球一案,理当永远无复异议。"②直到1887年,总理衙门大臣曾纪泽还向日本驻华公使盐田三郎表示,中国仍认为琉球问题尚未了结。但日方根本不予理睬。由于中国日渐衰弱,琉球一案在当时就这样不了了之,日本最终吞并了整个琉球群岛。

第二节　马嘉理事件的中英交涉

英国是当时世界上最强大的国家,也是在中国影响最大的国家。但从19世纪70年代起国际形势发生变化,英国不仅面临法国等老牌殖民主义国家的竞争,而且后起的美国、德国都开始同它相竞争。此时,在国际市场上英国的地位不像19世纪初那样具有绝对优势,它的产品在国际市场上受到其他国家产品的挤压。

1. 马嘉理事件的处理

在他国的竞争之下,英国对华贸易处于不景气的状态,贸易额有下降的趋势。1869—1872年,英国每年平均对华出口为935万镑,而1873—1876年下降到年均822万镑。1873年爆发的经济危机对英国更是一次沉重的打击。在这种情况下,英国资本家急于开辟新的市场,把眼光特别投向中国尚未开放的地区。英国曾在1824年和1852年两次发动对缅甸的战争,侵占了缅甸的大片领土。英国试图进一步通过缅甸打开中国的后门进入云南地区。另一个世界强国法国也有相似的目的,它从60年代起开始寻找一条经过越南进

---

① 故宫博物院:《清光绪朝中日交涉史料》第2卷,1932年版,第9页。
② 熊志勇、苏浩、陈涛:《中国近现代外交史资料选辑》,第121页。

入中国云南的通道,并于1874年强迫越南签订了一项条约,建立了法国对越南南部的保护权。面对法国的竞争,英国想先行一步。所以,1874年英印当局派柏郎上校率一支193人的队伍从缅甸进入云南。英国驻华使馆为此向总理衙门申请许可,并派马嘉理担任翻译。1875年2月,探路队进入云南腾越地区。21日,一伙当地人袭击了先行的马嘉理一行,打死马嘉理,抢走所带物品。次日,柏郎率领的探路队受到地方武装的阻截,被迫退回缅甸。这次阻截是由腾越地方左营都司李珍国安排兵勇进行的,因为当地民众反对洋人进来。

这起事件成了英国向中国勒索新权益的又一机会。英国外交大臣于3月4日指示驻华公使威妥玛向中国提出交涉,并让他"记住印度政府派遣柏郎上校所带的队伍到云南去的目的"。于是,威妥玛利用这一事件,逼迫清政府给予英国更多的利益。3月19日,他向清政府提出6项要求:中国政府派专人去云南调查此案;英印政府可以再派一支探路队;中国赔偿15万两银;商定办法优待外国公使;免除英国商人在正税和半税以外任何负担;解决近年各地未结的争端。这些要求远远超出了对人命案的处理。对于英方提出的要求,清政府起初断然拒绝,因为清政府闻知此事后已下令云南巡抚岑毓英进行调查,尚未收到结果的报告。于是,威妥玛先集中要清政府做到前3项。在24日至31日的一周时间内,他接连递交照会十余次。28日,他威胁说,如果不准英方再派探路队入境,英国就与中国断交。这把清政府吓着了,赶紧做出让步,原则上接受前3项要求。清政府先后派湖广总督李瀚章和总理衙门大臣薛焕急赴云南协同处理。清政府把这些措施通知了英国驻华公使威妥玛。

但是,威妥玛并不满足。他前往上海,利用那里方便的电讯条件同英国政府商议办法。他报告说:无论英方怎样说和怎样做,中国政府都绝不可能首先发动敌对行动。他明白,在两次鸦片战争之后,清政府虽然不能说对外国人是百依百顺,但是绝不敢真正反抗。于是,他8月北上来到天津,在李鸿章面前大骂总理衙门,表示愿意同李鸿章商办。同时,他再次威胁说要离京,把"云南事交与印度节度大臣办理,各通商事交与水师提督办理,英商税饷概不准完纳"。威妥玛又提出一系列新的要求,主要包括内地要多开商埠;派高级官员到英国道歉;清政府应降旨谴责岑毓英;遣使和责问岑毓英等谕旨须公开发表等,在这些谕旨中,凡英国二字都必须"抬写"。在清朝竖写的文件中,凡提到清朝和皇帝的地方,其名称都必须在下一行抬头两三格书写,以示权威。然而在提到其他国家时,清政府却不这么做。这被外国人视为不平等。威妥玛认为岑毓英是事件的主使,他提出这些要求是要竭力打击清统治者的威信,以此迫使清政府做出让步。李鸿章害怕谈判破裂,便一再劝清政府对英方妥协。于是清政府做出又一次让步,表示可以派人前往英国道歉,同意下旨谴责岑毓英,但不愿意公开发表谕旨。

然而,威妥玛并不满足。他离开天津到烟台,同英国驻华海军司令赖德商量以武力胁迫中国的办法。9月,威妥玛回到北京,继续就其他具体问题同清政府进行交涉。他在优待公使一项上提出驻京公使随时可以觐见皇帝、外国使节可以同近族王公和各部院大臣往来等要求。显然,通过扩大外交使节与清朝王室和高级官员的往来,英国可以更容易对它施加影响。对这些要求,清政府仅仅同意放宽大臣与外国使节的往来。关于商务,英方要求税单对于中外商人应一律有效、整顿厘税(一种地方税)、租界内先禁厘税、沿江河湖海各地增开口岸、云南当局和英方官员协商云南边贸事宜等。他还要求清政府下令各省对到各地游历的外国人妥加保护。在英方的压力下,清政府同意重申保护外国人的命令,同意商议中英贸易问题和中英双方派人会勘边境贸易。虽然中方一再让步,但由于未全部接受英方的庞大要求,威妥玛又气势汹汹地在10月离开了北京,前往上海。

由于威妥玛不遗余力地为扩大英国在华权益而奔波,11月英国政府授予他爵士勋位,以示鼓励和支持。按照威妥玛的请求,英国政府派遣蓝伯率领4艘军舰于1876年2月来华,增加他谈判的实力。春天,威妥玛又来到北京,向清政府胁逼勒索。他声称马嘉理一案的发生主要是由于清朝大臣有排外思想,这次若不打消这种思想,今后两国关系还是没保障。因此,他坚决要求把岑毓英等官员押解到北京审判。如果中国方面不照办,那就是姑息犯罪,就要自取大祸。威妥玛的态度极为狂妄,肆无忌惮地攻击清政府和有关大臣。总理衙门为了缓和气氛,就同意在增加口岸及整顿商务方面满足英国的要求,但坚决不同意把岑毓英押来北京。

6月,威妥玛提出,他可以放弃把岑毓英押来北京的要求,但条件是清政府要接受他在处理马嘉理案件、优待公使和整顿商务方面重新整理出来的八条要求。对于案件本身的处理,清政府原则上同意他的要求。有关通商问题,清政府起初只同意增加宜昌一个口岸,不同意英国在大理、重庆派驻领事,不同意免除厘税。每当清政府对英方的要求提出异议时,威妥玛就重申把岑毓英押来北京的要求,并表示要中断谈判,离京去上海。清政府十分害怕,忙请担任中国海关总税务司的英国人赫德出面调停。在赫德的游说下,清政府又答应增开北海和温州为口岸。威妥玛同意留京继续谈判,但他得寸进尺,竟要求慈禧太后接见他,就马嘉理案件向他道歉,或者派大臣到英国使馆来道歉。这一项要求当然为清政府所拒绝。威妥玛不甘心,又派人向总理衙门提出赔款数额要由英方来定,少至数万,多至数百万,数千万,中国都必须答应无可商量。清政府依然拒绝。谈判双方僵持不下,威妥玛大怒,重提把岑毓英押解北京的要求,还把以前达成的协议一概推翻。15日,他第三次离京去上海,宣告中英谈判破裂。

  清政府这次吓坏了,赶紧又请赫德到上海去劝说。赫德回来后建议清政府派李鸿章到烟台去与威妥玛谈判,还说考虑到目前的强弱对比,中国方面能让之处还是让为好。7月28日,清政府委任李鸿章为全权代表,到烟台去谈判。李鸿章行前上奏说:"时势艰难,度支告匮,若与西洋用兵,其祸患更有不可测者。"他主张:"扩怀柔之大度,屏悠谬之浮言,委曲求全,力持定见。"① 他的妥协主张得到当时实际掌握朝廷大权的慈禧太后的同意,指示参照赫德的意见去办。对于英国方面提出的要求,正处于同治中兴时期的清政府无论是从维护主权利益还是从固守传统体制来说都不想全部接受。但是,它又不敢得罪英国,因为此时中国元气尚未完全恢复,清军刚刚开始采用新式武器。当政府中有人主张加强海防,以备英国的武力威胁时,李鸿章等人则认为这并非一时所能办得到的。况且,这个时期中国受到来自不同方向的威胁,清政府应接不暇。另外,这些年国内灾荒严重,财政紧张,清政府更害怕对外用兵。因此,清政府决定采取避战求和的政策,李鸿章劝总理衙门为了避免交涉决裂,在不妨碍国体的情况下,适当答应对方的一些要求。

  其实,威妥玛的处境此刻并不十分好。在欧洲,英国与俄国因土耳其问题发生纠纷,英国的军事力量要首先服从这一需要。所以,英国政府7月初指示威妥玛从速解决云南问题。另外,威妥玛频繁地同清政府交涉,而又不与其他列强驻华公使协商,也引起这些公使的怀疑。他们生怕英国从清政府手中谋得更多的权益,而对他们各自的利益有妨碍。因此,美、德等国公使都有意在中英之间斡旋。这种形势对威妥玛构成一种限制,但他老谋深算,表面上还装得若无其事。

  威妥玛前往谈判时,让英国舰队停泊在大连,而英国驻华海军司令赖德及蓝伯与他同行。他要用武力作后盾。8月21日,谈判在烟台开始,威妥玛首先提出要把岑毓英提解到北京审讯,力图从这里打开突破口,迫使清政府出高价来换取这个要求的收回。果真,李鸿章按照清廷的旨意表示,这一条坚决不行,英方可以提出其他条件作为交换。这正合了威妥玛的心意。他便

---

① 王彦威、王亮:《清季外交史料》卷6,台北:文海出版社1980年版,第23页。

提出如果清政府能在马嘉理案的处理、优待公使和整顿商务3方面满足英方的要求,提解岑毓英来京一事可以不再提了;至于抬写英国国名的要求,也不强求了,因为上谕只是对中国臣民而言;中国皇帝年龄还小,可以暂缓接见各国公使。既然在这些最关系到清廷面子的事情上,英方都作了让步,中方自然会做出相应的妥协。9月4日,威妥玛提出英方的全部要求后,李鸿章只在免除厘税和增开口岸的数量两个问题上同他进行了一些争辩。13日,双方正式签订《烟台条约》。

条约主要内容分为三个部分。第一部分是关于马嘉理案件的处理。中国赔偿被害人员家属恤款和英方办理此案的经费,并遣使到英国道歉。

第二部分关于商务和其他特权。(1)赔偿过去历年中国官方欠英商的钱20万两。(2)增开宜昌、芜湖、温州、北海等4处口岸,开放安庆、湖口、沙市等6处为停泊码头,可以上下货。(3)租界内废除厘税,洋货运往内地,不论是洋商或华商,都可以申领半税单,鸦片的入口税和厘金在海关一并缴纳。(4)对于民事和刑事案件明确了"被告原则",即被告为哪国人,就到该国官员处控告。同时还规定了"观审制",即"原告为何国之人,其本国官员只可赴承审官员处观审。倘观审之员以为办理未妥,可以逐细辩论"。(5)所有开放口岸都要划出租界。

第三部分是关于云南边界开放通商一事,规定由英国政府派官员与清政府商议云南与缅甸边界开放通商的具体规定。

在条约所附的《另议专条》内规定清政府允许英国于1877年从北京派人经甘肃、青海或四川进入西藏,或由印度进入西藏。

这个条约签订后的第四天,清政府就批准实行,而英国方面迟迟不批准。因为一方面英印当局和鸦片商人认为这个条约加重了对鸦片的关税。另一方面,1876年12月,美、法、俄、德、西五国公使在北京开会讨论这个条约,他们普遍反对租界免厘一款,认为这意味着中国政府在租界外就有权征收厘金。于是到1885年7月,英国方面又迫使清政府签订《烟台条约续增专条》,对鸦片的税厘做了统一的规定,即每百斤箱交纳正税30两和不超过80两的厘金。至于租界免厘事和各新旧口岸划定租界事,日后再行商议。于是到1886年5月,英国政府才将这个条约和《烟台条约》一起批准。

2. 郭嵩焘常驻英国

根据烟台谈判的结果,清政府需要派人去英国道歉。由于有处理法国教案的教训,清政府不准备派专人去。于是,清廷在1876年8月份任命郭嵩焘为驻英公使,并指派他向英国政府道歉。

郭嵩焘,湖南人,早年随曾国藩帮办军务时到过上海,对西方的物品和制度都有一些了解,并认真研究过西学。他积极主张发展洋务,曾大胆提出由商人办理近代企业。对于国家关系问题,他反对盲目的主战言论,认为这有害于国家,"未有不问国势之强弱,不察事理之是非,惟目疾呼,责武士之一战,以图快愚人之心,如明以来持论之乖戾者也"。他主张以和的方式来处理矛盾,防止冲突,"以自求富强为之本"。他指出:"然能揣其情,以柔相制,其祸迟而小。不能知其情,而欲以刚相胜,以急撄其怒,其祸速而大。"①1875年,经李鸿章推荐,郭嵩焘作为懂洋务的人奉诏来到北京,被授予福建按察使。不久,马嘉理案件发生,英方在谈判中态度强硬。清廷急召郭嵩焘入京,参与处理此案。郭嵩焘在仔细了解情况后,认为云南巡抚岑毓英有责任,建议将其交部查处。这就引起众人非难。于是,他请求辞职,清廷再三挽留。因苦于没有可派出国的人才,清政府不得不任命他为中国驻英公使。于是,郭嵩焘成为中国第一位常驻国外的使节。此后,清政府陆续任命驻外使节,到20世纪初共向14个国家派出了常驻使节。

然而在当年,这种任命有如流放,朝廷内外议论纷纷。他的亲朋好友都认为他出洋"有辱名节",或反对他接受这一任命,或为他深感惋惜。在老家湖南,士绅更是群情激愤,认为郭嵩焘大丢湖南人的脸面。有人编出一副对联骂他:"出乎其类,拔乎其萃,不容于尧舜之世;未能事人,焉能事鬼,何必去父母之邦。"这就是把他视为汉奸。甚至有人扬言要开除他的省籍,主张砸毁郭宅。为了平衡两股势力,清政府任命了反对洋务运动的保守派官员刘锡鸿担任副使。在这样的气氛下,郭嵩焘几次称病推辞,但未能获准。他最终抱着为国解难的心态接受了这项工作。

郭嵩焘在马嘉理案件基本平息后,于1876年12月从上海登船赴英。行前,清政府命郭嵩焘将沿途所记咨送总理衙门。郭嵩焘于次年1月下旬到达伦敦,立即将途中50余天的详细日记整理成《使西纪程》寄回总理衙门。《使西纪程》通过他沿途的所见所闻,对十余国家的地理位置、风俗民情、宗教信仰和议会政治等情况做了介绍,特别是加了一些评论。如郭嵩焘认为外国港口虽然船只众多,但秩序井然,称赞伦敦"街市灯如明星万点,车马滔滔,气成烟雾",感叹"宫室之美,无以复加"。总理衙门将此书刊行后,就引来朝野保守派激烈的抨击。有人指责他"极意夸饰"外国,有人称他中了洋毒,还有人

---

① 《郭嵩焘日记》第一辑,湖南人民出版社1981年版,第393、469页。

干脆以其卖国为由弹劾他。虽然清政府没把他立即召回,但下令将《使西纪程》毁版,禁其流传。

郭嵩焘任驻英公使后,又奉命兼任驻法公使。他广泛接触各界人士,参观炮台、工厂、学校、监狱、实验室、博物馆、陈列室、动植物园、军事演习、先进技术设施等等,旁听议院辩论,访问科学家并仔细询问有关科学技术问题。他考察这些国家致富致强的原因,并注意观察日本人如何学习西方。他看到中国的留学生都是来学习军事,就主张应该学习西法才有助于治理国家,并学习西方的各种技术,以求实用。郭嵩焘逐步发现,英国的强大并非只强在它的船坚炮利上,其政体同样勃勃而有生机。他指出:"西洋立国,有本有末,其本在朝廷政教,其末在商贾、造船、制器,相辅以益其强,又末中之一节也。故欲先通商贾之气以立循用西法之基,所谓其本未遑而姑务其末者。"他强调民富才是国富,曾说:"今言富强者,一视为国家本计,与百姓无与。抑不知西洋之富专在民,不在国家也。"①

在郭嵩焘任上时,阿古柏侵犯新疆,与其关系密切的英国提出调解。他主张"息兵议和",反对左宗棠用兵,建议接受英国斡旋,但他认为最终决策要取决于左宗棠的判断,如果用兵能成功,就不用和谈了。

尽管有李鸿章的支持,郭嵩焘还是遭到副手刘锡鸿的激烈抨击。刘锡鸿得到清政府中一些大员的支持,暗中监视郭嵩焘的一举一动,不断地向清政府报告郭嵩焘的所谓不当言行。有次参观炮台,途中天气骤变,陪同的一位英国人将自己的大衣披在郭嵩焘身上。刘锡鸿认为郭嵩焘"即令冻死,亦不当披"。巴西使馆为巴西国王访英举行茶会,郭嵩焘应邀参加。当巴西国王入场时,郭嵩焘随大家一同起立。这本是一种国际礼节,但刘锡鸿却将其说成是大失国体,"堂堂天朝,何至为小国国主致敬"。当中国使馆人员参加英国女王在白金汉宫举行的音乐会时,郭嵩焘屡屡取阅节目单,刘锡鸿认为这是"效仿洋人"的做法,太不应该。刘锡鸿还指责郭嵩焘向英国人诋毁朝政,向英国人妥协等等,说他是"汉奸"。朝廷上的一些士大夫也激烈地攻击他。得知这些事后,郭嵩焘愤怒之极,多次上奏清廷要求调回国内。最终,于1878年8月25日,清政府下令将驻英公使郭嵩焘召回,由曾纪泽继任。

1879年1月末,郭嵩焘离开伦敦,启程回国。到达上海后,他心力交瘁,请假回乡。然而,家乡的官员和士绅都不欢迎他,到处是揭贴,纷纷指责他

---

① 《郭嵩焘奏稿》,岳麓书社1983年版,第345页;《郭嵩焘诗文集》,岳麓书社1984年版,第255页。

"勾通洋人",是卖国贼。从此,清政府不再起用他。郭嵩焘在一片指责声中离开了政治舞台。

第三节 伊犁问题的中俄交涉

刚刚处理完马嘉理案件,清政府又忙于解决沙俄侵占我国西部领土的问题。19世纪60年代中期,新疆发生大规模的反清起义。反清武装的领袖多为当地领主和宗教上层人士,他们实行封建割据。其中,喀什噶尔的封建主金相印为攻下汉城,向境外的浩罕汗国统治者求援。浩罕方面就派了阿古柏于1865年率兵进入南疆。阿古柏趁机在新疆进行扩张,实行兼并,1867年他建立了喀什噶尔政权。到1869年,他控制了全部南疆和北疆的一部分,从而引起我国西北边疆的危机。

1. 谈判《里瓦几亚条约》

当时,英国和俄国正在中亚地区激烈地争夺势力范围。为了向中国新疆扩大其势力,英国送给阿古柏大批武器。1874年,英国同阿古柏政权签订了条约,规定双方互派使节,英国商人可以自由地在新疆经商等。一个亲英、不断在新疆扩张的阿古柏政权对俄国的利益构成了威胁。它不仅截断了俄国商人同中国进行贸易的通道,而且可能导致俄国境内的回族起来反抗沙俄统治。为此,1871年7月俄国出兵占领了中国的伊犁,这既能扼制受到英国支持的阿古柏政权,也是向中国西部进行扩张的一个良机。但是,当时俄国找不到永久占据这片土地的理由,便向清政府解释说:伊犁不安,波及边界,不得已而动兵,暂时代守伊犁。清政府派伊犁将军荣全前往接收,俄方代表却提出其他要求,如让出塔城以东哈萨克族居住的地方,开放科布多、布伦托海、哈密、喀什噶尔等地通商等。北京的总理衙门也与俄国驻华公使交涉此事,俄方坚持"先议后交",也是要谈俄国的这些要求。清政府无奈之下,只得暂时搁置。

1876年,为了消除阿古柏对中国西部的威胁,清政府派左宗棠率军出关作战。这时,英国方面向清政府表示可以代为调停,让阿古柏政权成为中国的属国。但这个建议由于左宗棠的反对,没有被清政府所接受。到1878年初,左宗棠收复了被阿古柏所控制的地区,阿古柏自杀。这时,新疆只剩下由沙俄控制的地区没有收复。于是,清政府6月派遣崇厚作为全权代表到俄国谈判收回伊犁问题。1879年10月2日,他同俄方签订了《里瓦几亚条约》,包括《陆路通商章程》。根据条约，中国在名义上收回伊犁，但伊犁西部和南部地区都被俄国割去。这不仅使伊犁很难防守，也直接关系到全新疆的安危。条约还规定：中国赔偿俄国代守伊犁的兵费和俄民损失费500万卢布；允许俄国在嘉峪关、科布多、乌里亚苏台、哈密、吐鲁番、乌鲁木齐、古城设立领事；在蒙古和新疆各地的贸易完全免税；俄商可以从恰克图、尼布楚，或由科布多经过归化、张家口、东坝、通州运货前往天津；也可由伊犁、塔尔巴哈台、喀什噶尔，经由嘉峪关、西安或汉中，运货前往汉口；在张家口、嘉峪关、通州、西安、汉中等处可以沿途销售；俄商由陆路运货至天津和汉口，其进口税都减三分之一；等等。这个条约满足了俄国对华的领土和商业要求，严重伤害了中国的利益，因此在清政府内部引起一场激烈的辩论。

北洋大臣李鸿章明确地主张接受这个条约。他认为：条约既已经由全权代表崇厚签字，中国若不批准，"其曲在我"，势必得罪俄国。由于中俄边界漫长，一旦发生战争，后果将不堪设想。清朝军队没有能力同俄军作战。以"不能战"为理由，主张对俄妥协的还有不少人，但在舆论的压力下多数保持沉默。

反对接受这个条约的是以左宗棠为首的一批地方官吏，主要是在西北边疆任职的一些军政人员。这些人对沙俄的野心有一定的警惕性。左宗棠上书历数沙俄在伊犁问题上不讲信义，主张先重开谈判，不行就采取战争手段。张之洞在其奏报中详细分析了这个条约可能对中国造成的危害，主张重新谈判，加强战备。这篇报告影响力很大，推动了反对《里瓦几亚条约》舆论的形成。总理衙门也认为如果接受这个条约，"收还伊犁与不收同，或尚不如不收之为愈"①。由于官员们普遍反对批准这个条约，清廷决定不批准这个条约，并把崇厚治罪，判为斩监候。1880年1月初，俄国公使凯阳德向总理衙门提出，惩办崇厚一事使俄国认为中国非真心和好。英、法、美等其他国家公使也都要求赦免崇厚。为了避免加深同俄国的矛盾，清政府先是对崇厚暂免斩罪，后又开释。

2. 签订《伊犁条约》

清政府于2月任命驻英公使曾纪泽兼任驻俄公使，负责谈判伊犁问题。曾纪泽上奏提出他的建议。他认为万万不可战，但也不能放弃伊犁，最好的办法是通过修改条约求得和局。他指出偿款是小事，通商也是次要，最重要

---

① 王彦威、王亮：《清季外交史料》卷16，台北：文海出版社1985年版，第27页。

的问题是分界,因为商约随时可以修改,而界约则是"长守不渝"的。所以,他主张:"分界既属永定之局,自宜持以实力,百折不回。至于通商各条,惟当即其太甚者,酌加更易,余者似宜从权应允。"①总理衙门指示曾纪泽到俄国后先向对方解释为什么不批准《里瓦几亚条约》的原因,争取收回伊犁全境,挽回崇厚所放弃的一些重要权益,主要是边界和通商两个方面;如果这个目的达不成,中国将暂不收回伊犁,也不批准《里瓦几亚条约》,维持订约以前的中俄关系状况。这是一个折中的方案。

如何解决伊犁问题在清政府内也引起一场辩论。左宗棠等人坚决主张抵抗。他多次致信总理衙门,反对妥协。1880年春夏,他积极在新疆进行战备工作,并具体拟定了分兵三路夺回伊犁的作战方案。5月,他率大本营出关,驻守哈密,以便就近指挥军队。为了支持左宗棠,一些官员在朝廷内不断地建议加强战备,强调在谈判中决不能接受那些严重损害中国主权的内容。当时,清政府仍在与日本交涉琉球问题,所以有些人从"和日制俄"的角度来陈述其主张。如张之洞建议:"俄人远来专恃日本为后路,宜速与联络,彼所议办商务,可允者早允之,但得彼国(指日本)中立两不相助,俄势自阻。"而主张对俄妥协的官员从一开始就宣传中国对外不能战,战争对中国来说是危险的。他们建议接受俄国的要求,甚至说如果曾纪泽的谈判结果仍在前一条约的范围内,清政府就应予以批准。李鸿章则从"和俄制日"角度提出他的主张说:"与其多让于日,而日不能助我以拒俄,则我既失之于日,又将失之于俄,何如稍让于俄,而我因得借俄以慑日。"②最终,谈判基本上还是按照总理衙门给予曾纪泽的指示进行。

1880年7月30日,曾纪泽到达俄国首都圣彼得堡。他于8月23日将中国方面对《里瓦几亚条约》的修改意见提交俄方。起初,俄方拒绝在俄国同曾纪泽谈判,要求它的驻华公使布策返回中国,直接同清政府谈判。清政府意识到若在中国谈判,其他列强可能利用中国的困难勒索新的利益,于是力求在圣彼得堡谈判。9月,俄国取消了让布策立即返回中国的决定。

在谈判中,曾纪泽做出了自己的努力。为了使俄国方面能重新回到谈判桌旁,曾纪泽解释说:崇厚违背了清廷旨意签订了前一个条约,责任不在俄国方面。在谈判过程中,曾纪泽反复辩论,往往同俄方针锋相对。如俄方曾威胁说:如不按照俄方的要求订约,就不如打仗合算。曾纪泽反驳说:那干脆现

---

① 王彦威、王亮:《清季外交史料》卷21,台北:文海出版社1985年版,第21页。
② 王彦威、王亮:《清季外交史料》卷22,第10页;卷24,第6页。

在不谈了,以后再说,如果那时两国关系好,"中国以礼来索,贵国以礼相答",否则,中国若动兵来索地,索要的就不止伊犁了。为了能尽快收回伊犁,曾纪泽的态度不是简单的强硬,而是做到了有理有节。俄方允许对原约做一些修改,但要中方给予补偿,甚至提出"中国沿海地方何处可让"。曾纪泽断然拒绝了以沿海地方作为"补偿",而根据清政府事前的指示,同意增加补偿"代守"伊犁的费用,满足了俄方的要求。

俄国方面态度虽然强硬,但它也面临多种问题。在国际上,虽然俄国是俄土战争的胜利者,但在欧洲政治中却是一个孤立者。英国、奥地利、德国和土耳其都对俄国采取敌视态度。在1878年的柏林会议上,它们曾迫使俄国让出战争所得的部分果实。因此,欧洲是俄国的外交重心,俄国外交部门急于改变这种孤立状态,并不十分关注伊犁问题。俄国国内问题更为严峻。60年代初废除农奴制的法令并没有使农奴感到满意,农奴主也抱怨没有得到足够的补偿。资产阶级民粹派的活动日益加剧。民众的激烈反抗使沙俄政府自顾不暇。俄土战争的巨大耗资严重地损害了俄国政府的财政状况。它不得不靠增加税收和举债维持,而增加税收又造成社会不满情绪更加激烈。财政匮乏使俄国不可能发动新的战争。

另外,左宗棠军队在收复新疆失地时的表现和他随后在西北的军事部署,以及清政府当时大量从国外购买军火的消息使俄国人感到中国在准备作战。而在远东的俄国军事力量不足以对中国发动战争。当时西伯利亚铁路还没有修建,把军队调往亚洲十分困难。俄国官员认为没理由去冒险同清军作战。

在这样的背景下,1881年2月,曾纪泽同俄国代表签订了《伊犁条约》。根据这个条约中国收回了伊犁地区的绝大部分,但伊犁西边的土地还是让给了俄国。其他主要内容如下:(1)塔尔巴哈台中俄边界另行勘定,喀什噶尔中俄边界照现管之界勘定;(2)俄国只在嘉峪关、吐鲁番及中俄旧约所规定地点设领事馆;(3)俄商陆路贸易可到肃州(即嘉峪关),俄商在新疆的贸易暂不纳税;(4)中国赔款为900万卢布。这些规定除赔款增加外,其他都比前一个条约有所收缩。这在清末是相当不容易的。当然,《伊犁条约》对中国来说,虽然比《里瓦几亚条约》伤害小,但它仍然是个不平等条约。

1882—1884年间,俄国与清政府签订了《伊犁界约》、《喀什噶尔界约》、《科塔界约》、《塔尔巴哈台西南界约》和《续勘喀什噶尔界约》。这5个条约连同《伊犁条约》使俄国得以在西部占去中国 7 万多平方公里的土地。① 为了加强对新疆的管理,1884 年,清政府根据左宗棠的建议,在新疆建省,设置州县,任命刘锦棠为第一任新疆巡抚。

第四节 日本侵朝危机的处理

历史上,朝鲜长期是中国的藩属。进入 19 世纪中期以后,列强在远东的争夺日益加剧,日、俄、英、美诸国都试图打开朝鲜的门户。日本在侵占琉球之后的第二个目标是朝鲜,并进而向中国东北扩张。1868 年,日本政府曾派对马藩藩主去朝鲜递交国书,以修好的名义试图进入朝鲜,但遭到朝鲜的拒绝。1870 年,日本再次派使向朝鲜质询,又遭到朝鲜的拒绝。于是,日本出现了"征韩论",主张武力迫使朝鲜对日本开放。

1. 应对日朝的《江华条约》

1875 年 9 月 20 日,日本派军舰侵入朝鲜汉江江华岛附近的水域进行测量,朝鲜炮台予以轰击驱赶。日舰发动攻击,并占领了永宗岛。1876 年初,日本派黑田清隆和井上馨率领 6 艘兵舰和一支远征队到朝鲜,以江华岛事件为借口,强迫与朝鲜订约通商。

同时,日本还派森有礼来华同清政府交涉。森有礼将日本想与朝鲜通商的目的告知中方。总理衙门答复说,中国不干预朝鲜的内政外交。森有礼抓住这一点说,既然中国不过问朝鲜的事务,那所谓的"属国"只是空名。总理衙门引述《中日修好条约》的规定,"两国所属邦土,亦各以礼相待,不可稍有侵越",要求日方遵守。但他在照会中强调日本决心以"自主"对待朝鲜,"其与贵国间所有关系事理,我国决不顾及"。森有礼在与李鸿章的对话中强硬地指出:条约中没有明指朝鲜是中国的属地,并且说:"和约不过为通商事可以照办,至国家举事,只看谁强,不必尽依着条约。"②清政府无奈之下只得把日本的要求转告朝鲜,由朝鲜自行处理。朝鲜政府在日本的威胁下,不得不接待日使,并于 1876 年 2 月 26 日与日方签订《江华条约》。

《江华条约》第一款的开头就是"朝鲜为自主之邦,保有与日本平等之权"。这句话看起来似乎是尊重朝鲜的主权,但实际上是否认朝鲜与中国的

---

① 此前这些地方未有条约明确地划分边界。
② 故宫博物院:《清光绪朝中日交涉史料》第 1 卷,第 6—7 页。

传统关系,为日本进一步扩大侵略朝鲜打下伏笔。条约是不平等的,它规定日本在朝鲜有领事裁判权、通商的权力和海岸的测量权等。这个条约不仅是日本侵略朝鲜的开始,而且导致中日之间发生一系列纠纷。

与朝鲜毗邻的中国东北地区为清朝统治者的发源地,两地唇齿相依。对日本在东北的扩张势头,清政府格外重视。1879年,为了保护朝鲜以维护中国东北的安宁,总理衙门建议,把与朝鲜往来公牍中涉及洋务者,从原来的礼部管辖,改为由李鸿章及出使日本公使直接处理,他们可与朝鲜文函往来、相机开导,并将结果报告给总理衙门。这样,李鸿章就成为清政府处理朝鲜事务的主要负责人。李鸿章和驻日公使何如璋都主张采用向各国开放朝鲜门户的方法,施展"以夷治夷"的均衡政策,以避免朝鲜成为某个列强的独占物。1879年6月,总理衙门大臣丁日昌首先倡议由朝鲜和各国立约,以牵制日本。他指出:"将来两国启衅,有约之国皆得起而议其非,日本不致无所忌惮。"清政府采纳了这个建议。根据清廷的要求,8月李鸿章致书朝鲜退任领议政李裕元说:"为今之计,似宜用以毒攻毒,以敌制敌之策,乘机次第亦与泰西各国立约,借以牵制日本……并可杜俄人之窥伺。"①起初,朝鲜方面担心外部势力借机侵入,并不接受这个建议。

1880年,美国派海军军官肖孚尔来远东。他打算通过日本的介绍与朝鲜订约,但遭到朝鲜的拒绝。中国驻日公使何如璋闻讯后,向总理衙门建议由中国主持此事。因此,清政府一方面劝说朝鲜派代表来天津与美方谈判,另一方面向美方表示朝鲜愿意与美国订约。1882年3月,肖孚尔到天津,而朝鲜方面的一切交涉则由李鸿章包办。在谈判中,中方想借机弥补《江华条约》中日本否认中国对朝鲜拥有宗主权的问题,要求在条约中申明朝鲜为中国的"属地",但为美方所拒绝。最后,美方让步同意,由朝鲜国王向美国总统递交一份照会,表明朝鲜是中国的"属国"。5月至7月,丁汝昌奉李鸿章之命,两次率军舰护送道员马建忠前往朝鲜,先是协助朝方在仁川与美国签订《美朝条约》,后又协助朝鲜与英、德、俄、法等国分别签订通商条约。

2. 处理朝鲜"壬午兵变"

《江华条约》签订后,日本在朝鲜获得了许多特权,并对朝鲜统治阶层进行拉拢渗透,引起朝鲜人民的愤怒。朝鲜国王李熙1863年12岁时登基,由其父大院君李昰应摄政。14岁,李熙与闵氏女结婚。1873年,大院君归政。但

---

① 王彦威、王亮:《清季外交史料》卷16,第15—16页。

李熙十分庸懦,大权落入闵妃手中。闵妃引带外戚势力参政,和大院君遂成对立,各树党羽。在外交政策上,大院君是坚定的"尊王攘夷"论者,主张闭关锁国。闵氏集团则在外国和清政府的倡导下,主张实行开化政策。但他们对清政府自鸦片战争以来,屡屡在对外交涉中丧失权益的情况知之甚详,对琉球最近被日本并吞也很关注,所以对能否依靠清政府的保护以对付日本、俄国等列强的觊觎心存疑问。不少官员甚至出现了亲日的倾向。1881年,朝鲜政府派大臣15人到日本考察,准备实行改革。1882年,朝鲜又聘请日本使馆武官崛本中尉训练新军。但事实上,闵氏集团标榜的对外开放和对内改革只是维持权力、打击反对派的手段,不但没有实现真正的平等和开放,反而导致日本对朝鲜各方面的渗透,其自身的腐败也引起民众不满。由于朝鲜内部的矛盾,其对外关系也变得十分复杂。

1882年7月23日,汉城驻军因俸米事件发生兵变。起事士兵杀死日本教官。暴动队伍冲入王宫,杀死闵氏集团大臣,捣毁达官显贵的住宅,袭击日本公使馆,杀害8名日本人。日本公使花房义质黄夜逃往仁川。24日,大院君被暴动群众迎入宫中,掌握政权。大院君乘机杀害其政敌闵妃党人。闵妃在乱兵入宫时,化装成宫女逃往忠州,与朝鲜派在中国的使节金允植联系,敦请清政府出兵。壬午兵变从群众自发的反腐败、反暴政开始,迅速演变成声势浩大的政治斗争,带有强烈的排外情绪和党派斗争色彩。

清政府8月1日才从驻日公使黎庶昌的电报中得知朝鲜兵变的消息。此时,李鸿章已回合肥奔丧,直隶总督兼北洋大臣由张树声署理。兵变发生后,总理衙门担心日本借机介入,一面急召李鸿章还津,一面饬令张树声派水陆两军迅赴朝鲜。张树声命令北洋营务处道员马建忠与丁汝昌率军舰东渡朝鲜。8月7日,丁汝昌抵达登州(蓬莱),与帮办山东军务的广东水师提督吴长庆商量支援朝鲜的办法,并转交张树声亲笔信。8日,马建忠到达烟台,吴长庆则率幕僚张謇赶往天津与张树声商议。9日,马建忠、丁汝昌带领"威远"、"超勇"、"扬威"3舰从烟台出动。此前,驻日公使黎庶昌致电国内,主张对日强硬,并在解决朝鲜危机后"由我主持国是"。在与吴长庆的会议中,张树声认同黎庶昌的主张。同日,在华朝鲜官员金允植还提出了拘捕大院君的方案。11日,吴长庆、张謇返回登州,宣布第二支舰队开拔。清政府试图迅速解决这场事变。

10日,中国第一支舰队抵达仁川时,日本的"金刚"舰已先期到港。经过调查,丁汝昌12日乘"威远"回天津汇报局势,马建忠同"超勇"管带林泰曾、"扬威"管带邓世昌坚守仁川。十天中,日本向仁川增派了7艘军舰,1营陆军,形势日益紧张。20日,吴长庆、丁汝昌率2000人分乘"威远"、"日新"、"泰安"、"镇东"、"拱北"5船衔尾而来。次日黎明,根据吴长庆的命令,营务处帮办袁世凯带领500人赶往汉城,吴长庆率大军随后出发。26日,吴长庆、马建忠、丁汝昌在汉城设计扣留大院君,由丁汝昌护送,冒雨夜行120里,次日清晨抵达南阳,登上"登瀛洲"舰,直送天津,将其软禁于保定。事态平息之后,吴长庆的部队暂留朝鲜。

在清政府介入这起事件的时候,日本也派花房义质带兵到朝鲜交涉。在交涉中,日本拒绝第三方的调解,并再度否认中国对朝鲜的宗主权。清政府只求事件能够早日得到解决,并没有介入朝日谈判,而且敦促朝鲜政府派代表同日方谈判。在日本的压力下,1882年8月30日,朝鲜与日本签订了《仁川条约》(也称《济物浦条约》)。条约规定朝鲜向日本道歉,赔偿日本损失费55万元,允许日本在朝鲜驻兵保卫公使馆,并开放通商口岸。

早在清军发兵之前,清政府即根据金允植的说法,把兵变的祸首推定为大院君。清政府干预朝鲜内政,显然是一方面要强化在朝的宗主权,另一方面尽快平息事端,防止日本的介入。当时,中国海陆大军云集仁川、汉城。在取得战略主动的情况下,清政府居然默认日本以前没有取得的海外驻兵权,没有设法制止日本对朝鲜进行扩张的意图。尽管清政府以后还向朝鲜派遣商务委员,代朝鲜训练军队,加强了对朝鲜的控制,但容忍日军驻扎朝鲜的结果进一步加深了朝鲜半岛的危机,为后来的中日冲突埋下祸根。

平定朝鲜壬午兵变是北洋创办新式海军以来的第一次对外行动。朝廷从中体会到海军的快速机动作用,甚为满意,以李鸿章创办有功,交部从优议叙。

小　结

从19世纪70年代初开始,中国四周又都面临列强扩张的威胁。与此同时,勉强进入条约体系的中国还无法摆脱宗藩体系和华夷之辨思想的束缚,融入国际社会的过程十分艰难。多起事件和交涉或是因为用旧方法应对新问题所造成的,或是因此加剧的。以洋务派为主导的清政府面临两种矛盾的挑战。一是扩张与反扩张,二是新旧体制的冲突。两种不同性质的矛盾相互交叉,使得问题解决起来异常棘手。面对俄国和英国的挑战,刚刚凭借洋务运动逐步恢复国力的清政府非常害怕对外再起战争。它或试图通过"以夷制夷"的政策,借助外力的平衡,来保护自己的利益;或采取放弃部分领土、支付赔款和开放更多通商口岸等方法妥协退让,力争息事宁人。这种政策执行的结果不仅没有从根本上解决问题,而且使中国损失了更多的权益,让列强以为中国软弱可欺。英俄一直没停止对华扩张。对朝鲜半岛问题的处理,清政府采取了比较强硬的做法,毕竟,朝鲜与清朝的发源地一衣带水。但清政府既想维护传统的宗藩关系,又不敢采取断然的行动来阻止日本的扩张,甚至允许日本在朝鲜驻军,事实证明,指导思想与政策的矛盾只会给它带来更多的麻烦。

思考题

1. 简析马嘉理事件的成因。
2. 分析曾纪泽订立《伊犁条约》的谈判。
3. 分析日本侵占琉球和向朝鲜扩张所采用的基本手段。
4. 试析清政府处理这些事件的教训。

参考书目

王芸生:《六十年来中国与日本》第一卷,生活·读书·新知三联书店2005年版。
杨昭全、何彤梅:《中国—朝鲜、韩国关系史》,天津人民出版社2001年版。
中国社会科学院近代史研究所:《沙俄侵华史》,人民出版社1976、1978、1981、1990年版。
中国社会科学院近代史研究所:《日本侵华七十年史》,中国社会科学出版社1992年版。

第五章
中法战争与应对南部威胁

随着帝国主义势力在世界上争夺殖民地越来越激烈，列强在中国四周的侵略活动也是愈演愈烈。它们已经或企图把中国原来的藩属变成其殖民地。从19世纪70年代开始，中国边疆发生了一系列危机。列强试图从四周打入中国。虽然清政府有斗争、有妥协，甚至放弃原有藩属和少量领土，但是形势并没有得到缓解。进入80年代后，形势更加严峻。英法两国在东南亚的殖民地争夺也威胁到中国南部的安全。法国通过对越南的占领，并进而打开中国西南门户的企图，导致中法之间爆发了一场战争。英国在西藏的渗透对中国构成了新的挑战。

第一节　中法战争的以战求和

越南同中国山水相连，在历史上有着密切的往来关系，曾经是中国的藩属。第二次鸦片战争期间，法国开始武力侵犯越南南部。1858—1860年间，法国联合西班牙进攻越南，占领了西贡。第二次鸦片战争结束后，法国调集军队大举入侵越南，于1862年6月迫使越南订立第一次《西贡条约》。越南割让南部边和、嘉定和定祥三省，并允许法国人航行湄公河。1867年，法国再次凭武力占据了越南南部的永隆、何仙、安江三省。这样，越南南部完全落入法国之手。

1. 法国向越南北部进行扩张

法国的目的不仅在于越南，而且企图利用红河作为入侵中国云南的通道。1871年，法国军火商堵布益借口为云南当局运输军械，航行红河，发现红河沿江到海通行无阻,是从越南进入中国西南地区的捷径。于是,他建议法国政府夺取越南北部各省,打通红河航道。1873年,法国驻西贡总督白雷派海军军官安邺率领了一支雇佣军,在占领红河三角洲的平原地区以后,于11月攻陷河内。安邺曾指出:"我们如能从这里开辟一条又经济又迅速的路径通往云南和四川,则我们在商务上所能取得的利益将是不可估量的。"[①]面对法国的进攻,越南政府一方面请求清政府援助,一方面请求驻扎在中越边境的中国人刘永福率领的黑旗军协助抵抗法军。黑旗军是太平天国失败后流亡在越南的人民起义队伍。12月,黑旗军同越南军队联合行动,打退法军,一举收复河内,安邺也被击毙。但是懦弱的越南王朝害怕法国报复,竟于1874年3月15日同法国订立第二次《西贡条约》。在条约中,法国承认越南"独立自主",但由法国主持其外交,法国人得到航行红河的权利。实际上,越南成了法国"保护国",即殖民地。法国在越南的扩张手段同日本在朝鲜扩张的做法类似,第一步就是通过条约否定中国对越南的宗主权。

1875年,法国政府把这个条约通知清政府,但不提及保护权问题,而是要求中国允许红河通商。清政府在答复中申明中国对越南负有"宗主"保护责任,没有明确地否认法越条约,但对通商一事断然拒绝。1877年,越南仍旧遣使来中国朝贡,法国也没阻止。此后,清政府曾同法国多次交涉,但毫无效果。1881年9月,中国驻法公使曾纪泽明确地向法国外交部表示,中国政府不承认1874年法越条约。

法国在远东的扩张受到其国内国际环境的影响。1870年普法战争中,法国战败。战后德法两国的关系一直很紧张。1880年就任法国总理的茹费理积极推行海外扩张的殖民政策,既为了满足法国发展资本主义经济的需要,也为了减轻国内在战败问题上对政府的压力,缓和同德国的矛盾。茹费理宣称:"所有殖民地,哪怕是星星点点,对我们来说都是神圣的。首先因为它是过去的遗产,其次因为它是未来的储备。"1881年4月,法国海军部长说:"我以为(在越南)建立一个极确定的保护国,应该是我们冀望达到的主要目的。"法国计划尽快在亚洲建立以越南为中心的法国保护国,扩大在西非的殖民地,然后在太平洋岛屿上建立一批可靠的据点,从而组成法国的殖民体系。

1882年初,法国派交趾支那海军舰队司令李维业率领一支军队再次向越南北部发动进攻。4月,法国侵略军又攻陷河内。法军遭到当地民众的反抗,黑旗军也再度起来抗击法军。越南政府要求清政府派军援助。总理衙门的

[①] 中国近代经济史资料丛刊编委会:《中国海关与中法战争》,中华书局1983年版,第12页。

对策是"唯有审时量力保全大局"①。清政府命令滇桂两省派兵进扎越南北部的北宁和山西，但强调"衅端不可自我而开"。5月，驻法公使曾纪泽向法国政府提出强烈抗议。同时，清政府派李鸿章与法国驻华公使宝海进行交涉。双方会谈后，军机处发出的上谕指出："越南孱弱已极，如果法人意在吞并，该国万难自全。论藩属之义，中国亟应派兵救援，而在我鞭长莫及，在彼又弱不能支。揆度情形，势难筹议及此。惟越南北圻各省多与粤滇毗连，若法人尽占北圻，则藩篱尽散，后患将无穷期，强弱安危，关系綦重。"②清政府左右为难，态度软弱。法方断定清政府不敢阻止法国进军。5月底，法国外长照会曾纪泽，通知他法国政府已下令在越南南部的法国当局严格按照1874年法越条约执行，该条约与中国无关，无须向其做出解释。对于法国的这种蛮横态度，清政府未做反应。

中国不断地向越南北部派出军队一事引起法国公使宝海的关切。11月27日，李鸿章与宝海会谈越南问题。仅两天双方就达成一个草约。其内容包括(1)中国将驻越南北部的军队撤退回境，或在离边境若干里之处驻扎，法国声明无侵犯中国领土主权之意；(2)中国在保胜立关，设立口岸；(3)中法在滇桂界外与红河中间地带划界，界北归中国巡查保护，界南归法国巡查保护。这个草约基本上满足了法国的基本要求，也给清政府在边界问题上留了面子。但法国政府不满意这份草约，理由是"对于我们的条约地位没有充分的估量"。它解除了宝海的职务，另派驻日公使脱利古为驻华公使。

1883年3月起，法国侵略军在红河三角洲一带又展开军事行动。驻扎越南北部的清军都按兵不动，而黑旗军奋起反抗。5月19日，刘永福率黑旗军在河内城西纸桥同法军展开激战，击毙李维业以下法军官兵230余名。越南政府任命他为越南三宣提督。

6月，脱利古到上海与李鸿章重开谈判。他的态度十分强硬，声称："目下情形，只论力，不论理"，如果中国不答应法国的要求，那么，"即与中国失和，亦所不恤"。法方要求中国不管越南事，不得视越南为属国，也不得给予明助或暗助。为了避免同法国发生冲突，李鸿章在给清廷的奏章中分析说："使越为法并，则边患伏于将来，我与法争，则兵端开于俄顷，其利害轻重，皎然可

---

① 故宫博物院：《清光绪朝中法交涉史料》第2卷，1932年版，第2页。
② 同上书，第17页。

睹。"因此在谈判中,他主张"华不必明认属国,法不必明认保护"的做法①,但他不敢答应脱利古提出的两点要求:中国不得帮助越南和承认法国在越南北部的地位。李鸿章与脱利古的谈判没有结果。

李鸿章不敢过分让步,在于清政府内部对法国在越南扩张一事采取何种政策的辩论十分激烈。主战的官员强调中越历史上的长期紧密联系和地域上接壤的关键因素,强调援越抗法的必要性,提出援助越南政府和黑旗军,出兵抗法。主和的官员认为法国是海上强国,而中国兵船甚少,又缺乏作战经验,海防空虚,故不可铤而走险与法国交战,建议妥协忍让。由于越南的特殊地位,清政府不愿轻易放弃与越南的传统关系。

7月,越南国王病死,宫廷发生内乱。8月间,法国封锁东京湾,同时照会各国指出:"我们已到了不能不干涉东京的事件、并占领这个省份、恢复它的秩序的时候。"法军一方面在越南北部加紧攻击黑旗军,一方面以军舰进攻越南中部,直逼越南都城顺化。越南王朝投降。8月25日,法国迫使越南签订《顺化条约》,取得了对越南的"保护权"。越南国王在一份咨文中表示与法国和好,以便休兵安民无事。越南国王还下令刘永福退兵,满足了法国方面要求黑旗军撤走的要求。对于这样一种新的局面,李鸿章有清醒的意识:"西国公法,以两国订立条约为重,本年七月,法越新约虽有逼胁而成,然越南固自为一国也,其君相既肯允行,各国无议其非者,岂中国所能代为改毁。"②但这并不能扭转清政府对宗藩体制的坚持。

《顺化条约》签订后,法国立即禁绝了越南与中国的一切关系,造成了与中国直接对峙的形势。9月15日,法国方面向清政府提出一项新的建议,即在北纬21°—22°之间划定一线,以北至中国边界为中立区,两国都不进占,同时中国应开放云南的蛮耗为通商口岸。中方表示反对,而提出以北纬21°即以河内为界,界北由中国进行保护。中法再次谈判仍无结果。

2. 中法战争爆发和天津简明条约的订立

1883年10月25日,法国东京海域分舰队司令孤拔受命为越南北部法军统帅,决定向红河三角洲中国军队防地发动攻击。

这时,清政府中以左宗棠、曾纪泽、张之洞为代表的主战官员,力促朝廷

---

① 故宫博物院:《清光绪朝中法交涉史料》第4卷,1932年版,第23页。《李文忠公全集·电稿》第1卷,台北:文海出版社1980年版,第26页。
② 中国史学会:《中法战争》第4册,上海人民出版社1955年版,第93页。

采取抗法方针。清政府公开奖励刘永福,并下令对其提供军火器械。1883年11月初,清政府明令两广军政当局,如法军来犯,即予抗击。17日,驻法公使曾纪泽正式照会法国政府,确切声明在茹费理宣称要占领的地区驻有中国军队,警告法国慎重行事,以免引起冲突。总理衙门也向法国驻华使馆发出类似的照会。11月底,清政府命令云贵总督岑毓英前往越南北部,指挥当地的清军。

法国的军事行动将第一个目标确定为红河三角洲山西的清军阵地。法军于12月14日发起攻击,中法战争爆发。17日,法军凭借优势的装备,占领山西。1884年2月,米乐继孤拔为法军统帅,图谋侵犯北宁。3—4月间,由于清军互不协调和军纪松弛,在法军的进攻下节节败退,北宁、太原相继失陷,法军进驻兴化。军事上的连续失利使清政府大为震惊。朝廷将滇、桂巡抚唐炯、徐延旭革职拿问,另派云贵总督岑毓英、新任广西巡抚潘鼎新负责前线军事指挥;又罢黜了恭亲王奕䜣为首的全部军机大臣,起用礼亲王世铎以及奕劻分别主持军机处和总理衙门,并谕令军机处如有紧急事件,会同醇亲王奕譞商办。

法国利用军事上节节胜利的形势,对中国展开了新一轮外交攻势。4月初,法军海军舰长福禄诺从香港托担任天津海关税务司的德国人德璀琳带一份密件给在天津的李鸿章,提出了议和的条件:(1)云南通商;(2)中国不要再设法限制或拦阻法国保护越南的权利;(3)拟订的约章中,措辞可顾全中国体面;(4)撤掉曾纪泽,因为他时常对法发出战争威胁;(5)早日议和,兵费可极力相让。福禄诺在函件中甚至威胁说:"中国南边三省素有内匪,现既与法国交界,法国如肯接济乱党,中国之边疆必永无肃清之日矣。"李鸿章接信后,认为此时越南政府已经投降法国,越南教民甚至策应法军反对清军,而法国准备占领台湾来勒索巨款,因此中国出兵护越的做法已没有必要了,不如早日与法议和,从越南脱身。于是他向总理衙门建议说:"似将来此事收束,亦祇能办到如此地步,若此时与议,似兵费可免,边界可商,若待彼深入,或更用兵船攻夺沿海地方,恐并此亦办不到。与其兵连祸结,日久不解,待至中国饷源匮绝,兵心民心动摇,或更生他变,似不若随机因变,早图收束之有裨全局矣。"清廷接到李鸿章的报告后也认为这些条件"均尚无伤国体,事可允行"[①],于是指示李鸿章同福禄诺谈判。谈判前,清政府对李鸿章的具体指示是:"不贻后患,不失国体。"随后,清廷密谕具体指示他:(1)越南的藩属地位不能

---

① 故宫博物院:《清光绪朝中法交涉史料》第13卷,1932年版,第22、32页。

改,要保持"世修职贡";(2)云南内地通商不能答应;(3)不能驱逐刘永福;(4)不赔款。4月28日,清政府下令撤换在巴黎不断地谴责法国政府殖民扩张政策的曾纪泽,暂以驻德公使李凤苞代行职责,满足了法方的条件之一,以示诚意。

5月5日,福禄诺到达天津。为配合他与清政府的谈判,多艘法国兵舰开往上海。6日,中法开始谈判。法方先提出一份草案,李鸿章只对法方的提案做了少量修改。11日,李鸿章便与福禄诺在天津签订了《中法会议简明条约》。主要内容是:(1)法国应"保全助护"中国和越南北部的边界;(2)中国自越南北部撤兵,即行调回边界,并对法越已定或未定条约"均置不理";(3)法国不索赔款,中国允许云南边境通商;(4)法国允许在同越南议改条约时,"决不插入伤碍中国威望体面字样"。这个条约的内容显然并不完全符合清政府的指示,但没要求中方对越南地位明确表态,没要求云南内地开放通商,也没要求中国赔偿兵费,因此李鸿章在汇报时说内容与密谕"大体不悖",而清廷仍表示:"与国体无伤,事允可行"①,同意由李鸿章在条约上签字。然而由于这个折中方案伤害了中国的利益,在政府内遭到强烈批评,有不少官员甚至对李鸿章提出弹劾。可是,清廷急于求和,还是确认这个条约与密谕尚不相背,下令执行。

条约刚刚签订,5月16日福禄诺根据法国政府的指示提出修改第二款,要求在20—40天内清军撤回,由法军接收越南北部。李鸿章自称对此"不敢应允",但很可能是没有明确地拒绝这个要求。福禄诺在给法国政府的报告中说中方答应了撤兵的日期。但双方并没有就此重大事项达成书面协议。

李鸿章私下通知边境将帅相机自动撤退。但在主战舆论的压力下,清廷要求边境各军仍驻扎原地,"断不能退守示弱"。这样,驻扎前线的清军不敢私自撤退。然而,法军却如期前来接收中国军队的控制区域。6月23日,法军突然到谅山附近的北黎(中国当时称为观音桥)地区"接防",要求清军退回中国境内。在遭到中国驻军拒绝后,法军开枪打死清军代表,炮击清军阵地。清军被迫还击,击退了法军。

北黎事件发生后,法国政府7月9日照会清政府指责中国违背条约,要求通饬驻越军队火速撤退,并赔偿军费2.5亿法郎(约合白银3800万两),并威胁说如没有满意的答复,法国将采取直接行动来获取担保品和赔款。7月12日,法国驻华使馆还照会总理衙门,以最后通牒的形式要求中方必须在7日内

---

① 故宫博物院:《清光绪朝中法交涉史料》第15卷,1932年版,第12页。

照办。清政府急于求和,同意马上撤兵,但决不同意赔款。7月16日,清政府明令滇桂两军在一个月内由北越全部撤回。

清政府邀请法国新任公使巴德诺进行谈判。7月1日就已到达上海的巴德诺后拒绝前往北京,坚持要中方满足法方要求。清政府为了表示诚意,7月初委派赫德到上海与巴德诺会谈,接着又命令上海道台邵友濂与巴德诺会谈。赫德与巴德诺会谈后建议清政府赔款,但"名目可不拘定"。这有悖于清政府的意图,为总理衙门所拒绝。于是,清政府派两江总督曾国荃于7月下旬在上海与巴德诺谈判,并指示他不能答应赔款的要求。法方将最后通牒的期限延长至月底。李鸿章依然认为清政府急于恢复和局,便私下建议曾国荃:"至万不得已时,无论曲直,求恩赏数十万,以恤阵亡将士,似尚无伤国体。"① 在谈判中,法方一直坚持要中国赔款。迫于压力,曾国荃30日答应给对方30万两。闻讯后,清政府指责曾国荃违背旨意,"不知大体",而巴德诺还认为这个数目太小,拒不接受。所以谈判未有结果。

3. 清政府宣战和中法秘密谈判

在巴德诺与曾国荃进行谈判的同时,法国准备进行新的战争以实现其目标。法国把它在中国和北越附近的舰队合成远东舰队,任命孤拔为统帅。法国通牒期满后,法国政府下令法军攻占台湾基隆。8月4日,法军一支分舰队要求基隆的中国守军交出防御工事,当地清军不加理睬。5日,法军轰击基隆,强行登陆。中国军队在帮办台湾军务大臣刘铭传的统帅下顽强抵抗,法军死伤过百被击退。刘铭传还下令拆毁基隆附近的八斗煤矿设备,以免被法军夺取利用。法国方面试图利用这种军事威胁来迫使清政府让步。19日,法国政府通过驻北京署理公使谢满禄向中方要求赔款8000万法郎,10年付清,并再次下通牒,限期48小时答复。尽管这个赔款数目比以前大大降低,清政府仍然断然拒绝。21日,法国谢满禄离开北京,李凤苞也离开巴黎返回柏林,中法外交关系正式破裂。

战火再起,但清政府仍然幻想能与法国合作尽快恢复和平,因而不顾法军的挑衅,一方面寻求美国、英国和德国等国的调解,另一方面指令沿海各省"静以待之","不可先发开衅"。7月15日,孤拔率领一支由8艘军舰组成的舰队进入闽江口。在清政府求和政策的影响下,地方官员既不阻止,也没有采取有效的防范措施。8月23日下午,驶入福州马江的法国兵舰向中国船舰

---

① 《李文忠公全集·电稿》卷3,第2页。

发动突然袭击,中国兵舰6艘当即未及起锚就被击沉击毁。中国水师仓促应战,一些将士表现英勇,但最终还是不敌法军。福建水师全军覆没,共损失大小战舰11艘,商船19艘,官兵殉难者700余人。法舰又炮轰马尾船厂(福州船政局),将中国这个最大的造船厂击毁。沿江两岸的炮台也被法舰轰毁。此后,法军控制了台湾海峡的制海权。

8月26日,清廷颁发上谕,谴责法国"专行诡计,反复无常,先启兵端"①,令陆路各军迅速进兵,沿海各地严防法军侵入。这道上谕实际上是对法国侵略者的宣战书。9月上旬,清政府又令新任两广总督的张之洞激励各军奋勇抗战。

9月中旬,孤拔率法舰再次进犯台湾。由于基隆炮台在8月已被法军轰毁,出于战略地位考虑,清军主动撤离基隆坚守淡水。10月1日,法军进犯淡水,被守军击退。法军不甘,8日又发动进攻,又被击退。法军无法在台湾深入,23日,法军宣布封锁台湾。

在北越的清军同法军展开激烈战斗,但由于法军装备精良,桂军在一度取胜后不得不退出郎甲和船头两地。10月下旬,东下的滇军和黑旗军也被宣光的法军所阻截。

虽然清政府对敌宣战,但军事行动只是它为实现与法国议和的一个手段。清政府面临着财政上的困难。它在正式向法国宣战之前,由于筹措军费困难的原因,曾在战与和的抉择上迟迟下不了决心。晚清税收是国家财政的重要来源,但清代全国税收历来由地方经手。因此,财政的实权掌握在地方督抚手里。对外战争筹措军费,中央政府就要求助于各地方官。庞大的军费支出使清政府一度出现过转机的财政又发生很大的困难。由于中央政府难以筹措军费,云南、广西前线的军饷只得靠各省调拨的款项来维持。虽然,左宗棠、张之洞等督抚坚决主战,积极筹款,拨饷支援前线。但大多数督抚都抱消极观望态度,不肯拨饷派兵援助前线。高额的军费支出使积极支持前线的几个省在财政上陷入困境。前线的军队也曾因缺饷而动摇军心。在历时6年的援越活动中,清政府曾调动8省近10万兵力,为此而动员的支前民工达到数十万。广西、广东和云南及其他省份每年为援越清军开支百余万两。为了进行这场战争,清政府曾以各种名义向香港汇丰银行等借外债7次,总数为1260万两库平银。

清政府还面临着其他列强的压力。在中法战争前后,清政府曾多次请求

---

① 熊志勇、苏浩、陈涛:《中国近现代外交史资料选辑》,第133页。

美国、英国和德国干预,试图避免或尽早结束战争。美国是后起的资本主义国家,为了扩大它对清政府的影响和保护其商业利益,一度主动提出由它来当仲裁,调停这场战争。但由于美国当时在远东的力量还比较小,在世界范围内也没有多大影响,法国不愿接受它的仲裁。结果,美国方面只是劝清政府接受法国的条件:赔款和撤军,理由是法国是世界上第二军事强国,拥有第二大海军力量,还拥有无限的资源。清政府曾想利用英国与法国之间因在世界争夺殖民地而发生的矛盾来约束法国。然而,1880 年以来担任英国首相的格莱斯顿采取了"光荣孤立"政策,尽量避免同欧洲其他国家发生纠纷,特别是打算借支持法国侵占越南问题而缓和与法国的关系。英国方面不仅拒绝了清政府请它出兵的请求,而且对清政府施加压力,甚至建议由美英德三国一道对中国施压。它要求中方用退兵来保和局,支持法国提出的结束战争的条件。英国外交大臣威胁清政府:如中国想继续战争,将冒毁灭和瓦解之祸。德国为了减少德法两国因战争结下的怨恨,也积极支持法国在海外扩大殖民地。德国政府甚至表示愿帮助法国夺取越南。德国首相俾斯麦亲自为法国入侵北越出谋划策,还建议法国远征军水陆并进,占领一些中国的岛屿,封锁台湾海峡等等。同时,德国方面则对清政府施加压力。德国政府禁止德国前军官为中国服务,扣住中国购买的铁甲舰不交货,拒绝中国请求调停的呼吁。再加上日本在朝鲜半岛问题上的挑衅,清政府担心法日联合起来。各种压力使得本来就希望妥协求和的清政府不得不考虑尽早停战。

  与此同时,法国政府也面临着国内的重重矛盾。法国政府推行殖民扩张政策虽然获得广泛的支持,但遇到了财政上的障碍。1882 年世界性的大危机沉重地打击了法国的经济。生产下降、贸易不景气、财政预算也出现了赤字。法国军费预算从 1880 年起就是欧洲各国中首屈一指的。实行殖民扩张加重了经济负担,尤其是远东的军事行动加剧了预算的不平衡。据估计,从 1883 年到 1885 年,法国在越南和中国进行战争共花了近 3.5 亿法郎。尽管政府采取了一些措施,都未能克服财政困难。茹费理很难筹集到必要的巨额军费,没有能力扩大在远东的军事行动。法国政局动荡也制约着茹费理政府。茹费理总理采取了一系列措施改革来减少宗教势力和旧贵族对国家政权的影响,以巩固共和制度。这种改革给茹费理政府带来了一大批反对派。1885 年夏,法国将举行大选,而茹费理的支持者在不断减少。法国在外交上也有麻烦。虽然英德等国都支持其在越南的扩张,但它们不愿看到在中国沿海的战事长期拖延下去而损害自己的商业利益,所以它们要求法国尽早地结束战争。在这种情况下,法国政府急于结束在远东的战争。1884 年 10 月 16 日,法国总理茹费理电告巴德诺说:"无论如何,要紧的是不应放过任何机会。法国舆论的情况,列强的意向,以及我们在他处应照顾到的重大利益,都要求我们,如果可能,应赶紧获取一个光荣的解决。"①

从1884年底到1885年初,法国再度加强军事攻势。中法之间的陆上战斗在中越边境和越南北部分东西两线激烈展开。在东线,1884年2月,法军大举进攻谅山,广西巡抚潘鼎新不战而退。13日,法军占领谅山,23日又侵占中越边境的镇南关(今友谊关)。在西线,中国军队久攻宣光不下,法军在占领谅山后增援宣光。3月3日,法援军解除清军对宣光的包围。在台湾海峡地区,1885年初,法军接连从基隆向台北进攻。与此同时,法国舰队袭击浙江镇海。在镇海之战中,法舰遭到中国军队的奋勇还击。3月,法舰封锁北海,并骚扰广东沿海。从整体上看,战场上的形势有利于法军。

与战争同时进行的还有中法之间的秘密谈判。在谈判中陷于僵局的曾国荃致电总理衙门,建议还是由李鸿章出来收拾局面。1884年10月,李鸿章受清政府委派与仍留驻天津的法国领事林椿密谋议和。法方提出的条件是中国军队自北越撤出,批准《天津简明条约》,法国继续占领基隆若干时间,作为执行条约的担保等。李鸿章不敢接受法方的要求,在10月24日同林椿讨论另一项和议方案,其中不提法国占据基隆和淡水,允许中国军队暂驻北越的谅山和保胜等地,中国则同意向法国借款,在修建铁路时给法国某些利益。林椿就此去上海同巴德诺商量,法国政府不同意这个方案。

11月初,清政府打算通过英国提出自己的议和条件,即修改《天津简明条约》、重订中越边界、法军退出基隆和越南继续入贡等。但英国方面认为这些条件不可能为法国接受,拒绝转达。12月,法国经英国政府向清政府提出的和议基本条件是完全执行《天津简明条约》;在条约完全执行前,法国占据基隆作为担保。这些要求同清政府的立场截然不同。

最后,总理衙门还是决定通过总税务司英国人赫德来进行谈判。赫德一直在关注中法谈判。1885年1月,赫德派驻伦敦的税务司官员金登干借同法国交涉一艘被法军扣押的海关巡船之机同法国政府交涉结束战争的问题。24日,金登干在与茹费理会见时提出是否可以考虑赫德代拟的方案,即在简明条约的基础上作出3点附加解释:(1)中法订约用3种文字,各以本国文字为准,有争议时按第三种文字决定;(2)越南对中国是否继续入贡,由越南国王自行决定;(3)在谅山以南东西划线为中越边界。茹费理表示不能接受,而希

---

① 中国史学会:《中法战争》第7册,上海人民出版社1955年版,第269页。

望赫德劝清政府提出新的方案。2月初,总理衙门告诉赫德,清政府可以不再争越南朝贡的要求,只希望在中国滇桂外划一条禁止法国人进入的界线。法国不同意这个办法,茹费理再三强调法国必须占有老街,中国必须提供履行条约的担保,但他没提出对赔款的要求。2月28日,赫德向法方提出新的议和草约:第一款,中国批准简明条约,法国别无所求;第二款,双方停战,法国立即解除对台湾的封锁;第三款,法国派公使到天津或北京议订详细条约,然后双方规定撤兵日期。3月3日,茹费理就这份草约向金登干表示:"我不以为一个没有赔款规定的条约会为法国的公众舆论所接受,除非把重点放在真正的商务利益上。"这样,双方基本上解决了有关赔款和担保的争执,又回到《天津简明条约》的立场,不过法方更强调商业利益。于是双方对赫德的草约做了一点修改,同时在附加说明中详细规定草约的实施措施。3月25日,茹费理对新方案表示认可。

4. 镇南关大捷与中法议和

在中越边境情况非常紧急的情况下,两广总督张之洞起用年近70的老将冯子材帮办广西军务,出任前敌主帅,指挥前线军队。2月25日,法国焚毁镇南关,退守关外30里的文渊城(今越南同登)。而冯子材也在距镇南关10里处利用有利地形修筑工事,统一组织各地的军队。3月23日法军再次进犯镇南关时,冯子材亲率士卒将法军击退,清军乘胜追击,27日攻下文渊,29日收复谅山,将法军逐至郎甲以南。西线战场的清军在黑旗军的配合下也发起反攻,3月24日在临洮大败法军。法军一时陷入困境。

法军战败的消息传至巴黎后,早对茹费理政府不满的法国民众在3月30日举行了示威游行。茹费理内阁在民众的反对声中倒台。但法国政府继续执行在远东的扩张政策,法国议会通过决议增加拨款,法军得到增援。

清军的胜利令人鼓舞,但局势仍然紧张。张之洞其后报告说,法军在得到增援后准备重新进攻谅山。负责西线战事的云贵总督岑毓英也认为局势依然严重。在台湾,刘铭传部队缺乏弹药和军饷。他3月25日向朝廷报告说:"若无接济,束手待毙。"3月31日,法军又占领澎湖岛及渔翁岛。李鸿章认为:"谅山已复,若此时平心与和,和款可无大损,否则兵又连矣。"连原来主战的驻法公使曾纪泽也主张乘胜议和。此时已调任驻俄、英公使的曾纪泽于4月1日致电总理衙门说:"谅山克,茹相革,刻下若能和,中国极体面,虽稍让亦合算。"①尽管镇南关大捷后前线一些指挥官反对撤兵,清政府还是想利用这个机会与法国缔结和约。1885年4月4日,金登干和法国外交部政务司司长毕乐在巴黎签订停战协定《中法议和草约》。这份协议肯定1884年5月11日的《天津简明条约》有效,规定双方停战,法军停止对台湾的封锁,两国派人在天津或北京谈判和约细节和撤兵日期。4月7日,清政府下令停战,北越驻军分期撤退回国;法国解除对台湾和北海的封锁。中法战争至此停止。

1885年5月13日,清政府命李鸿章与法国政府代表、驻华公使巴德诺在天津开始谈判中法正式条约。6月9日,双方签订《中法会订越南条约》。条约更明确、更具体地重申了《天津简明条约》的规定,其主要内容如下:(1)中国承认越南是法国的保护国;(2)在中越边境指定两处通商,一处在保胜以上,一处在谅山以北,法商可在此地居住,法国开设领事馆;(3)滇桂界货物进出口减税;(4)中国日后如要建铁路,"中国自向法国业此之人商办",但申明"不得视此条为法国一国独受之利益"。(5)法国撤走在基隆和澎湖的军队。

根据1885年6月签订的《中法会订越南条约》,新任法国驻华公使戈可当和清政府特命全权代表李鸿章于10月开始谈判越南与中国两广和云南地区的通商问题。在谈判中,法方要求增开通商口岸、相关的关税减半、获取开矿办厂权利等。这些要求都超出了前一个条约的原则性规定,李鸿章不敢答应。清政府此时了解到法国对越南的占领遭到当地民众的不断反抗,甚至一些法国统治者也考虑放弃越南北部。中国驻法公使许景澄向政府建议说,鉴于法国政府希望早日同中国达成商约,中国应"界务多争,商务不让,使法为难,则迟早必退"。所以,清政府采取了"绝不放松一步"的比较强硬的政策,拒绝了法方的要求。谈判持续到1886年,法方最终放弃了增加通商口岸、开矿和设厂的要求。4月25日,双方签订《越南边界通商章程》。这个条约规定进口税减收1/5,出口税减收1/3。法国政府对此不满,迟迟不批准这个条约。1886年中法继续谈判。在法国的压力下,1887年6月26日双方订立《续议商务专条》,将关税再次降低,进口税减收4/10,出口税减收4/10,而且在广西龙州和云南蒙自之外,再加开云南的蛮耗为通商口岸。在这期间,中法还进行了勘界工作,达成了《中法界务条约》。通过这一系列条约,法国得到大量的经济利益。中国西南门户洞开,法国侵略势力长驱直入云南、广西和广州湾。

---

① 《李文忠公全集·电稿》卷5,第24页。中国史学会:《中法战争》第6册,上海人民出版社1955年版,第367页。

第二节 中葡条约的订立

葡萄牙是最早侵略中国的殖民主义国家,虽然它利用非法手段获得在澳门居留和贸易的权利,并任命了总督,但都没有得到清政府的明确认可。从法律上讲,澳门仍由中国地方政府管辖。

1. 葡萄牙强化在澳门的统治

鸦片战争给了葡萄牙进一步扩大侵略中国的机会。1845年11月20日,葡萄牙女王玛丽亚二世擅自宣布澳门为自由港,试图强化对澳门的殖民统治。1846年4月,葡萄牙海军上校亚马留就任澳门总督后,立即对居住在澳门的中国居民强行征收苛税,尤其是向停泊在澳门内港的中国渔船按月强行征收税款,激起了中国渔民的武装反抗,导致流血冲突,大批中国渔民被葡人杀死。1847年,亚马留竟然非法撤销了设立在澳门的中国海关南湾稽查口,公然逮捕中国稽查口的巡役(即海关关员),并于24小时内将其逐出澳门。翌年,亚马留又对澳门的中国居民强行扩大征收租税,并擅自审判中国居民,进一步侵犯了中国的司法权。1848年12月20日,亚马留借口防止游手好闲之人涌进澳门,命令在澳门的中国人进行户籍登记,对居屋商户编号钉上门牌,实际是侵夺中国政府对在澳华人的管理权。这一侵犯中国主权的行径,遭到中国政府和居民的反抗,结果夭折。1849年2月,亚马留致函两广总督徐广缙,要求取消中国海关。徐广缙警告亚马留不可破坏定制,否则后果自负,但亚马留不予理睬。3月5日,亚马留颁布告示,限粤海关8日内停止征税。3月8日,亚马留再照会徐广缙,要求中国政府立即撤销在澳海关。徐拒绝了这一无理要求后,亚马留便于3月12日派出葡军在税馆门前架设路障,禁止人员出入,又增设哨兵,架设大炮。3月13日,亚马留下令正式封闭中国海关,砍倒海关前的中国旌旗,封存了海关财产。1849年初,香山知县派人来澳门催收地租。亚马留拒绝缴纳。对葡人这一改变300年来旧规的重大无理行径,香山知县没有采取什么措施,而是默认及弄虚作假,将其他地租收入笼统地一起计算,"仍作洋人完税",欺骗上级。1849年1月,亚马留告诉香山澳门县丞,澳门是葡萄牙当局统治的地方,中国官员入澳不得鸣锣开道。两广总督徐广缙驳斥了亚马留的说法,要求沿袭300年来的做法,中国政府管治华人,葡萄牙当局管治葡人,不能更改。但亚马留不予理睬,反而走出第二步,坚决不允许中国官员以他的上级的身份进入澳门,只允许澳门县丞以领事的资格管理华人。

亚马留种种的嚣张行径导致了中国居民的愤怒反抗。1849年8月,中国义士沈志亮等人乘亚马留外出之机,在其返回的路途中将其暗杀。葡萄牙殖民者借此暗杀事件,派兵占领关闸,逮捕中国士兵,并摧毁了望厦村的香山县丞衙门。由于担心西方列强的干预,对于葡澳的挑衅行为,清政府不仅没有采取必要措施来制止,反而杀害了沈志亮。从1849年起,占据澳门的葡萄牙人就无视中国的主权和领土的完整,不再向清朝政府交纳地租。

葡萄牙还逐步蚕食澳门半岛附近的其他岛屿。氹仔岛位于澳门半岛以南2.5公里。1847年5月,亚马留通知两广总督,将在氹仔修一座碉堡,以防御海盗。这当然是个借口,其真正目的是占领该岛,以控制整个澳门港口。两广总督耆英派员赴氹仔巡视后,发现葡人已筑有一个供五六名士兵驻扎的碉堡,只得承认既成事实。9月9日,葡萄牙人在该岛十字门碉堡上悬挂了葡萄牙国旗。1848年,葡澳当局制订了当地的行政管理章程。1851年8月20日,澳督下令占领了整个氹仔岛。路环岛位于氹仔岛以南2公里处,是澳门全境面积最大的地区。葡萄牙占领氹仔后,即以氹仔岛安全受威胁为由,于1864年派兵侵占路环,设置军事据点。1871年,葡澳当局将旧关闸拆毁,另筑新关,建立兵房,派兵把守。1879年,葡人强占半岛北部的龙田村。1883年,葡人强占了半岛最大的望厦村。除扩张地界之外,葡人还一再侵占中国水域。1875年,葡澳当局擅自颁布所谓澳门港口章程,划分水界,禁止中国船只"越界"。1878年,葡澳当局以中国缉私船"侵入"其非法扩张的"领海"为由,将粤海关船只扣留。接着,它宣布氹仔、路环中间海面不许中国船只查私。1887年,葡人进一步侵占了澳门附近全部海域,先拔去浮桩,后驱逐青洲岛守界兵船。至此,葡澳当局全部占有了今澳门半岛全境及附近水域。

2. 中葡《会议草约》

葡萄牙在侵占中国领土的同时一直谋求与清政府签订商约,企图从英、法、美、俄等西方列强对中国的瓜分中分一杯羹。1854年1月,澳督吉马良士被任命为与中国政府进行谈判的全权代表。为了逼清政府谈判,葡方还多方设法让英、法等国出面,向清政府施加压力。1862年5月,澳督吉马良士以葡萄牙公使的名义,不按规定知照天津官府而直接闯到北京,要求与清政府谈判,遭到清政府拒绝。此时,法国公使希尔希隆为葡人撑腰,甚至以降旗断交威胁清政府。在此情况下,清政府被迫于1862年7月与葡萄牙谈判。由于葡方熟悉澳门而清代表对澳门所知不多,谈判中葡人占了上风。最后,经法国公使的调停,中葡双方都作了让步。葡方同意"中国仍在澳门设官",中国同意"纳租一节,彼此具置不论"。总理衙门大臣以为葡方同意中国设官,就是恢复旧制,继续行使主权。但葡方已在这一条款作了手脚,中国驻澳官员,只是如西方各国驻澳领事,而非行使管治权的地方官吏。显然,葡人已将澳门视为自己领土,而将清政府视为外国。但清政府代表由于对澳门情况的不熟悉及对国际法不了解,居然于1862年8月13日,与葡萄牙代表于天津签署了写有上述条款的《和好贸易章程》。

1864年5月,葡萄牙代表、新任澳督亚马廖赴京与中国换约。葡方提前换约的举动引起清政府的警觉。新任总理衙门大臣的薛焕比较熟悉洋务,认为条约的第九款损害中国主权及利益,要求重新修改,恢复设官旧制后再换约。葡方坚决不同意,双方就换约事反复交涉,在中葡双方都不肯让步的情况下,到1873年4月,换约谈判遂告中断,中葡《和好贸易章程》也就没有生效。在中法战争前后,葡萄牙乘中国之危再次提出签约的要求。

1885年,清政府为了缓解财政困难,决定对鸦片实行税厘并征。但当时香港每年有约3万箱的鸦片走私,造成关税的巨大损失。于是,清政府派出江海道邵友濂和海关总税务司、英国人赫德于1885年5月前往香港与港英当局谈判。港英当局提出澳门亦应同时实行这个办法,否则,香港单独缉私,鸦片贩子必然流向澳门。由于中国政府从未出让过澳门主权,对于当时来往于澳门港口的中国其他地方的船只,按国内货物征税,而对于来自香港的船货则按照洋货征税。英国人对此早就不满,此次趁清政府有求之机提出澳门税收问题,名义上为中国着想,实际上为自己考虑。澳葡当局亦抓住机会,争取拿鸦片税厘并征的规定交换清政府承认其拥有澳门管理权。清政府出于财政收入的考虑,在总税务司赫德的一再鼓动下,派赫德前往澳门与澳葡当局接触,"相机筹商"。

1886年7月21日至8月14日,赫德3次赴澳与澳督罗沙磋商葡方在澳门协办"鸦片税厘并征"事宜。罗沙贪婪地提出一系列苛刻的交换条件:清政府同意葡人永驻管理澳门,租用或割让拱北及其附近马骝洲等三岛,关闭澳门附近的关卡。对这样一些涉及中国主权的无理要求,赫德竟然未经中国政府同意,擅自于8月10日与罗沙达成《拟议条约》的协议,完全接受罗沙的要求。赫德向清政府报告了这个约稿,清政府同意以此为基础进行谈判。11月,赫德派其亲信、英国人金登干赴里斯本与葡方进一步磋商上述条约。在谈判中,中方不同意葡萄牙占领拱北,也反对正式割让澳门,只允许在租赁和按年付款的条件下准许葡萄牙治理澳门。由于中葡双方立场相差较大,经赫德从中斡旋,再三磋商,1887年3月26日,金登干代表清政府在里斯本与葡萄牙政府签署中葡《会议草约》(即《里斯本议定书》)。草约规定中国同意:"葡国永驻管理澳门以及属澳之地与葡国治理他处无异"(第二款)。在签约前,中方再三声明这绝非正式割让,而葡萄牙也对此表示同意。所以草约中还规定:"若未经中国首肯,则葡国永不得将澳地让与他国。"

根据草约,中葡要在北京另议商约。1887年7月13日,葡萄牙代表、前澳督罗沙抵达北京,与清政府谈判。谈判伊始,总理衙门官员就见到罗沙拿出一份附有包括所谓"澳门属地"地图的照会。按照这张葡方绘制的地图,"属澳之地"竟扩大到包括关闸以南的澳门半岛和青洲、氹仔、路环、小横琴、大横琴、对面山、马骝洲等7个岛屿。对此,总理衙门大为吃惊,断然予以拒绝,即令两广总督派人到澳门调查实情,据实禀报。广东巡抚吴大澂率领五艘炮船于7月16日对澳门、氹仔、路环等岛屿进行实地考察。他返回后,两广总督张之洞和吴大澂分别向清廷上奏,表示坚决反对签订条约。赫德和罗沙都担心苦心经营的中葡条约半途而废,赫德便一再为罗沙出谋划策。于是,罗沙在中、葡、英3种文字的文本上做了手脚,表面同意放弃"澳门附属地"的条款,条约中文版的第二款删去了"属澳之地"和"与葡国治理他处无异"的字句,但英文版却保留了该款的全部内容。最后,清政府同意将有关澳门地位的条款纳入商约。双方代表于1887年12月1日在北京签署了中葡《和好通商条约》。1888年4月28日,北洋大臣李鸿章与葡政府代表罗沙在天津互换条约文本,条约生效。葡萄牙最终得到占据澳门的条约根据,也得到其他列强在中国所享有的种种特权。

第三节　就英国侵略缅甸和中国西藏的交涉

缅甸也曾是中国的藩属。但在英法争夺东南亚殖民地的过程中,缅甸成为英国扩张的目标。英国政府一直在寻找机会控制缅甸。

1. 英国侵略缅甸

1885年,英商孟买缅甸贸易公司偷运上缅甸的柚木被缅甸政府科以罚款。11月,英国借口它在缅甸的采木权利受到损害,向缅甸政府提出一系列无理的要求,其中包括缅甸须给予英国经过八莫的对华贸易以"正常的便利"条件。这些要求遭到缅甸政府的拒绝,英国竟以此为由于11月14日发动第三次侵缅战争,11月26日占阿瓦,11月28日陷首都曼德勒。缅甸国王锡袍被俘。1886年1月1日,英国宣布吞并缅甸,将缅甸作为英属印度的一个省,缅甸完全沦为英国的殖民地。

清政府听到英国对缅甸发动攻击的消息后,虽然无力阻止英国的扩张,但还是想承担宗主国的责任来维护缅甸的利益。它一方面通过赫德向英国表示希望与英国就缅甸问题取得"友好谅解";另一方面电令驻英公使曾纪泽向英国政府建议,由中国设法调处,劝缅甸向英国道歉,接受英方的要求。英国政府答复称:"英国对于中国与缅甸的关系,事先毫无所知,中国所提出的对缅宗主权现在系第一次听到。"①英国拒绝由清政府进行调处,但表示愿意同中国谈判善后措施,以保证中国在缅甸的权益。缅甸被吞并时,清政府向英国提出抗议,指责其未同中国商量便灭了缅甸是"食言"。清廷不愿意放弃与缅甸的宗藩关系,指示曾纪泽与英国谈判时:"至开谈须以勿阻朝贡为第一义,但使缅祀不绝,朝贡如故,于中国便无失体。"②1886年7月24日,中英签订了《缅甸条款》。这份条约规定,中方承认英国对缅甸的吞并,英方允许缅甸每十年向中国进贡。

这个条约还规定双方将就滇缅界务、商务做进一步的商量。在签约前,英方曾向曾纪泽表示,英国愿将潞江(萨尔温江)以东的地方,自云南南界以外起,南抵暹罗北界,西滨潞江,东抵澜沧江下游归于中国;大金沙江(伊洛瓦底江)为两国公用;中国可以八莫附近勘明一地立埠设关。

根据这项条约,1893年中国驻英公使薛福成和英国政府进一步就缅甸问题谈判。中方提起英方过去的承诺,英方拒不承认,竟说条约既订,订约之前的事未载入条约的一概无效。薛福成也无可奈何。1894年3月1日,中英签订了《续议滇缅界、商务条款》。这个条约基本上确定了北纬25°35′尖高山以南的一段中缅边界,以北一段留待以后调查后再定。条约还规定,在条约批准后6年内,凡经蛮允和盏西进出中国的货物,出口税减收4/10,进口税减收3/10。实际上,这项规定后来一直沿用,未受6年为期的限制。

2. 英国第一次侵略西藏战争

根据1876年的中英《烟台条约》的附款,清政府允许英国于1877年从北京派人经甘肃、青海或四川进入西藏,或由印度进入西藏。但这一条规定遭到西藏地方当局和人民的坚决反对,他们表示对入侵的英人将用武力进行抵

---

① 中国近代经济史资料丛刊编委会:《中国海关与缅藏问题》,中华书局1983年版,第23页。
② 王彦威、王亮:《清季外交史料》卷62,台北:文海出版社1985年版,第27页。

抗,所以英国迟迟没有派人入藏。英国商人一直渴望打开中国的西南市场。1885年,曼彻斯特、伯明翰和杜斯伯理等地的商会先后上书英国政府,要求尽快打开西藏市场,以缓和英国久已存在的贸易不景气。印度孟加拉省财务部长、英人马考蕾亲自前往伦敦进行游说,英国政府于是决定派他率领"考察团"入藏,并要求他先到北京,征得清政府的同意。清政府鉴于西藏地方当局反对英国人进入西藏,担心引起纠纷,不愿答应。但在英方的压力下,清政府还是同意了。1886年初,马考蕾在印度大吉岭组成考察团,除考察人员外还有卫队印兵300多人。此时英国刚刚对缅甸发动战争,兼并了上缅甸地区。英方组织这么一个大探险队,不禁引起清政府的怀疑。西藏地方当局听说英国人将带兵进入西藏,更为震惊,坚决表示反对。在这种情况下,总理衙门只得请求英方暂停派马考蕾进入西藏,并愿以承认英国对上缅甸的兼并作为交换条件。结果,清政府在7月24日签订的《缅甸条款》中承认英国对缅甸的吞并,而英国同意停止派人进入西藏。

英国政府暂停派人入藏一事引起英国商人的不满。于是,英国政府另找借口派人入藏。1886年,英国在哲孟雄(锡金)修筑一条直通西藏的公路。西藏地方当局在中国与哲孟雄边界、位于西藏一侧的隆卡山设卡,防止英国军队进入西藏。英国公使华尔向总理衙门提出抗议,指责藏军是"越界戍守",要求清政府下令让西藏地方当局从关卡上撤兵。清政府害怕同英国发生摩擦,下令西藏撤军,遭到西藏地方当局的抵制。他们不仅表示不能撤兵,而且要求英国撤出哲孟雄(这里是西藏的藩属)。于是,英国在1888年3月向隆吐山的藏军守军发动进攻,挑起了对西藏的第一次战争,占领了边界上的一些地方。5月,藏军反攻未能取得成功。9月,英军又调集军队再次进攻,藏军退守仁进岗一带。

清政府获知战争的消息后,一再命令撤卡,并将支持西藏人抗争的驻藏大臣文硕免职,派升泰为驻藏帮办大臣,到西藏同英国人讲和。其后,清政府又派赫德的弟弟赫政去西藏协助升泰办理交涉。升泰到西藏后,压制西藏人反抗英国侵略的决心,下令撤兵撤防,还亲赴前线与英国人讲和。1890年3月17日在印度加尔各答,升泰与英印总督兰士顿签订了中英《会议藏印条约》。条约的主要内容是中国承认英国对哲孟雄的保护权;划定了西藏与哲孟雄的边界;有关游牧、通商、藏印官员往来等问题日后协商。

这个条约订立之后,中英双方又就游牧权利、藏哲通商和印藏官员往来的问题同中方谈判。英方要求货物进出西藏不纳税,帕里及其附近地区开放为自由市场,英国人可在莫竹河流域自由往来。清政府的谈判方针是西藏地方当局能答应的事情就同意英方的要求。然而,西藏当局完全不接受英方的要求,并举锡金为前例,担心其他地方此时仅"通商游历所在,将来即为英国之地"。还是在升泰的一再劝说下,西藏当局才勉强同意开放亚东一处为通商口岸。1893年12月5日,清政府的代表参将何长荣、赫政同英印代表柏尔在大吉岭签订了中英《会议藏印条款》。这个条约规定亚东于1894年9月1日开放通商,允准英印派员驻扎此地,置地造屋;藏印间经藏哲边界进出口货物5年之内一概免税;限制西藏人在哲孟雄的传统游牧权利;印度茶叶5年后可以销入西藏;英国商民与中国西藏商民发生冲突时,由中英两国官员"秉公办理"等。就这样,英国初步打开了西藏的门户。

小　　结

从19世纪80年代起,由于列强在中国南部邻邦进行扩张,并压迫清政府开放南部的门户,中外之间发生了一系列尖锐的矛盾。已历经洋务运动20余年的清政府一方面仍然没有摆脱宗藩体系的思维,为维持与越南和缅甸等国的传统关系与英法发生纠纷和冲突,致使自己在新的国际关系体系中处处被动,从而增加了政府在处理对外关系上的困难;另一方面清政府害怕大规模的军事冲突,害怕由此引起经济困难和内乱,在法国攻击中国东南沿海地区、英国入侵西藏以及葡萄牙扩大对澳门殖民统治的情况下,对列强的要求步步退让,不能坚持捍卫自己的主权。其结果不仅使外国势力进一步深入中国,中国失去更多的经济利益,而且留下了无穷的后患。受旧体制和思想的束缚,清政府不能分清问题的性质,处理中外矛盾的基本方针都是妥协退让、息事宁人。中法战争爆发之前,清政府没有任何战争准备,完全处于被动状态。战争爆发后,清军仓促上阵,节节败退,陷于不利境地。若不是刘永福等将领的努力,战争的结果肯定更为屈辱。

思考题

1. 为什么中法都愿意谈判结束战争?
2. 试析清政府处理法国侵略越南的对策。
3. 葡萄牙如何一步步地扩大对澳门的侵占?
4. 分析英国对西藏发动第一次战争的背景。

参考书目

廖宗麟:《中法战争史》,天津古籍出版社2002年版。

唐上意:《中法战争与张之洞》,暨南大学出版社2004年版。

中国近代经济史资料丛刊编辑委员会:《中国海关与中法战争》,中华书局1983年版。

中国近代经济史资料丛刊编辑委员会:《中国海关与中葡里斯本草约》,中华书局1983年版。

第六章
甲午战争与以夷制夷政策

由于中越传统的宗藩关系,法国殖民主义者在中南半岛的扩张把中国卷了进去。中国为保护自己的领土不得不与法国开战。虽然中国并没有战败,但中法战争的后果却是越南被法国所控制和中国南部门户洞开。中缅的藩属关系也因为英国的扩张而遭到破坏。这些事情促使清政府对日本在朝鲜半岛的扩张行径提高警惕,不断加大对朝鲜政府的影响,试图通过强化宗藩关系的方法来阻止日本的扩张,甚至直接派兵进入朝鲜。其结果不仅加深了与日本的矛盾,而且也造成朝鲜一部分人对清政府不满,给中朝关系留下了阴影。日本乘机发动对中国的战争,清政府试图用以夷制夷政策来应对。

第一节 中日矛盾不断加深

1882年的《仁川条约》签订之后,日本大力拉拢朝鲜政府。如朝鲜派往日本道歉的使臣金玉均、朴泳孝一行到日本后,日本朝野多方怂恿朝鲜"独立",并许以财政和武力的支持。日本驻朝鲜公使竹添还以取消未偿还的赔款40万元为诱饵,鼓动朝鲜"独立"。这种做法逐渐对朝鲜的局面产生影响。

1. 中日《天津会议专条》

壬午兵变之后,闵妃借助清朝的力量重新主政,成为保守力量的代表。同时,在日本和西方国家的影响下,朝鲜出现了被称为"开化派"的新兴政治力量。他们以金玉均为代表,主张按照日本明治维新的模式,在朝鲜实行多方面的改革。特别是他们拥有主权独立的意识,提出了结束与清朝不平等宗藩关系的要求,实现朝鲜真正的独立自主。两派斗争激烈。

面对朝鲜内外这一系列事态的发展,清政府内一些官员主张要强化对朝鲜的宗藩关系,主要负责朝鲜事务的李鸿章也认为日本是永久大患而需采取防范措施。早在1880年12月,朝鲜设立了统理机务衙门(后改名为机务处),主要负责处理对外事务。1882年6月,朝鲜国王李熙又派问议官鱼允中携咨文赴中国天津,提出允许两国商民"于已开放口岸互相交易",并提出与西方国家一样"派使进驻京师"。这些要求显然是欲摆脱中国清政府的控制,改变彼此间的宗藩关系。清政府本不愿意接受这个建议,但在朝鲜的反复要求下,这年10月,中朝签订《商民水陆贸易章程》。该条约一开头就强调两国传统的宗藩关系,"朝鲜久列藩封,典礼所关,一切均有定制,毋庸更议";规定两国开放贸易,互派商务委员;中国商人在朝鲜涉讼,由中国商务委员审断,而朝鲜商人在中国涉讼,由中国地方官审断;规定中国的军舰可以在朝鲜沿海航行,并停泊其各港口。以后,清政府还选派曾在中国海关工作过的德国人穆麟德担任朝鲜海关总税务司,派人帮助朝鲜整军练兵等。清政府越来越多地介入朝鲜内政,以加强对其控制。

1884年,中法战争爆发。日本便想借机扩大在朝鲜的影响,鼓动主张改革的朝鲜"开化派"发动政变。由于朝鲜王朝迟迟不进行改革,以金玉均为首的"开化派"官僚也想借助日本的力量来实现自己的目标。1884年12月4日,"开化派"人员利用京城邮政总局新厦落成之时,举行政变,杀掉一些守旧的大臣,劫持国王,并让国王召日本兵入卫。他们拟订新政,敦促清政府释放大院君,废除朝贡礼制,仿西方君主立宪制。这次政变史称"甲申政变"。驻朝鲜中国防营营务处会办袁世凯闻讯后,6日带兵入宫击退日兵,恢复朝鲜原政府。日本公使竹添带兵自王宫退出时,沿途遭到朝鲜人愤怒的袭击。竹添自焚使馆,带领日兵和日侨逃往仁川。金玉均等逃往日本。

这场政变结束后,日本政府派外务卿井上馨到朝鲜进行交涉。1885年1月9日,日朝达成《汉城条约》。条约规定朝鲜向日本道歉,支付恤金,捉拿凶手,为日本新建公使馆和领事馆拨给地皮和工费等等。

日本接着派参议伊藤博文为全权大使、农商大臣西乡从道为副使来中国交涉。清政府派李鸿章同日方进行谈判。清政府当时的政策是"剖析中倭误会打架,以释衅端,为第一要义"①。清政府不追究事变原因,对中日矛盾的这种定性是为了避免和日方发生冲突。在谈判中,日方要求清政府从朝鲜撤兵,李鸿章表示如果日本撤兵,中国也可照办。日方要求中国永不派兵,李表

---

① 故宫博物院:《清光绪朝中日交涉史料》第5卷,第36页。

示不同意。双方最终做出妥协,并于4月18日订立中日《天津会议专条》,内容为:(1)中国驻扎朝鲜之兵和日本在朝护卫使馆之兵4个月内各自全部撤回;(2)双方劝朝鲜国王教练士兵、自护治安,由朝鲜国王聘用外国军事教练,但中日两国均无派员在朝鲜教练;(3)"将来朝鲜国若有变乱重大事件,中日两国或一国要派兵,应先互行文知照,及其事定,仍即撤回,不再留防。"

这个条约的核心就是确认中日在朝鲜权力对等,双方都可以出兵朝鲜。日本就是如此一步步地扩大了在朝鲜的势力。甲申政变对以后中日韩关系产生了重大影响。

2. 清政府强化与朝鲜的宗藩关系

从19世纪70年代起,日本通过《江华条约》、《仁川条约》和《汉城条约》3个条约奠定了在朝鲜进行扩张的基础,其关键在于否认中国与朝鲜的藩属关系。面对这种挑战,清政府不断强化与朝鲜的宗藩关系。1885年9月,考虑到长期将朝鲜国王的生父羁押在中国不是办法,清政府将大院君释放回国。清政府也想借此牵制朝鲜政局。11月,清政府任命袁世凯为"驻扎朝鲜总理交涉通商事宜"(后来改为驻韩办事大臣),常驻汉城。给他这样一个头衔就是要"餍服属邦人心"。他在朝鲜国王面前只需行三揖礼,侧坐,以别于其他各国的使节,体现朝鲜是中国的属国。袁世凯后来实际上对朝鲜行使"监国"的权力,直接干预朝鲜政务,伤害了朝鲜人的民族感情。清政府内部也有人对这种做法持不同意见,但李鸿章支持他,同样主张"先正藩属之名,以防其僭越;复筹外交之法,以杜其侵欺"①。作为洋务运动的主要人物,李鸿章依然固守宗藩体系。

甲申政变后,对中、日都不放心的闵妃及其支持者在朝鲜海关总税务司兼外务署协办、德国人穆麟德的鼓动下有意投靠俄国。清政府将大院君释放回国一事使闵妃对中国更加仇视,因此便通过当时俄国驻朝公使韦贝夫人的关系,试图与俄国接近。1886年8月,前英国驻朝鲜代理总领事贝德禄趁机制造朝鲜寻求俄国保护的传闻,企图挑拨中俄的关系。袁世凯闻讯后就向朝鲜政府提出质问,甚至称中国已决定发兵问罪,迫使朝鲜把一些亲俄的大臣逮捕治罪。

1887年,朝鲜政府决定向有约各国派驻公使。朝鲜政府怕遭中国反对,7月先派闵泳骏为驻日本大臣,等他到达日本后才向清政府报告,以试探清政

---

① 《李文忠公全集·奏稿》卷74,第46页。

府的态度。8月,朝鲜又任命朴定阳为驻美公使。清政府闻讯后于9月23日电谕袁世凯通知朝方:"中国已允韩与各国通商,今派使亦同一律,但必须先行请示,俟允准后再分赴各国,方合体制。现在自仍以停止派赴为正办,留请示一层为转圜地步。"① 然而,朴定阳此时已前往美国。袁世凯气愤地指责朝鲜政府事先未同清政府商量,要求朝鲜派人到北京讨论此事。在谈判中,中方不允许朝鲜的驻外使节具有"全权",朝方不同意。最后双方协议,朝鲜使节到达欧美国家后,同驻当地的中国使节之间仍遵守旧制。朝鲜使臣朴定阳到美国后未按照规定执行,直接拜会美国官员,开展活动。清政府要求朝鲜国王信守协议,迫使朝鲜政府不得不召回朴定阳。1889年朴定阳回到朝鲜后,袁世凯立即强迫朝鲜政府对其进行处分。朝鲜打算向欧洲派遣使节的计划也因袁世凯的干涉未能落实。1890年,朝鲜的赵太妃去世。清政府照例派使节到朝鲜祭奠,袁世凯又要求朝鲜国王必须到城外迎接中国使节。

1890年,美国人李仙得试图取得对朝鲜海关的控制权,遭到清政府的强烈抵制,袁世凯表示坚决反对。1892年,李仙得又伙同日本人秘密商量开放平壤为通商口岸,设海关,而关员都用日本人。当时,袁世凯正好请假回国,驻韩代理大臣唐绍仪闻讯后向朝鲜政府提出质问,同时李鸿章在国内也向日本提出交涉,结果李仙得的计划再次落空。为阻止朝鲜向法、英、美等国借债,1892年清政府两次利用在朝鲜的中国商号出面贷款给朝鲜政府,以朝鲜海关收入作为担保,实际这些钱都来自清政府的拨款。

3. 日本"大陆政策"的形成

日本实行明治维新之后,经济发展非常迅速,国际地位也迅速提高。1889年,日本先后与美、德、俄等国签订新约,得到这些国家放弃它们在日本所享有特权的承诺。1890年,英国也改变反对日本修约的态度,同意定期废除它在日本享有的领事裁判权。随着实力的增长,日本不断地加强军备。1878年,日本建立军队参谋本部。参谋本部长与政府首脑太政大臣一样直属天皇,不受政府控制。1879—1880年,参谋本部派遣10余名军官以学习语言为名到中国各地进行调查。这些人归国后写成《邻邦兵备略》、《与清朝斗争方策》等报告。这些报告成为日本军国主义扩充军备的根据。此后,日本不断地派人来中国进行调查。1885年,日本把陆军的编制确定为常备队、预备队和后备队,使陆军兵力事实上扩大了一倍半。1883年,日本制订了八年内建

---

① 王彦威、王亮:《清季外交史料》卷73,台北:文海出版社1985年版,第2页。

造 48 艘军舰的计划。1886 年,日本开始建设吴和佐世保两军港。针对清政府的北洋舰队,日本建造了火力凶猛的严岛、松岛和桥立三舰。1893 年,又在天皇的支持下,政府进一步扩大造舰规模。在 1886—1894 年间,日本中央政府的财政预算每年支出总额在 8000 万日元上下,而每年的军费开支一直保持在 2000 万日元以上。

日本一些人不断地为扩张制造舆论。如 1884 年 10 月,《自由新闻》报发表长篇社论,提出"国权扩张论",认为有必要"在独立权以上扩张国权"。这种国权主义思想很快在日本广泛传播。1885 年 3 月,日本思想界著名人物福泽谕吉发表"脱亚论",主张:"对待中国、朝鲜之方式,亦不必因邻国之故而特别和善,应按西洋人之对待之法予以处置。"[①]10 月,柴四郎的国权主义小说《佳人之奇遇》成为畅销书。作者主张:"当今燃眉之急是,与其内张十尺之自由,不如外伸一尺之国权。"虽然日本对韩国和中国的贸易在不断增长,但由于日本资本相对弱小、技术落后,无法同西方列强展开竞争。为保证获取大陆的市场和资源,只有建立排他性的贸易圈。1891 年 4 月,《东京日日新闻》提出:"要知我国人口多于土地,已经进入社会生存竞争的最困难地步。"1892 年,自由党总裁板垣退助发表《殖民论》,声称日本的人口不久即将过剩,因此推进殖民是当务之急,日本为了同世界富国进行竞争,也必须取得海权与商权,为此也有殖民的必要。日本国内支持政府推行军国主义的呼声日渐强烈。

与此同时,日本不断地扩大天皇的权力,宣传帝国思想。1889 年,日本公布了《帝国宪法》。它赋予天皇以无限的权力,包括统帅陆海军。统帅权由参谋总长和军令部长辅佐天皇行使,军事不在内阁的职权范围之内。军部成为首相不能过问的一个机关。宪法规定天皇有宣布交战、媾和和缔结条约的权力。早就主张强兵优先、历任陆军要职的山县有朋 1889 年 12 月出任内阁首相。他在 1890 年第一届帝国议会的施政报告中提出国家"主权线"和"利益线"的概念。"主权线"指国家的疆域,"利益线"指与主权线的安全紧密相关的区域,即邻近的国家。他宣称,要维护国家的独立,只守护主权线是不够的,"必须进而保卫利益线,经常立足于形胜之地位。"他在此前的一篇文章中已明确地指出日本的"利益线之焦点在朝鲜"[②]。在这个时期,日本的大陆政策基本成形。为了推行这项政策,山县有朋还以天皇的名义发布了《教育敕

---

① 中国社会科学院近代史研究所:《日本侵华七十年史》,中国社会科学出版社 1992 年版,第 31 页。
② 同上书,第 32 页。

语》。教育领域与军事领域一样由天皇直接管辖。有关教育的法规都是以不经议会审议的敕令形式发布。日本政府在教育中大树天皇的权威,宣扬对天皇的绝对服从,宣扬武士道精神。

第二节 清政府以夷制夷的对策

日本确立大陆扩张政策后时时关注朝鲜事态的变化,而作为中国最重要的藩属,清政府也十分重视对朝鲜的控制。两国在朝鲜展开一轮轮的博弈。

1. 金玉均事件

金玉均是朝鲜开化党领袖之一,甲申政变后逃亡日本,朝鲜政府多次要求引渡,都遭到日本的拒绝。1894年3月,朝鲜政府派人诱使金玉均前往上海加以刺杀。事后清政府应朝鲜政府的要求,根据1882年中朝《商民水陆贸易章程》的规定,将刺客洪钟宇引渡给朝鲜政府。清政府还应朝方的请求,派船将金玉均的尸体运往朝鲜,费用由朝方承担。根据朝鲜的惯例,由于金玉均犯下了"大逆"之罪,须受车裂的惩处。日本外相陆奥宗光指示驻朝公使大鸟圭介劝阻朝鲜政府不要戮尸。受日本驻华公使小村寿太朗活动的影响,在北京的各国公使也纷纷致电朝鲜,要求宽免金玉均的尸体。袁世凯得知此事后,担心引起日朝冲突,建议朝方听凭各仇家私自报复,不必援例车裂。朝鲜政府同意只将金玉均的尸体传示八道各邑,并且不刊登朝报。但朝鲜国王的承诺并未得到实施,4月14日夜,在各大臣和闵氏戚族的支持下,金玉均的尸体被肢解。

由于朝鲜开化党人同日本的密切关系,金玉均被杀和被肢解的消息传到日本后,日本一些人便借机煽动反华反朝的气氛,指责此事是对日本的侮辱,散布消息说此事受到清政府的指使,要对朝鲜和中国进行报复。福泽谕吉发表评论说,朝鲜将金玉均凌迟一事是"日本人的感情所完全不能谅解的"。自由党领袖求见首相伊藤博文,敦促其马上向中国和朝鲜宣战。5月20日,金玉均的日本支持者举行集会,煽动"援朝惩清"的情绪。在第六届议会上,犬养毅等议员纷纷就此事向政府提出质询,鼓动政府对中国开战。虽然外相陆奥宗光在答辩中表示日本无法干涉此事,但日本政府本身也在做战争准备。早在3月10日,文部相井上毅致伊藤博文的信中就提出"朝鲜政局演变至今之情势,极早筹谋方策,毁天津条约,向汉城派遣保护侨民的军队为紧要之事"。5月2日,日本驻英公使青木奉命试探英国对朝鲜问题的态度。英国表示不在朝鲜要求权益,而是担心俄国占领朝鲜和取得煤炭贮藏所。陆奥宗光由此认为日本推行其朝鲜政策,不会受到英国的牵制。军方更在加紧战争准备。参谋次长川上操六派遣人员去朝鲜收集军事情报,并让寺内正毅大佐等做好出兵的准备。

2. 东学道农民起义

1894年2月,朝鲜全罗道古阜郡的农民举行暴动,遭到镇压。4月初,农民领袖全琫准取得在朝鲜民众中影响极大的"东学道"的支持,发动大规模起义。这场东学道农民起义迅速得到朝鲜各地农民的响应,四五月间几乎席卷全岛。起义军发展迅速,朝鲜政府无力应付。5月31日,起义军攻占全罗道首府全州。一直鼓吹发动侵朝战争的日本团体"玄洋社"在日本军方的鼓动下,派人到朝鲜,以帮助东学道为名,试图将起义的斗争目标转向以袁世凯为代表的清政府势力,为日本在朝鲜的扩张创造条件。

6月3日,朝鲜政府正式向清政府求援。袁世凯本来就打算由中国出兵为朝鲜政府镇压起义,以强化对朝鲜的控制,但担心日本也会乘机干涉,犹豫不决。日本方面早就料到朝鲜政府会向中国求援,便制造一个圈套,为日本出兵朝鲜准备理由。6月初,日本驻朝代理公使杉村濬先是派下属后是亲自向袁世凯表示,日本盼望中国帮助朝鲜镇压起义,并说日本政府"必无他意",袁世凯因此认为日本"重在商民,似无他意"。他还认定日本最多是派一些士兵去保护日本使馆。日本驻天津领事也向李鸿章作出同样的表示,怂恿清政府出兵朝鲜。3日,驻日公使汪凤藻还向清政府报告说,日本国内党争严重,绝无对外生事能力。李鸿章根据他们的报告,在接到朝鲜政府的求援信后,决定派兵前往朝鲜,并按1885年《天津会议专条》的规定于7日由驻日公使汪凤藻通知了日本。日本政府在接到中国出兵朝鲜的照会后,立即对清政府照会中提到"保护属邦"一词提出异议,要求清政府修改。李鸿章认为:"文内'我朝保护属邦旧例',前事历历可证,天下各国皆知。日本即不认朝鲜为中属,而我行我法,未便自乱其例,固不问日之认否,碍难酌改。"然而,日方在给中国的复照中声明"帝国政府从未承认朝鲜国为中国之属邦"①。6月9—12日间,中国军队2000余人分批到达朝鲜的牙山。清政府的这项决定正好中了日本的圈套。

6月2日,日本驻朝使馆报告朝鲜政府已请中国出兵。日本内阁开会讨

---

① 王芸生:《六十年来中国与日本》第二卷,第29页。

论出兵朝鲜问题。陆奥宗光提出意见说:日本"必须向朝鲜派遣相当的军队,以备不测,并维持中日两国在朝鲜的均势"。这个意见得到其他内阁成员的支持。于是伊藤博文又请来参谋总长炽仁亲王和次长川上操六。会议决定以保护使馆和侨民为名出兵朝鲜。会后,日本组织兵力和成立大本营,并派出三四百名军人以护送大鸟公使为名于10日进入朝鲜京城。日本大批军队紧接着进入朝鲜,至16日到达朝鲜的日军已有4500人,远远多于中国军队。

6月7日夜间,陆奥宗光训令日本驻华代理公使小村寿太郎照会清政府,表示由于朝鲜发生重大事件,日本也决定出兵朝鲜。9日,总理衙门复照强调:"查中国因朝鲜之请,派兵助剿,系保护属邦成例。且专剿内地土匪,事定即回。"中方希望日本不要太多出兵,也不要进入朝鲜内地。而日本方面却针锋相对地指出:日本并未承认朝鲜为清国属邦,日本出兵朝鲜是根据《仁川条约》规定的权力,并声称:"其应畿多调派,我政府不得不自行定夺。其应如何行动,非所掣肘。"①

日本出兵引起朝鲜政府的警觉。朝鲜政府一方面通过照会与日本代理公使杉村濬进行交涉,另一方面派人阻止大鸟进入汉城。但日本公使大鸟还是坚持率兵进入汉城。他发现城内局势平静,东学道农民起义已基本被朝鲜政府用招抚的办法平息下去,清军驻扎在远离汉城的牙山,而日军大量进入汉城却引起了其他外国人的怀疑。因此,大鸟认为如果日本再派来大军,会引起其他列强的干预。大鸟一方面建议国内不再派军队登陆,另一方面于6月12日拜访袁世凯。袁世凯乘机提出限制增兵和撤兵的问题。这时,朝鲜政府也分别照会中、日两国,请求双方撤兵。

在中国方面,李鸿章在6月12日接到袁世凯关于同大鸟会谈的报告后认为日本没有其他意图,双方可以撤兵了事,于是立即停止续派军队,并命令已抵达朝鲜的叶志超和聂士成的部队停止进兵,准备回国。但是日本政府在接到大鸟的报告后却不同意撤兵,反而要求他向朝鲜政府建议用日本军队镇压东学道起义,作为大军进驻朝鲜的理由。虽然6月15日,大鸟与袁世凯达成了中日一起从朝鲜撤兵的协议,但大鸟以未奉政府命令为由不在协议上签字。实际上,大鸟已改变看法,他同日向日本政府建议先要中国撤兵,如果中国不撤,便用各种理由驱逐中国军队。

日本进一步制造向中国挑战的理由。就在6月15日这一天,日本内阁通过决议,主要内容是:同清政府一起尽快镇压朝鲜乱民;在平定乱民后,中日

---

① 王芸生:《六十年来中国与日本》第二卷,第29、30页。

两国各派常设委员若干名驻朝鲜,共同改革其内政;就此事与清政府进行协商,在取得成果前不撤回日本在朝鲜的军队;如果清政府不赞成日本的意见,日本政府就单独迫使朝鲜实行政治改革。16 日,日方向清政府提出这个方案。17 日,陆奥宗光也向汪凤藻提交一份正式照会。6 月 21 日,清政府答复说,朝鲜变乱已平,中日共同镇压已无必要;至于朝鲜自身的改革,"中国尚不干预其内政,日本素认朝鲜自主,尤无干预其内政之权"①。中方提出两国都从朝鲜撤兵。日本根本不想撤兵,22 日,日本召开御前会议,会议认为由于"日清两国之相互合作,已非我国一厢情愿所能为力",决定向中国发出绝交书,并向朝鲜派遣足以粉碎牙山清军的军队。会后,日方照会中国驻日公使汪凤藻,声明由于与中国政府所见相背,"我政府断不能饬撤现驻朝鲜我国之兵也"。

随后,根据日本政府的旨意,大鸟公使在朝鲜采取了两个措施:一是进一步借宗藩关系问题向中国挑战,二是提出内政改革问题,制造中日冲突。6 月 27 日,大鸟致书朝鲜国王,提出日本要保护朝鲜的"独立自主"。28 日,日本要求朝鲜政府表示是否同意清政府 6 月 7 日给日本的照会中所说的"保护属邦"四字,并限期一天答复。日本的用意在于,若朝鲜答复认为是独立自主的国家,那清兵以保护属邦为名进入朝鲜,就是侵犯朝鲜的独立自主权,于是日本就可根据条约以保护朝鲜的独立为名出兵驱逐清兵。若朝鲜承认是中国的属邦,日本也可以强调平息内乱是属于内政的范围,清国借保护属邦为名派兵,是干涉内政。在日方的威胁之下,朝鲜政府在征求袁世凯的意见后,只得答复说朝鲜尊重《江华条约》,作为自主之邦,朝鲜请中国援助是在行使自己的权力。日本在这一点上没有得到想要的东西,干脆于 7 月 3 日向朝鲜政府提出所谓的改革方案,直接干预朝鲜内政。方案涉及朝鲜中央到地方的政制、财政、法律、军队和教育等,并要求朝鲜国王任命大员和日方协商改革细节。在日本的威胁下,朝鲜政府只得派出 15 名高级官员与日方协商。在商议中,日本又提出详细方案,包括朝鲜给予日本修建铁路、架设电线等特权。朝鲜政府不愿接受,婉辞拒绝,并要日本撤兵。

日本的姿态咄咄逼人,而清政府则越来越被动。大鸟拒签同袁世凯达成的协议之后,袁世凯意识到形势的危急。6 月 18 日,他一连向李鸿章发出 4 份电报,报告朝鲜局势,要求增兵和寻求列强调停。李鸿章下令北洋海军向朝鲜仁川增派 3 艘军舰,并考虑事态严重时向朝鲜派援军,但他还是寄希望于

---

① 王芸生:《六十年来中国与日本》第二卷,第 37 页。

同日本交涉撤兵,并活动其他列强调停。从6月28日起,袁世凯见日本来势汹汹,朝鲜的亲日派十分嚣张,而在牙山的中国军队势单力薄,形势逆转,于是再三请求回国。他还建议清政府先行撤军,另谋对策。直到7月18日,清廷才批准他回国,由唐绍仪代理。

3. 清政府寻求列强调解

6月25日,清廷在上谕中表示:"现在情形看去,口舌争辩已属无济于事",要求李鸿章妥筹办法。① 30日,李鸿章上奏称中国海军落后于日本海军,难以打赢,中国陆军力量单薄,不能出击。他一方面主张清政府筹备军饷,集中军力,另一方面还是强调寻求列强"转圜"。

清政府请求英、俄、美、法、德等列强进行调解,其中最重视的国家是俄国和英国。6月20日,李鸿章请俄国驻华公使喀西尼电告俄国政府,劝日本与中国约定时间同时从朝鲜撤兵。为了争取俄方的支持,李鸿章还诡称:"英国已提议愿充调停者,但中国认为俄国在此次事件中有优先权。"喀西尼认为这是提高俄国在远东地位的一个好机会,并可防止英国插手,于是欣然表示:"俄韩近邻,亦断不容倭妄行干预。"② 俄国政府接到报告后,考虑到俄国的西伯利亚铁路还没有完工,运兵到远东非常困难,认为在这种情况下,最好是能保持远东的现状,所以起初赞同喀西尼的建议,由俄国出面调停。24日,俄国政府指示驻日公使希特罗渥尽力促使日本政府与中国同时从朝鲜撤兵。希特罗渥却有不同的看法,他回电称:"一旦我国以任何方式表示援助中国时,英国很可能站在日本一边。"25日,希特罗渥向日本提出撤兵的劝告。陆奥宗光当即表示:除非清政府保证同意共同承担"改革"朝鲜内政,或同意不干涉日本以独力完成改革,日本军队决不自朝鲜撤退。为避免俄国不安,他向俄国保证日本绝不想占有朝鲜。俄国驻日公使希特罗渥在报告中指出:"看来谁也不要战争。"他甚至说:"根据许多迹象来观测,若干强国倒很乐于见到我们牵连到远东问题中去。"③ 希特罗渥的意见对俄国政府产生了影响,俄国政府担心被人利用,卷入朝鲜的纠纷,特别是担心由于俄国支持中国,英国就去支持日本。英国是俄国在远东最大的对手。如果英日合作,对俄国的利益将

---

① 故宫博物院:《清光绪朝中日交涉史料》第13卷,第25页。
② 张蓉初译:《红档杂志有关中国交涉史料选译》,生活·读书·新知三联书店1957年版,第15页。故宫博物院:《清光绪朝中日交涉史料》第13卷,第20页。
③ 张蓉初译:《红档杂志有关中国交涉史料选译》,第18页。

是严重的威胁。俄国调整了对日的立场。结果，7月9日，俄国方面向李鸿章表示：虽然俄国政府知道日本是无理的，但俄国只能从友好的角度对日本进行劝阻，而不能动兵强迫。李鸿章对此非常失望。7月21日，俄国政府指示希特罗渥通知日本：若日本对朝鲜所要求的东西违背了朝鲜以独立国资格与列强所缔结的条约时，俄国将不能认为它是有效的。

另一个李鸿章想依赖的对象是英国。6月初，李鸿章就曾请英国政府出面阻止日本出兵朝鲜，但对方的态度并不积极。因为当时英国在远东扩张的主要对手是俄国，而在英国看来，无论中国还是日本在这方面都是可以加以利用的缓冲力量。英国确实不希望中日之间发生战争，这样会给俄国在远东的扩张造成机会，因此首先关注俄国对此事的态度。6月中旬，中日关系越来越紧张，英国开始担忧，也怕俄国插手。6月23日，英国外交大臣金伯利约见日本驻英公使青木周藏，希望他向日本政府转达避免日中冲突的建议。

这期间由于俄国公使喀西尼在这个问题上积极活动，英国驻华公使欧格纳也活跃起来。6月28日，他劝告总理衙门以"整理朝鲜内政"和"同保该国土地勿令他人占据"为基础，速与日本谈判妥协。① 英方这么做是为了避免中日之间发生战争。奕劻起初委婉地拒绝了，但后来改变态度答复表示：中国愿意在无碍中国体制权力的条件下进行商议。奕劻征求了李鸿章的意见，李认为可以接受英国的调停，但无法接受日本就整理朝鲜内政所提出的内容。于是，英方通过驻日代理公使巴柴特向日方提出：如果日本方面的意向是仅限于朝鲜国独立及预防变乱，而不涉及属邦问题时，清政府将不拒绝就日本的建议开始谈判。几经交涉，日方坚持要就"共同改革朝鲜内政"问题同清政府谈，而且强调"帝国在朝鲜境内政治上及通商上应与中国处于平等地位"②。欧格纳意识到日本只是拖延时间，根本无意谈判解决问题，但他还是没有放弃调解的希望，委托英国驻天津领事与李鸿章商量。

李鸿章也亲自试图推动英国的调解。7月1日，他请驻天津英国领事转告欧格纳：英国海军在东海地区实力第一，英国外交部应该命令海军司令率领舰队到日本的横滨，然后同驻日大使一起到日本外务省，谴责日本出兵朝鲜，扰乱了东方的商业贸易，影响了英国的利益，要求日本从朝鲜撤军。在这次会谈中，李鸿章还对英国领事说：如果英国这么做，能促进同中国的友好关

---

① 《李文忠公全集·电稿》卷15，第60—61页。
② 王信忠：《中日甲午战争之外交背景》，台北：文海出版社1964年版，第208页。

系,"此好机会,勿任俄著先鞭"①。他的打算是利用英俄两国在这个地区扩张的矛盾,诱使英国帮助中国。然而,这只是李鸿章一厢情愿的想法,反映了他对国际形势缺乏全面客观的分析。其实在此之前,英国政府就已通知俄国政府:英国绝不愿采取威胁的手段来强迫日本撤兵。这不仅表示英国方面不愿为此事引起俄方的误会,而且暗示不希望俄国方面同中国站在一起对日本施加压力。可见,在朝鲜问题上,英俄的政策是基本一致的。

中方最后还是不得不按欧格纳的建议,由总理衙门于7月7日、9日与日本驻华代理公使小村寿太郎直接举行谈判。在会谈中,中方要求日本先撤兵,并强调若不撤就没有谈判的可能。本指望谈判具体问题的日方对此表示不满。小村无可奈何地以需要将总理衙门的意思电告本国请训为由中止了会谈。事后,日方指责中方没有诚意。7月14日,小村寿一郎向总理衙门提出强硬照会,指责清政府坚持撤兵是"有意滋事",声明"嗣后因此即有不测之变,我政府不任其责"②。

中方对此态度感到愤怒,但还是通过英方向日方表示希望谈判。此时,日本政府已准备通过战争手段获取利益。为了给开战制造决裂局面,日方向中方提出明确的要求:中国不许干涉日本已在朝鲜内政方面采取的措施,不许再增兵朝鲜。日方强硬地表示:"朝鲜局势达到如斯紧张,完全由于中国政府采取阴谋手段、因循方法诸事稽延所致,故对我国此次提议,中国政府如不能自本日起于五日内以适当手续表明态度,日本政府将不再与中国进行会商。"③

在这种情况下,清政府虽知战争不可避免,还是希望争取时间,并尽可能避免战争。7月16日,欧格纳前往总理衙门,建议清政府继续与日本谈判。总理衙门表示同意。于是,欧格纳派人到天津与李鸿章商议办法。19日,英方把与中方达到的一致意见提交日方:由中日共同派兵赴韩平定变乱;为朝鲜进行内政改革及兵制、财政革新,双方各任命委员,该委员向各自政府报告,但仅劝朝鲜国王进行改革,而不能强迫其实行;中日两国在朝鲜通商上有相同的权利等。但中方坚持要求,"遇韩大典,倭不能与中平行,韩本系中属国,无庸商议"④。也就是说,中国在朝鲜名义上地位要高于日本。尽管如此,

---

① 故宫博物院:《清光绪朝中日交涉史料》第13卷,第30页。
② 故宫博物院:《清光绪朝中日交涉史料》第14卷,第32页。
③ 陆奥宗光:《蹇蹇录》,商务印书馆1963年版,第45页。
④ 故宫博物院:《清光绪朝中日交涉史料》第15卷,第14页。

中方的让步出乎日方的预料。日本一方面表示一切都可商量,另一方面明确地提出:关于朝鲜内政改革,朝鲜政府必须执行与日本已达成的改革协议;关于朝鲜大典,日中两国必须平行。日方仍以五日为限,逼迫中方就范。

对于日本的过分强硬态度,英国政府于 20 日指示驻日代理公使巴柴特向日本提出抗议,指出日本要对发生战争的后果负责。日本反驳说,绝不承担这个责任。英国政府知道日本决心开战,放弃了调解的打算,于 7 月 23 日照会日本政府:"上海是英国在华利益的中心,因此当日后中日两国开战时,希望日本政府同意不在该港及其附近作战。"这个照会明显地表明英国不会制止日本发动战争。

4. 中日战争爆发

1894 年 7 月中旬之前,日本还在担心它的朝鲜政策是否会妨碍与英国的关系。7 月 16 日,日本在长期交涉之后终于与英国签订了《通商航海条约》,基本实现了日本的自主权利。这起成功的交涉使日本感到它在远东采取的行动不会引起英国的干涉。17 日,日本又召开御前会议,决定对华开战,并通过了作战计划。同一天,天皇特诏以主战著称的预备役海军中将桦山资纪为海军军令部长。19 日,桦山组建了联合舰队,大本营派出舰队控制朝鲜西海岸,阻止清军增援。此时,日本已在朝鲜做好发动军事行动的准备。20 日,大鸟公使向朝鲜递交两份照会。一是称中国用"保护属邦"的名义出兵朝鲜是无视朝鲜的独立,损害了朝鲜自主权,也是无视日韩条约中有关朝鲜是自主之邦的规定,要求朝鲜政府驱逐中国军队,并限在 22 日前答复;二是称中朝通商条约中都认定朝鲜为中国属邦,为保护朝鲜的权利,并尽日本对日韩条约的义务,要求朝鲜尽快废除同中国的一切条约。朝方当然不可能给予日方满意的答复,特别是回避了中朝间的宗藩关系问题。

7 月 23 日凌晨,大鸟下令日军占领朝鲜王宫,囚禁国王和闵妃,威逼大院君出任朝鲜王国摄政,组织傀儡政府。25 日,大院君被迫宣布废除中朝条约,勒令代理袁世凯职务的唐绍仪撤回,还"委托"大鸟驱逐驻守牙山的清军。日本早已做好同中国开战的准备,而清政府 7 月中旬意识到战争不可避免之后才由李鸿章开始做战争准备。清军万余人开向平壤,另有 2000 多人增援牙山。为避免日本海军袭击增援牙山的部队,李鸿章决定租用英国的 3 艘商船运兵,而由北洋舰队护送。李鸿章对调解还存在幻想,没有迅速增派更多的军队。当 7 月 20 日驻牙山清军首领叶志超报告日军派兵驰守各要隘,开战在即时,李鸿章答复说:"日虽竭力预备战守,我不先与开仗,彼谅不动手,此万国公例。谁先开战即谁理诎,切勿忘记,汝勿性急。"①

25日这天,游弋在朝鲜东海岸的日本舰队在丰岛海面发现了完成护航任务返航的中国海军"济远"和"广乙"号军舰。日军旗舰吉野号发出战斗信号,并率先向济远舰开火。中国军舰顽强反击,但寡不敌众,多艘军舰被击伤,"广乙"号搁浅焚毁。此后,日本军舰又发现并击沉清政府租来运送军队的英国商船"高升"号,船上清军800多人殉难。甲午中日战争由此爆发。

29日,日军大规模从汉城南下,向从牙山移驻成欢驿的清军发起进攻,迫使清军后退至平壤。

7月26日,李鸿章获知朝鲜发生政变和日军在海上袭击中国军舰的情况时,仍指望英俄等国的调解,因为前一天英国公使欧格纳对总理衙门表示,英俄两国约同德法意等国共同进行干预。清廷也对宣战一事犹豫,因为26日下午总理衙门征求欧格纳的建议时,他让中方稍缓几天。几天过去了,列强调解一事未见进展。29日,清廷电令驻日公使汪凤藻下旗回国。30日,清政府向各国发出照会,谴责日本发动战争。8月1日,清廷发布上谕,宣布对日本开战。同一天,日本天皇也发布向中国宣战的诏书。

9月12日,日本大本营从东京迁往广岛。15日,明治天皇随营前往督战。中日甲午战争包括海战和陆战。在海上,9月17日,日本联合舰队在黄海大东沟附近与护送援军赴朝后返航的北洋舰队遭遇。双方激战5个多小时,日军先退出战场,清军损失惨重,以后再也不敢出洋作战。1895年1月下旬,日本联合舰队封锁山东威海卫,并派兵登陆向威海进犯。北洋舰队的官兵进行了顽强抵抗。但在提督丁汝昌和总兵刘步蟾自杀之后,2月12日,美国顾问和一批军官以丁的名义向日军投降。17日,日舰进入威海卫,北洋舰队全军覆没。在陆地上,9月15日,日军对驻扎平壤的清军发动总攻击,第二天,日军就突入城内,清军败北,向后溃逃。至9月底,清军全部撤出朝鲜。10月下旬,日军越过鸭绿江,攻入我国东北。25日,日军占领九连城和安东,11月6日攻陷金州,7日占据大连战略要地,22日攻占旅顺,12月13日攻入海城,16日占领复州,1895年3月2日夺取鞍山,5日后占领牛庄、营口等地。至此,日军基本控制了辽东半岛,直逼山海关。

5. 签订《马关条约》

战争爆发后,清军节节败退,清政府的态度又转向求和。它重新起用奕䜣

---

① 《李文忠公全集·电稿》卷16,第25页。

主管总理衙门。它仍是先通过李鸿章请俄国出面,但被拒绝了。1894年10月初,清政府又请英国政府出面调停。为此,总理衙门大臣孙毓汶、徐用仪于10月6日还找到总税务司赫德。两位大臣几乎痛哭流涕,表示愿意接受任何可行的建议。正好,此时英国也不希望战争长久拖下去而影响中英贸易,还怕走投无路的清政府索性倒向俄国一边。因此10月中旬,英国公使欧格纳劝清政府早日议和,以"各国共保朝鲜,中国赔偿日本军费"作为基础进行谈判。英国政府向俄法德美等国建议共同出面调解,只有俄国接受了这一建议,因为俄国对"国际共同保证朝鲜独立"感兴趣,认为这可以防止日本独占朝鲜。但由于德美两国拒绝合作,英国又不愿单独与俄法合作,因为俄法是同盟国,若它们的意见在调解过程中占上风,对英国反而不利。结果,调解计划失败。10月底,清政府又请美国驻华公使田贝出面调处。11月3日,总理衙门又给美国公使田贝一封公函,信中引用1858年《天津条约》的第一款,请美国"惠然出面干涉,阻止战争,重建和平"。美国政府为了保护在中日两国的商业利益和侨民安全,同意介入。当美国政府与日本接触时,日本只愿意让美国作为中间人传递信息,而不是作为调解人。从11月下旬开始,美国驻华公使田贝和驻日公使谭恩二人开始在中日两国间传递信息。

11月18日,清政府派天津海关税务司德国人德璀琳带着李鸿章致日本首相伊藤博文的求和书,前往日本。显然,清政府仍想沿用中法战争后期启动中法和谈的办法。26日,德璀琳到达日本。但日本政府拒绝接待他,理由是德璀琳是西人,李鸿章的书信也不是国书。日方指出非中国著名大员,由皇帝钦派来日,决不开议。清政府只得按照日本的要求,经美国驻华和驻日公使与日方沟通,于12月20日通知日本,派遣曾任驻美公使的户部侍郎张荫桓和曾任驻俄代办的湖南巡抚邵友濂同为全权大臣赴日议和。随后,清政府又聘请美国前国务卿科士达为代表团顾问。

1895年1月31日,中国和谈代表团到达日本指定的议和地点广岛。这时日军正在进攻威海卫,日方根本不想谈判。于是,首相伊藤博文和外相陆奥宗光与中国代表会见时,对其全权证书进行挑剔,认为全权不足,拒绝开谈。伊藤向中国代表团参赞伍廷芳表示,必须恭亲王或李鸿章亲自来才能谈。2月7日,清政府表示愿意按照日本的要求修改张荫桓二人的全权证书,但日本仍不允许他们"滞居日本"。12日,张、邵被迫回国。

在日本的压力下,清政府不得不任命李鸿章为议和全权大臣。17日,日本通过美国驻华公使田贝提出议和先决条件,不但要清政府确认朝鲜"独立"和赔偿军费,而且要求割让土地。对此,清政府内部意见不一。李鸿章知道割地必遭全国民众的反对,表示"不敢承担",仍是主张请求各国干预。李鸿章在临行前,逐一拜访驻京的各列强公使馆,乞求帮助。他在拜会英国公使欧格纳时甚至提到由英国传教士李提摩太代拟的一个方案,即为酬谢英国的帮助,在一定年限内把中国的行政管理权交给英国。然而,李鸿章的求乞活动都没得到积极响应。

3月14日,李鸿章偕带儿子李经方、美籍顾问科士达前往日本下关(马关)。20日,他与日本全权代表伊藤博文和陆奥宗光会谈。李鸿章要求在议和前先休战,但日方不同意,而是提出十分苛刻的先决条件:由日军占领大沽、天津和山海关,上述各地的清军全部缴械,天津至山海关铁路交由日本军务官管理,停火期间日本一切军费全由中国负担。李鸿章在请示清政府后于24日的会议上表示拒绝,并撤回了休战的要求。他在返回寓所途中被一日本极端分子刺伤。此事使日方十分着急,担心引起国际干预。于是,日方在28日同意无条件停战。30日,双方签订停战协议。协议规定停战至4月20日。

此后,李经方(4月6日他被任命为全权大臣,代表李鸿章办理交涉)与日方就程序问题反复协商,直至4月1日,日本代表才提出了具体的议和条件。中方反复恳求日方在割地和赔款上降低要求,日方指责中国代表拖延谈判,要对谈判破裂负责。4月10日,日方提出最后修正案,伊藤只允许中方4日内作出接受还是拒绝的明确答复,条款本身"无可再行商议"。在日本的压力下,清政府只得同意在修正案上签字画押。4月17日,中日代表正式签订《马关条约》。其主要内容如下:

(1)中国承认朝鲜为"完全无缺之独立自主","该国向中国所修贡献典礼等,嗣后全行废绝";(2)中国割让辽东半岛、台湾全岛及所有附属岛屿、澎湖列岛给日本;(3)赔偿日本军费库平银2万万两,7年内分8次交清,在第一次付款后,其未付之款应按年加抽百分之五利息,如3年内能全数还清,或免除利息;(4)开放沙市、重庆、苏州、杭州为商埠,日本得在这些通商口岸设立领事馆;(5)此条约经双方批准后于5月8日在烟台换约,换约后日军从中国境内撤出,但为保证本条约各款的"认真执行",中国应"听允日本军队暂行占守山东省威海卫",直至中国交清赔款、双方订立通商行船条约并批准互换为止,中国还应付日本驻军费用,每年50万两。

《马关条约》是继《南京条约》和《北京条约》后中国签订的最屈辱的不平等条约。根据这个条约,1896年7月中日双方签订《通商行船条约》,清政府给予日本领事裁判权和片面的最惠国待遇,日本从此同西方列强一样在中国享有种种特权。

6. 三国干涉还辽

《马关条约》的签订在全国引起极大的愤慨,京城内外的官员奏参李鸿章父子和反对批准条约的不计其数。清政府多方征求意见,以备决策。这时发生了清政府久盼的国际干涉。就在《马关条约》签订的同一天,俄国建议德法两国一起联合要求日本放弃占领辽东半岛。三国干涉是有其自己打算的。俄国认为日本占据辽东之后会进一步占领全部朝鲜,从而威胁俄国在远东的领土和利益,因而有必要加以制止。俄国也想借此向中国讨取新的权益。法国是出于盟友关系而支持俄国的。德国则是想在中国东部或东北部谋取一块领土,为此,它既不愿看到日本势力在这个地区的扩张,也希望通过干预,中国方面会以一个港口作为酬劳。1895 年 4 月 23 日,三国驻日公使分别向日本政府递交照会,劝告日本放弃对辽东半岛的占有,同时还通知清政府暂缓批准条约。

在这种情况下,清政府内部对是否批准和约分歧更大,甚至产生新的幻想。4 月 26 日,清政府致电俄德法三国政府,询问是否要暂缓换约日期。27 日,清政府电告驻俄公使许景澄,让他向俄国方面表示:如果俄国能以兵舰来泊辽东海面,中国愿与俄国订立密约,酬谢俄国。29 日,清政府又电令李鸿章与日方商改割台条款。李认为这可能导致日本决裂兴兵,回电表示反对。由于三国迟迟没有答复,清政府害怕耽误了换约日期,招致关系破裂,不得不于 5 月 2 日批准条约。

日本接到三国的照会后决定不能在军事上和三国对抗。5 月 1 日,它向三国提出保留金州厅,并要中国给予补偿,在中国未履行条约义务前日本还要暂时占领辽东半岛。这个要求遭到三国的反对。日本最终于 5 月 5 日同意放弃对辽东半岛的占有。

清政府获知日本接受三国的要求,对于换约一事又产生犹豫,5 月 7 日照会日本请求延期交换。日本政府根据一步不让的原则坚决不同意。此时,三国虽然压日本退还辽东半岛,但它们不想过分得罪日本,也催促清政府尽快批准《马关条约》,不理睬清政府要求收回台湾的请求。5 月 8 日,清政府代表伍廷芳和日本代表伊东美文治在烟台举行了换约仪式。换约后,伍廷芳以照会形式向伊东提出 3 点:条约可照三国和日本商定的情形随时修改;台湾之事另作商量;中国已得三国通知,日本允退还辽东关岛,中国即准备收回。伊东将这份照会干脆退回不收。在日本的催促下,清政府特派李经方为全权委员,办理交割台湾事宜。6 月 2 日,李经方在基隆口外日本的"横滨"号军舰上向日本所派的台湾总督桦山资纪递交割台清单。中国领土台湾就这样断送在清朝手中。

台湾爱国军民为阻止日本的侵占,浴血奋战5个多月,到年底台湾终于失陷。

俄法德三国和日本经谈判,于1895年10月19日达成协议,随后中日之间按照这个协议,由李鸿章和日本代表林董于11月8日订立《辽南条约》。清政府以3000万两白银的巨大代价赎回了辽东半岛。

早在《马关条约》签订之前,1894年底,日本内阁偷偷摸摸地决定把本为中国领土的钓鱼岛划归冲绳管辖。位于台湾基隆以北120海里的钓鱼岛是中国大陆架及台湾岛向海内的自然延伸,中国人关于此岛的最早记载见于1403年的《顺风相送》航海图,台湾渔民常年在这里打鱼。日本政府趁取得对华战争优势之机占据了钓鱼岛。

第三节 《中俄密约》的签订

由于俄国带头发动三国干涉还辽,在清政府内出现了亲俄的气氛。众多官员上奏提出联俄的主张。1895年7月,两江总督刘坤一在奏折中主张联俄拒日,以保东三省。他说:"俄疆宇已广,且信义素敦,与我修好二百数十年,绝无战事,实为前古所未有,前以伊犁还我,此次与法德争还辽东,其为德于我更大","中俄邦交永固,则日与各国有所顾忌,不至视我蔑如,狡焉思启矣。"湖广总督张之洞也上奏提出相同的主张。他说:俄国"举动阔大磊落,亦非西洋之比",对中国素来友好,干涉还辽,"较之他国袖手旁观隐图商利,相去远矣",因此要"力加联络,厚其交谊,与之订立密约。凡关于俄国之商务、界务酌与通融"①。这些主张影响到了清政府对俄政策。

1896年5月,沙皇尼古拉二世举行加冕典礼。清政府原定派湖北布政使王之春为专使前往祝贺。俄国公使喀西尼提出王之春的地位太低,难于接待,指定要李鸿章担任致贺专使。于是,清政府任命李鸿章为"钦差头等出使大臣",除赴俄国参加沙皇的典礼之外,还出访英、法、德、美等国,加强关系。李鸿章出使前,慈祥太后召见他。李鸿章表示:"联络西洋、牵制东洋是此行要策。"②

李鸿章到俄国后,俄方即向他提出修建东北铁路的计划。此前,俄方曾多次向中方提出这个建议,但中方都表示要自建。5月3日,李鸿章开始与俄国财政大臣威特谈判。威特讲:中日战争中,俄国有意调兵相助,但因没有铁

---

① 王彦威、王亮:《清季外交史料》卷115,台北:文海出版社1985年版,第20—21页;卷116,第6页。《张文襄公全集·奏议》第37卷,台北:文海出版社1980年版,第37—38页。
② 顾明义:《中国近代外交史略》,吉林文史出版社1987年版,第189页。

路,行动过缓,待到吉林时,战争已告结束。他一再强调,在三国干涉还辽事件中俄国给予中国巨大的帮助,并宣布中国领土完整的原则。他建议中俄缔结军事同盟,以对付共同的敌人日本,为此要求中国允许俄国西伯利来铁路穿越中国东北北部,以便今后能更有效地向中国提供军事援助。沙皇在李鸿章递交国书之后,也亲自提出铁路问题。他说:"东省接路,实为将来调兵捷速,中国有事,亦便帮助……将来英日难保不再生事,俄可出力援助。"①俄方的建议与李鸿章一贯的联俄制日的思想相符。5月14日,李鸿章致电总理衙门称:"条约谈判,甚少歧见。俄方动机,纯欲与我成立友好关系。我若拒绝,彼必深憾,且将为我之害。"②他答应了俄方的要求。6月3日,双方在莫斯科秘密签订了《御敌互相援助条约》(一般称为《中俄密约》)。条约主要规定:

(1)如日本对俄国东亚领土或对中国领土实行侵占,两国应以全部海陆军互相援助;战时允许俄国军舰驶入中国的一切口岸。(2)中国允由华俄道胜银行承办经理在黑龙江、吉林两省建造铁路以达海参崴;战时俄国可以利用这条铁路运兵、运粮、运军械,平时也可用以运过境的兵、粮。(3)本条约自铁路合同批准日起有效期15年。

根据这个条约,9月8日中国驻俄公使许景澄与华俄道胜银行的代表签订《合办东省铁路公司合同章程》。其中主要规定:

(1)成立中国东省铁路公司,章程照俄国铁路公司成规,股票只准华俄商民购买;(2)铁轨宽度照俄国铁轨一律五英尺;(3)俄国经此铁路运往中国或由中国运往俄国的货物都享有减税三分之一的优待;(4)铁路公司建造、经营、防护铁路所必需的土地,官地由中国政府免费拨给,民地由公司收购。这些地段"由公司一手经理"。俄方后来利用这句含混的规定加以曲解,获取对这个地区的行政管理权。

这个条约为俄国在中国东北北部建立势力范围打下了基础。后来俄国政府又制定了《中东铁路公司章程》,规定在铁路地区内,公司任命警察维持治安、公司得制订警察法规、公司可兴办其他工矿企业等。铁路公司董事会又拟定了组织护路军的章程。1897年底起,护路军进驻铁路沿线。中俄盟友关系除了便利俄国在东北的扩张,并没有给中国带来保护自己的利益、防止外来侵略的好处。

李鸿章在结束对俄国的访问之后又前往德、荷、比、法、英、美等国访问。

---

① 熊志勇、苏浩、陈涛:《中国近现代外交史资料选辑》,第152—153页。
② 王芸生:《六十年来中国与日本》第三卷,第112页。

在这些国家,他一方面表示要同各国加强友好关系,另一方面希望各国同意提高关税。但各国都没给予承诺。

李鸿章在访德期间与俾斯麦合影

小 结

日本推行大陆政策、向朝鲜积极扩张,是导致中日战争的主因。在面临日本威胁的情况下,清政府乞求列强调解,甚至对日本的要求一让再让,助长了日本的扩张气焰。在中日战争爆发前后,野心勃勃的日本咄咄逼人,而腐朽的清政府处处被动,这一势态也就决定了战争的结局。清政府不仅丢掉了重要的藩属,而且连自己的国土都守护不住。"以夷制夷"不再是平衡列强的工具,已变成列强宰割中国的机会。这场战争的失败绝不只是军事上和外交上的失利,更清楚地反映了清政府统治后期的中国在思想上的落后和体制上的腐朽。《马关条约》签订后不久,李鸿章作为清政府的"替罪羊"被解除了直隶总督兼北洋大臣的职务。洋务运动未能实现富国强兵的理想,给了国人深刻的教训。从国防角度来看,中日甲午战争改变了东亚的格局。实施了一系列改革措施的日本迅速崛起,而清政府统治下的中国日趋衰弱。

思考题

1. 试析清政府对朝鲜的政策。
2. 分析战前在朝鲜半岛问题上的中日矛盾。
3. 分析中日战争清政府失败的原因。
4. 试析清政府的以夷制夷政策。

参考书目

关捷:《中日甲午战争全史》,吉林人民出版社 2005 年版。
戚其章:《甲午战争史》,上海人民出版社 2005 年版。
孙克复:《甲午中日战争外交史》,辽宁大学出版社 1989 年版。
王如绘:《近代中日关系与朝鲜问题》,人民出版社 1999 年版。
杨昭全、韩俊光:《中朝关系简史》,辽宁民族出版社 1992 年版。

第七章
义和团运动与八国联军入侵

后起的东亚强国日本具有疯狂的侵略性,清政府为了保住最重要的藩属朝鲜,不惜与日本大战一场,最后的惨败带来的不仅是割地赔款,还有整个宗藩体系的彻底崩溃。清政府洋务派几十年的努力随着战争的失败几乎化为乌有,中学为体、西学为用的思想遭到质疑。中日战争之后,帝国主义列强看中国软弱可欺,纷纷提出各种要求,试图通过借款和修建铁路来控制扩大侵略利益,甚至着手建立势力范围。中华民族遭受更沉重的压迫和欺凌。为了拯救国家,不仅社会精英在思考和行动,社会下层的民众也掀起了一场轰轰烈烈的反帝群众性运动。为保持在华利益,列强联手侵华。这种复杂的形势对清政府构成严峻的挑战。

第一节 列强划分在华势力范围

19世纪末的中国表面上仍是亚洲大国,但却惨败于后起的日本。清政府的统治变得非常脆弱,中国社会动荡不安。这就刺激外国列强要设法巩固和扩大其在华利益。

1. 列强纷纷在中国强取租借地

中日战争之后,列强都以各种理由要求占据一块中国领土。首先是德国进占胶州湾。德国早就想在中国沿海得到一个基地,以便它在太平洋的扩张。它积极参加俄国倡议的"三国干涉还辽"的目的就在于此。1896年12月,德国公使海靖向总理衙门正式提出用租赁50年的方式在沿海得到一个储煤站的要求,并指明要胶州。清政府以怕各国援例为由婉言拒绝。1897年8

月,德国向俄国提出要派舰在中国胶州湾停泊的问题,得到了俄国的认可。于是,德国伺机采取行动。

就在此时,德国天主教传教士在山东曹州各县唆使教徒欺压居民,在当地引起公愤。11月1日,两名德国传教士在巨野县被杀,随后济宁、菏泽、单县等地也发生了群众焚毁教堂、打伤传教士的事件。德国便以保护德国侨民为由下令舰队开往胶州湾。曹州教案发生后,清政府担心德国以此为借口挑衅,立即要求当地政府破案,但还是发生了德国派兵占领胶州湾的事件。14日,德军逼迫中国守军退出炮台,清军奉命没有进行抵抗。次日,德军进占胶州城。16日,德国公使海靖向总理衙门提出6项要求:山东巡抚李秉衡撤职;在巨野县等3处建立教堂,并赔偿传教士的损失;在巨野、菏泽、郓城、单县等多处地方为传教士建住房;保证今后不发生类似事件;由中德两国出资设立德华公司,修建山东全省的铁路及开采铁路附近的矿产;清政府负担德国办理此案的全部费用。20日,清政府同意就对方的要求进行谈判,但要对方先撤兵。

为尽快解决这个问题,清政府根据中俄盟约请求俄国出面干涉。俄国政府不愿看到德国占领胶州湾,劝告德国撤军,并建议德国在上海以南取得一处沿海地区,但德国拒不接受。清政府不得不与德国进行谈判。12月4日,总理衙门与德国公使达成初步协议,接受德国的前三项要求。德国方面趁机进而提出租借胶州湾作为迫使日本还回辽东半岛的报酬,中方只好同意了。1898年3月6日,中德两国签订《胶澳租借条约》,主要内容如下:

(1)中国将胶州湾一带地区租借给德国,以99年为期。租期内胶州湾由德国管辖。离胶州湾沿岸潮平100里内,德国军队可以自由通过,清政府在此区内发布命令,采取任何措施,派驻军队,事先都必须得到德国的同意。(2)准许德国在山东建筑两条铁路,一条自胶州湾直达济南及山东边界,另一条自胶澳经沂州至济南。在铁路两旁30里内,准德国人开矿。(3)山东省内举办任何事业,如需用外国人或用外国人资本或用外国料物,须先商德国厂商承办。

德国通过这个条约不仅以租借地形式占据了胶州湾,而且把山东全省变成它的势力范围。

趁清政府向它求援之际,俄国也提出自己的要求,"请中国指定海口,俾泊俄舰,示各国中俄联盟之证,俄较易借口,德或稍敛迹"。清政府听信俄方,允许俄国舰艇驶入旅顺水面,并命令旅顺守将:"俄船在旅所有应用物件,随时接济,勿听将弁讹言,致启衅端。"① 12月14日,俄国舰队开进旅顺港。俄国政府对外称这是暂驻待命。然而,俄国并没采取实际措施来帮助中国对付德国。清政府意识到俄国的意图。29日,总理衙门要俄国代办巴布罗福作出俄国无意取得旅顺口的书面保证。巴布罗福称,一旦政治形势允许,俄舰就撤离,同时要求清政府拨给地方,建立煤栈。清政府认为事态严重,立即派许景澄为特使到俄国进行交涉。1898年2月17日,沙皇尼古拉接见许景澄时称:"俄船借泊,一是为胶事,二为度冬,三为助华,防护他国占据。"②他在许景澄的一再追问下才表示春天后撤离。此时,俄方尚未提出租借该地,因为还需得到英日两国认可。在俄国与英日交涉取得进展之后,3月3日,巴布罗福正式照会总理衙门,提出租借旅顺和大连、建筑中东铁路南满支线的要求,并限5日内答复。12日,巴布罗福又到总理衙门进行威胁。15日,沙皇接见许景澄。许要求俄方实现诺言,尼古拉称形势已发生变化,俄国不能不在东方驻军,坚持要中国接受俄方的要求。俄国政府用金钱收买中方代表。清政府曾先后请日本和英国调解,都遭到拒绝。在俄国的压力下,1898年3月27日,中俄两国代表在北京签订了《旅大租地条约》,5月,双方在俄国又订立《续订旅大租地条约》这两个条约的主要内容是:旅顺口、大连湾及其附近海面租与俄国,租期25年,如经双方同意还可延长;在租期内旅顺口和大连湾完全由俄国管辖;允许中东铁路公司修筑一条支线,以连接旅顺口和大连湾。于是,东北三省成了俄国的势力范围。

　　早在1895年,法国以参加三国干涉还辽有功为由要求清政府就商务方面给予好处,清政府同意了对方的要求"以示酬答之意",6月双方订立《续议商务专条附章》。在这份协议中,清政府同意加开口岸和减少税收,更重要的是同意中国将来在云南、广西、广东开矿时先和法国商量,越南境内的铁路可经两国商量修进中国境内。这就为法国取得西南三省的势力范围打下基础。1897年3月,法国政府强迫清政府宣布不把海南岛割让给他国。为了进一步与英国和俄国竞争,1898年3月,法国代办吕班向总理衙门提出4项要求:云南、广东、广西等省就照长江之例不得让与他国;中国邮政总管由法国人充任;准法国修筑自越南全云南省省城的铁路;法国在南省海面设立"趸船"之所。法国外交部也对中国驻法公使进行威胁。4月上旬,清政府不得不在两份照会中答应了法国要求。第一份照会同意:(1)法国自越南边界

---

① 王彦威、王亮:《清季外交史料》卷127,台北:文海出版社1985年版,第28、33页。
② 王彦威、王亮:《清季外交史料》卷129,台北:文海出版社1985年版,第18页。

至云南省城修一条铁路;(2) 将广州湾租借给法国99年;(3) 中国将来设立邮政大臣时会请外国人相助,"所请外国官员,声明愿照法国国家所请嘱之意酌办"。第二份照会同意"越南邻近各省","绝无让与或租借他国之理"。1899年11月16日,法国正式与清政府订立《广州湾租界条约》。它规定广州湾及其附近水面为法国租借地,为期99年。这样,中国南部三省就成了法国的势力范围。

德俄两国在中国沿海强占租借地的活动严重地威胁到英国在华的长期优势,英国政府决定也要在中国获得同样的利益。早在1898年2月,英国就迫使清政府宣布不将长江沿岸各省割让或租借给其他国家,因此长江流域成了英国的势力范围。3月,英国在得到德、日谅解之后,于28日由英国驻华公使窦讷乐借口北抗沙俄,向清政府提出租借威海卫的要求。3天后,窦讷乐又到总理衙门威胁说,如果到4月2日还不批准,英国将派兵到烟台。清政府一是不敢拒绝,二是许多官员认为这样便可以牵制俄德。总理衙门于4月2日答应了英方要求,但提出威海卫的租期应与俄国租借辽东半岛的租期一样等条件。经过一番交涉,1898年7月1日,两国签订《订租威海卫专条》。英国取得威海卫海湾连同刘公岛和威海卫沿岸10里宽地段的租借权,租期25年。

与此同时,英国还提出租借九龙半岛的北半部。早在1895年,英国军方就作出了要在九龙扩界的决定。1898年4月,清政府同意把广州湾租借给法国。这就给英国提供了一个借口。英国方面以法国租借广州湾危及香港安全为由,向清政府提出租借九龙半岛的要求。在英国的压力下,清政府于6月9日同英方签订了《展拓香港界址专条》,同意把新界租借给英国。当时条约没有对展拓范围作详细的规定,只有一张附图标出大致的地区。1899年3月订立的《香港英新租界合同》才明确了展拓的界限,即把九龙半岛深圳河以南、界限街以北的广大地区及周围大小二百多处岛屿全部租借给英国。这个地区后来便被称为"新界",租期为99年。当时,清政府仍保有对九龙城的管辖权和码头一处,但到年底,英国殖民者又无理赶走在九龙城的中国官员,最后完成对整个九龙半岛的占领。

日本于1898年4月以福建邻近台湾为借口,强迫清政府声明不将福建割让给其他国家。这样,福建成了日本的势力范围。

第七章 义和团运动与八国联军入侵

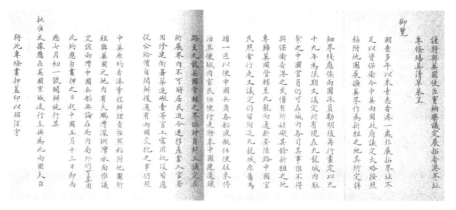

《展拓香港界址专条》

2. 列强争先向清政府贷款

这个时期,列强纷纷介入清政府的借款,从中牟取利益。《马关条约》规定的赔款为二亿两,在条约批准后半年内清政府要先付五千万两,余下的分期付清,年息5%。后来清政府为赎回辽东半岛又要在半年内付出三千万两。当时,清政府的财政收入全年还不到九千万两。为了交付赔款,清政府的唯一办法就是举借外债。于是,各列强争先通过在华开设的银行,获取借款项目。以后的四年间,清政府共向外借了七笔外债,其中三次数额最大:1895年的俄法借款,1896年的英德借款和1898年的英德续借款,每次都近一亿两银。

1895年1月,俄国向中国驻俄公使许景澄表示,中国借款事"先商俄国,方见友谊",而俄国也作好了借款的准备。当时三国干涉还辽正在进行中,清政府不想得罪任何国家,便建议由三国共同借款,而俄国坚决主张由俄法一道借款。7月6日,许景澄代表清政府与俄国方面签订了《四厘借口合同》,从俄国与法国处借4亿法郎(折合近1亿两银),年息4厘,36年内还清,以海关收入为担保。英国见到俄法从中国获利,就联合德国向清政府施加压力。1896年3月23日,清政府和汇丰银行、德华银行签订了《英德借款详细章程》,借款总额1600万镑,年息5厘,36年还清,用海关收入担保。借款的一个附加条件是"在此次借款未付还时,中国总理海关事务应照现今办理之法办理",这就意味着英国人要继续长期控制中国海关。1898年,清政府准备再次向外借款,英、俄、法等国都来争抢,但提出的条件都非常苛刻。清政府拒绝后,英国依然坚持不论能否借款都要实现其提出的一些要求。2月,清政府不得不同意不将长江流域各省抵押、租借或割让给他国。同时,清政府还保证在英国对华贸易在中国对外贸易中占有首位期间,海关总税务司继续由英国人担任。清政府在国内举债未遂,其后还是向汇丰银行和德华银行联系。3月1日,《续借英德洋款合同》达成,债额又是1600万镑,年息4.5厘,45年还清,除了用海关作担保之外,还以苏州、九江等7处地方的厘金和盐税收入作为担保。

19世纪末的5年内,清政府除了上述三次大借款后,还以其他名目向外借款,总债额4.51亿两,加上利息则高达7亿两。这些借款不仅利率高,而且有各种附加条款,使债权人能有很大的、稳定的经济收益。对清政府来说,则是更加沉重的负担。作为主要担保物的海关税收当时每年有两千多万两白银,是清政府的一项主要财政收入,现在却不得不大量转交给债权人。外国人控制中国海关收入就基本能左右清政府的财政。

3. 列强争夺铁路修建权

随着大量外国商品输入中国,中国外贸逆差越来越严重。1895年至1900年,中国每年平均进口总值为2.1亿海关两,而出口总值为1.5亿海关两。由于关税过低,民族工业和手工业得不到保护。外国公司也来中国设厂,在这5年里达到900多家。它们利用中国的廉价劳动力和资源,以及享受各种免税特权,获取巨大的利润。这同样阻碍了中国民族工业的发展。为了进一步巩固各自的势力范围和保障长远的经济利益,各国还在争夺铁路修建权。清政府在列强的高压下把一条条铁路的修建权拍卖出去。

1896年6月,俄国通过《中俄密约》得到自俄境经由黑龙江、吉林到达海参崴铁路的修建权。法国在签订商务条约后不久就根据其规定,要求清政府准许法国费务林公司修筑自越南同登至广西龙州的铁路。1896年6月,中法签订《龙州至镇南关铁路合同》。费务林公司取得以清政府的名义修造和经营铁路的权力。1897年6月,总理衙门又通过交换照会的方式同意法方的若干要求,包括在上述铁路修成后可展修至南宁、百色,还可以修建平河口至蛮耗、蒙自至昆明、滇越边界至昆明的铁路。1897年5月,俄国联合法国,由比利时银行团出面与清政府签订了《芦汉铁路借款合同》。合同订立后不久,比利时方面就提出修改合同的要求,落实有关修建铁路的一些事项。英国政府闻讯后坚决反对,驻华公使窦讷乐向总理衙门警告说:"女王陛下政府不可能继续在对中国有关的问题上以友好的态度进行合作,如果在把满洲和山东的特殊利益分别给予俄国和德国的同时,又给予这些国家或其他各国以在扬子江地区的特别机会或特权。"①然而在俄法的压力下,清政府还是于1898年6月同比利时财团签订了《芦汉铁路借款详细合同》和《芦汉铁路行车合同》,使这些国家取得了对芦汉铁路的投资、修筑和经营的权利。

英国为了抗衡俄法的扩张,1898年8月向清政府提出修筑天津至镇江、山西经河南至长江沿岸、九龙至广州、浦口至信阳、苏州经杭州至宁波等5条铁路的要求。因津镇铁路穿越山东,该计划遭到德国的反对。9月6日,清政府答应英国修建津镇铁路以外的其他铁路。1898年,德国通过《胶澳租界条约》得到在山东修建铁路的权利,它不容许其他国家在其势力范围内修铁路。于是,英国的中英公司与德国银团经过协商达成协议,英国的利益范围是在长江流域、长江以南各省和山西省,包括自山西至芦汉线上正定以南和穿过黄河流域连接长江流域的铁路;德国的利益范围是山东省、黄河流域和自黄河流域至天津及正定和芦汉线上其他地点的铁路。双方同意津镇铁路的天津到山东南境 段由德国来修,而山东南境到镇江一段由英国来修。全线修通后,由两国共同经营。根据英德的协议,1899年5月,清政府与英德银团签订《津镇铁路借款合同》。

1899年4月,英国与俄国之间也达成协议:英国不在长城以北,俄国不在长江流域谋取铁路利权,或阻止对方取得铁路利权。

美国是后来者,美国的华美合兴公司于1898年4月得到修建粤汉铁路的投资修建权。同年9月,英国中英公司得到修建广九铁路的权益。但两家还是发生利益争执。于是它们经过谈判,于1899年2月达成协议,规定今后双方对彼此在中国获得任何企业上利益,应以其一半许给对方,包括粤汉铁路和广九铁路。

19世纪末,由于清政府的软弱,列强纷纷以威胁手段争先恐后、肆无忌惮地榨取新的权益。列强都在中国获取了各自的势力范围,在经济上不断地扩大利益,在政治上不断增强对清政府的影响。

第二节 清政府对义和团运动的利用

19世纪末,随着帝国主义列强在中国的势力大大加强,广大民众反对和仇视外国侵略者的情绪也日益高涨。多年来由于外国向中国大量倾销商品,如洋纱、洋布等,从市场上排挤了中国的产品,严重摧毁了农民的手工业,破

---

① 约瑟夫·菲利浦:《列强对华外交》,商务印书馆1959年版,第333页。

坏了农村的自然经济,铁路的修建也使传统的运输工人失业,农民和其他劳动者生活艰难。再加上吏治腐败,苛捐杂税,以及严重的自然灾害,广大民众处在水深火热之中。

1. 义和团运动的兴起

随着列强侵略的加深,在华的外国教会势力也不断扩增。到19世纪末,在中国已有3300多名外国传教士,设有40个教区,60多个教会。入教的中国人达80余万。经过传教士长期的努力,教会的影响大大增加。在各地,一些传教士和依赖教会势力的教徒为非作歹,而教会却干涉词讼,曲庇教徒。他们甚至任意出入地方衙署,斥责官员,擅建武装。中国各阶层民众同教会的矛盾越来越尖锐。

在这样的背景下,越来越多的民众把对外国侵略者的不满集中在反洋教上面。在山东,反洋教斗争的声势尤为突出。19世纪末,山东有大小教堂1300余处,遍及全省72个州县,外国传教士150余人,教徒8万多。长期以来,当地群众对教会积恨成仇,教案不断。在曹县,大刀会自1894年起反对教会,影响遍及鲁西南一带,后遭按察使毓贤镇压。1898年,在郯城、沂州、日照等地陆续发生反抗教会的斗争,德国派兵与当地官府一起镇压。反洋教斗争最后发展成了义和团运动。

义和团原名义和拳,是农村民间的一种秘密结社。义和团一名最早见于1898年6月山东巡抚张汝梅的奏折。从1898年起,义和团在山东冠县、长清、高唐一带开始活跃。义和团运动起初是一场农民运动,但它同历史上其他农民运动不一样,其打击的对象是外国人,而不是地主专制的统治政权。这场群众性运动最初打的是"反清复明"的口号,后来转为"扶清灭洋"或"保清灭洋",凸显当时帝国主义与中华民族的矛盾上升为主要的社会矛盾。从它的标语、揭帖、告白、咒语等之中都可以看到它鲜明的反帝立场,如"保护中原,驱逐洋寇","三月之中都杀尽,中原不准有洋人"。"扶清灭洋"的口号对于深受帝国主义列强压迫的广大群众能起到鼓舞和动员的作用,但它反映出以农民为主体的反抗者只能凭狭隘的直接经验煽起对外国侵略势力的仇恨。他们没有看到中国的专制统治者已成为帝国主义压迫和剥削中国人民的工具。因此,他们无法正确地处理反帝和反专制之间的关系问题。

义和团运动没有统一的组织,其基层组织是坛口,团民分属各个坛口,首领就是大师兄、二师兄等。义和团的成员多数是农民,也有一些失业的手工业者、脚夫、水手、小商贩等。在义和团发展的高潮中,不少中小地主甚至政府官吏和清官兵都参加进来。义和团活动分散,一般以坛口为单位,需要时大家联合行动。各坛口都设有神坛,所请的神五花八门,如玉皇大帝、关羽、孙悟空等。义和团的主要活动是烧教堂,驱赶外国传教士和外国人,并且普遍地敌视信洋教的人,甚至对从外国来的东西一律采取敌视的态度。义和团民众杀死了一些传教士和不少中国教徒,还破坏铁路和电线设施等。这些做法表明,参加义和团的民众对外国侵略者有着强烈的仇恨,但他们未能找到有效的反帝方式,简单地采取了极端排外主义的行动。

1897年"曹州教案"发生后,清政府曾给各省督抚下了几道谕旨,严令各地保护教堂,"此后不准再有教案,倘仍防范不力,除将该地方官照总理衙门奏定新章从严惩办外,该将军督抚责无旁贷,亦必执法从事,无谓言之不预也"①。1898年6月在当时的长清县,朱红灯率领拳众攻打该县的徐家楼教堂,成为当地义和拳的重要首领。10月在冠县,赵三多等人率众攻打黑刘村教堂和红桃园教堂。义和拳的发展引起当地传教士的恐怖,他们要求清政府进行镇压。清政府同样下令山东巡抚张汝梅严加防范和镇压,但张汝梅却建议清政府把义和拳改为团练,取名为义和团。1899年3月,清政府用毓贤取代张汝梅任山东巡抚。毓贤对付义和团反抗行动的政策也类似前任。他认为山东的"民风素强",在此形势动荡之时还是以"抚"为好。义和团设厂练拳被默许,但武装反抗者就要被镇压。这种做法使义和团得到半合法的地位。义和团迅速地发展起来。

义和团的迅猛发展引起列强的恐慌。它们一再强烈地要求清政府进行镇压,并要求撤换毓贤。于是,毓贤赶紧派兵保护教堂,并捕杀了朱红灯等人。1899年12月,清政府调袁世凯署理山东巡抚。他对义和团残酷镇压。如12月30日,在肥城发生了英国传教士卜鲁克斯被杀案。袁世凯逮捕了多人,将其中两人处死,其余的判刑;又向教会赔银9000两,并拨地5亩用于建教堂,再用500两建立一座"纪念碑"。不仅如此,慈禧太后还写信给英国公使,对卜鲁克斯的死表示遗憾。

在袁世凯的高压下,义和团力量不得不转移到直隶或改为秘密活动。这使得直隶的反洋教斗争更为激烈,义和团也更为强大。1899年,河间府景州、献县、故城等地都发生了攻打教堂的情况。1900年春,义和团延展到保定地区,并向北发展到涞水、涿州,接近北京;向东发展到霸县、静海等地,逼近天津。

---

① 王彦威、王亮:《清季外交史料》卷133,台北:文海出版社1985年版,第1页。

2. 清政府政策的转变

对于义和团的发展,清政府内部主张不一,有主张"剿"的,也有主张"抚"的。清政府一度采取折中的做法。1900年1月12日,清政府在列强的压力下发布谕旨,要求各省督抚严拿惩办义和团,但强调在处理有关案件时"只问其为匪与否,肇衅与否,不论其会不会,教不教也"①。

在这种情况下,清朝统治集团的内部斗争影响到了对义和团的政策。1898年戊戌政变后,慈禧太后已经在实际上剥夺了光绪皇帝的权力,但她还想在形式上废除他的皇帝地位,以便进一步巩固自己的统治,但这种企图一直遭到列强的阻挠。1900年1月,慈禧太后决定立瑞王载漪的儿子作同治皇帝的继承人,让他入宫,称为"大阿哥"。这是为废除光绪皇帝而采取的一个步骤。但当清政府派李鸿章前往各国使馆,请使节参加祝贺仪式时,各国驻京公使都拒绝了,以显示他们对光绪皇帝的支持。废立计划失败,慈禧太后及其追随者对列强不满。清政府1月12日的谕旨遭到列强的指责,美、英、法、德、意5国公使分别照会总理衙门,要求清政府在《京报》上公开发布取缔义和团的禁令。总理衙门却复照,拒绝这么做。4月6日,英、美、德、法四国公使联名向清政府发出照会,要求清政府"两月以内,悉将义和团匪一律剿除,否则将派水陆各军驰入山东、直隶两省,代为剿平"②。4月12日,英意舰各两艘、美法舰各一艘到大沽口示威。在列强的军事威胁下,清政府不得不在4月14日的《京报》上登载了光绪皇帝命令直隶总督取缔义和团的上谕。直隶总督裕禄派兵到冀州、河间等地弹压义和团。义和团一方面同清军展开斗争,另一方面继续到处攻打焚烧教堂。5月20日,义和团在涞水大败清军,27日攻占涿州城。义和团继续北上,沿途焚毁所有铁路、车站、桥梁和电杆,29日占领丰台车站,逼近北京。5月底,义和团还控制了保定城,所有教堂都被付之一炬。

面对日益壮大的义和团运动,军机大臣兼刑部尚书赵舒翘建议:"拳会蔓延,诛不胜诛,不如抚而用之,统以将帅,编入行伍,因其仇教之心,用作果敢之气,化私忿而为公义,缓急可恃,似亦因势利导之一法。"③慈禧太后接受这一建议,阻止裕禄继续镇压,并于6月5日派刚毅和赵舒翘到涿州一带了解情

---

① 明清档案馆:《义和团档案史料》上册,中华书局1959年版,第56页。
② 中国史学会:《义和团》第3册,上海人民出版社1957年版,第169页。
③ 明清档案馆:《义和团档案史料》上册,第110页。

况,进而劝说义和团。她发布上谕:"教民拳民,均为国家赤子,朝廷一视同仁。"① 清政府撤走了部分镇压义和团的清军,实际上认可了义和团的存在。6月10日,清廷下令由端王载漪主管总理衙门。在清政府的默许下,京城附近的义和团大批涌入京城。

1900年春,北京城内已出现义和团人员,他们设坛练拳,张贴揭帖。从6月上旬起,义和团开始陆续进入北京,三五成群,手执刀械,游行市中,聚散无常。到6月下旬,北京全城共设坛口1000多个,团民不下10万余人。义和团搜杀教民,焚毁洋货店。6月中旬,义和团在大栅栏烧德记药房,导致大火烧毁市房数千间。义和团的力量同时也在天津聚集。4月间,天津到处出现义和团的揭帖,有的说:"兵法易,助学拳,要揍鬼子不费难,挑铁路,把线砍,旋在毁坏大轮船,大法国心胆寒,英吉、俄罗势萧然。"到6月下旬,天津已是神坛林立,家家铸刀。义和团在天津禁洋货、毁洋行、烧教堂。他们甚至在天津划界管辖,几乎控制了这个城市。除此之外,东北、山西、内蒙、河南等地也都爆发了义和团运动。

义和团的兴起直接威胁到列强在中国的利益,以及外国人的人身财产安全。清政府虽然答应镇压,但一直未能控制局势。5月21日,外交团向总理衙门提出镇压义和团的一系列具体措施,要求立即答复。24日,总理衙门答复外交团,表示要立即剿办,并严禁义和团。但外交团对此并不满意。28日,英、美、俄、法、德、日、意、奥八国驻华公使举行会议,决定联合出兵镇压义和团。他们一面调集卫队进京保护各国使馆,另一方面请求各国政府加派军队。5月31日至6月2日,各国侵略军350人以保卫使馆为名陆续由天津进驻北京东交民巷使馆区。6月5日,总理衙门的官员向英国公使窦讷乐表示:太后受到顽固分子的包围,总理衙门已无能为力。

在各国政府的支持下,6月10日上述八国组成2000多人的联军,在英国驻华舰队司令西摩尔的率领下乘火车开向北京。八国联军沿途遭到义和团和清军的顽强阻击。由于铁路、桥梁、车站早已被义和团焚毁,电线被砍断,侵略军只好边修铁路边前进。20日,损失严重的联军不得不徒步向天津撤退。6月17日,另一批侵略军向大沽炮台发起进攻。几个小时的激战后,清军寡不敌众,炮台失守。

形势越来越紧张。6月16—20日,慈禧太后接连4次召集大臣举行御前会议,商讨对策。17日,慈禧太后接到谎报称:洋人将要求慈禧太后把权力交

---

① 中国史学会:《义和团》第4册,上海人民出版社1957年版,第16页。

还给光绪皇帝。这触怒了本来是被迫看洋人脸色行事的慈禧。她担心外国军队越来越多地进入北京,会导致不利于她的地位的结果。尽管光绪皇帝和一些大臣反对向外国开战,慈禧太后在19日的会上还是表示了向列强宣战的意向,派兵部尚书徐用仪等人前往各国使馆,"谕以利害,若必欲开衅者,即可下旗回国"。当日大沽失陷消息传到,慈禧太后决定宣战。她于6月21日下了一道宣战谕旨,谴责帝国主义在中国的侵略扩张,号召清军和义和团一起向列强开战,"与其苟且图存,贻羞万年,孰若大张挞伐,一决雌雄"①。24日,清廷又向各省督抚发出《招集团民谕旨》,要求各地将义和团"招集成团,筹御外侮"。

在北京,清政府向义和团发放粳米2万石,银10万两,令其与清军一起共同防御北京。清政府还下令义和团成立总团,由载勋和刚毅统帅。义和团和清军向东交民巷外国使馆区和西什库教堂发起进攻。西什库教堂是法国天主教在直隶北部的总堂,教堂内此时有武装起来的外国传教士和避难的中国教徒。义和团对该教堂恨之入骨。从6月15日至8月15日,义和团和清军围攻教堂两个月,战斗时断时续,打死打伤了一些外国人,但始终未能攻下教堂。

东交民巷是各国使馆集中的地方。义和团和外国人之间的摩擦不断加剧。6月11日,董福祥的甘军在义和团的影响下杀死日本使馆书记官生杉山彬。14日,德国公使克林德与随从在城内开枪打死义和团民20余人。15日,美国兵包围义和团聚会的一所大庙,杀死团民几十人。同日,外国使馆卫队把东交民巷和东长安街一带封锁起来,强迫界内的中国居民迁出或闭门不出,并到处张贴告示:"往来居民,切勿过境,如有不遵,枪毙尔命。"外国军人还在附近挑衅滋事,而义和团及其支持者的情绪更加激昂。20日,克林德前往总理衙门的途中在东单牌楼被清军拦住,他拔出手枪向清军开枪。愤怒的清军士兵当场将他击毙。当天下午,慈禧太后下令清军向外国使馆发起总攻,由义和团配合。在不到3天的时间里,就有4个使馆被烧毁。7月13日,义和团又攻入并烧毁法国使馆,还曾一度攻入德国使馆。虽然清政府派兵攻打使馆,但实际上只是做做样子,吓唬外国人。清军围使馆区四面扎住,控制了主要通道,不许义和团全力攻打。6月30日,董福祥曾为进攻使馆向荣禄的武卫军借大炮,遭到拒绝。董福祥诉之于慈禧太后,反被斥责。因此,使馆区被围56天,始终未被攻下。

---

① 熊志勇、苏浩、陈涛:《中国近现代外交史资料选辑》,第167页。

清政府宣战之后,清政府命令直隶提督聂士诚率武卫前军进攻天津租界。此前,天津城南的租界已集结联军2000多人,清驻军与义和团在大沽被占领之后就开始围攻租界。在直隶、山西、辽宁等其他一些地方,发生了传教士和教民被搜杀的事件。

3. 东南互保

虽然慈禧太后宣布对外开战,但并不想真正同列强决裂。虽然她表面上支持义和团,只是想暂避义和团的锋芒,并借义和团来发泄私愤。6月20日,两广总督李鸿章致电总理衙门,建议"先定内乱,再弭外侮"。长江巡阅使李秉衡也联合两江总督刘坤一、湖广总督张之洞等致电清廷,主张镇压义和团。25日,慈禧太后在答复李鸿章等人的谕旨中称:"此次之变,事机杂出,均非意料所及,朝廷慎重邦交,从不肯轻于开衅。"26日,她又在上谕中一方面称赞他们"度势量力,不欲轻搆外衅";另一方面义解释说义和团势力遍布京城,"同声与洋教为仇,势不两立;剿之则即刻祸起肘腋,生灵塗炭",甚至埋怨他们"不谅朝廷万不得已之苦衷"①。

实际上,清廷的这种两面政策得到各地高官的理解。他们相约不执行宣战谕旨。6月21日、22日,李鸿章和张之洞先后发电给驻英、法、德、俄各国的公使,要他们向各国政府解释,清政府绝无和各国作战的意思。26日,张之洞和刘坤一指定上海道余联沅为代表,与驻上海各国领事协商,达成了《东南保护约款》和《保护上海城厢内外章程》。约款和章程规定:"上海租界归各国公同保护,长江及苏、杭内地均归各督抚保护,两不相扰。以保全中外商民人民产业为主。""租界内华人以及产业,应由各国巡防保护,租界外洋人教堂、教民,应由中国官妥为巡防保护,遇有紧急之事,互相知照妥办。"②刘坤一把水师炮船摆在黄埔港口,并调军队驻扎徐州和皖北一带,防止义和团南下。张之洞在湘鄂两省城乡到处张贴"弹压乱民"的布告。

闽浙总督许应骙也与列强订立了《福建互保协定》。两广总督李鸿章和山东巡抚袁世凯对"东南互保"表示支持,浙江巡抚刘树棠也宣布参加"东南互保"。四川、陕西、河南等省督抚也表示赞同。于是,"东南互保"的地区扩大到江苏、江西、安徽、湖北、湖南、浙江、福建、广东、四川、河南和山东等10多个省。

---

① 明清档案馆:《义和团档案史料》上册,第186、187页。
② 王铁崖:《中外旧约章汇编》第一册,第968、969页。

"东南互保"的做法得到清政府的支持。清廷在接到有关东南互保的报告后,在答复中说:"朝廷本意,原不欲轻开边衅。故曾致书各国,并电谕各疆臣,及屡次明降谕旨,总以保护使臣及口岸商民为尽其在我之实,与该督等意见正复相同。"①

第三节 八国联军与《辛丑条约》

然而,在京津一带内外矛盾越来越尖锐。八国联军攻占大沽炮台后,派兵解救被围困在天津租界的联军,并大举进犯天津。虽然当地的义和团和部分清军进行了顽强的抵抗,7月14日,八国联军还是占领天津,30日,联军在天津组织了"临时政府",实行殖民统治。

1. 八国联军进攻北京

由于慈禧太后作出宣战决定是出于一时的愤怒,天津失守后,她的态度很快就发生变化,并开始着手向列强求和。6月25日,载漪等人带领义和团60人进宫,企图杀害光绪皇帝,被慈禧太后斥退。她意识到义和团已威胁到宫廷的安全。当天,她就派军机大臣荣禄前往使馆要求停战。6月29日,清政府命令驻外使节留驻各国,并向各国政府解释:"朝廷非不欲将此种乱民下令痛剿,而肘腋之间,操之太蹙,深恐各使馆保护不及,激成大祸。""中国即不自量,亦何至与各国同时开衅,并何至恃乱民以与各国开衅。"7月3日,清政府电令驻日、英、俄三国公使分别向驻在国请求"排难解纷",以"挽回时局"。8日,清政府任命李鸿章为直隶总督兼北洋大臣,指望由他来处理中外关系。天津失陷后,清政府害怕了。17日,清政府下令各地督抚、将军"查明各国洋商教士,在通商各埠及各府州县者,按照条约,均一律认真保护,不可稍有疏虞"②。同日,又向法、美、德三国提出调解的请求。20日,慈禧太后甚至派人给使馆送去蔬果食物,以示体恤。

由于北京的使馆区和教堂仍处在义和团的包围之中,列强根本不理睬清政府的求和请求。8月2日,八国联军4万余人,沿运河两岸向北京进犯。途中,义和团和清军对八国联军展开阻击,但八国联军还是在12日占领通州,13日到达北京城下。14日,联军攻入城内,慈禧太后带着光绪皇帝逃离北京,前

---

① 明清档案馆:《义和团档案史料》上册,第365页。
② 熊志勇、苏浩、陈涛:《中国近现代外交史资料选辑》,第171页。

往西安。八国联军在北京大规模搜杀义和团团民,甚至中国平民,与此同时到处劫掠财宝。

慈禧太后在逃亡途中发布上谕,把这场中外冲突归咎于义和团。清廷责令直隶等省官员对义和团严行查办。同时,清廷催促李鸿章尽快北上,由他和庆亲王奕劻担任议和大臣,与列强和谈。

2. 签订《辛丑条约》

八国联军占领北京后,继续四处出击,占领了保定、张家口和山海关等地。在保定,代理直隶总督廷雍投降,但联军还是指责他纵容义和团,将他斩首示众。

1900年10月16日,清政府的议和全权大臣庆亲王奕劻和李鸿章向各国代表提出和约草案:中国承认围攻使馆的大错;中国承允赔偿各国损失;重新制订今后通商和交往条约;中国可与各国分别订约,赔款议定后各国军队陆续撤退;和议开始前宣布停战。各国公使认为中方太"狂妄",根本不理睬其议和请求。作为外交团的领袖,西班牙公使葛络干警告李鸿章只能接受列强的要求。清廷一直急于得到和谈的消息。11月21日,清廷指示议和大臣"款议可成不可败","补救一分是一分"。12月5日,清廷又向他们表示:"如有为难之处,不妨据实直陈,朝廷必能审时度势,酌夺办理,切勿迁延日久,致大局益难收束。"①

和约的谈判实际上主要是在列强之间展开。列强经过讨论拟订了《议和大纲十二条》。12月24日,俄、美、英、法、日等11国公使向中方提出联合照会,声明这些条款是"无可更易"的。奕劻和李鸿章立即将12条的内容通知在西安的慈禧太后,并称:列强"会商已成,翻腾不易",恳求清廷允准。慈禧本来担心列强会把她当作祸首,听说大纲后十分高兴,27日就同意答应条约内容。她不久发出上谕称:"今兹议约,不侵我主权,不割我土地,念列邦之见谅,疾愚暴之无知。事后追思,惭愤交集",指示在今后的谈判中为保和局要"量中华之物力,结与国之欢心",应该"综覈财赋,固宜亟偿洋款,仍当深恤民艰"②。

此后,中外就细节问题展开讨论。清廷最重视的问题是惩办祸首。最初列强提出一个处死12人的名单。经中方一再恳求,最后商定载漪、载澜二人

---

① 《清实录》第58册,中华书局1987年版,第238页。
② 明清档案馆:《义和团档案史料》下册,中华书局1959年版,第945—946页。

以发往新疆永远监禁代替死刑,拥有兵权的董福祥留待以后定罪,其余人员都由清廷以各种方式处死,业已死的,亦须宣布撤销其原有官职。更多的讨论还是在列强之间进行。它们讨论的最主要问题是赔款数额和赔付方式。

最终于1901年9月7日,俄、英、美、法、德、日、意、奥、西、比、荷11国的代表与清政府的全权代表奕劻、李鸿章签订了《辛丑条约》。条约包括正约和19个附件,其主要内容是:

(1)清政府向各国赔款白银4.5亿两,分39年还清,年息4厘,本息共9.8亿多两,以关税、盐税和常关税作担保。(2)将北京东交民巷划为"使馆区",允许各国驻兵,不准中国人在此居住。(3)拆毁大沽炮台及大沽至北京沿线的所有炮台。从北京至山海关铁路沿线12个战略要地,准许各国派兵驻守。(4)惩办在义和团运动中与列强作对的官吏;凡曾发生外国人被害的城镇一律停止文武各项考试5年;清政府分别派人到日本和德国就生杉山彬和克林德被杀事道歉;永远禁止中国人成立或加入"仇视各国人民各会",违者一律处死。(5)改总理衙门为外务部,班列六部之首,以办理对外的各种交涉。

《辛丑条约》的订立使中国在政治、经济、安全等方面都更多地受制于列强,完全陷入半殖民地的深渊。

3. 门户开放政策

19世纪末当其他列强在中国瓜分势力范围的时候,美国于1898年发动美西战争。新兴的帝国主义国家美国打败了西班牙,夺得关岛和菲律宾,把扩张的目标伸展到远东。但是,当时美国在中国的影响还相当弱,无法同其他列强在中国竞争,而又不甘心坐视其他列强瓜分中国,自己一无所得。在这样一种形势下,美国驻华公使田贝于1898年1月31日向国务院报告说:"我们在中国有相当大的利益。我们在那里有1500名传教士,他们和商人一样都要由我们保护。(中国的)瓜分将进而消灭我们的市场。太平洋在它广阔的胸怀中注定要承担比大西洋更多的商业交往。"① 实际上,美国领导人长期重视美国在亚太地区的经济利益。总统麦金莱在1898年和1899年的国情咨文中一再敦促国会采取行动,研究中国对美国贸易和企业的重大意义,并提出要尽力维护美国在这个地区的巨大利益。

美国政府不愿看到本国的利益在其他国家的势力范围内受到排斥。通

---

① 阎广耀、方生选译:《美国对华政策文件选编》,人民出版社1990年版,第402页。

过吸收英国的建议,美国国务卿海约翰分别于1899年9月和11月通过美国驻英、法、德、俄、日、意6国使节向这些国家的政府送出第一次"门户开放"照会。在这个照会中,美国明确地提出了其原则主张:一、"切望美国公民的利益不因任何强国在其所控制的在华势力范围内的排他性待遇而受到损害";二、中国的市场要对世界的商业保持开放;三、各国在北京应联合或协调行动,支持为加强清政府而急需的行政改革。照会并希望各列强能够同意3点具体要求:

(1)它们对于在华各自势力范围或租借地之内的通商口岸和既得利益一概不加干涉;(2)中国现行税则适用于在所有势力范围内一切口岸装卸的货物,而不论其属何国所有,此种税款由中国政府征收;(3)在各自势力范围的任何口岸,对他国入港船舶不得征收高于本国船只的入港费,在各自势力范围的铁路上,对他国臣民运输的货物不实行不同的运费标准。[①]

应美国的请求,各国分别做出了答复。它们原则上同意美国的主张,但除意大利外同时对美国所要求在各国势力范围内实行平等待遇一点,附有各种各样的保留。意大利与美国一样,在中国没有势力范围和租借地。其他列强都提出要以别的国家接受和遵守这同一原则为条件,因为生怕自己的势力范围被别的国家的势力渗入,而自己却不能在别国的势力范围内分沾利益。英国同意在威海卫租借地可以实行这一原则,而根本不提九龙。法国不愿放弃它根据1896年的中法商约取得的在广西和云南通商减税4/10的特权。俄国只提到关税,完全避开了关于港口费和铁路运费的问题。

美国在和各国进行这起有关中国的交涉时,把清政府完全丢在一边,置之不理。清政府获悉这个消息后,于1899年11月指示驻美公使伍廷芳向美国政府询问"门户开放"的政策内容。这样,海约翰才不得不写给伍廷芳一封私函进行解释,力图把美国说成是中国主权的维护者。但他又提出:"对于将来,我现在不加预测,如果我们要和贵国政府商量取得沿海一带的任何便利时,我们愿意直接向中华帝国政府提出。"对于美国的这个政策,清政府没有提出反对。

1900年6月,八国联军开始对中国发动军事进攻。这时,美国担心列强会试图瓜分中国,于是在7月3日向各国发出了第二个"门户开放"照会,其主要内容是要求"保持中国的领土和行政实体,保护各友邦受条约和国际法

---

① 熊志勇、苏浩、陈涛:《中国近现代外交史资料选辑》,第162页。

所保障的一切权利,并维护各国在中国各地平等公正贸易之原则"①。这一次,美国方面未要求各国做出答复。与第一次照会相比,这个照会更强调维持中国和清政府的存在。因为没有中国的存在,美国的"门户开放"政策便失去了意义。在美国发出照会后不久,八国联军占领了北京。在各国争论议和方针时,10月,英国和德国达成了一个关于中国政策的协约,提出了类似"门户开放"政策的原则:"中国的内河和沿海的港口对一切国家的贸易及其他各种经济活动,都应无差别地自由开放,以谋各国共同永久的利益",并同意"维持中国的领土不变更政策"。英德两国把这个协约送交其他国家,希望它们也承认这些原则。美国当然同意。日本表示完全赞同美国的"门户开放"政策,也赞同英德提出的原则。法国这时虽然很想趁机吞并云南,但无力对抗其他各国所同意的原则,所以也接受了上述建议。俄国正在设法侵吞东北三省,但是它认为没必要去反对英德协约提出的原则和美国的政策主张,也就表示接受,但出发点是"以不变更基于现存条约的状况为基础",这就是要保持它在东北的特殊利益。这样,美国倡导的"门户开放"政策满足了列强为缓和相互间矛盾的需要,成为列强同清政府进行谈判的基础。

第四节 沙俄对中国东北的侵占

当八国联军进攻北京的时候,俄国不仅派兵参加联军,而且突然对中国东北边境地区采取军事扩张行动,制造了海兰泡和江东六十四屯事件。1858年后海兰泡由俄国占领,当地居民3万多人,半数为中国人。1900年7月15日,俄国军队突然封锁黑龙江,扣押所有船只,不准中国人过河,同时开始到处搜捕中国人。17日,俄方以遣送回国为名,将被捕的数千名中国人赶到江边,强令他们过河。由于河流湍急,下河者多数被淹死,不下河者遭到俄军的屠杀。至21日,被杀和淹死的中国居民达5000多人,只有80多人泅水过江幸存。位于黑龙江东岸的江东六十四屯居住着2万多中国人,根据《瑷珲条约》,这些人仍由清政府管理。7月16日至21日,俄国军队强行将中国居民赶往江对岸。被杀和淹死的中国居民达7000余人。俄国从此占据了江东六十四屯。

7月底,俄国以保护中东铁路为名,调集10万大军大举入侵东北。30日,

---

① 熊志勇、苏浩、陈涛:《中国近现代外交史资料选辑》,第170—171页。原文中的"entity"一词译成"完整",应为"实体"。

俄军占领海拉尔和珲春,8月占领哈尔滨、齐齐哈尔和营口等地,9月占领吉林和辽阳等地,10月先后占领沈阳、铁岭和锦州。到10月底,东北主要城市和交通线全部落入俄军控制之下。

随后在俄方的胁迫下,盛京将军增祺派已革道员周冕赴俄营商议收回失地事。11月8日,俄方迫使周冕在事先拟订的《奉天交地暂且章程》上草签,后逼迫增祺画押。这份并未经清政府事先同意的条约主要规定:当地的清军一律解散,拆毁全省的炮台和兵工厂,俄国在奉天设总管一员,盛京将军要办的事必须经俄国总管的同意。这份文件将把奉天(辽宁)置于俄国控制下,严重地伤害了中国权益。

此后,俄国提出与清政府商议交地撤兵事宜。1901年1月2日,流亡在西安的清朝政府任命驻俄公使杨儒为全权大臣,办理接收东三省事宜。当时,清政府尚不知道增祺擅自签订《暂且章程》一事,还对俄方允诺交还土地一事表示感激。1月4日,杨儒会晤俄国财政大臣维特。当杨儒问到交收东三省之事时,维特假惺惺地表示不要中国寸土,同时却辩称中国局势还没完全安定,俄军不能从东三省撤退,拒绝了杨儒提出俄国从东三省撤军的要求。

1月8日,杨儒在西方报端见到披露出来的《暂且章程》,大吃一惊,急忙约见维特,探询和证实其内容。这次维特倒十分爽快,立即承认确有此事。杨儒当即表示强烈反对,指出所列各款决不会是清政府的本意,立即报告给清政府。1月18日,清廷在上谕中指出增祺事前没有报告此事,而周冕系已革道员,无权订约。清政府还下令将增祺革职查办。清政府不承认这个条约的消息传出时,其他国家出于各自利益也对这个条约表示反对。日本公使小村寿太朗还警告奕劻和李鸿章说:此事关系重大,如果中国接受条约,其他国家将起而效尤。

1月19日,沙俄外交大臣拉姆由黑海返回彼得堡,杨儒即前去会晤。他正式向俄方声明:《暂且章程》系一已革职的官员订立,政府全不知情,实属擅行妄订,不能作数。经过杨儒坚持不懈的抗争,维特被迫做出让步,答应不再提批准条约事。2月9日,杨儒前往俄外交部,与拉姆会谈,商订有关正式谈判开始日期、条款内容及约稿文本等问题。杨儒再次声明了原则立场,即所订条约各款不得有损清政府兵权、利权、吏治之权。拉姆则含糊其词,企图蒙混过关。16日,杨儒拿到了俄方草拟的约稿12条。他一面仔细研究约稿内容,一面将约稿发回国内,指出该约稿侵犯中国主权的条款极多,请求政府给予指示。此后,杨儒又赴俄国外交部,约见拉姆,对约稿进行了批驳。2月23日,杨儒会晤维特。维特以出兵满洲威胁杨儒尽快签约,见杨儒不为所动,又以断绝外交关系相恐吓道:"贵国现在只有两条路可走,或即刻签约,或者与俄国决裂,以至兵戎相见。"3月12日,应俄方的召见,杨儒如期赴俄外交部会晤拉姆。在这次会晤中,俄方向杨儒呈递了最后约稿,并发出了限期14天签字的最后通牒。俄方的最后约稿虽在一些条款上稍做修改和让步,但仍试图控制中国东北的政治、军事、经济大权。此后,杨儒屡次约见俄外交部官员,均以无暇辞绝,所送去的约稿商量改动之处,仍原封送回,不收不阅。俄方坚持"不易一字,不展一日"。

尽管俄方在谈判期间要求对约稿内容保密,但其内容还是很快被其他列强获知。各国起来阻挠,尤其是英国和日本。英国外交大臣向中国驻英公使罗丰禄表示,未得各国同意,中国不得批准俄约。日本外交大臣也向中国驻日本公使李盛铎警告说,如果清政府接受俄国的条约,日本将提出类似的要求,结果必将引起瓜分。德、美、奥、意等国也作了类似的表示。

清政府内部就这个问题引起一场辩论。张之洞、刘坤一等督抚大员竭力反对签约。李鸿章认为:再稍做推敲,即可定议。清朝政府面对两难选择,拒签恐激俄怒,签约又恐各国效尤。清廷谕令奕劻和李鸿章通知各国:"中国势处万难,不能不允",希望各国劝俄国延长期限,并表示东三省收回后"中国甚愿与各国会议东三省开门通商章程"。李鸿章接到朝廷指示后认为"内意已松",便于22日致电杨儒:"尊处明告英及各国驻使,势处万难,不能不允,一面即酌量画押,勿误。"刘坤一、张之洞等人却纷纷致电杨儒,劝他不要轻率签约。根据慈禧太后的意见,军机处电告杨儒,指出如展限商改二事都办不到,"惟有请全权定计,朝廷实不能遥断也"①。清政府试图让杨儒个人承担签约责任。在这种情况下,杨儒抱定宗旨:没有明令,决不签字。

清政府再三权衡利弊,认为如果此时签约,其他列强就会群起效尤,分割中国,如果不签,只会得罪俄国一国。于是,清廷在3月24日才电令杨儒"婉告俄外部,中国为各国所迫情形,非展限改妥,无碍公约,不敢遽行画押,请格外见谅"②。26日,驻俄使馆参赞陆征祥将清政府决定不签约的电报送交俄外交部。俄外交大臣拉姆威胁道:"中国自看以后情形可也。"中俄谈判没有结果,俄国继续占据东北地区。清政府对俄国的幻想破灭了。

---

① 《清实录》第58册,第325页。《李文忠公全集·电稿》卷34,第4页。王芸生:《六十年来中国与日本》第四卷,第116页。

② 熊志勇、苏浩、陈涛:《中国近现代外交史资料选辑》,第181页。

小　　结

19世纪末,帝国主义列强纷纷在中国建立势力范围,扩大对中国的掠夺,加强对中国的控制,致使中国面临被分割的危险,中华民族的危机日益逼近。在这关键时刻,华北地区兴起的义和团运动原本是一场群众性反帝运动,但由于它的历史局限性,它在口号主张、组织形式和斗争方式上所具有的特点使其受清政府招抚,并演变成清政府的工具。慈禧太后利用义和团,鼓动排外,发泄小集团的私愤,以维护自己的统治。清政府的错误政策导致中外矛盾加深,列强借机组织八国联军进攻北京。义和团不仅未能拯救中国,反而使中国进一步陷入深渊。《辛丑条约》使中国无安全可言,清政府几乎任由列强摆布。虽然美国等国家倡导"门户开放"政策,但这项政策旨在保证中国对所有列强开放和避免列强之间发生冲突。受这项政策的影响,中国一时躲过了被分割的结局,却无法摆脱半殖民地的命运。俄国无视对这项政策的承诺,强行占据中国东北地区。尽管中国外交官作出了努力,但在弱国的处境下个人作用有限。20世纪初的这一系列变故促使国人重新思考中国的出路。

思考题

1. 分析19世纪末中国面临的局势。
2. 如何看待义和团的斗争?
3. 分析清政府对列强"宣战"的原因。
4. 试析美国的"门户开放"政策。

参考书目

林华国:《历史的真相:义和团运动的史实及其再认识》,天津古籍出版社2002年版。
刘宏:《义和团迷信及其社会反应考察》,河北人民出版社2011年版。
姚斌:《拳民形象在美国》,世界知识出版社2010年版。
中国第一历史档案馆:《义和团档案史料》,中华书局1990年版。

第八章
清朝末年的无力抗争

帝国主义的侵略扩张给 19 世纪末的中国带来极为尖锐的中外矛盾。面对义和团的排外行动和八国联军的侵略,清朝统治者试图利用前者反对后者,致使中国陷入更深的泥潭。《辛丑条约》签订之后,列强肆无忌惮地争抢各种权益,而苟延残喘的清政府不得不按照外国侵略者的要求进行政策调整。同时,清政府试图模仿欧日,通过实行新政,延长专制制度的统治。然而,中国的虚弱使清政府难有喘息的时间。日俄对东北控制权的争夺、英国对西藏的侵略、列强争夺中国各地的铁路修建权等都使中国领土主权面临严重威胁。清政府的腐败无能,越来越激起人民的不满。

第一节 清政府调整对外政策

甲午中日战争失败后,清政府一直坚持的宗藩体系已不复存在,洋务派主张的对外政策也未能拯救中国。清政府封闭的专制统治受到内外挑战。八国联军侵华进一步动摇了清政府的统治基础。在列强的要求下,清政府不得不采取措施以维持自身的统治地位。

1. 建立外务部

在义和团运动带来的政府危机期间,清廷向列强表示今后要"力行实政"。这不仅是在列强高压下的妥协,而且还要缓和国内日益增长的不满情绪。对内,清政府在以后的几年间模仿西方,提倡和奖励私人资本办工业,废除科举,设立学堂,提倡出国留学,改革军制和改订律例等。对外,它采取的重大措施是建立外交机构,因为第二次鸦片战争之后建立的总理各国事务衙门实际上还是宗藩体系的产物,并不是主权国家意义上的外交部门。根据《辛丑条约》的规定,1901年7月清政府把总理各国事务衙门改为外务部,"班列六部之前"。由一名亲王或军机大臣负责该部的全面工作,具体主管的是尚书和左右侍郎。下面还设有左右丞各一人,左右参议各一人。组织上分有司、厅、股、差四类。司有和会、考工、核算、庶务等四司。它们是外务部的主要部门。和会司管各国使臣觐见、会晤、使臣派遣、更换领事、文武学堂、本部人员升调等工作。考工司管铁路、开矿、电机制造、军火生产、船政聘请外国专家等项。核算司管关税、商务、轮运、借款、财币、邮政、经费等项。庶务司管界务、防务、传教、旅游、保护、赏恤、警巡等项。厅设司务厅,负责收发、监印、领事等事务。股分秘书、机要、英国、法国、德国、日本、俄国等七股。差包括收文处、电报处、银库、清档房、领洋文、监印处、收掌等七个部门。外务部比起总理衙门来说是更专门化了,组织结构也更为周密,与其他国家的外务部门的功能相近,但所管辖的内容还是太泛一些,没有完全摆脱"洋务"的影响。与此同时,其他政府部门不再排斥与外国的往来。为了向列强显示友好,清廷同意由皇帝接见各国公使,甚至皇太后也同意接见各国公使夫人。长期争论不休的觐见问题就这样解决了。清政府最终接受了西方的国际关系准则和办事规矩。

2. 签订新商约

按照《辛丑条约》第11款的规定,清政府派工部尚书吕海寰和左侍郎盛宣怀同英国代表马凯谈判订立新商约的问题。中英谈判于1902年1月10日在上海正式开始。英方提出24个应讨论的项目,随后又提出许多条款的草案。其基本内容有:扩大外国在华的通商利益;扩大外国在华的航运利益;扩大外国在华投资及经营企业的便利;改造中国的邮政、货币制度,制定海商法和建立有关部门等。谈判集中于加税免厘和内河航行两个问题。9月5日,中英双方签订了《续议通商行船条约》主要条款有:

(1)中国除常关对出口土货一次征收2.5%的附加税(连正税总共7.5%)和对不出洋的土货在销售处征收一次销场税外,废除对货物所征收的一切厘捐。(2)对进口货物除征关税5%外,还征收7.5%的附加税,此后无论是由外国人或是中国人经手,都免除其他税捐。(3)加开长沙、万县、安庆、惠州、江门为通商口岸;准许外国轮船在通商口岸之间航行和上下客货。(4)英国应禁止把吗啡任意运入中国。(5)英国派人与中国一道查办教案。(6)英国帮助中国按照西方的法律整顿律例,"一俟查悉中国律例情形及其审断办法及一切相关事宜皆臻妥善,英国即允弃其治外法权"①。

这个条约有利于英国扩大在华的经济利益和政治影响。条约后面三项内容是清政府代表在谈判中提出的。英方之所以同意中方的要求,特别是有关治外法权一条,是想改变中国的法律制度。显然,最后一条的主动权掌握在英国手中。

新的中英商约签字后,中美和中日之间也开始谈判新的商约。清政府的原则是以中英条约为范本。在谈判中,美国和日本都提出了一些新的要求。1903年10月8日,清政府同美国和日本的代表分别签订了新的商约。这两个商约接受了中英商约关于裁废厘金和提高关税的规定,但这个方案未被其他国家所承认,所以一直未能实行。中美和中日商约还规定了开放中国东北的奉天和安东②两处。这是先由美国提出的,立即得到日本的响应,目的是冲击俄国在这一地区的独霸地位。中美条约还有比较详细的保护知识产权的规定。

3. 中国参加国际红十字会和保和会

早在1899年,清政府就曾派代表参加了在海牙召开的第一次国际和平会议。那次会议由俄国发起,由荷兰政府出面邀请26国参加,准备在1864年日内瓦公约的基础上制定更多的有关和平和战争的规定。在签订《中俄密约》之后,清政府曾指望通过加强与俄国的关系来维持自身的安全。因此,清政府接受俄国政府的建议,派出以驻俄公使杨儒为首的代表团参加。会议从5月18日开到7月29日。由于对近代外交和国际规则的不熟悉,中国代表更多的是以旁听者的面貌出现。会议达成了3个条约:《和解公断条约》《陆地战例条约》和《推广日来弗原议行之于水战条约》(也就是1864年《日内瓦公约》适用于海战的条约)。当时,中方表示是否签约需要请示。后经仔细研究,清政府同意签订除《陆地战例条约》外的两个条约。清政府也考虑在《日内瓦公约》上签字,但由于义和团事件的发生,有关条约的文件尚未得到政府用印批准便遗失,此事未能办成。

1904年初,日俄战争在中国土地上爆发,中国百姓遭殃。在清政府的授意下,吕海寰等人在上海成立中国万国红十字会。该会若要开展救援活动就要得到国际承认,于是清朝外务部考虑加入国际红十字会。1904年7月初,

---

① 王铁崖:《中外旧约章汇编》第二册,生活·读书·新知三联书店1957年版,第109页。
② 即今日丹东。

驻英公使张德彝把有关文件交给瑞士方面。15日,瑞士大使复照称:"入会一节,业经本政府照准,并已知会各国。"①随后,清政府又在1905年1月完成了加入保和会的手续。

1907年举行的第二次海牙国际和平会议得到了清政府的重视,它派出陆征祥以保和会专使大臣名义率团与会。这次会议达成13个条约和一个宣言,中国签字批准《和平解决国际争端公约》《中立国和人民在陆战中的权利和义务公约》等7个条约和一个宣言。在这次会议中,中国代表团积极地参与了两个问题的讨论。一是国际公断法院的法官人选问题。美国代表提议建立新的法院,该法院设17名公断法官,美、德、法、奥、意、俄、日7国作为头等国各一名独任,余下10名由其他各国共任,而且任期分为2、4、10年。其中,中国被列为三等国,任期4年。中方非常不满,因为连土耳其都是二等国,而随着"国际交通日益便利,商议事件亦必日多,万一有事交该法院公断,而本国适无在任人员,关系亦岂细故"②。陆征祥在会上指出中国的户口幅员都不在其他国家之下,应该是头等国,何况当时中国在分摊原法院的费用时,比例与俄法德等国一样多。美国的提议也遭到巴西、墨西哥等国的反对。因此,这个提案未获通过。

第二个问题是围绕与"治外法权"有关的问题。当时,英国提议将公断条约的适用对象扩展于各项国际争端,但不包括与治外法权相关的争议。然而,近代中国却由于列强在华获取的"领事裁判权"(即法外法权的扩大化)受到了不公正的待遇。中国主权受损,中外纷争繁多。经过几十年的洋务运动,清政府已经清楚地意识到这个严重问题,开始与外国谈判取消"领事裁判权",并取得进展。1902年,中国与英国签订的《续议通商行船条约》第十二款就作了相关规定,随后在中国与美国、日本的商约中也有类似的规定。因此,中国代表在会议上反对英国的提议。中方明确地指出:"谓本会以公道平等为名,号召列国,今若订立该款,实与会旨大相径庭,若不删除,必将全款反对。"③波斯和暹罗等国也表示反对。经投票表决,中方的主张得到36票支持,英法2票反对,5票弃权。英国的提议未能通过。中国开始在世界上为争取一个主权国家的平等权利而努力。

---

① 国家图书馆藏历史档案文献丛刊:《清代孤本外交档案》第38册,全国图书馆文献缩微复制中心2003年版,第15932页。
② 《光绪条约》第6册,台北:文海出版社1976年版,第3063—3064页。
③ 同上书,第3065—3066页。

4. 五大臣出国考察宪政

清政府实行新政时最主要的事情是改变统治体制。1905年7月,清廷决定派镇国公载泽、户部侍郎戴鸿慈、兵部侍郎徐世昌、湖南巡抚端方出国考察,稍后又加派商部右丞绍英参加。此举虽得立宪派的一片喝彩,却遭到革命派的大力抵制。热血青年吴樾认为这是清政府"假文明之名,行野蛮之实",决心暗杀五大臣。虽然暗杀没有成功,北京正阳门火车站吴樾的炸弹还是吓退了徐世昌和绍英。清廷又另补山东布政使尚其亨和顺天府丞李盛铎代行,仍补足五大臣。五大臣分为两路,戴鸿慈、端方赴美、德、意、奥诸国,载泽等人赴日、英、法、比诸国,于1905年12月起程。此前11月,清政府还专设了考察政治馆的机构。

这五位大臣既对外国情况毫无了解,也完全不懂宪政,让他们去考察宪政,实在困难。于是,热心新政的熊希龄就被任命为参赞。熊希龄自知单凭他一人之力无法完成出国考察的各种文件,所以又在五大臣的准许下,跑到日本东京,找到当时被誉为深知宪政的杨度。但杨度也怕力不胜任,又获准去找梁启超。有了杨度与梁启超作为枪手,五大臣自然就可以放心地出国了。五大臣出访期间,广泛了解了各国的政治制度,搜集了许多政治类图书和参考资料,但主要报告是由杨度和梁启超在国内起草的。

清政府派遣出国使团已有多次,但派出如此高级的政府代表团并以学习西方宪政为目的,这还是第一次。有关各国政府在介绍其政治体制时都着眼于维护和扩大其在华利益。1906年夏秋间,五大臣先后回到上海。但因杨度、梁启超的文章还未交稿,无法返京复命。于是又以"考察东南民气,并征集名流意见"为名逗留上海,直到杨梁文章送到,五大臣才返回北京。五大臣返京后上的《奏请宣布立宪密折》中说:"以今日之时势言之,立宪之利有最重要者三端:一曰皇位永固……一曰外患渐轻……一曰内乱可弭……"[①]7月,清廷召集御前会议,同意了这份报告,颁布了预备立宪的诏书。然而国内形势已孕育着巨变,立宪的做法也无法维持清廷的统治。

第二节 中俄《交收东三省条约》的签订

俄国对中国东北地区的占领构成对英国在华势力的挑战。为了对付俄

---

① 中国史学会:《辛亥革命》第四册,上海人民出版社1957年版,第27页。

国的扩张势头,英国一直在寻找同盟者。它曾同德国多次商谈,但都没能成功。于是,它把目标转向日本。自甲午战争以来,日本和俄国在中国的东北地区和朝鲜一直进行着明争暗斗,俄国带头搞的三国干涉还辽事件使日本非常恼火,1900年俄国对东北地区的占领更使两国的矛盾空前尖锐。《辛丑条约》签订后不到一个星期,日本就主动表示愿同英国结成同盟关系。两国在伦敦进行正式谈判,于1902年1月30日缔结了同盟条约。它规定:当英国在中国的特殊利益和日本在中国或朝鲜的特殊利益受到其他国家或这两国内部动乱妨碍时,英国或日本都须进行干预,以保护其利益;缔约国一方为保护上述利益而与某一国发生战争时,他方应严守中立,并尽力防止其他国家参战反对其盟国;如其他一国或数国参加反对该同盟国的战争,则缔约国另一方应给予该盟国以援助甚至共同作战。英日同盟的形成对俄国来说无疑是一个沉重的打击。2月1日,美国向中国、俄国和其他列强也发出了一个备忘录,强烈反对俄国一国对中国东北利权的独占。这样,俄国在远东的扩张受到更重的国际压力,迫使它不得不考虑从东北地区撤兵。

英日同盟形成后,外务部总理大臣庆亲王奕劻对英国公使萨道义表示满意,认为有了英日同盟,俄国必将退出东三省。一向主张依靠英国的刘坤一和张之洞更强烈地要求拒俄。在这种形势下,俄国为了摆脱困境做出了一点让步,同时对外务部会办大臣王文韶和其他官员进行贿赂。1902年4月8日,中俄代表在北京签订《交收东三省条约》,规定俄军在订约后一年半时间内自东三省分三批撤退。俄军撤退后,中国在东三省驻兵人数如有增减,须通知俄国。条约还规定今后清政府如在东三省南段续修铁路或增修支路等都要同俄国一起商办。在条约签订后,俄国政府发表了一篇附带声明,它一面高唱友谊,一面叫嚣如中国政府违约,俄国方面则不受这项条约的约束。这说明俄国并不甘心退出东三省,随时都可能找到理由不撤兵或重新占领东三省。

10月,第一批撤兵期满时,俄国按约撤走了奉天省西南段至辽河所驻的俄国军队,并将关外的铁路交还了中方。但是,它没有按照原先所同意的那样提前交还营口。11月,清政府向俄国提出三项要求:一是要如期执行第二三批撤军计划;二请及早交还营口;三指出东三省电线系商办,应一并交还中国。1903年初,俄方的答复对第一条所涉及的事极力辩解,对第二条不加理睬,对第三条则断然拒绝。俄国根本无意认真执行上述条约的规定。

1903年4月第二批撤兵期满时,清政府照约要求俄国撤走奉天省其余各段和吉林省的驻军,但俄国拒不执行。18日,俄国驻华临时代办柏兰孙向清政府外务部提出新的七项要求,作为继续撤兵的条件。这些要求是:(1)退还的各地,特别是牛庄及辽河沿岸各地,不得以割让、租借、让予或任何方式转给其他国家;(2)蒙古现行体制不得变更;(3)未得俄方同意,不得在满洲开放新的通商口岸及允许领事进驻;(4)中国如聘请外国人管理任何部门的行政,其权力不得施及华北(满蒙),华北事务应另成立机构,由俄国人指导;(5)俄国保持管理现有的旅顺—营口—沈阳电线;(6)牛庄交还后,俄华道胜银行应照旧执行该地海关银行的职能;(7)俄国人或俄国机构在占领期间在满洲所取得的一切权利,于俄军撤走后仍然有效。这些要求的目的显然是想保持俄国在东北地区的独霸地位,而且把俄国的势力范围扩大到包括蒙古在内的整个中国北方。

清政府认为这七条远远超出了《交收东三省条约》的规定,其内容太苛刻,有损主权,并且担心其他国家借此进行干涉,带来新的麻烦。因此,22日清政府回复俄国方面:交还东三省一事已有条约,应该按照条约的规定办,没有必要再讨论了。这样,清政府拒绝了重新谈判的要求。同时,清政府把这七条内容悄悄地泄露给日、美等国使馆。日本公使内田康哉闻讯后,马上同清政府交涉,强烈要求中国不能接受。日本还和英国联合警告清政府不得对俄国做出让步。同时,美国、英国和日本都向俄国提出抗议。俄国的无理要求也在中国国内引起人民的强烈愤慨,纷纷要求清政府拒绝俄国的提议。1903年4月在上海,爱国士绅和一些知识分子召开拒俄大会,致电清政府外务部表示,如接受俄国的无理要求,则"内失国权,外召大衅,我全国人民,万难承认",并通电各国表示:"即便政府承认,我全国国民万不承认。"尽管在谈判过程中,俄方代表表示愿意做出让步,把7条要求改为5条,但在内外的压力之下,清政府最终还是回绝了俄国的要求。10月3日,中俄谈判中止。俄国政府强订新条约的阴谋未能得逞,于是28日俄国军队重新占领沈阳。11月3日,清政府命令其驻俄公使胡惟德面见俄皇,说明情形,请求俄国照约撤军。但是俄国外交部拒绝安排觐见。清政府再三要求俄国撤军,俄国根本不加理睬。

第三节　日俄战争与清政府的"中立"

俄国占据中国东北不单是侵犯了中国的主权,而且导致日本的强烈不满。日本在控制朝鲜之后就试图以其为跳板进入中国东北,俄国却先行一步。两国的扩张目标发生矛盾。

1. 日俄战争

在中俄签订《交收东三省条约》以后,日本政府在1902年8月4日曾向俄国政府建议,废除以前日俄两国间的各项协定,以日本承认俄国在中国东北的最高权益和俄国承认日本在朝鲜的最高权益为基础,订立一项新协定,通过协定确定两国的势力范围,协调两国的关系。可是,俄国也打算在朝鲜进行扩张,认为朝鲜对俄国的利益有巨大的重要性。因此,俄国对日本的提议迟迟不作回答,还指望日本会重新提出谈判,从而在谈判桌上取得最有利的结果。在1903年同清政府就东北问题的谈判中,俄国政府意识到对付清政府不是太困难,而主要的威胁是来自日本。所以,俄国一方面大力扩充在远东的军事力量,显示其准备维护在东北的独占地位的决心;另一方面,俄国接受日本于7月提出直接交涉的建议。

8月12日,日本向俄国政府提出了6条提案。该提案要求俄国承认日本在朝鲜已经取得的特权地位并保证同意使朝鲜成为日本的保护国,要求中国东北地区对各国开放,表示若日本与俄国在东北南部有同等权利的话,日本将承认俄国已取得的在东北经营铁路的特权。10月3日,俄国驻日本公使在东京把俄方的对案送交日本政府。俄国的这个反提案是要求日本承认俄国在中国东北独占地位的条件下,俄国将有限度地承认日本在朝鲜的优先权益。日俄双方的要求针锋相对,都试图缩小对方的势力范围。从那时起,双方都一方面积极准备进行战争,另一方面继续保持交涉。

1904年1月11日,日本政府召开元老和内阁会议,决定提出最后一次建议。13日,日本方面把一份备忘录交给俄国政府。备忘录反对俄国对日本利用朝鲜的限制,承认满洲及其沿海地区不属于日本的势力范围,但强调俄国必须尊重中国在满洲的领土完整,而且不得妨碍日本和其他国家在满洲享有的条约利益。2月3日,俄方的复文除仍坚持不能把朝鲜用于战略目的外,在其他各点上都做出了让步。但是,在俄国的复文到达日本之前,日本已经决定对俄国开战,用战争手段来解决问题。5日,日本外务大臣通知俄国公使,中止谈判,断交撤使。日军也接到开始军事行动的命令。8日,日本海军向驻扎在旅顺的俄国海军发起进攻。10日,两国正式宣战。

这场战争主要是在中国领土上进行的。日军封锁并进攻旅顺,俄军在港内死守。4月底,日军由朝鲜强渡鸭绿江,进入我国境内,与防卫九连城的俄军发生激战。以后,日军又在大孤山等地登陆,对辽宁南部和沿海地区的俄军展开全面进攻,俄军节节败退。1905年1月初,旅顺俄军投降,日军控制了奉天省大部分地方。5月底,俄国第二太平洋舰队在对马海峡被日本海军一举歼灭。在这场战争中,俄国失败,俄日双方伤亡都极其惨重。

战争给中国居民带来了严重的危害,但腐朽的清政府既无力预防战争在本国领土上发生,也不敢在战争爆发后制止战火的蔓延。1904年2月12日,以光绪皇帝名义宣布中立的上谕说:"日俄两国,失和用兵,朝廷轸念彼此均系友邦,应按局外中立之例办理。"同日,外务部通电各国声明"东三省疆土权利,两国无论胜负,仍归中国自主,两国均不得占据",要求日俄两国在战争中对"三省城池衙署、民命财产"均不得损伤。清政府担心本来就对外国列强在华扩张不满的中国民众会采取反抗行动,便在这一天发了一份对内的上谕,要求各省各地及京师对外国人及其财产、教堂、使馆等都应严加保护,"倘有匪徒造谣滋事,即着迅速查拿,从严治罪","重者立即正法"①。很快奉天地方当局颁发了"两国战地及中立地条章",划出辽河以东的地区为交战区。虽然条章中规定日俄两国军队只能在指定的区域内驻扎和作战,不能逾越战区界限,但是实际上清政府对它们的行动未能加以限制。在战争开始时,俄国军队就占据了东北各地的中国官府,要求地方上遵守俄国的政令,强迫中国官吏听从俄方的指挥,实际把它控制的区域当成了由其直接统治的殖民地。待日本军队占领辽东半岛以后,也如法炮制,在各地成立军政局,在旅顺口设关东府,实行军事管制。对这些直接、严重地侵犯中国主权的事情,清政府都没有过问。1904年8月11日,俄国驱逐舰"列事特意内号"从旅顺港突围逃到烟台,按照国际法接受了中国海军的查询,同意拆卸枪炮和机件,官兵解除武装。随后两艘日本军舰来到烟台,强行拖走俄舰,严重地侵犯了中国的主权,对此清政府提出过抗议,但日方毫不理会。这样的事件在战争期间多次发生,由于清政府不敢采取强有力的行动,结果自己卷入了一系列的外交纠纷之中。

美国对这场战争非常关注。它对俄国控制东北、破坏"门户开放"政策不满,也不愿意看到日本趁机占据东北。在看到日俄两国被战争消耗得差不多之后,1905年6月,美国正式向日本和俄国提出讲和的建议。当时,俄国已被打败,日本虽取得军事上的优势,但人力财力上也感到力不从心。它们于是接受美国的建议。在美国的调解下,两国于8月9日在美国的朴次茅斯开始谈判。

在得知日俄即将举行谈判之后,6月底清政府发动各省督抚和驻外使节

---

① 熊志勇、苏浩、陈涛:《中国近现代外交史资料选辑》,第181—182页。

筹议对策。上书言事的人不少,基本的观点有两种。一种主张全面开放东北,使各国在这里都享有利益,即实行所谓的利益均沾,以保持列强间的均势,避免东北被一国独占;另一种意见主张联合日本来抵制俄国,认为俄国比日本对中国的危害更大。7月6日,清政府电令驻日本和俄国的公使分别向两国政府声明:"现在议和条款内,倘有牵涉中国事件,凡此次未经与中国商定者,一概不能承认。"①9月20日,外务部电令驻俄公使向俄国政府声明:"满洲铁路一带驻兵与约不符。"但是,这些声明都未能对日俄谈判及其结果产生影响。

9月5日,日俄双方签订了《朴次茅斯条约》,其主要内容有:俄国承认日本对朝鲜的垄断大权;俄国把旅大让给日本;俄国把从长春至旅顺段的中东铁路支线及其附属财产等都移交给日本;日俄两国为守卫各自的铁路线,每公里可派兵15名驻守。这个条约是背着中国和朝鲜签订的。它把我国东北的南部划为日本的势力范围,北部仍保留为俄国的势力范围。《朴次茅斯条约》规定,关于转让旅大租借地和南满铁路利权的条款"须商请中国政府允诺"。

在条约签订之后,日本政府就派外务大臣小村寿太郎和驻华公使内田康哉为全权代表到中国谈判。清政府任命外务部总理大臣庆亲王奕劻,会办大臣兼尚书瞿鸿玑、直隶总督兼北洋大臣袁世凯为全权大臣。谈判从11月7日起,中日双方于12月22日签订了《会议东三省事宜正约》三款及附约十二款。正约规定:清政府"概行允诺"俄国按照《朴次茅斯条约》转让给日本的一切权益。附约则规定了清政府新给日本的一系列利权,主要有:

(1)在日、俄军队撤走后,将从速开放东北辽阳、沈阳、满洲里等16处商埠;(2)战争期间日本铺设的安奉铁路日本可以继续改良和经营,以1923年为期,届时卖给中国;(3)允许设立一个"中日木植公司"在鸭绿江右岸地方采伐木植;(4)中朝边界陆路通商,"彼此应按照最优国之例办理"。

在谈判中,清方代表要求日本缩短撤军期限,并且取消护路兵而由中国承担护路之责。日本方面以种种理由拒不同意,只应允如俄国将护路兵撤退,或中俄两国另有妥善解决办法,日本政府愿一律照办。这样就把责任推到中国和俄国的身上,日本巧妙脱身。这个问题后来一直没解决。从此,在东北三省境内长期驻有俄国和日本的军队。

---

① 熊志勇、苏浩、陈涛:《中国近现代外交史资料选辑》,第186页。

2. 日本巩固在东北的势力范围

日本在日俄战争胜利后，加紧了在东北地区的扩张，首先是在其南部建立统治机构。1906年6月，日本着手组建满铁公司。7月，天皇下令在已改为关东州的旅大租借地设立关东都督府。前者名义上是个铁路公司，实际上经营的范围包括铁路、工厂、学校、邮电、矿业、试验所等等，是对东北进行经济侵略的大本营。后者不仅是对旅大租借地实行殖民统治的中枢，而且是对东北进行政治军事扩张的指挥部。

满铁公司成立后便同清政府谈判修建新奉（新民屯到奉天）铁路和吉长（吉林到长春）铁路的问题。1907年4月，清政府与日本签订了《新奉、吉长铁路协》，同意从日本手中买回新奉铁路加以改造，改建其辽河以东一段所需费用和修建吉长铁路所需费用的1/2向日本借，借款期间两铁路的总工程师等须聘用日本人，借款以铁路作抵押。

1909年2月，日本向中国外务部提出关于东三省六案的交涉要求，内容包括铁路、矿务、界务三个方面。在谈判期间，中方曾据理驳斥日方的无理要求，但在日方的压力下，一再让步，最后于9月4日由外务部尚书梁敦彦与日本驻华公使伊集院彦吉签订了《东三省交涉五案条款》和《图们江中韩界务条款》，基本上满足了日方的要求。这两个条款规定：如中国修建新法（新民屯至法库门）铁路，应事先与日本政府协商；中国承认大石桥至营口铁路为南满铁路的支线；同意日本对抚顺烟台两处煤矿有开采权，至于安奉铁路和南满铁路干线沿线各矿，除抚顺烟台煤矿外，都由中日合办；京奉铁路展建至奉天城根问题由两国另行商定；日本承认图们江为中朝边界，而中国要开放延边4处为商埠，准许日本在那里设立领事馆等。

日俄战争的发生反映出势力范围的争夺进入更为激烈的阶段。日本不惜通过战争夺取中国东北。《朴次茅斯条约》和《会议东三省事宜正约》为它今后在这一地区的全面扩张打下了基础，日本巩固东北势力范围的做法显然是走向殖民统治。

第四节 英国再次入侵西藏

1893年中英《会议藏印条款》订立后，英国初步实现了打入西藏的目的。随着中印边界上的亚东开为商埠，藏印之间的贸易逐渐增多。在日俄两国对中国东北地区展开激烈争夺的时候，英国进一步加紧了对西藏的扩张活动。

第八章 清朝末年的无力抗争

1. 英军占领拉萨

自从英国第一次侵藏战争并随后逼订两个有关西藏的条约之后,西藏各阶层对英国侵略者恨之入骨,并对清政府强迫地方当局屈从英国的要求极为不满,这样西藏地方的统治者便倾向于依靠俄国。俄国利用这一机会以友好的姿态来获取西藏上层的好感。它通过派人到西藏学经,向这个地区渗透。1895年,成年亲政的达赖十三世的一名侍讲便是俄国人。由于他的活动,西藏上层同俄国政府的关系加强了。1900年和1901年达赖两次派代表团去俄国,都得到沙皇尼古拉二世的接见。俄国在西藏的活动引起英国的不安。为了同俄国争夺在西藏的权益,担任印度总督的英国殖民者寇松主张要采取武力和引诱的两手加强对西藏的扩张。

1899年到1901年间,寇松多次通过各种渠道同达赖联系,但都没有成功。1902年,他便决定利用边界问题对西藏实行强硬政策。6月,英国驻锡金专员怀特率人占据西藏与锡金边界上的甲岗,强行驱逐住在当地的藏民。7月,清政府派代表驻藏帮办三品知府何光燮谈判,准备在改进通商条件上做让步,要求英国方面交回甲岗。1903年1月,中国代表来到藏锡边界,但英方故意迟迟不派人来。4月6日,驻藏大臣致书印度总督,催促英方速派代表到亚东谈判。为了表示中方的诚意,信中提出中国代表愿到锡金或英方指定的任何地点会晤。于是,英方指定要到西藏境内的干坝宗举行谈判,并且蛮横地说如果清政府和西藏地方的代表不来,就要到江孜或日喀则去谈判。6月3日,寇松派怀特和荣赫鹏为代表率领武装卫队200多人和输送队300多人越界进入西藏,不顾中国官员的劝阻,直奔干坝宗。7月22日会谈开始。中方代表指责英方的卫队太大,要求把谈判地点放在边界上。西藏地方的代表表示若不做出改变,他将拒绝接受英方代表的任何书面文件,并拒绝将英方的意见向拉萨转达。驻藏大臣裕钢却试图说服藏人妥协,因为"如战端一开,祸患将不堪设想"。然而,英方不仅不接受这些合理要求,而且挑剔清政府代表何光燮的职位太低。由于英国方面并不是真心来谈判,而是要寻找进行侵略的借口,所以谈判没有任何进展。

在此期间,英方代表不断借故寻衅,如指责西藏自英国使团入藏后便关闭了亚东的市场,并蛮横地要求驻扎在边境的藏兵撤退。英国殖民主义者还不断制造谣言说俄国要扩大在西藏的侵略或说俄军正在开往西藏的途中。11月6日,英国政府批准英印使团通过春丕前往江孜的计划。于是,英国方面组成一支2000多人的军队,连同工兵和后勤人员等共7000余人,在武装护送使团的司令官麦克唐纳的率领下于12月中旬越过则利拉,14日占领春丕,开始了大规模的入侵西藏。

英国发动新的侵略之后,西藏地方当局立即动员藏军准备抵抗。可是驻藏大臣裕钢却要求沿途官员以理说服英军撤退,而不许同藏民同英军发生冲突。西藏军民对英国侵略者都十分痛恨,不顾驻藏大臣的阻挠,起来英勇地抵抗英军的入侵。由于藏军装备落后等因素,未能有效地阻止英军的前进。1904年4月,驻藏大臣有泰致电英国官员荣赫鹏,竟指责西藏军民的抵抗,请求英方宽限,要前往谈判。但英军继续前进。7月初,英军攻下江孜,8月3日,英军攻占拉萨。在此之前几天,达赖十三世出逃。驻藏大臣有泰出面接待英军。在英军进入拉萨的第二天,有泰就亲自赴英军兵营表示慰问,并拜会荣赫鹏。次日,有泰派人送去牛羊米面犒劳敌军。有泰在会见荣赫鹏时表示愿意合作,尽快达成条约,对英军在江孜等地遭到藏军的阻击表示歉意。12日,荣赫鹏向有泰提出8项议和条件。有泰强迫达赖出走后负责西藏事务的摄政噶尔丹寺长罗桑坚赞与荣赫鹏谈判。藏方代表坚决反对向英国赔款和增开商埠等,而有泰竟帮助英方说话,指责藏方代表无理,提出开辟商埠对西藏有利。英方担心冬季来临,急于在9月中旬前达成条约。9月1日,荣赫鹏重提条约要求,并声称谈判每拖延一天就增加5万卢比的赔款,这也得到有泰的支持。

在英方的压力下,西藏地方代表不得不同意了英方的条件。9月7日,罗桑坚赞等西藏地方官员和荣赫鹏在布达拉宫签订了《拉萨条约》。

《拉萨条约》的主要内容是:(1)西藏承认1890年条约对藏锡边界的规定;(2)除亚东外,加开江孜、噶大克为商埠;(3)西藏对英赔款50万英镑,合750万卢比,分75年付清,未付清之前,英军留守春丕;(4)西藏同意将从印度边界至江孜和拉萨一线的所有炮台和山寨削平,撤走所有防卫设施;(5)条约第九款规定在没有得到英国同意的情况下,西藏不得以任何方式向其他国家出让西藏土地,不得允许外国干涉西藏事务或派人进入西藏,不得把铁路、道路、电线、矿产或其他利权给予其他国家,否则英国也要同样享有,不得以西藏各项税收给予或抵押予任何外国或外国人。这个条约显然是要把西藏变成英国的独占势力范围。

条约有一附件,规定英国政府驻江孜的代表,必要时得以前往拉萨与清政府或西藏官员讨论商务问题。这样英方就达到直接同西藏当局建立联系的目的。

事前,有泰曾把草约内容请示清政府,由于没有接到回电,有泰未敢在条约上签字。清政府在得知英军入侵西藏的消息后,没有向英国提出抗议。直到9月底,外务部才发电给有泰,指出"英约十条,有损主权","切勿画押"。外务部提出西藏问题涉及中国的主权,应由中国中央政府同英国谈判,而不应由西藏地方当局同英国方面直接订约。[①] 荣赫鹏没能诱使有泰在条约上补签,于23日率领英军撤离拉萨。

对于英军入侵西藏,特别是订立《拉萨条约》,俄国、美国和其他列强都纷纷表示反对。在各国的抗议之下,英国政府对条约作了小小的修改,把赔款数额减为250万卢比,允许在三年内还清。此后,英军由春丕撤退。

2. 中英签订《续订藏印条约》

由于中国中央政府——清政府未在这项条约上签字,而西藏地方当局又没有对外缔结条约的权力,因此《拉萨条约》无效。为此,英国政府在事后一再对清政府施加压力,催促它予以承认。清政府的态度是英国必须明确承认中国在西藏的主权,并且必须修改条约的第九款。当时,其他列强都对这一条款极不满意,因为它所指的外国显然不包括英国在内,各国反对英国独占在西藏的利权。清政府担心如不修改这条,其他国家可能纷起效尤。1904年底,清政府派外务部侍郎唐绍仪为代表,赴印度进行交涉。

1905年2月,中英双方在加尔各答举行会议,英方代表为英印政府外事秘书费礼夏。中方要求重订条约,而英方要中国在条约上签字。唐绍仪强调西藏主权在中国,提出在第一款中加入英国承认中国在西藏原有和现有的权利的字句,并将第九款加以修正,规定中国政府为印藏间一切交往的唯一中介,但英方坚持只能承认中国对西藏的"宗主权"。英国这么做就是要否认中国对西藏的主权,以便今后对西藏的进犯。由于在这一关键问题上谈判陷入僵局,9月唐绍仪回国,留下他的副手张荫棠继续谈判,但仍无进展。11月,谈判中止。

清政府在交涉失败后,为了保持对西藏的主权,通知英国方面准备承担西藏对英国的赔款。英国于是又乘机要以清政府承认《拉萨条约》作为交换条件,双方未能达成一致意见。这时,英国所处的国际环境发生了变化。由于俄国在日俄战争中的失败,它对英国在亚洲利益的威胁减弱了,而德国在欧洲对英国的威胁却越来越严重。为了集中力量对付德国,英国希望同俄国改善关系。从这一根本利益出发,1905年底上台的英国新政府决定在西藏问

[①] 熊志勇、苏浩、陈涛:《中国近现代外交史资料选辑》,第186页。

题上采取较为和缓的政策,因而愿意对清政府做出一些让步。1906年初,中英双方在北京重开谈判。中方代表仍是唐绍仪,英方代表为其驻华公使萨道义。4月27日,中英签订《续订藏印条约》。这一条约的主要内容是:

(1)清政府承认《拉萨条约》,但把它作为附约;(2)英国承诺不侵占西藏的土地,不干涉西藏的内政;(3)只有中国才能享有在西藏的铁路、道路、电线、矿产和其他权利;(4)英国同意由清政府在三年内偿还赔款。

虽然,条约中没有写进中国对西藏拥有主权这一条,但把《拉萨条约》改作附约这一事实和正约中的内容说明了中国政府在西藏的主权地位,没有中央政府的同意,任何地方政府订立的所谓条约都是无效的、非法的。

在这次英国入侵西藏之后,清政府开始注意到西南边疆的安全问题,着手加强在西藏的统治。1906年,清政府任命赵尔丰为川滇边务大臣,张荫棠为查办藏事大臣,加强行政管理。1907年清政府着手在西藏举办新政,完善地方政府机构,整顿财政、学务和通商等。1909年,清政府派川军进入西藏,加强防务。

同时,为了巩固对西藏的主权,清政府采取了防止英国人直接同西藏当局打交道的措施,对各市场所设的办理交涉和商务的官员都派汉人而不派藏人担任。英国对此极为不满。根据《拉萨条约》的原有规定,1907年,清政府派张荫棠到加尔各答与英方谈判新商约。英方首先提出必须有有权画押的藏官参加的要求。张荫棠认识到其目的所在,"若一经承认直接交涉,西藏即成独立国性质,所有从前代偿赔款,改订藏约,均成画饼。泰西通例,断无准其属地与他国直接交涉之理"①。但由于英方的坚持,清政府还是同意派藏官汪曲结布等8人随同张荫棠参加谈判,但明确指出他们行事必须得到中国钦差大臣的允许。谈判从1907年9月持续到1908年4月20日,中英双方签订《修订藏印通商章程》。条约的主要内容为:

(1)各商埠治理权应归中国官督藏官管理。如果西藏地方官员与英国商务委员之间发生分歧时,应请西藏大吏与印度政府核办,但印度政府要通知中国驻藏大臣,只有在西藏地方当局与印度当局不能解决时,才由中英两国政府处理。(2)英国人可在各商埠内租地建屋;英印人民在西藏享有治外法权;英国在已开和将来新开各商埠的商务委员可安排往来中印边界传递邮件的人员;英国商务委员可设置卫队,但在中国于各商埠及沿途筹办巡警之后即行撤退。(3)自印度边界至江孜沿途英国所建造的旅店11处,由中国原价

---

① 吴丰培:《清代藏事奏牍·张荫棠奏牍》,中国藏学出版社1994年版,第1376页。

赎回,但仍须租与印度。

这个商约进一步扩大了英国与西藏地方当局交涉的权力,同时还保持了在重要事务上由中国中央政府出面与英国交涉的权力,实际上保全了中国在西藏的主权。

由于英国两次入侵西藏都遭到西藏军民的顽强抵抗,英国注意改变策略,拉拢西藏上层人士,特别是利用他们对清政府的不满。于 1904 年出逃的达赖十三世在 1908 年到北京朝见清朝皇帝,英国驻华公使朱尔典乘机对其进行拉拢。达赖的立场发生变化。1909 年底,他回到拉萨后,大肆反对清政府对西藏的政策,下令藏军阻止清军入藏,并与一批阴谋分裂的大农奴主公开叛国。1910 年 2 月,在清兵进入拉萨前,达赖出走,逃往印度。25 日,清政府下令宣布达赖的罪状,革去他的名号。这时,英国公使朱尔典竟出来干涉中国内政,对清军入藏提出质问,并要求对革去达赖名号一事做出解释。清外务部在答复中指出前者是为了保护治安,后者是中国的内政,与英国无关。于是,英国便借口保护英国驻藏官员,于 6 月间派兵进驻位于西藏和不丹交界处的那塘,形成对中国西南的威胁。

1911 年 1 月,英国又派兵 2000 人进占云南省片马地区。1894 年中英《续议滇缅界、商务条款》对中缅边界只划定了北纬 25 度 35 分尖高山以南的一段,对于以北一段则规定以后查明情况再定。双方勘界时,英方知道片马是云南、四川和西藏几地相通的要道,便坚持要以高黎贡山为界,以便据有片马。清政府方面不同意这个主张。英国擅自占据片马的消息传出后,中国各地民众表示抗议,但清政府仍坚持"审时度势,未便轻启兵端",未采取相应的措施来制止英国的侵入。中国驻英公使刘玉麟多次同英国进行交涉,毫无结果。

第五节 列强争夺铁路修建权

20 世纪初,各列强为了巩固在中国的势力范围和扩大自己的经济利益,都想方设法在中国得到更多的铁路修建权。这场争夺最激烈的地区是东北、华中和华南地区。

1. 美国试图打入中国东北

一贯主张门户开放的美国试图通过修建铁路将其影响打入到各列强的势力范围内。它对东北地区尤感兴趣。为了打破俄国的垄断地位,在日俄战争时期,美国坚决支持日本。美国资本家大量吸收日本的债券,以铁路大王哈里曼买得最多。随着日本在战争中占上风，美国政府主动提出为两国进行调解，就是担心日本取代俄国，出现新的独占局面。1905年10月，哈里曼和日本首相桂太朗拟就了一项备忘录，日本允许哈里曼按照日本法律组织一个银行团，出资收买南满铁路及其附属设备，铁路经营权日美各半。但不久，日方变卦，日本政府不想把到手的成果分给美国一半，取消了这一约定。

哈里曼并不罢休，打算直接从中国政府手中取得在东北建造一条新铁路的让与权，他通过美国驻奉天总领事司戴德于1907年向第一任奉天汉人巡抚唐绍仪接洽，提出建造新铁路的计划。唐绍仪正想吸收欧美的资本来抵制日本，所以同意了这项计划，还建议由美国贷款2000万美元成立一个"东三省银行"，经营铁路和其他各项实业的投资活动。8月，双方达成了一项备忘录，司戴德立即把它寄给哈里曼。这时正好赶上美国发生经济危机，哈里曼只得暂时搁置这项计划。1908年美国经济危机过后，司戴德又恢复同唐绍仪就成立东三省银行的谈判。8月间达成一项协议，由美国出资2000万美元作为银行资金。银行任务是稳定东北的金融，开发东北资源和修建铁路。9月，司戴德奉召回国磋商，11月，清政府也派唐绍仪去美国活动。

唐绍仪出使美国，名义上是去感谢美国政府退还部分庚子赔款。这件事的起因可追溯到1894年中美两国订立的《限制来美华工保护寓美华人条约》，它规定以10年为期，禁止华工前往美国。1902年，美国国会通过了《斯科特法》。它不仅使原来的"排华法案"延期，而且把禁止华工的区域由美国本土扩展到它的各个属地。这首先在旅美华侨中引起强烈的义愤，随后中国东南各省也出现抗议美国虐待华工的浪潮。1904年初，清政府向美国交涉，提出1894年的条约期满即行终止，愿与美国谈判，签订新约。可是美国政府反对废约，1905年初，美国华侨冯夏威回国后得不到返美的签证，便在上海的美国领事馆前自杀。这些事情激起中国人的愤慨，掀起一场抵制美货的反美爱国运动。1905—1906年间，美国对华出口下降了3/7。这场运动迫使美国政府答应改善对华侨出入境的限制。为了进一步缓和中国人民的反美情绪和扩大对中国青年人的影响，美国政府决定将根据《辛丑条约》所得的赔款的一部分退还给中国。1908年5月，美国国会通过一项法案，批准把2400万元庚子赔款中的1078万元退还中国，用于发展教育事业。1909年7月，清政府外务部与学部一起设立留美学务处，会同考选庚子赔款第一批留美学生派往美国，并设立清华留美预备学校。以后中国每年派学生到美国留学，就是以这笔款项作为基金。

唐绍仪到美国的实际目的一方面是争取美国金融巨头对成立东三省银

行的支持,另一方面是试探与美国、德国成立三国同盟的可能性。这一计划最初是由德国提出的,受到美国的欢迎,两国都想以此来抵制日本的扩张。但是当唐绍仪到达美国时,形势发生了变化。为了防止中美等国间的合作,日本主动建议同美国就远东问题进行谈判,美国也不愿意因中国问题而与日本发生冲突,日美两国便于1908年11月底达成了《罗脱—高平协定》,同意维持太平洋地区的现状与中国领土的完整和独立,同意各列强在中国的工商业机会均等。这样,美国不可能同中国结盟了。11月中旬,中国国内政局也发生变化,光绪帝和西太后先后死去。清政府于1909年1月召回唐绍仪,他的集资使命未能完成。

哈里曼一直没有放弃在中国修铁路的打算,1909年再次通过司戴德与中国东北地方当局协商。当时,清政府为了限制日俄对东北的控制,8月19日密谕东三省督抚,指示在东北广开商埠,吸引其他国家的资金,利用这些国家的力量来牵制日俄。东三省总督锡良、奉天巡抚程德全也都认为"非借外人之款不足经营东省,尤非借外人之力无由牵制日俄"。他们正考虑修建一条自葫芦岛经锦州、齐齐哈尔到达瑗珲的铁路。10月20日,锡良同司戴德签订了《锦瑗铁路借款草合同》,规定资金由美国银行团提供,工程由英国公司承包,借款年息5厘,以铁路作保,借款期间,铁路由公司经营,只受邮传部节制,公司由中、美、英国人组成。但是协定上报后,外务、度支、邮政三部都认为这项合同侵损权益太重,主张将其作废。

美国国务卿诺克斯以为这一合同已获清政府批准,便于11月6日向英国,12月14日向日、法、俄、德、中等国提出"满洲铁路中立化"的方案。美国建议或由各有关国家联合贷款给中国并共同管理满洲铁路,或由英美联合支持锦瑗铁路计划并邀请其他国家参加此铁路和今后其他铁路的投资。这个方案显然是要打破日俄对东北地区的垄断和扩展美国的势力。清政府对此表示欢迎,德国也赞同。但它遭到日俄的强烈反对,英法不予支持,所以这一计划失败了。

美国想打入东北地区的企图使日本感到不安,为了巩固它在东三省的地位,缓和同俄国的矛盾,1907年7月30日,日本与俄国达成了《日俄协约》和《日俄密约》。前者是公开的,双方宣布互相尊重领土完整和遵守日俄间缔结各项条约,还宣布承认中国的独立和领土完整,保持列强在华工商业机会均等的原则。在后者中,双方私下划分了在满洲势力范围的分界线,即北满与南满,同意都不在对方的区域谋取特权,而且日本承认俄国在外蒙古的特殊权利,换取俄国不干涉日本在朝鲜的自由发展。

1910年7月4日,日俄两国订立了第二次《日俄协约》和《日俄密约》。

《协约》规定:两国要加强合作改进满洲的铁路;尊重日俄间和日俄与中国间签订的所有条约,及由条约形成的东北的现状;若现状受到威胁,两国要就认为有必要采取的措施进行商议。《密约》规定两国相互尊重各自的势力范围及在此范围内的利益;双方在满洲的特殊利益受到威胁时,为维护该利益要进行协商,采取共同行动和互相援助。

日俄间的两次协约显然是做做样子,用来欺骗世界舆论。而两次密约则具有实质意义,特别是第二次密约,其目的是建立一个攻守同盟,防止第三国介入满洲。在日俄第二次协约公布后,清政府外务部于7月27日分别照会日俄两国及其他国家的驻华公使,重申要坚持《朴次茅斯条约》和《会议东三省事宜正约》所提出的,维护中国的主权和坚持各国在华机会均等的原则。清政府当时只知道公开的协约,不知道密约的存在。实际上,美国主张的"门户开放"政策已经无法在东北地区贯彻。

2. 中外签订《湖广铁路借款合同》

由于列强加紧扩张,清政府在华中地区也遇到铁路修建权问题。1905年,清政府以650万美元高价把在1898年曾让与美国的粤汉铁路修建权赎回。湖北等省的绅商对自修该铁路很有热情,积极筹集资金。但到1908年,清政府认为民间办铁路进展缓慢,便派原湖广总督张之洞督办粤汉铁路。

张之洞于1905年曾向英国驻汉口总领事法磊斯许诺在修建这条铁路及湖北、湖南境内其他铁路时将优先向英国借贷资金。1908年10月3日,他致书法磊斯,表示要借款。双方就此事开始谈判。由于法、德两国财团也极为重视这一铁路,便展开争夺。最后各方于1909年5月14日达成协议,由英法德三国财团联合借款给中国,不仅修建粤汉铁路,而且修建川汉铁路,借款额为550万英镑。6月6日,四方代表签订了《湖广铁路借款草合同》。

美国政府很不甘心美国被排斥在外。美国国务院找出1903年和1904年清政府外务部给美国公使的两封信,硬说当时清政府已许诺日后若借款修铁路,要优先向美国公司商借。5月下旬,美国驻华公使受命一周三次到外务部纠缠。6月,美国又同英国交涉,表示要参加对川汉等铁路的借款。7月,美国代表威胁担任外务部总理大臣的庆亲王说:如果美国的愿望实现不了,中国应负全部责任。在美国的压力下,清政府迟迟不批准借款草合同,并通知英法德三国财团驻北京的代表去与美国银行团协商解决这一问题。

四国财团间经过将近一年的争执,终于取得一致意见。1910年5月23日,四国代表在巴黎达成协议,组成四国银行团,借款600万英镑,由四国财团平均分担一切材料的购买花费；粤汉铁路总工程师由英国人担任，川汉铁路则划分为若干段，由四国分别指派总工程师和副总工程师。协定达成后，四国急于得到清政府的批准。这时，湖广铁路事已由邮传部接管。10月初，邮传部尚书等人向四国财团代表声明，要对草合同进行修改才能批准，否则会在湖北、湖南引起骚乱。四国代表对此极为不满，双方谈判没有结果，借款一事暂时搁置下来。

1910年5月24日，清政府决定改革币制，但由于缺乏资金，度支部出面向美国商借。这个时期，清政府想借助列强来抗衡日俄的扩张，但当时英国和法国都已分别同日俄签订了协议，表示不对它们在华的行动进行干涉。于是，清政府只能寻求美国或德国的帮助。美国提出的东三省铁路中立化的计划曾得到清政府的肯定，所以清政府仍然倾向于美国。10月27日，中美双方签订了5000万美元的币制借款草合同。美国把此事非正式地通知了其他国家，希望得到它们的支持。11月上旬，美国银行团与英、法、德三国财团代表在伦敦商议共同借款问题。虽然清政府仅想拉拢美国，但美国一是无力单独筹集这么一大笔资金，二是想联合其他三国的力量去对付日俄。清政府对美国的这个做法非常失望，拒绝同四国银行团谈判。可是在美国的压力和日俄扩张的威胁下，1911年4月15日，清政府不得不同四国银行团达成《币制实业借款合同》，借款总额1000万英镑。签约后，清政府急需用钱，英法等国同意先垫借100万英镑，条件是正式缔结湖广铁路借款合同。在谈判中，四国银行团同意放弃原草合同中所包括的川汉铁路的支线，而清政府方面将川汉铁路干线由宜昌向西延长至四川夔州作为补偿。这样，5月20日清政府正式同四国银行团订立了《湖广铁路借款合同》。

这两个协定立即遭到日本和俄国的反对，它们向四国提出强烈抗议。同时，这两个协定在中国国内也引起震动，特别是《湖广铁路借款合同》。舆论纷纷谴责清政府卖国。1908年，湖北绅商听说有关借款的谈判后就向地方政府表示反对，要求将湖北铁路改归商办。1909年，湖南咨议局800多人联名致函张之洞，明确提出："铁路借款，湘人决不承认。"1910年1月，湖北人民组成请愿团到北京，通过都察院要求该省境内的粤汉铁路和川汉铁路改归商办。请愿代表情绪激昂，痛斥卖国政府。1911年5月借款合同签订的第二天，四川成立了"保路同志会"，强烈谴责铁路借款合同。一场轰轰烈烈的保路运动由此而始，整个中国形势动荡。在这种情况下，四国银行团除给了40万英镑的垫款外，不愿再执行合同，也不把已经发行的湖广铁路债款交付。清政府的对外政策最终导致了它的内外交困。

小　结

20世纪初,清政府实行了一系列的改革。它建立外交机构、调整对外政策,签订新条约,参加国际会议,试图以一个主权独立的国家进入国际社会。它甚至想通过向外国学习,实行宪政来维持清朝的统治。然而,时间已经太迟了。一方面,列强加紧扩大在华利益。无论是俄国占领东北、日俄战争和英国侵略西藏,还是列强纷纷争夺铁路修建权,它们都越来越严重地侵犯中国主权,伤害中国利益。尽管清政府也在一定程度上设法维护主权,并想借助以夷制夷的策略来保护自己的利益,但列强几乎不给它留下回旋的空间。清政府的反抗越来越弱,更多的是妥协退让,甚至不惜牺牲国家的利益来避免与列强发生激烈冲突。另一方面,清政府也在国内采取了一系列的改革,但它在关键的政治改革问题上迟疑不决,错过了可能挽救这个政权的时机,国家处于混乱之中。清政府无心实行体制的转变,无力拯救中国的命运,其腐朽不堪的面目越来越遭到中国各阶层民众的不满和痛恨,革命运动已在逐渐形成。争夺铁路路权的斗争为新一轮反列强侵略、反清朝统治的人民运动提供了改变中国命运的机遇。

思考题

1. 日俄战争表明列强侵华的什么新特点?
2. 20世纪初中英谈判西藏问题的关键是什么?
3. 分析清政府对付日俄在东北扩张的政策。
4. 中外围绕铁路修建权的斗争说明了什么?

参考书目

胡岩:《雪域高原不会忘记:1904年英国侵略西藏史》,中国藏学出版社2004年版。
刘志超、关捷:《争夺与国难:甲辰日俄战争》,辽海出版社1999年版。
佘素:《清季英国侵略西藏史》,世界知识出版社1959年版。
徐爽:《旧王朝与新制度:清末立宪改革纪事》,法律出版社2011年版。

第九章
中华民国初年的妥协外交

清政府统治下的中国不断遭受列强的欺凌,国势渐微,民不聊生。20世纪初,虽然中国暂时避免了被列强瓜分的命运,但在半殖民化的道路上已经越陷越深。面对危在旦夕的民族命运,越来越多的有识之士开始探索新的发展道路以拯救中国。以孙中山为首的革命党人打出了推翻清朝统治的大旗,在一场爱国护路运动中,发动了资产阶级革命,成立了中华民国临时政府。新建立的民国政权面临着国内外一系列的问题,其中的一项重要内容就是如何处理与西方国家的关系,获得西方国家对其自身的承认。

第一节 革命党人的对外主张

20世纪初的中国,社会危机日益严重,西方列强在中国享有各种权益,中国自身的发展严重受阻。同时,中国的国际地位不断地下降。当日本和俄国在中国的东北地区展开争夺的时候,无论是在战争过程中还是后来的谈判过程中,中国的利益与态度都被完全忽视,中国的国际地位落到了最低点。

在此内外交困的形势下,希望推翻清政府、建立新政权的革命党人意识到,他们所面对的,不仅仅是行将就木的清政府,还有来自西方的外国势力。因此,从一开始,革命党人就在思考,应该如何获取西方列强对自己革命事业的支持。

1. 孙中山的外交主张

作为中国资产阶级革命的领导者,孙中山非常重视外交的作用。他认为,处理国家关系的首要方法是外交手段,只在外交手段用尽时才能使用战争手段,战争结束后仍应恢复外交手段。孙中山尤其强调外交对于弱国的重要性。他认为当时的中国十分虚弱,非善用外交不得自立。

对于自己的革命事业,孙中山指出,外交是革命党争取革命成功的重要手段。他自己就曾经总结道:"革命的成功与否,就古今中外的历史看起来,一靠武力,一靠外交力。……革命的成功与否,外交的关系是很重大的。"① 1897年,孙中山就曾经撰文呼吁西方国家对自己的革命事业保持善意的中立:"目前我们所需要的援助仅是英帝国及其他列强善意的中立,就可使得目前的制度让位于一个不贪污的制度了。"②

武昌起义发生时,孙中山正在美国筹集革命经费。他听到起义胜利的消息后非常激动,本想立刻回国参加革命战争,但考虑到新政府在外交和财政方面可能遇到的困难,特别是担心列强会干涉革命,他便决定留在国外,"先从外交方面致力,俟此问题解决而后回国"。孙中山对当时西方各国进行了一个分析:"要而言之,列强之与中国最有关系者有六焉:美、法二国,则当表同情革命者也;德、俄二国,则当反对革命者也;日本则民间表同情,而其政府反对者也;英国则民间同情,而其政府未定者也。是故吾之外交关键,可以举足轻重为我成败存亡所系者,厥为英国;倘英国右我,则日本不能为患矣。"③ 随后孙中山开始去有关各国进行游说,设法争取几个大国对革命的支持。他先后到了纽约、巴黎和伦敦,向当地政界和财界人士介绍中国革命的宗旨,强调革命党是想建立一个西方类型的民主国家,并不采取排外政策。在孙中山的努力下,以英国为首的四国银行团同意停付给清政府的借款,英国政府许诺将制止日本援助清政府,且取消各处英属政府对孙中山的驱逐令,等等。在这期间,孙中山还发表了《通告各国书》,说明革命政府的对外政策,强调各国在华权益仍将得到保证。

孙中山的这一系列活动在一定程度上获得了西方列强对革命党的支持,增加了清政府的困难,而有助于革命的发展。

2. 辛亥革命的爆发

代表民族资产阶级的革命力量逐渐走上历史舞台。早在1894年11月,孙中山组织了最早的革命团体"兴中会",指出民族面临危机:"方今强邻环列,虎视鹰瞵,久垂涎于我中华五金之富、物产之饶。蚕食鲸吞,已效尤于接

---

① 《孙中山全集》第7卷,中华书局2006年版,第121页。
② 《孙中山全集》第1卷,中华书局2006年版,第106页。
③ 孙中山:《建国方略》,辽宁人民出版社1994年版,第103页。

踵;瓜分豆剖,实堪虑于目前。"①1905 年成立的革命组织"同盟会"则明确提出了"驱除鞑虏,恢复中华"的奋斗目标。革命党在全国各地多次组织武装起义,但都遭到清政府的残酷镇压,未能获得成功。

1911 年 5 月,清政府宣布"铁路干线国有"的政策,名义上由清政府借外债来修建川汉、粤汉两条铁路,实际上是要把路权出卖给外国。这引起全国各阶层人民的激烈反对和抗议,从而形成了声势浩大的保路风潮。长沙各地群众万余人集会,一致要求清政府收回成命,准许铁路商办;湖北谘议局也召开数千人的大会,反对铁路国有政策。这其中,四川的保路运动最为激烈。6 月 17 日,川汉铁路股东在成都召开大会,成立"四川保路同志会",参加人数达几十万。8 月,成都罢市,数十县卷入了这场斗争。9 月,保路斗争发展成为全省的抗粮抗捐运动。不少同盟会员则联合会党,发动起义。为了镇压四川的群众运动,清政府紧急下令,从湖北调集军队由鄂入川。

四川的保路风潮使得全国的革命形势迅速高涨,湖北的革命党人也在为起义做周密的计划部署。1911 年 10 月 9 日,孙武等人在汉口俄租界制造炸弹时不慎引爆了炸药,沙俄巡捕应声前来,发现了准备起义的旗帜、文告等,起义计划不慎泄露。湖广总督瑞澂随即在全城搜捕革命党人,指挥起义的秘密机关遭到破坏,革命军总指挥蒋翊武逃脱,其他一些骨干成员被捕。10 日凌晨,被捕的起义领导人彭楚藩、刘复基、杨洪胜三人被斩首,同时全城戒严,继续搜捕革命党人。在此情形下,湖北的革命党人自行联络,于 10 日晚发动起义。新军中的革命党人杀死反动军官,占领望楚台军械库。经过一夜激战,瑞澂逃跑,起义军成功地占领了武昌;汉阳、汉口的新军也先后起义。到 12 日,武汉三镇全部光复。

3. 湖北军政府的对外政策

武昌起义胜利后,革命党人于 11 日成立了湖北军政府,并强推原清军协统黎元洪为湖北军政府都督。军政府成立第二天即通告全国,宣告光复,并宣布改专制为共和,废除清朝皇帝年号。随后军政府又颁布了一系列文告,宣布废除苛捐杂税、实行司法独立、整顿财务、保护工商业、安定社会秩序、革除社会陋习等政策,同时还制定了《中华民国鄂州约法》。

在各项政策中,对外政策受到了湖北军政府的格外重视。军政府最初设立的四个部门之一即为外交部(其他三部门为:参谋部、军务部、政务部),同

---

① 《孙中山全集》第 1 卷,第 19 页。

时采取了避免同外国人发生冲突的对外政策。军政府在 11 日出的安民告示中提出:"凡扰害外人及外国租界者斩;保护外人,及租界教堂者赏。"①10 月 12 日,军政府派其外交部部长胡瑛等人前往汉口,以湖北军政府都督的名义向驻在汉口的各国领事发出照会,宣布革命政府的外交政策。它明确指出:

> 对于各友邦益敦睦谊,以期维持世界之和平,增进人类之幸福。所有国民军对外之行动,特先知照,免致误会。一、所有清国前此与各国缔结之条约,皆继续有效。一、赔款外债照旧担任,仍由各省按期如数摊还。一、居留军政府占领地区城内之各国人民财产,均一律保护。一、所有各国之既得权利,亦一体保护。一、清政府与各国所立条约所许之权利,所供之国债,其事件成立于此次知照后者,军政府概不承认。一、各国如有助清政府以妨害军政府者,概以敌人视之。一、各国如有接济清政府以可为战事用之物品者,搜获一概没收。②

这些规定与同盟会成立时所发布"对外宣言"的内容③基本一致,也是孙中山外交思想的体现。可以看到,尽管军政府的对外政策在维护国家主权方面有严重缺陷,但它在不给帝国主义以干涉革命的口实方面具有策略性意义,有助于革命的展开。

事实上,在武昌起义之前,驻汉口的各国领事就已经在密切注视革命党在武汉一带的活动。英、德、法等国领事都曾请求速派本国军舰前来保护各国侨民的生命与财产安全。武昌起义后,湖广总督瑞澂还曾派人与德国领事联系,声称武昌起义为义和团复起,要求德国军舰向武昌开炮。德国领事接受了这一要求,但由于西方各国曾经在 1901 年达成了不单独在华采取行动的协议,而在 13 日举行的汉口领事团会议上,德国领事主张协助清军镇压起义的提议遭到了法国领事侯耀与俄国领事敖康夫(此时担任领事团首席领事)的反对,未获通过,因此西方国家并没有对起义采取军事行动。

由于湖北军政府反复在对外文告中强调尊重和保护外国人及列强的权益,在实际行动上也未侵扰租界及侨民的安全,所以外国驻华机构对起义军及军政府的态度开始发生变化。经过权衡,10 月 18 日,英法俄德日五国驻汉口领事正式联名宣告中立。湖北军政府终于争取到了列强的中立,这使得革命声势大震,也避免了同西方国家发生直接冲突。但同时,湖北军政府也在

---

① 中国史学会主编:《辛亥革命》第五册,上海人民出版社 1957 年版,第 175 页。
② 熊志勇、苏浩、陈涛:《中国近现代外交史资料选辑》,第 191—192 页。
③ 同上书,第 191 页。

给各国领事馆的照会中重申:"凡有限制本军政府之意思,不能独立自由者,本军政府纵用如何损害之手段,亦是我民族应有之权利。"①

第二节 临时政府的外交政策

1. 中华民国的成立及其外交方针

武昌起义之后,各省纷纷宣布独立,不再接受清政府领导,创设新的中央政府的问题也就被提上了日程。然而,此时孙中山尚未回国,国内形势十分复杂。各地革命党人各自为政,缺乏统一协调。在各省独立的过程中,立宪派成为一股重要的力量,他们转向了革命,但与革命派之间还存在隔阂。此外,这时被清政府紧急起用的袁世凯仍在进攻革命军,并以停火等手段引诱革命党人进行和谈。复杂的形势延缓了统一政府的诞生,在筹建临时政府的代表中,革命派与立宪派力量相当,此外还有少数旧官僚、封建士绅等,各派意见不一,新政府迟迟未能组建。直至12月25日,孙中山返回上海,形势才发生变化。革命党人有了众望所归的领导人,立宪派和旧官僚也认为在此过渡时期,孙中山是最合适的人选。12月29日,孙中山当选为临时大总统。

1912年1月1日,孙中山在南京宣誓就职,宣告中华民国临时政府成立。3日,临时政府的九名国务员名单获得通过,并选举黎元洪为副总统。28日,临时参议院在南京成立。临时政府包括了革命派、立宪派和旧官僚等三种势力,但革命派居于主导地位。

孙中山就职当天所发布的第一张宣言书宣示了临时政府的内外政策,其中对外交方针做了全面阐述:"临时政府成立以后,当尽文明国应尽之义务,以期享文明国应享之权利。满清时代辱国之举措与排外之心理,务一洗而去之;与我友邦益增睦谊,持和平主义,将使中国见重于国际社会,且将使世界渐趋于大同。"②1月11日,临时政府外交部正式成立,其主管事务是"管理外国交涉及关于外人事务,并在外侨民事,保护在外商业,监督外交官及领事"③。第一任外交总长由王宠惠担任。但直至4月份,外交部新机构才组成,设两厅四司:承政厅、参事厅、外政司、通商司、编译司和庶务司。

---

① 张国淦:《辛亥革命史料》,龙门联合书局1958年版,第103—104页。
② 熊志勇、苏浩、陈涛:《中国近现代外交史资料选辑》,第193页。
③ 中国第二历史档案馆编:《中华民国史档案资料汇编》第二辑,江苏古籍出版社1991年版,第9页。

1月5日,临时政府发表《临时大总统宣告各友邦书》,其基本政策同军政府的对外政策一样。

一、凡革命以前所有满政府与各国缔结之条约,民国均认为有效,至于条约期满而止。其缔结于革命起事以后则否。二、革命以前,满政府所借之外债及所承认之赔款,民国亦承认偿还之责,不变更其条件。其在革命军兴以后者则否。其前经订借事后过付者亦否认。三、凡革命以前满政府所让与各国国家,或各国个人种种之权利,民国政府亦照旧尊重之。其在革命军兴以后者则否。四、凡各国人民之生命财产,在共和政府法权所及之域内,民国当一律尊重而保护之。

同时,临时政府还表示了同世界各国和平往来的真挚愿望,"深望吾国得列入公法所认国家团体之内。不徒享有种种之利益与特权,亦且与各国交相提挈,勉进世界文明于无穷"①。

南京临时政府成立后,把争取列强的承认作为外交的第一要务。11日,南京临时政府向各国发出照会,希望得到承认。孙中山亲自以大总统名义致电法国政府,表示愿意与其建立友好关系,希望它接受张翼枢为驻法全权代表。17日,临时政府又再次呼吁承认问题,指出:"民国政府已稳固建立。为求有助于我们同外国的往来,并更好地履行我们的国际义务,早日承认将是得策。"②19日,外交总长王宠惠表示,希望列强及早承认民国,从而保证政权的平稳交替。然而这些请求都没有得到外国的任何答复。

南京临时政府从成立之初,即面临严重的财政危机。原先清朝的许多苛捐杂税已经被废除,海关税收被西方列强把持拒不交付临时政府,而20世纪初中国资产阶级的力量还不够强大,孙中山、黄兴等人四处筹款却收效甚微。临时政府不得不举借外债,但西方国家大都反应冷淡,即使借款,也常常附加极其苛刻的政治条件,这必然会影响到临时政府的外交政策,使其外交体现出很大的软弱性。

孙中山和临时政府曾在一些场合提出要收回租界主权、取消领事裁判权和改革关税制度等。然而,由于害怕引起列强的敌意和期望得到外国的帮助,临时政府并没有在收复国家主权方面做出任何实质性的决定,而是恪守宣言中许下的诺言。1912年1—2月间,南京临时政府对德交涉就采取了妥

---

① 熊志勇、苏浩、陈涛:《中国近现代外交史资料选辑》,第196页。
② 李约翰:《清帝逊位与列强(1908—1912)》,中华书局1982年版,第305页。

协的态度。1912年1月,革命党人占据了位于胶东半岛德国租借地的即墨县。当时,德国派骑兵一百多人前往即墨,以条约为据,要求革命党人解除武装,同时电告山东巡抚胡廷福这一情况。清政府闻讯后派兵突袭即墨,杀害革命志士30余人,并将附近村庄烧毁。当地革命军请求南京临时政府与德国政府交涉。虽然临时政府外交部对德方提出了抗议,但拘于对条约的承认和实力不足,孙中山不得不于2月10日下令革命军自即墨撤退。

尽管如此,临时政府的外交活动还是有其闪光之处。2月19日,荷属爪哇岛泗水市的华侨集会,升起五色旗,鸣放爆竹,庆祝中华民国的成立。荷兰军警出来干涉,造成死伤十几人、被捕百余人的惨案。当地华侨采取闭门罢市的行动以示抗议,荷兰政府出动军警强迫开市,并逮捕了四百多人。事件发生后,泗水华侨分别向北京清政府、南京民国临时政府发电请求保护。由于临时政府尚未被荷兰承认,在孙中山主持下,临时政府外交总长王宠惠几次致电主掌北京大权的袁世凯,请北京政府与荷兰驻华公使严正交涉,并要求驻荷兰中国公使刘镜人与荷兰政府进行正面交涉。26日,临时政府召开内阁会议,提出对荷交涉的四项条件,由王宠惠发电荷兰外交部,同时电告北京当局:(1)限三日内释放被捕华侨;(2)赔偿财产损失;(3)对被害者给予赔偿;(4)恢复人权,华侨与欧侨和日侨等一律对待。28日,临时政府又令沿海都督禁止华工赴荷属地,以此对荷兰政府施加压力。在国内舆论和临时政府的催促下,北京当局也屡次致电驻荷兰公使刘镜人,要求其竭力与荷兰当局交涉。此案由于中国政府立场强硬,民众情绪高昂,经反复交涉,荷兰当局不得不释放所有被捕者,并答应以下条件:(1)惩办杀害华侨的凶手;(2)优礼安葬被害华侨,抚恤家属;(3)受伤华侨除由荷兰政府负责医治外,并给予调养费;(4)华侨财产损失如数赔偿;(5)荷兰政府对旅居荷属的华侨与荷兰人同等看待。

南京临时政府在"泗水事件"的交涉过程中,一改晚清政府在对外交涉上软弱可欺的局面,为在海外的泗水侨胞争得了合法权益。"泗水事件"的成功交涉是中国外交的一次胜利,使近代中国外交有了新的生机。它为南京临时政府赢得了海外华侨的广泛赞誉,使海外侨胞第一次感到独立的中国是自己的坚强后盾。

2. 南北和谈中列强对袁世凯的支持

中日甲午战争后,袁世凯撤退回天津。1895年,袁世凯被清政府委任负责督练新军。新军是由德国军官训练、使用西式武器装备的军队,袁世凯利用这个机会培植了以他为核心、以北洋新军为主体的军阀集团。1901年11月,袁世凯继李鸿章之后署理直隶总督兼北洋大臣,大力推举新政,其权势得到进一步的增长。1908年11月,光绪皇帝和慈禧太后先后死去,不满三岁的宣统皇帝继位,由其父载沣摄政。载沣反对袁世凯的很多新政措施,更因为戊戌政变一事痛恨袁世凯,因此袁世凯很快被罢黜,返回河南隐居。

  武昌起义后,清廷把镇压革命的希望放到兵力强大的北洋军上,而真正能够指挥得动北洋军的人只有袁世凯。为此,清廷考虑重新起用袁世凯。这种看法与列强不谋而合。虽然武昌起义之后革命政府一再阐述其温和的对外政策,但列强对它并不真正信任。他们认为,只有袁世凯才能控制中国的局势,尽快恢复和平。英美等列强便利用清政府向它们求援之机,表明对袁世凯的支持。美国驻华公使嘉乐恒会见了摄政王载沣,英国公使朱尔典多次拜访内阁总理大臣奕劻,都表示希望看到清政府起用袁世凯。1911年10月14日,清政府任命袁世凯为湖广总督,指挥清军前往汉口镇压革命军。随后又任命他为内阁总理大臣,组织完全内阁,袁世凯就此独揽了清廷的军政大权。

  袁世凯主掌大权后,一方面指挥对革命军的镇压,另一方面又试图同革命党人进行和谈,既为瓦解革命力量,也为巩固自己在清政府内的地位。而西方列强也不希望中国陷入战乱,从而影响自身在华利益。尤其是英国,革命爆发的长江流域是英国的势力范围,因此英国在促成南北双方和谈上格外积极。最终在英国的调停下,清政府与革命军双方达成停战协议,并且于1911年12月18日在上海正式开始谈判。

  和谈开始前三天,即12月15日,驻上海的英、美、德、法、俄、日六国领事分别向南北双方代表递交照会,表示"中国目前的战争如果继续下去,不惟使中国自身,抑且使外国人的物质利益与安全,受到严重的危险",因此提醒双方"必须尽可能迅速地达成足以停止目前冲突的协议"①。照会表面上不偏不倚,但实际上,列强这么做显然是想迫使南方革命党人接受不利的和平局面。收到照会后,作为南方代表的民国外交总长伍廷芳向六国领事复文说:

> 吾国民现与北京政府相战,不外欲得完全之自由。今倘轻求和平,弥缝一时,则第二次革命必起,其惨害之所及,更有甚者。故此次媾和须慎重审议,不可不树立确实之和平于确实之基础上,是即所以确保永远之和平。不惟为外国侨民之福,实为东西各国之福。伏请诸君所代表之

---

① 复旦大学历史系中国近代史教研组:《中国近代对外关系史资料选辑(1840—1949)》上卷第二分册,上海人民出版社1977年版,第310页。

各政府须同情革党之宗旨。盖调停条件若以吾国民之要求相符,则吾党曷尝踌躇而不愿和议之确立乎?①

但列强对此没有做出答复。

各国表面上虽表示中立,实际上它们都倾向于支持袁世凯。英国外交大臣葛雷曾致电朱尔典表示:"吾等对于袁世凯深加敬爱,愿此次革命之效果得有完全巩固之政府,与各外国公平交际,并保全内地治安及美满情形,使在中国之商务进步。此种政府,吾等将于外交上竭力相助。"②法国政府也认为唯有袁世凯可以维持秩序。法国驻华公使潘苏纳曾拜访袁世凯,鼓动由他来主持政府。美国公使嘉乐恒认为袁世凯得不到财政支持就难以维持对军队的掌控,谈判就可能失败,主张贷款给袁世凯。日本驻华公使也曾会晤袁世凯,表示日本将全力支持他;但同时,日本也私下里"援助"革命军,借此对袁世凯施加压力,以便从中渔利。

3. 清帝退位与袁世凯上台

孙中山当选临时大总统对袁世凯是一个重大打击。在孙中山就职之日,袁世凯就指使北洋将领冯国璋、段祺瑞等48人联名发出"誓死拥护君主立宪,反对共和政体"的通电,并撤销唐绍仪的议和代表资格。同时,袁世凯又征求英、法、美等国公使的意见,想了解西方国家是否支持他,各国公使都表示了对他的信任。面对临时政府继续北上进军的行动,西方各国则调集军舰和军队,扬言若中国内乱不止,就要实行武装干涉。此时临时政府内部的立宪派和旧官僚也站在袁世凯一边,革命党只好再次妥协,南北双方继续谈判。最后双方达成了一项协议:革命党人同意让出政权,袁世凯则同意宣布赞成共和,并逼清帝退位。

随后南北双方争论的中心集中到如何结束南北政权的对立,以及如何处置清朝皇帝两个问题上。对于第一个问题,孙中山为了能尽早结束清朝的封建统治并保持革命的成果,多次表示如果列强承认中华民国政府,他即举袁世凯为总统。但他的这个主张未被接受。袁世凯主张清政府与南京临时政府同时解散,由他另立统一的共和政府。南京临时政府拒绝了这个要求,但还是做出了让步。孙中山同意表示:"如清帝实行退位,宣布共和,则临时政

---

① 丁贤俊、喻作凤:《伍廷芳集》上册,中华书局1993年版,第380页。
② 中国史学会:《辛亥革命》第四册,上海人民出版社1957年版,第314页。

府决不食言,文即可正式宣布解职,以功以能,首推袁氏。"①对于如何处置清朝皇帝,北方代表遵照袁世凯的意见,提出皇室优待条件:皇帝称号不废;每年由民国政府给四百万元;暂居皇宫,以后移居颐和园;原有私产由民国特别保护等等。虽然孙中山、黄兴等人对此表示反对,但妥协的舆论占了上风,清室优待条件最终得到通过。

袁世凯在得到南方同意让权的确切保证之后,利用全国的革命声势,立即对清帝实行逼宫。在袁世凯的军事压力之下,1912年2月12日,清帝宣布接受优待条件,正式退位,清王朝对中国260多年的封建统治就此结束。

清帝退位第二天,2月13日,袁世凯正式声明赞成共和,孙中山向南京临时参议院提出辞职和举荐袁世凯的咨文。15日,临时参议院选举袁世凯为临时大总统,21日又选举黎元洪为副总统。美、英、法、德等国公使在袁世凯当选后,即登门祝贺,并向袁世凯政府接洽借款,帮助解决财政困难。美国国会还特别通过一项祝贺中国"共和政体告成"的议案,支持袁世凯政权。这与它们之前冷落孙中山南京临时政府的态度形成了鲜明对照。

孙中山为了约束袁世凯,在辞职时提出了定都南京、新总统到南京就职和遵守《中华民国临时约法》三项条件。孙中山再三催促袁世凯到南京就任,可是袁世凯却迟迟不动身,还请列强出面干涉。英国驻南京总领事就向南京临时政府外交总长王宠惠表示,迁都南京是"过分的要求"。袁世凯还玩弄手段,暗中指使其亲信部队在北京、天津、保定等地制造兵变。北京外交团立即

袁世凯政府与北京外交团

---

① 《孙中山全集》第2卷,中华书局1982年版,第23页。

采取措施,加强巡逻和增调军队入京;北洋将领通电要求临时政府设在北京。在这种形势下,革命党人只好再次做出妥协,放弃定都南京的打算。3月10日,袁世凯在北京宣誓就职。4月1日,孙中山正式解职。随后,临时参议院决定政府迁往北京。

第三节 争取列强承认的外交妥协

1. 关于承认中华民国的交涉

虽然中华民国政府已成了中国的唯一合法政府,但是列强仍迟迟不承认新政府。2月23日,日本分别照会美国等国,就承认中华民国政府的条件进行协商。日本主张:(1)中国新政府要保证继续承认外国人根据条约、法律成例或习惯所得到的权利、利益和特权;(2)向新政府取得借用外债的预约;(3)列强采取共同行动。3月23日,日本政府下令各驻外使节向英、美、俄、法、德等国提交了《关于承认中国新政府的条件细目》的建议,其主要内容就是中国新政府应承担并履行清政府、临时政府及各地方政府、团体或法人缔结之一切条约、协定、租界权利,偿还外债,并须全部确认治外法权、领事裁判权及其他种种特权。对于日本的建议,英法两国立刻表示原则上同意。德国也表示同意。美国虽然表示同意,但附带声明:以这个方针不致对于承认中国新政府引起不必要的延缓为限。俄国先是表示同意,后又增加了附带条件:唯日俄两国的特殊权利得另行要求。实际上,此时日、俄、英三国都无意迅速承认中华民国,它们正分别同中国政府就中国东北、外蒙古和中国西藏等问题进行交流,试图借承认问题进行要挟。日本的建议实际上成了列强承认中华民国的前提要求。

只有美国在承认问题上比较积极。1912年1月3日,美国众议院外交委员会主席向国会提交一份提案,祝贺中国爱国者所取得的成功,主张尽快承认中华民国。2月29日,美国参众两院通过一项决议,庆贺中国共和政府的成立。美国亚洲舰队司令训令在中国沿海的美军舰艇受到悬挂有中华民国国旗的中国舰艇敬礼时应该回礼。5月6日,美国政府向驻华公使嘉乐恒询问应否承认的意见,他的回答是"应该从速承认"。6月间,袁世凯内阁中许多成员为反对他的专横独裁而提出辞职,政局发生动摇。为稳定政权,继任国务总理兼外交总长的陆征祥向美、日等国重新提出承认民国的要求。美国政府根据这一请求于7月20日照会英、法、俄、日等国政府,询问是否愿意立即承认中华民国政府,并指出美国的民意都主张立即承认,美国政府不便久违民意。但是各国复电都不赞成立即承认,认为时机未到。俄国主张要等到中国政府正式成立才能承认,法国同意俄国的主张,并强调在新政府对外国在华权益和条约未予正式做出保障之前不能承认。英国借口袁世凯政府没有履行条约义务的能力。日本则认为:当前的中国政府只不过是临时性质,尚无建立持久政府制度的基本法规,而且目前政权也不够稳定,如果此时承认,不仅妨碍中国正在进行的行政改革,也不利于外国利益。在这种情况下,美国政府决定等中国临时政府结束、中国宪法公布后再予承认,以维护所有列强在华共同行动的原则。

1913年1月,美国国会通过参议员培根立即承认中国新政府的提案。3月4日,美国新总统威尔逊宣誓就职。18日,美驻华代办威廉士致电国务院,主张迅速承认民国政府,他指出这样做有助于增进中国人对美国的感情,若与其他国家一致行动,只会损害美国利益,而使别人的阴谋得逞。3月28日,威廉士又向美国国务院报告,中国政府请求立即给予承认,"袁世凯相信,这个承认将大大加强他的政府在人民中和即将召开的国会中的威信"。于是,威尔逊总统决定抓住这个机会采取行动。4月2日,美国政府通知各国,美国已决定立即承认中华民国政府,望各国合作。6日,美国告诉中国:在中国召开国会,完成组织议院之后便正式承认中华民国政府。其他国家试图阻止美国采取单独行动,希望它能坚持一致行动的原则。日本试图改变美国的既定态度未能成功,便于19日提出承认条件草案,除了在1912年2月间提出的那些条件外,又建议在北京举行各国外交代表会议以达成一项共同的决定,然后才能给予承认。日本强调各国尽可能同时承认中国政府,这项提议得到英、俄、意、奥等国的支持,而美国未予理睬。4月8日,中华民国国会正式在北京开幕,参众两院先后组成。5月2日,美国驻华代办向中华民国总统递交国书,正式承认中华民国。在此之前,由于受美国的影响,巴西已于4月8日首先承认中华民国。墨西哥、古巴等国也分别于5月2日和5月4日承认了中华民国。

9月30日,北京外交团开会时,日本方面提出,如果中国正式承认外国在华得到的各项权利,日本愿意在中国总统选举之后即承认中华民国。日本建议非正式地劝告中国内阁总理,中国方面在通知各国关于总统选举的照会内要附上一件保证外国利益的声明。日本甚至已经草拟了声明的内容:"前清政府及临时政府与外国政府、公司和私人所缔结的一切条约、协定及其他义务将严格地遵守。在华外人由于国际义务、国家法令及惯例而享受的一切权利、特权及豁免也同时在这里证实。"①10月2日,驻京各国公使再度开会,赞同日本的建议。于是日本公使与袁世凯的亲信梁士诒商定,在袁世凯10月10日的就职演说中发表日本方面所建议的声明,其内容先行征得各国的同意,随后各国将立即承认中华民国。10月6日,袁世凯正式当选总统。外交部向各国政府通报此事,并将上述声明的内容通知各国驻华公使。10月7日,英、俄、法、德、日、意、匈、荷、比、葡、西、丹、瑞典等13国同时宣布承认中华民国。10月10日,袁世凯发表就职演说,他声明:

> 所有前清政府及中华民国临时政府,与各外国政府所订条约、协约、公约,必应恪守,及前政府与外国公司人民所订之正当契约,亦当恪守。又各外国人民,在中国按国际契约及国内法律并各项成案成例已享之权利并特权豁免各事,亦切实承认,以联交谊而保和平。凡我国民,当知此为国际上当然之理;盖我有真心和好之证据,乃能以礼往来也。②

2.《善后借款合同》的签订

1912年初,袁世凯为了巩固自己的地位,向英、法、美、德四国银行团提出借款的请求。3月9日,四国银行团同意向北京政府先垫款110万两白银,条件是此后北京政府若急需用款,要首先向四国银行团请求提供。袁世凯急于得到这笔款项,同意了这个条件。3月14日,北京政府又同比利时一财团达成一项以京张铁路为担保、借款100万镑的合同。英、法、德、美四国政府闻讯后,向北京政府提出抗议,指责其不守诺言。4月18日,四国驻北京的使节联合照会外交部,以不许四国银行团继续同中国商议借款为要挟,迫使北京政府放弃同比利时财团的合同。

正当北京政府与四国银行团继续商谈大借款之时,四国银行团与日俄两国银行的代表则在伦敦商量六国合作对华借款的办法,这是因为四国担心利益分沾不均引起日俄的反对。经过一番讨价还价,六国银行代表于6月18日在巴黎达成合作协定,六国银行团正式成立。六国银行团决议先垫借给北京政府8060万两白银,要求北京政府遵守下列条件:(1)指定垫款用途;(2)作为担保的税收应由海关或类似的机构管理;(3)借款的用途应由六国银行团监督;(4)垫款应视为大借款中的一部分,六国银行团对大借款有优先应募

---

① 程道德、张敏孚、饶戈平:《中华民国外交史资料选编(1911—1919)》,北京大学出版社1988年版,第27页。
② 白蕉:《袁世凯与中华民国》,中华书局2007年版,第62—63页。

权;(5)明定大借款的一般原则;(6)在大借款未发行之前,中国政府不得向他处借外债;(7)上述条件都是必要的,中国政府并应承认六国银行团为中国的财政代理人,以五年为期。6月24日,六国银行团把监督管理中国借款用途的计划通知中国财政部长,并提出中国的盐税也应由外国人来管理。这种无理要求遭到中国方面的拒绝。7月1日,北京政府向各国建议:减少大借款的总额,并请对方放宽借款条件。英法等国拒不同意。六国驻北京使节于7月9日一起拜会北京政府内阁总理及财政部长,转达各国政府的意旨,即只有按照银行团提出的条件办理,否则各国政府不能赞助各国国民借款给北京政府。列强提出的这些借款条件实际上就是要把持中国的财政大权,无疑将遭到全国人民的强烈反对。财政部长熊希龄曾向六国使节表示,若政府接受了这样的条件,其命运将同清廷一样。北京政府终究不敢承认这些条件,大借款的交涉陷于停顿。

急于用款的北京政府不得不分头向其他银行商借。8月30日,中国驻英公使刘玉麟和伦敦一财团签订了克利士卜公司借款合同,借款额为1000万金镑,以盐余为担保。六国驻华使节闻知此事后,于10月23日联名向北京政府提出抗议,反对以盐余作为担保品,理由是银行团在同中国商谈大借款的时候已垫借中国政府180万镑之多,这些垫款是用盐余作担保的,应对盐余有优先权。由于六国政府的反对,北京政府不得不向六国银行团表示愿取消克利士卜借款合同,重与六国银行团商议。

借款谈判到1913年2月大体上议定合同,银行团已准备签字。这时,俄法政府又为雇用外国人问题提出异议。根据原来商议的结果,中国应雇用三名外国人,丹麦人、德国人和意大利人各一,分别担任盐务稽核总所的总办、外债室的稽核和审计处的顾问。俄国主张至少雇用一名俄国人,法国主张北京政府应雇用六人,即每个借款国应有一人。3月3日,列强商议后将结果告诉中国方面,中国政府因其与原议不符拒绝接受。

美国方面鉴于六国银行团的内部纠纷妨碍实际工作,有悖于美国的一贯政策,特别是在借款问题上美国同日俄的主张不同,因此决定退出银行团,采取自由行动。3月18日,威尔逊总统向新闻界发表声明,声称由于六国银行团的借款条件触及中国的行政独立,干涉了中国的财政与政治,美国政府不赞同美国银行参加,美国愿以合法方式从银行和财政方面支持美中通商关系,以维护门户开放政策。美国银行团随即退出六国银行团。

美国银行的退出促使五国银行团在态度上不得不做出让步。同时,北京政府面临财政危机,许多省都督都来电催饷,主张迅速达成借款合同。于是,4

月 26 日国务总理赵秉钧等作为中方代表同五国银行团的代表签订了《善后借款合同》。这笔大借款的总额为 2500 万镑,以盐税作为担保。同日,两方签订善后借款垫款合同,由银行团立即垫付 200 万镑,以应中国政府的急需。

帝国主义列强通过大借款掌握了中国的盐税,而当时的盐税是中国政府除田赋和关税外一项最大的税收。关税本来已由列强所掌握,盐税也被把持,这就使得列强进一步控制了中国的财政。这一卖国丧权的大借款遭到中国各界的反对。众议院投票反对这一合同,参议院院长也通电表示反对。

3. 日本在东北获得新的权益

辛亥革命爆发后,日本便想利用中国的内乱来巩固和扩大它在东北地区的地位和利益。1911 年 10 月 24 日,日本西园寺首相召开内阁会议讨论中国问题。这次会议基本上按照内田外相的意见制定了《关于对清政策》。它的主要内容是:(1) 日本要永久地保持在中国东北三省的权益,设法延长"满洲"租借地的期限,并取得所有铁路的铺设权。为完成这一计划,日本政府将不惜任何代价,并等待时机来加以解决。(2) 维持日本在中国的经济优势地位,若有不测事件发生,日本政府要采取断然措施。根据这一政策,日本千方百计地利用革命期间中国的动乱来巩固和扩大它在东北三省的地位和利益。1912 年 1 月 16 日,日本内阁决定与俄国缔结新的密约。双方经过讨论于 7 月达成了第三次《日俄密约》,进一步明确划分两国在"满洲"和蒙古的势力范围。

随后日本向中国提出了新的要求。1905 年《中日会议东三省条约》的附约中规定"满韩交界陆路通商,彼此应按照相待最优国之例办理"。因此,该约订立后日本方面一再要求对通过中朝边界的贸易给予减税三分之一的待遇,因为 1896 年签订的中俄《会办东省铁路公司合同章程》中曾规定经由该铁路在中俄间运输的货物享受减税三分之一的优待。当时清政府答复说,中朝之间有鸭绿江相隔,不是陆路通商,不能援例而行。1911 年 11 月,日本在鸭绿江上架设的铁桥竣工。1912 年日本方面提出既然大桥已建成,中朝之间的铁路运输与陆路无异,来往货物应按照中东铁路减税之例办理。这时,袁世凯政府正在竭力巩固它的统治地位,争取列强的承认,不敢得罪日本,便同意了这一要求。1913 年 5 月 29 日,由中国海关总税务司安格联与日本驻华公使伊集院彦吉签订了中日《朝鲜南满往来运货减税试行办法》,规定来往东三省与朝鲜之间的货物减税三分之一。这项优惠待遇为以后日本垄断东北地区南部的贸易提供了条件。

1913 年 7 月,中国发生反对袁世凯的二次革命。在革命被平定之后,袁世凯出于对争取日本承认的希望和对日本可能帮助革命党的担心,派孙宝琦和李盛铎二人为特使访日,进行秘密交涉。日本趁机提出修建满蒙铁路问题。10月5日,外交总长孙宝琦与日本驻华公使山座圆次郎在北京秘密换文,订立《铁路借款修筑豫约办法大纲》。大纲规定,中国政府将用日本的资本修建四平街至洮南、开源至海龙、长春至洮南的三条铁路,还保证中国今后若修建洮南至承德和海龙至吉林省城两铁路时必先借用日本的资本。这个借款大纲有助于日本巩固在南满的实力地位和向内蒙古扩张。

4. 外蒙古问题的交涉

外蒙古至20世纪初一直是中国领土的一部分,在清朝的版图上,整个蒙古地区同属于中国的领土。这一地区因为中间有一片戈壁沙漠而被分成两个部分,北部为外蒙古,南部为内蒙古。内外蒙古在清朝都具有相同的地位,同新疆、西藏等地区一样都被视为藩部,由清政府中的理藩院管理。但比起其他地区,蒙古人享有一些特殊权力。在地方上,清政府在外蒙古设有三位高级官员:将军、办事大臣、参赞大臣,他们分别驻在乌里雅苏台、库伦和科布多,掌握地方上的军政大权。其中,库伦的大臣还拥有办理中俄交涉的权力。根据1727年的中俄《布连斯奇界约》的明确规定,广大的蒙古地区是中国的领土,当时划定的中段中俄边界就是现在的蒙俄边界。

然而从19世纪中期起,沙俄一直试图对外蒙古实行扩张。通过软弱的清政府,沙俄在外蒙古取得越来越多的权益。名义上由中俄两国合办的由恰克图经蒙古地区到达北京的邮路,为俄国开辟了一条深入到中国首都的通道。俄国在作为交通枢纽的库伦设立了领事馆,还在外蒙古得到了修建铁路、开矿,以及在边境地区免税贸易的特权。20世纪初,俄国向外蒙古派遣各种调查团,笼络当地的王公贵族,培养亲俄势力。1907年和1910年,俄国两次同日本达成密约,使日本承认俄国在外蒙古的特殊利益。在得到日本的承诺之后,沙俄加快了在外蒙古的扩张步伐。

辛亥革命前,由于清政府的无能和它在蒙古地区推行移民和整顿军队的所谓新政,在蒙古人中引起普遍不满。1911年7月,以哲布尊丹巴活佛为首的十几个蒙古封建王公和活佛在库伦召开秘密会议,讨论脱离中国搞独立的计划。会议决定派代表去俄国争取援助。8月15日,外蒙古叛国代表团到达彼得堡,沙皇尼古拉二世和一些大臣会见了他们。双方经过密谋,外蒙古叛国代表团以承认俄国保护和给俄国种种特权为代价,换取俄国以武力支持外蒙古的独立行动。沙俄积极向外蒙古叛国集团提供武器,并派遣军队进抵库伦。

武昌起义爆发后,各省纷纷独立,俄国趁机怂恿一些蒙古活佛和王公们立刻实施独立。11月,在沙俄军队的配合下,一些封建王公和活佛强行驱逐清朝驻库伦的办事大臣三多。12月1日,叛乱分子宣布独立。不久,哲布尊丹巴活佛在库伦即位,自称"大皇帝",成立"大蒙古国"。俄国政府向外蒙古派遣军队、教官,提供武器和贷款,由此得到了向外蒙古派财政顾问和设立蒙古银行的特权。

1912年1月,孙中山就任中华民国临时大总统后,多次劝告外蒙古的王公活佛不要投靠俄国,希望他们取消独立。为了维护统一,民国政府曾准备出兵外蒙古,但遭到俄国的反对。外蒙古叛军在俄军的支持下,先后侵占了乌里雅苏台和科布多。6月,俄国照会中国政府,提出三个谈判条件:(1)中国不得在外蒙古驻兵;(2)中国不得向外蒙古移民;(3)外蒙古实行自治,中国不干涉其内政。鉴于这三个条件意味着剥夺中国对外蒙古的主权,民国政府拒绝谈判。

为了推行在蒙古的扩张政策,俄国在争得日本和英国的支持后,于11月与外蒙古当局在库伦签订了《俄蒙协约》。这个条约规定:俄国扶助蒙古自治,为其训练军队,不准中国军队进入外蒙古境内,不准中国向外蒙古移民,俄国人在蒙古享有特权。随后双方又订立了一系列经济性条约。俄国将外蒙古变成了自己的半殖民地。

《俄蒙协约》签订的消息在中国国内激起一场爱国热潮。各界民众纷纷提出抗议,要求保护中国对外蒙古的主权,谴责政府外交失利。实际上,《俄蒙协约》签订之前,中国政府已经听说此事,曾尽力对外蒙古当局加以劝阻。11月2日,中国政府向俄国驻华公使提出抗议,并电令中国驻俄公使刘镜人向俄国政府正式声明:外蒙古为中国领土,不能与他国订立条约,不论俄蒙之间达成何种协定,中国政府概不承认。然而,袁世凯此时正想得到列强的承认和支持,不敢同俄国发生冲突,便希望通过谈判解决问题。中俄两国经过谈判,于1913年5月达成一个草案:(1)俄国承认外蒙古为中国领土完全的一部分,除了领事馆卫队外,俄国不派兵进入外蒙古;(2)中国同意不变更外蒙古历来就有的地方自治制度,许其拥有军队和警察;(3)中国愿用和平方式在外蒙古施用主权;(4)俄国保持根据俄蒙通商章程在外蒙古所得的商务利益;(5)俄国如要与外蒙古官员订立国际性条约,要由中俄两国直接商议。这个草案名义上承认了中国对外蒙古的主权,但同时承认了俄国在外蒙古的既得利益,因此参议院拒不批准。袁世凯为了换取俄国对其政府的承认,在11月以声明的形式避开提交国会批准,同意了上述草案内容,从而认可了俄国对外蒙古的控制。1915年6月,中国、俄国和外蒙古的代表又达成了《中俄蒙协约》，条约共 22 条，实际上确认了俄蒙协约、商约和中俄声明的内容，还进一步同意外蒙古当局有与各国订立关于外蒙古工商事宜的条约的专权。

俄国在向外蒙古扩张之时，还趁机把位于外蒙古西北、原属于乌里雅苏台将军管辖的唐努乌梁海划归俄国。1914 年初，俄国政府单方面地宣布：唐努乌梁海人是"俄罗斯保护下的臣民"。随后，俄国向那里派遣军队和官员，并大量殖民。中华民国政府对此无力阻止。

5. 西藏问题的交涉

辛亥革命的爆发也冲击了清政府在西藏的统治。受到英国殖民主义者支持的西藏上层集团中的一些王公喇嘛便趁机于 1912 年初举行大规模的叛乱，试图脱离中国。6 月间，原来逃往英属印度的达赖喇嘛起程返回西藏，策动各地反动分子叛乱，试图使西藏脱离中国。鉴于西藏的危急情况，中华民国政府曾于 4 月发表声明，宣告西藏是中国的领土，随后派军进入西藏东部地区讨伐叛军。政府军在川边区域取得节节胜利，并打算乘胜追击，入藏平叛。英国政府对此感到不安，8 月 16 日，英国驻华公使朱尔典会见袁世凯，指责中国政府在西藏的军事行动。17 日，他又照会中国外交部，提出五点要求：(1) 中国不得干涉西藏内政；(2) 中国官员不得在西藏行使行政权，中国不得视西藏与内地各省相同；(3) 中国军队不得无限制地留驻西藏；(4) 中国应根据以上几点订立协定，然后英国才能承认中华民国；(5) 中国经由印度前往西藏的交通暂时断绝。英国方面还宣称，如果中国政府不愿就此进行商洽，英国政府就不承认中华民国，而且将直接同西藏订立条约。

这时袁世凯政府的地位尚不巩固，他迫切希望得到包括英国在内的列强的承认和支持，因此在这个问题上采取了妥协的态度。袁世凯下令入藏军队停止前进，并于 10 月 28 日恢复达赖被革去的名号。12 月 23 日，中国政府答复英国 8 月 17 日的照会，一方面表示对英国干涉中国主权的要求的不满，另一方面又声明：中国政府无意把西藏改为行省；中国有权出兵西藏以维持秩序，但无意以大量军队留驻西藏；中国政府认为前清与英国所订的条约已经很详尽，没必要再订新约；希望英国尽早承认中华民国。然而，英国以直接与西藏谈判作要挟，迫使袁世凯政府于 1913 年 8 月同意在印度的西姆拉召开有中国、英国和西藏当局参加的会议。在此之后，英国才会同意承认中华民国。

在英国的这种压力之下，1913 年 10 月，西姆拉会议召开。参加者为英方代表麦克马洪、中方代表陈贻范，以及西藏地方代表夏札。在会议上，中央政府代表同西藏地方代表就西藏的管辖问题展开了激烈的辩论，前者强调西藏是中国领土的一部分,后者坚持西藏要独立,双方争执不下。1914年2月17日,英方代表便以调停者的面目提出划分"内外藏"的主张。其内容是内藏包括西康一部分、川边和青海的大部分,外藏包括西藏和西康的大部分;内藏由中国管辖,外藏实行自治。3月7日,中国代表根据外交部"内外藏之名不可用"的指示斥责了这种主张。11日,英方提出正式调停方案,其主要内容仍是划分内外藏。会议就这个方案进行了长时间的讨论。中方代表先强调西藏历来就是中国的领土,不应划分疆界,后来也同意划出由西藏自治的区域,并一再做出让步。4月27日,英方代表通知中方代表,如果当天不在条约草案上草签,英国方面将单独与西藏订约而不再与中国磋商。在英方的压力下,中方代表陈贻范不得不在草约上草签,但同时声明这与正式签约不同,正式签约必须得到中央政府的指示。草约的主要内容有:(1)中英两国都承认中国对西藏的宗主权和外藏的自治权,外藏内政由拉萨政府负责;(2)英国因西藏地理上的位置而与西藏有特别关系,中国在外藏不驻军队,不派文武官员;(3)中国可继续先前办法,派简任大员带有不超过300名的卫队驻扎拉萨;(4)西藏政府可与英国议定外藏通商章程;(5)为订立此约在附图内绘明西藏边界和内外藏的分界。此约附件的声明的主要内容是:(1)西藏为中国领土的一部分;(2)外藏官员由西藏政府选派。这份草约的要害在于它否认了中国对西藏的主权,并借划分内外藏之机扩大了西藏的范围,这些都有助于英国在亚洲和中国的扩张。北京中央政府闻讯后,立即电告陈贻范不能承认这个草约。陈贻范马上把政府的决定通知了英方代表。5月1日,中国政府照会英国驻华使节,指出中国政府不承认这个条约。随后中国政府又照会声明,这个条约未得到中国政府的同意,即便英方代表与西藏地方代表签字了,中国也绝不承认。

中方虽然拒绝签约,但没有放弃继续谈判。6月13日,中国外交部向朱尔典公使提出有关内外藏范围的界务节略。随后,外交部派顾维钧与朱尔典协商,除了提及划界事务外,着重希望在正约中明确西藏为中国领土的一部分。朱尔典认为这是苛求,拒不接受,坚持要中国政府在约稿上签押。英方反对进一步商议,不断地对中方施加压力。7月2日,英方通知中方定于3日召开最后一次会议,陈贻范重申不能在草约上签字。于是在7月3日,英方代表同西藏地方代表签订了所谓的"西姆拉条约",它与原来的草约并不完全相同。对此,中国代表正式向会议声明:"凡英藏本日或他日所签之约,或类似之文件,本国政府一概不能承认。"[①]中国驻英公使也于7月3日、7日照会英

---

① 熊志勇、苏浩、陈涛:《中国近现代外交史资料选辑》,第204页。

国政府,作了同样的声明。由于中国拒绝签约,会议未能真正解决问题。英国方面1915年承认:"事实上去年在西姆拉举行的谈判垮了。"[①]未经中国政府签字的"西姆拉条约"便从来不具有法律效力。

在西姆拉会议期间,西藏地方代表还背着中央政府同英国代表就西藏与印度边界问题进行会谈,并于1914年3月24、25日和英国代表在德里举行了秘密换文,私下里划定了中国西藏和印度的东段边界线,后来这条线被称为"麦克马洪线"。该线把西藏东南门隅、洛隅、察隅地区约9万平方公里的土地划归英属印度。在"西姆拉条约"的附件中有一份为标明内外藏范围的示意图,在此图中,英方不声不响地把中国西藏与印度的东段交界按照麦克马洪线的走向标画,试图以此占据这大片领土。西姆拉会议根本没有讨论中印边界问题,所谓的"麦克马洪线"是在未经中国中央政府知晓和同意的情况下炮制的,也从未得到中国政府的承认。因此,所谓"西姆拉条约"是无效的,"麦克马洪线"也是非法和无效的。

小　结

辛亥革命的发生,结束了中国两千多年的封建制度,拉开了中华民国历史的序幕。新生的政权为了避免被中外联合绞杀的命运,对西方列强采取了妥协的态度。虽然这与当时中国民族资产阶级的软弱性不无关系,但它作为一种革命策略,在革命初期,对于保证革命的发展仍然起到了一定作用。然而,这种软弱和妥协又注定无法从根本上改变列强环伺下中国的命运。由于迫切希望得到西方国家对民国政权的承认,从而可以获得西方国家的支持与援助,革命党人在各个问题上一再让步,这就导致中华民国政府虽然最终在形式上完成了国家的统一、建立起了新的资产阶级政权,在捍卫中国主权和领土方面也做出了一定努力,但它却并没有真正结束封建势力在中国的统治,更没有在废除不平等条约、争取民族独立方面取得进展。尤其是当袁世凯利用自身的军事力量和西方国家的支持登上总统职位后,革命遭遇了重大挫折。袁世凯所把持的北京政府不仅无法制止列强的扩张行动,甚至因列强的威胁和自身利益的驱动,出让了更多的权益。

[①] 马克斯韦尔:《印度对华战争》,世界知识出版社1981年版,第45页。

思考题

1. 分析湖北军政府和南京临时政府的对外政策。
2. 试析中华民国在争取承认问题上的教训。
3. 简析《中俄蒙协约》的背景和影响。
4. 分析"西姆拉条约"的性质。

参考书目

白蕉:《袁世凯与中华民国》,中华书局2007年版。

李约翰:《清帝逊位与列强(1908—1912)》,中华书局1982年版。

《沙俄侵略我国蒙古地区简史》编写组:《沙俄侵略我国蒙古地区简史》,内蒙古人民出版社1979年版。

孙中山:《建国方略》,辽宁人民出版社1994年版。

唐德刚:《袁氏当国》,广西师范大学出版社2004年版。

杨公素:《中国反对外国侵略干涉西藏地方斗争史》,中国藏学出版社1992年版。

中国史学会:《辛亥革命》,上海人民出版社1957年版。

第十章
第一次世界大战与中国

辛亥革命结束了清朝268年的统治,建立了中华民国,但新政府所奉行的妥协政策使其并未能像革命者和人民所期望的那样摆脱列强的控制,取得真正的独立。尽管民国政府也曾试图努力维护中国的主权,但列强还是利用它们的力量乘虚而入,在中国取得各种新权益,并在中国边疆地区制造麻烦。刚刚成立的中华民国还处于一个纷繁复杂的时代之中。欧洲列强在争夺殖民地过程中的矛盾越来越尖锐,最终导致了第一次世界大战的爆发。中国原本并不是参战各国争夺的重点,但日本却趁西方各国无暇东顾之机,加紧对华扩张,试图独霸中国。列强在中国的竞争致使中国最终卷入大战。

第一节 关于"二十一条"要求的交涉

1914年6月28日的萨拉热窝事件点燃了第一次世界大战的战火,以欧洲各大国为主的协约国与同盟国两大集团随即在世界范围内展开争夺。这场战争本来与中国没有直接联系,但由于欧洲列强都将主要精力放在欧洲,日本便想趁机扩大自己在中国的权益。日本以对德开战之名侵占了中国的山东省,并向中国提出了臭名昭著的"二十一条"要求。

1. 日本侵占山东

第一次世界大战的主战场在欧洲,但由于主要参战国在中国都有势力范围,北京政府担心战事会蔓延到中国,因此在大战爆发后不久,即于8月6日正式宣告严守中立,并颁布了《局外中立条规》二十四条。同时,北京政府又向美、日两国建议,希望中、日、美三国共同劝告欧洲参战诸国,限制战区,缩小灾祸。北京政府的这一行为引起了日本的不满,认为中国想利用美国来遏制日本。10日,日本驻华代公使小幡酉吉奉政府训令到中国外交部,指责中国不应先与美国协商。而此时战争也在不断扩大,美国的调停亦未能起到作用,因此中国政府取消了这一提议。

事实上,日本视第一次世界大战为"天佑"良机,除了从军火贸易中牟取暴利之外,它更想利用欧洲各国将主要精力放在欧洲、无暇东顾之时,扩大自己的在华利益。1914年8月4日,英国对德宣战。8月7日,英国希望日本参战,以消灭在中国海域袭击英国商船的德国伪装巡洋舰。日本政府随即对此展开讨论。8月8日,日本元老井上馨致信大隈内阁,认为大战是日本发展国运的天赐良机,建议内阁利用这个时机确立日本在东亚的权利。8月15日,日本向德国发出最后通牒,要求将远东海上之德国军舰一律撤回或解除武装,并在9月15日之前将胶州租借地交与日本,以备将来交还中国。日本限令德国在8月23日正午之前做出答复,否则将采取必要措施。

北京政府已经清楚日本企图夺取山东的野心,当时对此曾有两种考虑。第一种是对德宣战,改变中国的被动地位,但当时的北京政府显然缺乏采取这一行动的果决力。第二种方案是直接从德国手中收回青岛,使日本失去目标。当时德国驻华使馆代办马尔参也向中国表示,愿将胶澳租借地提前交还中国。中德之间正在进行非正式磋商时,日本警告北京政府,此事不与英日商量而直接与德国商量,日后必会导致重大危险,要求中国马上停止此项活动。北京政府慑于日本威胁,急电驻日公使陆宗舆,要他向日本声明中国并没有与德国进行直接商议,并停止了同马尔参的谈判。

中德直接交涉受阻后,北京政府曾试图取得美国的帮助,以抵制日本侵占胶州的阴谋。8月20日,北京政府邀请美国出面向英、德建议,将德国在胶州的权利让给美国,再由美国转交中国。美国不愿因此开罪日本,再次婉言拒绝。

8月23日,德国未对日本的最后通牒做出答复,日本便向德国宣战,英国也派出军舰助战。随后日本向北京政府提出,要求在黄河以南划出中立外区域,以便日军行动。北京政府不敢拒绝,仅就缩小中立外区域与日方交涉,还表示如临时发生问题需要协商时,中方"苟可通融,无不竭力"[①]。9月3日,北京政府照会各国,宣布按1904年先例,"在龙口莱州及连接胶州湾附近各地方,确实为各交战国军队必须行用至少之地点,本政府不负完全中立责

---

① 王芸生:《六十年来中国与日本》第六卷,第48页。

任"。5日,中国外交部再次照会各国驻华公使,要求在交战期间,战区内"以及附近各地方中国官商人民之财产,各交战国应饬在战人员尊重保护"①。

9月7日,日军在山东龙口登陆,随后向西迅速推进。10月6日,日军占领济南火车站,胶济铁路完全落入日本之手。10月底,英日联军向青岛发起总攻击;11月7日,青岛被攻陷。至此,德国的胶州湾租借地全部落入英日军队手中。

在日军攻占山东期间,北京政府外交部数次与日本交涉,抗议和谴责日军破坏中国的中立,以及侵占胶济铁路等行为,但日方全然不理会。1915年1月7日,外交部正式照会英、日两国,声明取消特别中立区,要求两国军队撤走。英国军队不久后撤走,但日本则表示不承认取消战区,日方军队也不能停止行动。实际上,日本政府正在酝酿一个更大的计划。

2. 日本提出"二十一条"要求

从1914年下半年开始,日本社会各界纷纷提出了在对华问题上的意见,并形成了一些书面文件。8月,日本参谋本部第二部部长福田雅太郎少将向外务省提出了《日华协约要领》,山县有朋等元老也建议内阁扩大日本在华权益。9、10月间,黑龙会等浪人团体提出《解决中国问题意见书》,提出将中国保护国化的10项秘密条款。② 11月,陆相冈市之助又提出《日华交涉事项备忘录》。日本驻华公使日置益本人在前往中国赴任时,也提出了自己对华政策的计划。所有这些意见的共同点是:第一,认为中国人没有能力统一国家,必须由日本"支援";第二,应利用大战这个"天佑"良机,确立日本在中国的优越地位;第三,日中"提携"将有助于维持亚洲和平。

在日本朝野一致要求扩张在华权益的大背景下,日本外相加藤高明将各方意见综合归纳,最后形成五号一共二十一条要求。1914年12月3日,加藤将"二十一条"交给专门奉召回国的日置益,并附以训令,要求日置益回中国后即与中国政府进行相关交涉。训令中指出:"二十一条"中第一号至第四号的内容"实为绝对必要",而第五号则"完全不同,系此际劝告中国实行之事项"③。也就是说,第五号的内容并不是日本政府一定坚持要实现的想法。

---

① 王芸生:《六十年来中国与日本》第六卷,第49—50页。
② 复旦大学历史系中国近代史教研组:《中国近代对外关系史资料选辑(1840—1949)》上卷第二分册,第354—362页。
③ 王芸生:《六十年来中国与日本》第六卷,第73—74页。

12月15日，日置益回到北京，开始为"二十一条"的交涉进行准备。当他看出袁世凯称帝的野心后，便决定把支持帝制作为引诱袁世凯俯首就范的重要手段。因此，他向曹汝霖表示："敝国向以万世一系为宗旨，中国如欲改国体为复辟，则敝国必赞成。"[1]

1915年1月18日，日本公使日置益觐见袁世凯。在会见中，日置益提出了"二十一条"要求。他详细说明了每条要求的主旨，要求袁世凯"迅速商议解决，并守秘密"，还说："日本人民类皆反对袁总统，彼等相

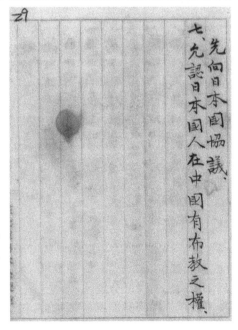

二十一条第五号

---

[1] 白蕉：《袁世凯与中华民国》，第123—124页。

信总统为有力的排日者,……总统如接受此种要求,日本人民将感觉友好,日本政府从此对袁总统亦能遇事相助。"袁世凯仅答:"容详细考虑,再由外交部答复。"① 日本此举是违反外交惯例的行为,因为外交使节一般只能向外交部提出要求或进行交涉,无权向国家元首提出要求。日本公使直接向袁世凯大总统提出要求,反映了它对中国政府的蔑视,也表现了它想直接向北京政府最高当局进行外交讹诈的阴谋。

这一文件共五号二十一条,主要内容是:

第一号共四条涉及山东问题:要求将德国在山东的一切权利和利益让与日本,整个山东及其沿海土地和岛屿不得让与和租与他国。

第二号共七条涉及东三省及内蒙古:要求确认日本在南满和东部蒙古享有优越地位,日本人可以任便居住往来和经营工商业,将旅顺大连租借期限并南满洲及安奉两铁路期限展至99年为期,日本管理经营吉长铁路也以99年为期,南满和东蒙聘用政治、财政、军事各顾问、教习,必须先向日本政府商议。

第三号共两条涉及日本势力进入华中地区:中日合办汉冶萍公司,未经日本同意该公司所属矿山不得让公司以外之人开采。

第四号仅一条,要求中国不得将所有沿岸港湾及岛屿让与或租与他国。

第五号共七条,涉及日本在整个中国的独占:中国中央政府须聘用日本人充当政治、财政、军事等各顾问,在必要的地方日中合办警政、或警署聘用日本人,由日本帮中国采办军械或在中国设立中日合办之军械厂,将接连武昌与九江、南昌路线之铁路,及南昌、杭州,南昌、潮州各线路铁路之建设权许与日本,日本在福建省内筹办铁路有优先权,日本在中国内地所设医院、寺院和学校等拥有土地所有权,允许日本国人在中国传教,等等。

"二十一条"要求的条款涉及政治、军事、经济和文化各个方面,有如战胜国对战败国的压迫条款。这充分显示出日本想独霸中国的野心。

3."民四条约"的签订

1月18日当晚,袁世凯召开会议,讨论应付办法,参加者有外交总长孙宝琦、次长曹汝霖、税务督办梁士诒、国务卿徐世昌、陆军总长段祺瑞等。次日至21日,又连续开会提出种种方案。外交次长曹汝霖、参赞顾维钧、伍朝枢、章祖申还和外国顾问有贺长雄、古德诺会商,拟定说帖,对于各条款逐条分析

---

① 王芸生:《六十年来中国与日本》第六卷,第75、78页。

利害,提出应付办法。北京政府的方针是凡日本的要求不与各国约章内容相抵触,而且不侵害中国主权和独立者,可以尽量答应,否则一概拒绝;对于第五号要求绝对不讨论。具体对策是:一方面在交涉中逐条讨论,不笼统做出决定,恳求日本降低要求;另一方面将"二十一条"内容有意泄露给西方列强,力图让欧美等国起来干涉,限制日本的要求。

中日"二十一条"交涉自2月2日至5月7日进行,共开会24次之多。会议完全采取秘密的形式,因此列席人员极少。中方代表为外交总长陆征祥、次长曹汝霖和秘书施履本,但实际均由袁世凯在幕后直接主持;日方代表为驻华公使日置益、参赞小幡酉吉、书记官高尾亨。

在谈判过程中,日本政府以武力恐吓和外交讹诈并用,试图造成强大的压力,迫使北京政府就范。它一面以换防为名,向中国东北和山东地区增兵,施加军事压力;一面接受英国的要求放弃在长江流域修筑铁路,对第五号要求加以修改,减少其他列强的反对。对于日本的种种行为,中国国内掀起了反对"二十一条"的浪潮。冯国璋等十九省将军联名电告政府"日本之要求,职部所属军队一致激烈反对,吾辈军人必以死力拒之"。各大报纸纷纷刊登文章,表明了社会各界拒绝"二十一条"的呼声。各个主要城市都兴起了抵制日货运动,甚至蔓延到东南亚的华侨当中。东京的中国留学生也召开了抗议集会。

北京政府一面与日本反复交涉,另一方面则寄希望于欧美国家的干涉。在总统和外交总长的同意下,外交部参赞顾维钧与英美驻华公使馆保持密切联系,不断秘密地向英、美驻华使节通报交涉情况;新任外交总长陆征祥则亲自向俄国驻华公使通报了日本的要求内容。日本事先曾经将"二十一条"的内容通知英、美、俄、法四国,但只告知了第一至四号,故意隐瞒了最重要的第五号。因此,当"二十一条"全文真相为中外所知之后,欧美国家对日本损害它们在华权益的行为,纷纷予以激烈抨击。英国和美国先后给日本送来备忘录,希望日本修改其要求。4月17日,得到美国支持的中国断然拒绝了第五号及有关东部内蒙古的要求,谈判出现了僵局。

4月26日,日本做了一点点让步,提出最后修正案24款,要求中国务必同意。同时声明,"如中国政府将二十四款完全承认,则日本政府拟将胶州湾一带之地,以适当机会,附加条款,交还中国政府"①。5月1日,北京政府提出对案,基本上接受了日方的要求,但要求日本将胶济地区归还中国,撤回日

---

① 王芸生:《六十年来中国与日本》第六卷,第227页。

军,在华日本人应服从中国违警律及违警章程等。尽管中方作了大量让步,但日本政府还是不满意,并决定向中国发出最后通牒。5月7日,日置益奉命将此最后通牒交给袁世凯政府,要求对日方最后修正案中第一至四号以及第五号中已达成协议的有关福建问题的换文,"不加以何等之更改,速行应诺"。而第五号其余各项以后再行商议。日方要求中国"至五月九日午后六时为止,为满足之答复",否则"帝国政府将执认为必要之手段"①。

面对日本的最后通牒,北京政府曾指望欧美列强的干预。然而,尽管欧美各国对于日本的行动表示不满,但此时欧洲战局正紧,它们无暇东顾,同时还需要日本共同对付德国。因此,欧美国家并没有对日本的最后通牒做出实质性的干涉,反而是劝说中国接受。在这种情况下,北京政府只得忍辱接受了日本的要求。

5月13日,北京政府先以"大总统令"的形式满足了日本的第四号要求,"嗣后中国所有沿海港口湾岸岛屿,无论何国,概不允租借或让与"②。5月25日,中日双方在北京正式签订了《关于山东之条约》《关于南满洲及东部内蒙古之条约》,以及所附中日两国的换文十三件。因这些条约和换文是在中华民国四年达成的,故被统称为"民四条约"。其主要内容是:

(1) 中国政府将承认日后日本国政府同德国政府就德国在山东省根据条约或其他关系所享有的一切权益的让与和处理所做出的协定。

(2) 旅大租借地和南满及安奉铁路的租借期限扩展至99年。日人可任意经营工商业,租用土地,开办矿区。优先聘用日人作政治、财政、军事、警察顾问。

(3) 日人可在东部内蒙古与中国人合办企业。

(4) 若在南满和东部内蒙古修建铁路需要外资,应先向日本商借。

(5) 不允许外国在福建沿海地区建立造船厂和设立军事设施。

(6) 中国政府允许将来汉冶萍公司由中日合办,该公司不得借用除日本以外其他国家的资本,不经日方同意不得收归国有。

"民四条约"实际上满足了日本"二十一条"要求中前四号以及第五号的部分内容,严重地伤害了中国的主权和独立。这场屈辱外交彻底暴露了以袁世凯为首的北京政府对内专制独裁和对外妥协投降的丑恶面目。北京政府此举进一步激化了民众的情绪。中国各地民众对北京政府在"二十一条"谈

---

① 王芸生:《六十年来中国与日本》第六卷,第243页。
② 同上书,第260页。

判中的软弱无能、屈辱卖国怒不可遏,纷纷谴责北京政府。全国范围内开展了一场声势浩大的抵制日货运动,形成了爱国救亡运动的高潮。这场声势浩大的反日爱国运动与反袁斗争相结合,最终促成了袁世凯政府的垮台。

此外,"民四条约"也充分暴露了日本企图独占中国的野心,而且已经开始付诸行动。这导致了日本与欧美列强特别是美国的矛盾日益突出,成为远东局势长期动荡不安的根源。在"民四条约"签订前的5月11日,美国分别照会中国和日本,指出:"美国政府对于中日两国政府间已经缔结或行将缔结的任何协定或约定,凡有损美国及其在华公民的条约权利或中华民国之政治或领土完整或通称为门户开放政策的国际对华政策者,一概不能承认。"[1]美国担心日本的扩张会妨碍到它的在华利益,所以用和缓的语言表示了它的态度。13日,根据顾维钧的建议,北京政府外交部发表长篇声明,向各国宣布中日交涉之始末,指出中国政府的原则是保持中国主权独立和领土完整,以及各国在华机会均等,但日本政府不惜用最后手段以相胁迫,中国不得不勉从。这就为中国今后再交涉留下了空间。

4. 郑家屯事件

日本通过迫使北京政府签订"民四条约",在中国获取了前所未有的巨大利益,但贪得无厌的日本军国主义者并不满足,仍在伺机图谋新的权益。"郑家屯事件"的发生则是日本扩大其对中国东北控制的一个新步骤。郑家屯位于南满铁路以西100公里左右(今双辽市境内)。1916年8月13日,因一名日本商人殴打中国儿童,当地中国驻军同非法驻扎此地的日本军警发生武装冲突,双方互有伤亡。事件发生后,日本方面强烈要求把这一地区的中国军队全部撤走,东北当局被迫照办。中央政府接到郑家屯事件的报告后,不愿将事态扩大,指令由地方政府处理。可是,日本方面坚持与中央政府直接交涉。9月2日,日本驻华公使林权助无理指责这起事件是中国军队进行挑衅,包围袭击日本军队造成的。他向中国外交部提出一系列要求,除惩办负责军官和赔偿损失外,还要允许日本在南满和东部内蒙古的必要地方派驻警察,这个地区的中国军队应聘日本军官为顾问,中国的士官学校应聘日本军官为教习等。显然后面这些要求与此案无关,中国外交部表示拒绝。日本方面一再重申这些要求,并威胁要采取必要的行动。事实上,在事件发生后日本已于四平街至郑家屯一带设置了警察署。1917年1月12日,中国外交部就日

---

[1] 《中美关系资料汇编》第一辑,世界知识出版社1957年版,第467页。

本设警一事表示"碍难允许",请日本政府不要再提。外交部的这份照会中没有明确禁止日方设警,实际上就是对日本行动的默认。从而,双方不久交换照会结束了对这起事件的处理。日本逐步得以在南满和东部内蒙古等地设置警察。

第二节　中国参加世界大战

第一次世界大战本与中国无涉,但中国一步步地卷入进去。先是"民四条约"的签订使这场战争的影响波及中国。后是在战争结束前一年,由于列强在华利益争夺与中国国内军阀混战交织在一起,中国政府改变中立立场,加入了协约国集团,对德意宣战。

1. 军阀割据与府院之争

1916年6月,因复辟帝制而众叛亲离的袁世凯去世。由于在袁世凯之后,没能出现可以服众的领袖人物,北洋军陷入分裂,中国整个国家也随即陷入军阀割据的局面。

当时中国国内两大军阀系统是北洋军阀和西南军阀,其内部又各自分裂成不同的派别,各个派别分别以不同的西方国家作为靠山,在国内展开争夺。在北洋军阀系统中,以段祺瑞为首的皖系军阀,以日本为后台,控制着北京中央政权和安徽、陕西、山东、浙江、福建等省,势力最大。冯国璋为首的直系军阀,以英美为靠山,占据长江流域的江苏、江西、湖北等省,势力仅次于皖系。张作霖为首的奉系军阀,得到日本的支持,控制着东北地区,在直、皖两系之间举足轻重。在西南军阀中,以唐继尧为首的滇系和以陆荣廷为首的桂系势力最大。前者占据云南、贵州两省和四川的一部分,后者则占据了两广的地盘。但二者均接近直系军阀,同属亲英美的势力。此外,还有山西的阎锡山、徐州的张勋等许多军阀。在列强的支持下,各派军阀不仅独霸一方,而且都力图扩展自己的实力和地盘,进而统治整个中国。中国社会陷入了军阀统治和割据混战的黑暗局面。

地方上军阀的混战反映到北京政府内部,就是不同派系之间的权力之争。袁世凯死后,由副总统黎元洪继任大总统,段祺瑞任国务总理兼陆军总长,补选冯国璋为副总统。但事实上,政府的实权掌控在段祺瑞手中。随后,亲英美的黎元洪集团与亲日本的段祺瑞集团之间,展开了权力斗争,这就是所谓的"府院之争"。"府"指总统府,即黎元洪一派;"院"指国务院,即段祺瑞一派。两派分别以美国和日本为靠山展开争夺,造成了中国政局的不稳。而围绕第一次世界大战中的对德关系问题,即对德断交和对德奥宣战这两件事,"府院之争"达到了一个顶点。

2. 中国与德国断交

1917年1月31日,德国外交部照会中立国政府,宣布自2月1日起将在英伦三岛、法国、意大利和地中海东部附近指定海域内实行无限制潜艇战。2月3日,原本与中国一样是中立国的美国以反对无限期潜艇战为由,宣布与德断交,进而要求北京政府与美国政府采取一致行动。美国驻华公使芮恩施奉命积极展开活动,多次劝说总统黎元洪和总理段祺瑞等,鼓励他们与美国联合,共同对德采取行动。在他的影响下,2月9日,北京外交部照会德国驻华公使,就德国潜艇封锁公海一事提出抗议。

日本之前一直反对中国参战,但当它获悉美国政府插手中国对德外交后,立即在中国参战问题上发生180度大转弯,极力鼓励中国与德断交,甚至支持中国参战。2月9日,日本外相本野一郎就对中国驻日公使章宗祥表示:"仅提抗议,于中国地位似非得计;不如即行宣布断绝国交,并不必俟抗议回答。至此次抗议,深惜事前未与接洽,现两国力谋袪除隔阂,深冀中国政府熟考。"①可见日本对于中国向德提出抗议时没有事先与日本协商表示不满,极力谋取把中国对德关系的决策权控制在自己手中。

日本的行为又引起了美国的猜忌,美国政府对此立即做出反应,2月10日,美国国务卿蓝辛指示芮恩施向北京政府表示:美国不愿意看到中国参加世界战争。不久,美国又进一步表示,欧洲战局尚不需要中国参战;中国政府在与美国政府协商之前,不应采取进一步的行动。

日本和美国的不同态度引起了北京政府内部总统与总理之间的争执。亲美的总统黎元洪倾向于接受美国的主张;而亲日的总理段祺瑞为解决财源、扩充军队,倾向于接受日本的主张。"府院之争"在对德断交问题上开始了第一个回合。

2月14日,北京政府致电驻日公使章宗祥,要求转告日本:"政府现已决定,可不俟德国回答。如德潜水艇有击中立船只事,即为中国与德绝交之时期。"同时提出,一旦中国与德国断交,则经济上可能会承担较大压力,因此希

---

① 王芸生:《六十年来中国与日本》第七卷,第80页。

望能缓解庚子赔款,或者延长其年限。① 日本方面则表示,中国应该尽快与德断交,再来谈这些条件,否则只会贻误时机。

随后,段祺瑞制定出一个《加入协约国条件节略》与各协约国协商。此节略要点为:第一,撤销对德奥两国的庚子赔款,对协约国的赔款则暂缓十年;第二,将关税提高至7.5%,待中国政府裁撤厘金后,提高至12.5%;第三,《辛丑条约》及其附属文件中妨害中国防范德国的条款应废除,如中国军队不能在天津附近驻军等。协约国对此节略表示原则上赞成。

3月4日,段祺瑞到总统府,要求黎元洪在对德断交咨文上盖印,以交国会通过。但黎元洪担心段祺瑞由此会进一步加强对自己和国会的控制,以事关重大、还需慎重为由,拒绝盖印。段祺瑞当天便宣布辞职,出走天津。黎元洪本想借机改组内阁,但却得不到有力的支持,只得请冯国璋赴津劝段复职。段祺瑞在"府院之争"第一回合中获胜。随后,众议院以331票赞成和87票反对,参议院以158票赞成和35票反对的结果,通过了政府对德断交的方针。3月14日,总统黎元洪发布公告,宣布"自今日始,与德国断绝现有之外交关系"②。15日和17日,荷兰驻华公使与北京政府外交总长互换照会,确认中德断交后,由荷兰照料所有德国在华利益。

北京政府对德断交后,对德国在华享有的特殊政治权利予以废除:第一,取消德国在华驻兵权,对于所有可作军事用途的德国公私财产一律查封;第二,命令海关、盐务署停止拨付德国借款及赔款本息;第三,命令湖北、直隶当局收回汉口、天津德租界,改设特别区;第四,没收在上海、厦门、广州港停泊的德国船舶多艘,禁止挂德国国旗的船只通航于中国内河。同时,北京政府又通令各省当局,对于所有德国普通侨民予以保护。

3. 中国对德奥宣战

北京政府宣布对德断交后,参战问题提上了议事日程。美国于4月6日对德宣战,但它不希望中国参战;而日本则不停地督促中国尽快参战。围绕着参战与否,"府院之争"展开了第二回合的较量。

当时社会舆论大都反对参战,黎元洪便以此来反驳段祺瑞的参战主张。段祺瑞则利用他在军队中的威望,于4月25日在京召开各省督军参加的军事会议,通过了对德宣战决议。会议结束后,部分督军开始胁迫黎元洪和国会

---

① 王芸生:《六十年来中国与日本》第七卷,第84页。
② 同上书,第77页。

同意向德国宣战。5月1日,内阁讨论对德宣战问题,部分督军闯入会场,迫使内阁匆匆通过对德宣战案。同时,日本驻华公使也登门威胁总统黎元洪,表示国会如果否决参战案,政局将发生纷扰。在多方压力下,黎元洪被迫同意将对德宣战案提交国会辩论。

然而,当时国会中反对宣战的力量已占优势。督军团随即策划"公民团事件",实行强硬干涉。5月10日,根据众议院之前的决议,全院委员会审查对德宣战案。在会场外,打着各种"请愿团"旗号的数千人包围国会,甚至殴打议员,闯入会场,强迫国会通过参战案。此事件在国会内外引起极大的不满,议员停议对德宣战案,许多内阁阁员辞职。19日,众议院复会,鉴于内阁阁员多数辞职,内阁实已无法负责,建议暂缓讨论对德参战案,先行改组内阁。这意味着国会对内阁的不信任,逼段下台。然而,段祺瑞以督军团为后盾,不仅拒不辞职,反而以督军团的名义呈请总统解散国会。在这关键时刻,美国出面表示支持黎元洪。黎元洪随即拒绝了督军团解散国会的要求,并于23日下令,免去段祺瑞国务总理和陆军总长的职务,以伍廷芳和张士钰分别暂代。段祺瑞则离京赴津,策动各省督军脱离中央,唆使一些省份"独立"。

黎元洪无法控制局势,陷入困境,只得召张勋入京帮助。张勋以调停"府院之争"为名率军北上,逼迫黎元洪解散国会,又扶植清廷搞复辟。张勋的复辟激起了全国反对,段祺瑞趁机组织"讨逆军",宣布讨伐张勋。在一片反对声中,此次复辟仅维持了12天就宣告破产。"张勋复辟"后,黎元洪通电下野,由冯国璋代理大总统职务,段祺瑞则因"再造共和"而继任国务总理之职,重新操纵国家大权。"府院之争"第二回合,段祺瑞又取得胜利。

1917年8月14日,北京政府正式宣布:"爰自中华民国六年八月十四日上午十时起,对德国、奥国宣告立于战争地位。所有以前我国与德、奥两国订立之条约合同协议及其他国际条款、国际协议属于中德、中奥间之关系者,悉依据国际公法及惯例,一律废止。"①对德、奥宣战后,北京政府废除了这两国在中国的一些特权。

中国对德、奥宣战后,协约国和美国分别向中国政府表示:"本国政府欣愿趁此机会,将友谊及连带责任并协助之外,特向中国政府确实表明,自必尽力赞助中国在国际上享得大国当有之地位及其优待也。"北京政府继续就开战条件同协约国交涉。9月7日,英、法、日、意、葡、俄、比诸国共同照会北京

---

① 熊志勇、苏浩、陈涛:《中国近现代外交史资料选辑》,第216页。

政府,表示协约国方面对中国以前所提的要求,正式答允三条:第一,永撤德、奥两国之庚子赔款,协约各国赔款缓付五年,缓付期内不加利息,但俄国仅愿缓付其所得赔款的1/3;第二,关税照实值百抽五;第三,必要时中国可在天津周围二十里内驻兵以防德、奥。作为对这些条件的报答,它们要求北京政府承诺:公布对无约国的一般税则,禁止中国人民与敌国通商,拘留协约国使馆指定的外国敌人,籍没并完全清算德奥商店,改组前德奥租界为公共租界,出资转移在中国港内扣留之敌船于协约国;中国尽量与协约国实行正式的完全合作等。

9月28日,美国与中国互换照会,北京政府保证中国之一切军备军需,将完全由中国政府支配、管理。任何对于此次战争的军事措置,将由中国政府自行处理。显然,美国是防止中国的军权落入日本之手。

北京政府参战后,其职责是在粮食供应和供给劳工方面给予协约国帮助。因此,北京政府于1918年1月特设战时粮食出口筹办处,隶属于农商部。此外,北京政府又特设侨工事务局,颁布各种保护劳工章程,奖励华工出洋,前后约有17万劳工远赴欧洲,支持协约国,其中遇难、阵亡或积劳殉身者成千上万。[①] 北京政府还曾派遣一军事代表团去法国。

4.《蓝辛—石井协定》

日本利用世界大战爆发之机迅速在中国扩张,引起美国的忧虑。无论是在"二十一条"要求还是在中国对德宣战问题上,美国的态度明显是不赞同日本的政策,因此美国感到有必要遏制一下日本在中国的扩张。从日本的角度来说,在将"二十一条"强加给中国之后,日本遭到了国际社会,尤其是来自美国的谴责,因此日本也希望与美国就中国问题达成某种谅解。因此,两国政府都愿意通过谈判,来解决在中国问题上的矛盾。

1917年5月,美国国务卿蓝辛向日本驻美大使表示,希望日本方面派遣特使,以便就保证中国政治上和领土上的完整问题进行会谈。日本政府对此表示赞同,决定派前外相石井菊次郎为特使前往美国。

9月6日,石井开始在华盛顿与蓝辛进行谈判,谈判的重点是中国问题。经过两个月的商谈,日美双方都做了一定妥协,最后在11月2日以互换照会

---

① 关于第一次世界大战期间前往欧洲的中国劳工数量有不同说法,一般从十几万到二十多万,最多为70.5万,参见吴东之:《中国外交史:中华民国时期(1911—1949)》,河南人民出版社1990年版,第53页;石源华:《中华民国外交史》,上海人民出版社1994年版,第134页。

的形式达成了协议,即《蓝辛—石井协定》。这份协定采取了模棱两可的外交辞令。它的主要内容包括两项原则:

（1）两国承认,"凡领土相接近之国家间有特殊之关系,故合众国承认日本国于中国有特殊之利益,而于日本所属接壤地方,尤为其然"。

（2）"日本并无不利他国之通商与偏颇之待遇,及蔑视条约上中国从来许与他国商业上权利之意。"两国政府都表示:"常于中国维持所谓开放门户又对商工业机会均等之主义。又凡特殊之权利,又特关侵害中国之独立及领土之保全,或有妨碍列国臣民或人民商业上及工业上完全享有均等之机会者,两国政府,不问何国政府,有是均得反对,互相声明。"①

11月6日和8日,日本和美国政府分别照会中国政府,并附上这一协定。日本在照会中指出:"美国正式承认日本在中国之特别地位。"美国照会中的解释则是:"日本在中国之商工企业,曾因彼两国地理关系之故,显然对于他国臣民公民之同一企业,占有某种利便。"②

《蓝辛—石井协定》中强调的两条原则并不新鲜,协定的缔结在一定程度上缓解了美日在中国问题上的争夺。日美两国都宣称这是本国外交的一大成果,但实际上,这个换文本身就反映了美日之间的矛盾。换文中所强调的维护门户开放政策、保全中国领土与独立,与承认日本特殊利益,这两者之间就是相互矛盾的。

《蓝辛—石井协定》其实是美国因参加第一次世界大战、无力在华与日本继续对抗的情况下,对日本在华政策的一次妥协,是双方以中国的领土主权作为交易筹码的相互承认。因此其公布之后,遭到了中国舆论的强烈谴责。11月9日,中国政府分别照会日美两国,声明"中国政府对于各友邦皆取公平平等之主义,故于各友邦基于条约所得之利益无不一律尊重。即因领土接壤发生国家间特殊关系,亦专以中国条约所已规定者为限。并再声明,嗣后中国政府仍保持向来之主义,中国政府不因他国文书互认,有所拘束"③。至一战结束后,美日之间的妥协再次被竞争所取代。1923年4月,两国废除了这一协定。

---

① 熊志勇、苏浩、陈涛:《中国近现代外交史资料选辑》,第217页。
② 王芸生:《六十年来中国与日本》第七卷,第107页。
③ 熊志勇、苏浩、陈涛:《中国近现代外交史资料选辑》,第218页。

第三节 "西原借款"与山东问题的换文

中国虽然宣布参加了第一次世界大战,却并没有因此真正地被协约国看作盟友。相反,日本利用中国参战的事实,借"盟友"之名,从中国获取了大量权益。

1. "西原借款"

"民四条约"签订后,大隈重信内阁的侵华政策遭到中国人民的广泛反对,中国国内掀起抵制日货运动,使日本在经济上遭受重大损失。另一方面,日本的对华政策在国际社会中也受到谴责。1916年10月,大隈内阁倒台,寺内正毅上台组阁,调整了对华策略,决定实行以经济渗透为主的所谓"日华亲善政策",企图通过给予中国"财政援助",缓和中国人民的反日情绪,同时为进一步在华扩张创造有利条件。此外,在第一次世界大战期间,日本通过向协约国供应军需品,使其外贸迅速发展,大量出超,带来了巨额资金。日本政府必须为大量的剩余资本寻找出路,这也成为日本大规模对华资本输出的重要原因。但日本是五国银行团成员国之一,若以政治借款名义对华贷款,势必违反银行团垄断对华借款的成约,并将与英、法、俄等国发生冲突。因此,日本政府决定采取经济借款形式,以避免国际的干涉。

而在中国,段祺瑞重新当政后,国内形势发生了巨大变化。1917年9月10日,在广州成立了以孙中山为首的护法军政府,中国出现南北对峙局面。北京政府谋求以武力制伏南方,因财政困难,便试图向外国借款以支持它的行动。这时英法等国陷于战争,无力借贷。美国通过经援法案正对协约国提供援助,也无能为力。北京政府只有向日本商借。段祺瑞为了向日本借款,着力改善对日关系。亲日派首领曹汝霖曾向他建议:"我们应该将中国关于农工商矿有价值的开列出来,同日本商量,何者中国自办,何者中日合办,何者让日本人办。一方面日本帮助中国,一方面日本亦获得利益,不必枝枝节节,遇事麻烦,以达到中日亲善之目的。"①这一建议为段祺瑞所接受。

"西原借款"正是在中日关系出现上述情况下进行的。1916年底,日本开始与北京政府频繁接触,以秘密的方式商谈贷款事宜。1917—1918年,日本对北京政府的各项贷款,总额达3.8645亿日元,其中有1.45亿日元的贷款是

---

① 李新、李宗一主编:《中华民国史》第三卷(1916—1920),中华书局2011年版,第198页。

由寺内正毅的心腹西原龟三经手接洽订立的,故一般将日本对中国的这一批贷款统称"西原借款"。

"西原借款"的数额如此之高、涉及范围如此之广,是中国对外关系史上空前的。为了得到这些借款,北京政府把许多国家权益让给日本,如1917年10月的吉长铁路借款,北京政府只借得650万日元①,而把这条铁路委托日本公司经管30年;1918年8月的吉黑两省金矿及森林借款,借款金额为3000万日元,而以吉黑两省的金矿及国有森林及其收入为担保,北京政府还允诺聘用日本人为采金局和森林局的技师。而日本政府更是利用贷款之机,频频干涉中国内政。

这些巨额借款进入中国后,日本势力进一步扩张。寺内正毅在下台时曾得意地说:"本人在任期间,借与中国之款,三倍于从前之数,实际扶持日本在中国之权利,何止什倍于二十一条。"②

2. 山东问题的换文

日本为了继承德国在山东的一切权益,处心积虑地采取了一系列措施。1917年10月1日,日本天皇下达第175号谕旨,在青岛设立日本行政总署,并在张店、李村、济南等地设立分署,受理当地人民的民刑诉讼,抽收捐税,并于署内设立铁路科,管理胶济铁路及附近之矿产等,企图造成既成事实,逼迫中国及国际社会承认日本在山东的控制地位。由于日军在山东各处滋扰,中国地方政府要求中央解决。而由于中国对德宣战,中日同为协约国成员,日本在山东的地位也发生问题,所以日方也希望能就此同中方达成一个协议。

1918年夏秋,利用北京政府热衷内战、急于借款之机,日本秘密向中国驻日公使章宗祥提议,在讨论济顺、高徐铁路借款时就山东问题举行换文。日方表示:在订立铁路借款协议时,日本愿意足额交款,不留回扣;允将日本在山东之军队除留一部分于济南外,其余全部撤退至青岛,又将日本所设之警察及民政署一概撤退;还允先垫款2000万日元以解北京政府燃眉之急。北京政府为得到这笔借款,命驻日公使章宗祥与日本外相后藤新平商谈。双方于1918年9月25日秘密议定了中日《关于处理山东省各问题换文》,一般简称《山东问题换文》,主要内容为:

(1)胶济铁路沿线的日本军队,除济南留一部分外,其他全调集于青岛;

---

① 实际为4 511 250元。参见王芸生:《六十年来中国与日本》第七卷,第136页。
② 李新、李宗一主编:《中华民国史》第三卷(1916—1920),第206页。

（2）胶济铁路由中国巡警队担任警备，但在巡警队本部及重要站所应聘用日本人；

（3）胶济铁路所属确定后由中日两国合办经营；

（4）现行的民政署撤销。

通过这一换文，北京政府不仅默认日本侵占山东的非法地位，而且日本的权益还超过了"民四条约"的规定。表面上看，日本是作了让步，但实际上日本攫取的这些远远超过了以前德国掠夺的山东权益。换文的严重性还不止于此，章宗祥在代表北京政府致日方的复文中表示："中国政府对于日本政府上列之提议，欣然同意。"① 这给山东省的命运带来更大祸害。由于换文是在中国参战后实行的，"欣然同意"一词，就成为以后日本在巴黎和会上诬指中国已承认日本在山东取得合法地位的借口。

3. 中日签订军事协定

1917年11月7日，俄国发生十月社会主义革命。列宁领导的布尔什维克党建立了世界上第一个无产阶级专政的国家。新生的苏维埃政权遭到了来自西方国家的仇视和封锁，在西方列强的影响下，中国也不承认苏俄政权，仍同代表沙俄政府的驻华公使库达摄夫保持关系。

日本意识到可以利用这一机会来控制中国的军队。1917年底，苏维埃俄国同德国媾和，退出了第一次世界大战。1918年2月，日军参谋次长恐吓北京政府说，德苏单独媾和后，在西伯利亚的十余万德国战俘一旦释放，将威胁到远东的和平。德国阴谋从西伯利亚侵入东方，而且在新疆甘肃鼓动回教徒闹事，这对中日两国的国防都是严重的威胁，两国应该迅速订立军事合作协定。2月22日，北京政府答复说：中国境内的事情，中国自行处理，中国境外的事情，可与日本共同处理。北京政府害怕日本的恐吓，特别担心日本找借口在中国的领土上与俄国人或德国人作战，因此同日本进行谈判。日本为了与中方能尽快达成协议，决定"按照中国政府的建议"来办。在交涉过程中，中方提出以从速和平解决山东问题和东三省悬案作为交换条件，但日方根本无意讨论东北问题。

5月16日，北京政府同日本签订了《中日陆军共同防敌军事协定》，19日又签订了《中日海军共同防敌军事协定》，9月6日双方又签订《关于中日陆军共同防敌军事协定实施上必要之详细协定》。这些协定的内容主要是：鉴于

---

① 王芸生：《六十年来中国与日本》第七卷，第168页。

敌国势力蔓延于俄国境内,危及远东,中日两国陆海军采取共同防敌的行动;凡在军事行动区域内中国地方官吏要大力协助日本军队,日军要尊重中国主权;中日军队互相供给武器、军需品和原料,互相交换军事情报、人员和地图;中国军队参与日军在西伯利亚的军事行动时应接受日本军司令的指挥等。这就为日军开进中国领土及日本控制中国军队创造了合法途径。

1918年11月,第一次世界大战结束。中日与德奥之间的战争状态这时实际上已结束,根据中日两国共同防敌协定的规定,日本在中国境内的军队在"战争终了时"一律撤退。由于日本方面主张延期,中日两国军事当局在1919年2月5日商定,"战争状态终了之时云者,指中日两国批准欧洲战争平和会议所订结之平和条约,中日两国陆军由俄境及驻在同地方协约各国陆军撤退之时而言"①。所以,这两个军事协定拖到1921年1月27日才由双方陆海军代表分别交换节略,宣布终止。

第四节　巴黎和会上的挫折

1918年11月,德奥两国分别向协约国求和。11月12日,第一次世界大战以协约国方面的胜利正式宣告结束。中国成为战胜国,北京政府首脑与协

巴黎和会

---

① 王芸生:《六十年来中国与日本》第七卷,第262页。

约国元首相互致电庆贺。战后协约国在巴黎召开和平会议,这是中国第一次以战胜国的身份出现在国际会议上。因此北京政府对这次会议极为重视,派出了一个52人的代表团出席,由外交总长陆征祥任团长,其中正式代表为:陆征祥、王正廷、施肇基、顾维钧和魏宸组。中国代表团对于本次和会抱有很大希望,其具体目标为:(1)收回战前德国在山东的一切权益;(2)废除中日"民四条约";(3)取消列强在华特权;(4)清算德、奥两战败国在华权益。

1. 关于山东问题的辩论

1919年1月18日,巴黎和会举行第一次全体会议,选举法国总理克里孟梭为大会主席。各国代表都参加的全体会议因规模庞大,在整个会议期间仅举行数次。此外,会议特设五十多个委员会,负责研究相关特殊问题的具体方案。大会的实际权力则由最高委员会负责。最高委员会设委员十人,由英、法、美、意、日各派两位代表组成,因此又称"十人会"。而实际上真正控制和会的是三个人:美国总统威尔逊、英国首相劳合·乔治和法国总理克里孟梭。由于各个列强之间矛盾重重,会议中间争吵得非常激烈。总的倾向是:牺牲弱国的利益,来达到所谓强国间的协调。

中国在此次会议上的一个重要提案就是解决山东问题。然而日本却与中国针锋相对,提出要继承德国在太平洋赤道以北及德国在山东的一切权益,因为日本对德作战"牺牲不小"。在1月28日的辩论中,中国代表顾维钧发言。他以流利的英语慷慨陈词:"三千六百万之山东人民,有史以来,为中国民族,用中国语言,信奉中国宗教。……以文化言之,山东为孔孟降生中国文化发祥之圣地。以经济言之,……人口既已稠密,竞存已属不易,其不容他国之侵入殖民,固无讨论之余地。"他还把孔子比作耶稣,山东比作耶路撒冷,阐明中国之不能放弃山东犹如西方之不能失去耶路撒冷一样,以此争取西方代表的同情。日方代表牧野伸显辩解说,胶州湾自日本占领后事实上已为日本领属,更何况中日两国对于胶州租借地和铁路问题已有成约。针对日方"中日已有成约"之说法,顾维钧表示,所谓《中日关于山东省条约》及换文,系由"二十一条"产生,是在日本最后通牒胁迫之下签订的,不能视为有效;纵使该约有效,自中国对德宣战后,情况业已大变,中德间一切条约已告作废,胶州租借条约自亦失效;纵令该约不因中国对德宣战而废止,该约亦有明文规定,胶州租借地不准转让,胶济铁路可以由中国收回等。他坚定地表示:"本全权绝对主张,大会应掷酌胶州租借地及其他权利之处置,尊重中国政治独立,领土完整之根本权利。"①顾维钧以有力的论证、缜密的推理和无可辩驳的事实,申明了中国收回山东权利的正当要求。美国总统询问,双方愿否将各自所存的成约公布,以便审查。中方代表立即表示可公布成约,日方则表示要请示政府,双方辩论告一段落。

2月2日,日本驻华公使小幡酉吉向北京政府代理外长陈箓提出抗议,说顾维钧未得日本同意而愿发表中日密约,是违反外交惯例,要求北京政府电令中国代表注意,并称顾维钧以外国压日本,"殊予日本以不快之感"。陈箓不敢开罪日本,表示:"大总统注重两国邦交,已嘱外交部电令该代表等勿得过于激烈。"②美国对日本的活动有所警惕,2月7日,美政府电告驻华公使要中国政府坚定不移,并让驻日本大使表示反对日本在北京的活动。

小幡的行动引起各界不满,2月10日,北京政府外交部发表声明:"顾本国之利益,为正确之主张。为今日国家独立自存应有之义,他国绝无干涉之理",但也表示中日"正谋亲善之实现,更不应有何误解"③。在全国舆论要求北京政府公布密约的压力下,北京政府训令中国代表对公布密约之事斟酌办理。2月15日,中国代表正式向大会提出"对山东问题的说帖"。主要内容是:德国租借地及其他关于山东省权利之缘起及范围、日本在山东军事占领之缘起及范围、中国何以要求归还、何以应直接归还四部分。中方要求将胶州租借地、胶济铁路和德国在山东的其他权益一并直接交还中国。

2. 会议对山东问题的处理

虽然中国代表在和会上有力地论证了中国收回山东权力的正当性,但在此问题上,日本处于优势。日本是"十人会"的成员,占有比中国有利的地位;此外,在战争期间,日本曾与英、法、俄、意等各国有密约,各国承认日本继承山东权利。再加上中日关于山东问题的换文中,中国使用了"欣然同意"一词,这更使得中国处于被动地位。

日本方面首先是向美国施压。日本提出了一个"种族平等"的提案,以为难实行种族主义政策的美国和英国。4月11日,日本的这项提案在国际联盟委员会上遭到否决,日本便以拒绝参加国际联盟相要挟。为了缓和日本的敌意,美国改变了支持中国的态度。

---

① 王芸生:《六十年来中国与日本》第七卷,第266页。
② 同上书,第270、269页。
③ 同上书,第273页。

22日,几大国讨论山东问题,日本强调山东问题必须按照日本政府的意见来处理,甚至以不在和约上签字相威胁。在此情况下,各大国反过来向中国施压,要求中国让步。中国代表团看到美国态度的转变,感到山东问题上已不可能得到美英的支持,不得不做出让步。4月23日,中方提出了一个妥协方案:(1)德国在山东的权益由五大国暂收;(2)日本承认于对德和约签字之日起一年内交还中国;(3)日本在胶州的军事费用中国愿意偿付;(4)开放胶州湾。然而,中国代表试图以此争取达成妥协的努力并未取得效果。

和会内部大国间的纠纷日益严重。意大利因与英国对领土的争执撤回了其代表。4月24日,日本乘意大利退出和会之机,提出一份书面主张,要求山东问题必须尽快解决。美国担心日本会仿效意大利的行为,从而破坏它试图建构的战后国际秩序,便进一步改变立场。4月26日,日本代表向英国外交大臣表示,如果在山东问题上日本的要求得到满足,那么在国联问题上,日本就不坚持"种族平等"的原则。同时,日方保证在青岛实行门户开放,不排斥其他国家的工商业。4月28日,美国总统威尔逊表示,只要日本放弃在山东的军事权利,只保留经济权益,美国可以同意日本的条件。同日下午,和会全体大会通过《国际联盟盟约》,日本代表没有坚持它的"种族平等"原则。4月30日,日本以口头方式声明:日本的政策是将山东半岛的完全主权交还中国,只保留原来给予德国的经济利益,并在青岛建立一个居留地。于是美英法三国通过了对德和约中关于山东问题的条款,承认日本继承德国在山东的权利。

5月1日,由英国代表出面通知中国,列强已就山东问题做出决定,并在《对德和约》第156、157、158条中做了明确规定。通过牺牲中国的利益,列强间相互达成妥协。

在巴黎和会期间,中国代表团还提出了另外几项提案,一是要求废除"民四条约",因为这个条约是日本胁迫中国的结果,它破坏了中国领土的完整和政治的独立;二是要求废除战前中德间的所有约章、德国在中国境内的官产无条件地转让中国、德国放弃由《辛丑条约》而获得的一切权益和赔款、归还辛丑年间掠去的天文仪器和美术作品等;三是要求取消外国在华特权。关于对德要求的提案,4月28日,大会委托英美专员与中国代表商议。最终在《对德和约》中的第128—134条做了相关规定,但并没有完全按照中方的要求办。而有关废除"民四条约"和撤销外国人在华特权的提案,5月14日,和会主席克里孟梭正式通知中国代表,这些要求不在和会权限范围内,留待国际联盟去讨论。

在巴黎和会上,日本对于山东权益的要求得到满足,而中国几乎一无所获。

3. 五四运动与拒绝签约

5月4日,中国代表对于和会在山东问题上的决定提出正式抗议书。与此同时,巴黎和会上中国外交失败的消息传到国内后,中国人民群情激愤,掀起反帝浪潮。5月4日下午,北京大批学生在天安门前集会,提出了"外争主权,内惩国贼"的口号,反对在对德和约上签字,"五四"爱国运动由此爆发。北京学生的行动得到全国各地各阶层民众的积极响应,很快席卷全国,各地都出现罢课、罢市、罢工的抗议活动。在广大民众的压力下,北京政府不得不宣布,批准亲日派官员曹汝霖、陆宗舆、章宗祥的"辞职"。6月11日,徐世昌辞大总统职,经议会挽留留任。13日,钱能训总理辞职,由龚心湛代国务总理。

北京政府以及出席巴黎和会的中国代表在国内压力下,一直为"保留签字"做出努力,以便为今后解决山东问题留下余地。6月23日,软弱的北京政府决定:"如保留实难办到,只能签字。"6月24日,它还通电各省,说明签字的理由。后来迫于国内压力,北京政府的指示改为由中国代表"相机办理"。在巴黎的中国代表为此曾采取了一系列措施,但中国提出的种种建议都被三大国拒绝。事实上,列强要求中国无条件签字。

在巴黎的中国留学生和工人闻讯后,包围了代表团住处,要求拒绝在和约上签字。中国代表团在国内外的巨大压力下,决定不签字。6月28日下午3时,正当《凡尔赛和约》正式签字之时,中国代表团将不签字的决定正式通知大会,同时声明,中国保留对德和约最后决定之主权,并发表宣言,严正指出:"感觉大会对山东问题解决办法之不公道。……与其承认违悖正义公道之第一百五十六、七、八三条款,莫如不签字。中国全权之此举实出于不得已,惟于联合国团结上有所损失,殊觉遗憾。然舍此而外,实无能保持中国体面之途,故责任不在中国,而在于媾和条款之不公也。媾和会议,对于解决山东问题,已不予中国以公道,中国非牺牲其正义公道爱国之义务,不能签字,中国全权愿竭诚布陈,静待世界公论之裁判。"①随后代表团致电北京政府,声明:尽管中国已经尽可能让步,但"不料大会专横至此,竟不稍顾我国家纤微体面,曷胜愤慨。弱国交涉,始争终让,几成惯例。此次若再隐忍签字,我国前

---

① 熊志勇、苏浩、陈涛:《中国近现代外交史资料选辑》,第233—234页。

途,将更无外交之可言"①。

"五四运动"的反帝浪潮促使中国代表拒绝签字,这使西方列强大为震惊。6月24日,美国驻华公使芮恩施曾向代理国务卿报告说:"现在人们都认识到,过去三个星期以来的运动,已经在中国产生了一种有组织的公众舆论,能对中国政府施加具体的压力,并实施具体的行动。这里人人都承认,这是一个极其重要的发展。"6月28日,英国公使朱尔典也向其外交部报告说:"在中国,人民一年比一年更得势,将来终将取得胜利。这是不容置疑的。"

中国代表虽然没在对德和约《凡尔赛和约》上签字,但仍继续参与和会的其他活动。9月10日,中国参加签订了对奥和约《圣日耳曼条约》。该条约除不涉及山东问题外,其他内容与对德和约相近。由于中国在这份条约上签了字,中国仍为国际联盟创始国。9月15日,中国政府以大总统宣言的形式,正式宣布结束对德战争。

1920年7月,中德开始恢复外交关系的谈判。1921年5月20日,两国代表签订《中德协约》,它包括正约和声明附件,废除了德国在中国的不平等权利。这个条约是根据平等互惠的原则签订的。但由于当时中方允许在国定税未施行以前德国货物进口仍按通用税率纳税,所以德国实际上仍享有协定关税的好处。

小　结

第一次世界大战中的中国,虽然因参战获得了战胜国的身份,但却并未能因此获得好处。从"二十一条"的交涉和"民四条约"的签订,到巴黎和会,中国的主权还在不断遭受损害。这一方面是西方列强为满足自己私欲而牺牲他国的结果,另一方面,这种情况的出现,也是由于当时中国国内军阀纷争,北京政府为满足一己之利而不顾国家利益。内政不整,导致外交的无力。但同时,第一次世界大战又是近代中国外交的一个转折点。巴黎和会以及随后的华盛顿会议在世界范围内建立起了第一个真正全球意义上的国际体系——凡尔赛—华盛顿体系,而中国已经参与到了这一体系的构建之中,并发出了自己的声音。在巴黎和会上,虽然中国外交遭遇重大挫折,但以顾维钧为代表的中国新型外交家登上了历史舞台,与晚清时期的外交家相比,这批新型外交家大都有过留学海外的经历,具备较好的语言能力,熟悉西方国

---

① 王芸生:《六十年来中国与日本》第七卷,第354页。

家的情况,了解世界大势,他们为近代中国外交打开了一个新的局面。再加上"五四运动"在全国范围内掀起的爱国浪潮的影响,中国政府注意到不平等条约的问题,开始将收回国家主权作为外交工作的一项重要内容。

思考题

1. 如何认识"二十一条"交涉中北京政府的外交?
2. 从中国参加第一次世界大战的过程分析美日矛盾。
3. 在中国参加世界大战的过程中,日本通过哪些手段进一步扩大对中国的控制?
4. 如何评价中国在巴黎和会上的外交?

参考书目

近代史研究所:《日本侵华七十年史》,中国社会科学出版社 1992 年版。

宋成有:《新编日本近代史》,北京大学出版社 2006 年版。

陶文钊:《中美关系史 1911—1950》,重庆出版社 1994 年版。

王芸生:《六十年来中国与日本》第六卷、第七卷,生活·读书·新知三联书店 2005 年版。

〔日〕信夫清三郎:《日本外交史》,天津社会科学院日本问题研究所译,商务印书馆 1980 年版。

章伯锋、李宗一:《北洋军阀》,武汉出版社 1990 年版。

第十一章
南北政府对峙期间的外交

虽然第一次世界大战本与中国无关,日本却利用这个机会控制山东,并逼迫中国签订《民四条约》。中国是第一次世界大战的战胜国,但由于自身力量所限,中国依然是列强宰割的对象。巴黎和会的沉痛现实让中国人警醒。"五四运动"的爆发对中国历史产生了深远的影响。它推动了19世纪20年代的中国民族主义运动。在这种环境下,中国政府开始进行一些收回国家主权的尝试。然而由于北京政府受军阀争战的影响,政府更替频繁,其外交整体上软弱无力。为实现建立一个独立自主国家的理想,1917年,孙中山在广州成立护法政府,并于1923年重建,中国出现南北两个政府对峙的局面。两个政府的对外政策有着鲜明的差别。

第一节 华盛顿会议与"九国公约"

巴黎和会所构成的凡尔赛体系解决了西方国家在欧洲的势力分配,然而,远东地区的问题,尤其是中国的问题还没有得到解决。此外,一战后各大国的军备竞赛越来越激烈,已经严重影响到它们各自的财政能力。因此,在美国的提议下,1921年11月12日到1922年2月6日,美、英、日、法、意、荷、葡、比以及中国,在美国华盛顿召开了一次国际会议,讨论远东问题、太平洋问题和军备问题。

对于北京政府来说,也希望能有一个机会来解决山东问题,因此十分重视此次会议。北京政府派出了130多人的代表团,以施肇基、顾维钧、王宠惠为全权代表。中国参加这次会议的主要目标有:(1)确立各国对华一般原则;(2)取消列强在华特权;(3)废除《民四条约》;(4)解决山东问题。

华盛顿会议上的中国全权代表顾维钧、施肇基、王宠惠（自左到右）

1. "九国公约"的订立

华盛顿会议设立了两个委员会，由英、美、日、意、法5个海军大国参加的"裁减军备委员会"，以及与会九国都参加的"太平洋及远东问题委员会"。为了约束列强在中国的扩张行为，中国政府代表团根据美国顾问的建议，在11月16日"太平洋远东问题全体委员会"第一次会议上，由首席代表施肇基提出了处理中国问题的十项原则：

（1）各国尊重中国的领土主权及政治与行政的独立，中国方面担保不向任何国家割让领土；

（2）中国承认门户开放、机会均等的原则；

（3）各国均不得背着中国签订任何有碍中国利益的条约和协定；

（4）各国在华所取得的权利和条约都应公布，一切秘密条文均属无效；

（5）对中国现行的政治、司法、行政自由的一切限制，都应予以废除；

（6）凡对中国的条约，未确定期限的应明确期限；

（7）对条约的解释应遵守有利于权利给予中方的解释，即有利于中国的解释；

（8）中国的中立权应予尊重；

（9）对远东国际纠纷应采取和平解决的方针；

（10）应规定今后随时召开会议的方法。

这十条约原则体现了美国"门户开放"原则的精神，是中国第一次正式承认该原则施用于中国。列强虽然担心自己的在华利益受到影响，但也不便公开反对。美国为了限制其他列强在华的权益，扩大自己的影响，更是支持中国提出这些原则。美国代表罗脱在会上综合中国的十项原则,提出了指导处理中国问题的四项原则:(1)尊重中国之主权与独立暨中国领土与行政之完整;(2)给予中国最完全无碍之机会以发展并维持一有效力而整固之政府;(3)各国在华商务、实业机会均等;(4)各国不得营谋特权或优先权,"而减少友邦人民之权利"。英日对美国的意图表示疑惑,在美国保证不影响列强在华的基本利益后,它们才勉强同意。

各国代表通过对中国问题的讨论,最后达成了妥协,并于1922年2月6日由与会的九个国家正式签署了《九国间关于中国事件应适用各原则及政策之条约》。这就是著名的"九国公约"。条约共有九条,主要内容有:

第1条:关于处理中国问题的"四项原则",即罗脱所提的四项原则。

第2条:一国或多国不得单方面采取行动,以妨害第一条的原则。

第3条:明确提出在中国实行门户开放的内容:任何国家不得在中国特定区域内获取"商务或经济发展"的"优越权";任何国家在华的"专利或优越权",不得剥夺他国在华从事商务实业之权利,不得剥夺他国与中国当局共同从事公共事业之权利,若一国在华势力范围扩大或期限拉长,亦不得破坏机会均等的原则。

第4条:不赞成各国在华寻求势力范围或独享特权。

第5条:中国的所有铁路给予各国的待遇应公平。

第6条:若发生战争中国不加入时,各国应尊重中国的中立地位。

第7条:一国如对中国采取行动而涉及本条约的原则,应通知缔约各国。

第8、9两条则是条约适用问题、未签字国加入条约问题以及条约的批准问题等。

"九国公约"全面提出了"门户开放"政策,这在国际条约中还是第一次,同时也是中国第一次以法律的形式正式承认这一原则。虽然公约确立了一些关于中国问题的原则,但列强已经在中国获得大量权益,中国的国家主权和行政完整已经遭到侵犯,列强也不可能真正尊重这些原则。不过,公约的签订在一定程度上遏制了日本侵华的势头。

2. 帝国主义在华特权的处理

在华盛顿会议上,中国代表还提出了其他一些要求,希望列强放弃部分在华权益。然而列强绝不可能轻易地放弃其在华特权,美国务卿休斯就警告中国代表团"勿要求过多,以免阻碍会议之进行"。因此,中国所提要求往往带有很大的妥协性。

中国代表在会上提出的问题以及会议讨论的结果主要有以下几个方面：

关税问题。中国丧失关税自主权已有八十年之久。在巴黎和会上，中国曾提出过关税自主的要求，但列强毫不理会。在华盛顿会议上，中国先后两次提出这一问题，要求列强予以考虑。11月23日，顾维钧在第五次全体会议上提出中国应收回关税自主权利的议案。但为了安慰各国，他表示中国政府不会干涉现行关税制度，也无意干涉用于外债担保的关税收入；并说明中国不急于收回关税主权，而是先由各国协定一高税率。这一提案带有很大的妥协性和软弱性。列强最后达成妥协，通过了《关于中国关税税则之条约》，同意中国可稍微增加税收以应北京政府之需。条约规定在条约批准三个月后召开关税特别会议，讨论调整税则之事，四年后再调整一次，以后每七年调整一次。这样，中国的关税自主便遥遥无期。中国代表对此表示遗憾，并声明中国不会放弃关税自主要求，保留将来重提之权。

领事裁判权问题。列强在中国获得领事裁判权也已有八十年，这是对国家主权的重大损害。巴黎和会上中国也曾要求考虑这一问题，列强同样不予理会。11月25日，王宠惠在第六次全体会议上提出议案，列举了这一问题的弊害，说明中国司法制度已大有进展，要求各国于一定期限，撤废在华领事裁判权。会议讨论后通过了《华盛顿会议关于在中国之领事裁判权议决案》，宣称要帮助中国政府"改良司法制度"，又说"一俟中国法律地位及施行该项法律之办法并他项事宜皆能满意时，即预备放弃其领事裁判权"。还做出决议："本议决案所拟设之委员会应于本会议闭会后三个月内，按照上列各国政府嗣后所定详细办法组织之。应令该委员会于第一次集会后一年以内将报告及建议呈送。"还特别写明各国"可自由取舍该委员会建议之全部或任何一部"①。这样，中国是否可收回司法主权，实际仍然要由外国来决定。

势力范围和租借地问题。王宠惠于12月12日在第十五次全体会议上提出此议案。他指出"利益范围"或"势力范围"为列强自相协定或强迫中国所划定，要求与会各国声明否认在中国境内有势力范围或特殊利益，并列举中日"二十一条"属此范畴。各国态度不一，最后形成一决议，即"九国公约"中所规定的各国不得订立违反罗脱原则的条约与协定，禁止在华建立势力范围。从条义上看，列强虽未明定撤除势力范围，也没有一种条约的约束力，不过今后列强不再能寻求这种权利了。至于租借地问题，顾维钧于12月3日在第十二次委员会中提出退还租借地议案，但列强对这一问题采取相互推脱的

---

① 王铁崖：《中外旧约章汇编》第三册，生活・读书・新知三联书店1962年版，第199—120页。

态度,最后未能达成任何结果。

外国驻华军警问题。当时列强在中国驻扎大量军队和警察,部分是有条约根据的,而大部分则完全没有条约根据。11月28日,施肇基向第八次委员会提出撤退外国军警案,就是针对后一情况。中国要求各国把未经中国政府允许之军警全部撤走,但同时又声明这一要求不涉及根据《辛丑条约》各国所得的权利及在租界内之警察。对此,大会讨论后做出了一个《关于在中国之外国军队议决案》,其中有一条说明:"无论何时,中国能担任保护在中国之外人生命、财产,则现在中国服役未得条约或协约许可之军队志愿撤退。"①也就是说,只有外国人自认为他们的生命、财产安全了,才能撤退军警。这样列强随时可以以外国人生命财产得不到保护为由向中国派驻军警。中国的这一要求又未能实现。

中日"二十一条"问题。王宠惠于第十六次全体会议上提出,1915年5月26日中日"二十一条"及换文严重影响中国之独立及领土完整,应予取消。日本方面明确表示反对。会议只是把中日声明记录在案。

电台和邮局问题。11月25日和30日,施肇基分别提出了撤废外国客邮案和撤废外人在华之无线电台案。这是列强在华利益最轻的两项,故列强做出了一点让步。会议形成了《关于在中国之外国邮局议决案》和《关于在中国无线电台议决案并附声明书》。规定除租界和条约特别规定者外,撤销所有外国邮局;除官方的使领馆外,所有外人的电台不得在中国设置,现存者应移交中国交通部,并给予公平充足之偿付。这是列强在会上唯一答应中国的一项要求。

此外,会上还通过了其他一些议决案。②

3. 山东悬案的解决

自从中国在巴黎和会上因山东问题处置的不合理条款而拒签和约后,山东问题一直悬而未决。1920年6月以前,日本曾两次要求与中国直接交涉,

---

① 王铁崖:《中外旧约章汇编》第三册,第201—202页。
② 《关于统一中国铁路议决案并附中国声明书》提出"将中国现在与将来之铁路俾能统一,由中国政府管理、行使,于需要时辅以外国经济及专门技术";《关于裁减中国军队议决案》要使中国裁军以使政治统一、经济发展及财政恢复;《关于中国及有关中国之现有成约议决案》规定各国与中国签订的条约和协定,及各国间所订关于中国的协定条约要互相通告并送交华盛顿总秘书厅存档;《关于远东问题审议局之议决案》设审议局以审议各国对华普通政策,维持机会均等;《关于中东铁路之议决案》议定由外交途径协商,确定对中东路的管理等。参见王铁崖:《中外旧约章汇编》第三册,第199—207、215—217页。

北京政府两次明确地表示拒绝。1921年8月,当美国发出召开华盛顿会议的邀请书后,日本预知中国必把山东问题提交会议讨论解决,故急谋与中国直接交涉。然而,对于日本的第三次和第四次交涉,北京政府依然拒绝。

华盛顿会议召开后,日本一方面要求美国限定会议的范围,不能涉及特定国家间的问题和已成之事实。一方面仍不断向中国提出直接交涉要求。当中国代表在大会上提出此提案时,日本即发表声明,表示此为特定国间的问题,日本不愿在大会上讨论。

美、英政府出于自身的考虑,也不愿把山东问题提交大会解决。最后,英、美代表向中日双方建议,中日两国在会外直接交涉,英、美代表将列席旁听,居间商榷。这时,国内亲日的梁士诒组阁,他训令中国代表可同意与日本在会外谈判。这样,就有了一场在华盛顿会议之外关于山东问题的中日谈判。

中日交涉于1921年12月10日—1922年1月31日进行。其主要议题是,日本归还胶州租借地,退还胶济铁路。双方共会谈三十六次,英美代表列席。日本同意将山东交还中国,但中国政府必须接受一定的条件。在谈判中,日本代表企图强迫中国接受它的无理要求,中国代表则据理力争,谈判甚至濒临破裂。在美英代表斡旋下,双方终于达成了协议,于1922年2月4日签订了《解决山东悬案条约》及附约,并向大会报告,将该约载入正式的记事录中。

《解决山东悬案条约》规定:日本将胶州德国旧租借地在条约实施六个月内交还中国,条件是:(1)部分公产应留作日本领事馆之用;(2)青岛海关应考虑使用日本人,并可用日文与青岛海关接洽;(3)中国以53 406 141金马克(或3200万银圆)在15年内赎回青岛济南铁路,赎回前必须选任日本人为车务长和会计长;(4)淄川、坊子、金岭镇各矿山由中日合办;(5)海滩盐场由中国公平购回。为了获得英美等国对这个解决方案的支持,条约还特别给予它们两项权益:(1)胶济铁路的支线济顺、高徐铁路的借款优先权让予美国领导的四国银行团;(2)胶州全部开放为通商口岸,胶州地方政府颁布法令,须先商得外国公使团之同意。这一条约终于使中国得以收回胶州租借地,但同时也为其他强国乘此机会染指山东提供方便。

华盛顿会议后,中日两国于1922年3月建立联合委员会,协商具体督办鲁案善后事宜。委员会于6月29日改在北京开会,双方经过争论,最后于12月1日达成协议,签订了《解决山东悬案细目协定》;5日又订立《山东铁路悬案细目协定》及其他附件和换文。在这些文件中,日本超出华盛顿会议所订条约内容,又获得了一些好处,如土地所有、官产偿价、矿山偿价、铁路偿价等等。10日,北京政府委派王正廷、熊炳奇向日本青岛民政长接收胶州租借地民政权,熊炳奇任胶济商埠督办;1923年1月1日,北京政府代表劳之常到青岛接收胶济铁路及其支线并一切附属财产,胶州租借地日军撤走。至此,山东问题才告基本解决。但由于日方仍保有相当权益,它在山东的势力并未彻底铲除,这为它日后对华侵略活动提供了借口和方便。

第二节 《中俄解决悬案大纲协定》的签署

1917年俄国爆发了"十月革命",这给中国的外交形势带来了巨大的影响。北京政府追随西方列强,拒不承认苏俄政府。而苏俄政府为了打破外交上的孤立状况,则选择中国作为突破口。

1. 苏俄对华宣言

苏维埃政府成立不久,即在《和平法令》中宣布:"凡帝俄临时政府和外国订立的一切秘密条约与压迫别国的不平等条约,一律无保留地废除。"1919年7月25日,苏维埃俄国副外交人民委员加拉罕署名发表了《俄罗斯苏维埃联邦社会主义共和国对中国人民和中国南北政府的宣言》,表明了苏俄政府对华政策的基本原则。宣言的主要内容是:

(1)"苏维埃政府把沙皇政府独自从中国人民那里掠夺的或与日本人、协约国共同掠夺的一切交还中国人民以后,立即建议中国政府就废除1896年条约、1901年北京协议、1907年至1916年与日本签订的一切协定进行谈判。"

(2)废除沙俄在华的领事裁判权,明确声明:"在中国,除中国人民的政权和法院,不应当有其他的政权和法院。"

(3)放弃庚子赔款的俄国部分。

(4)"苏维埃政府已放弃了沙皇政府从中国攫取的满洲和其他地区。"[①]

这一宣言体现了一种和平、平等的新型国际关系原则,对于正在争取民族独立的中国人民来说,无疑是一种巨大的帮助,因此中国社会对之普遍表示欢迎。北京政府也趁机采取了一些措施来收回主权,逐步接近苏俄政府。1919年11月,中国宣布撤销外蒙古自治,废除1915年的《中俄蒙协约》;1920年8月,中国完全停付对俄的庚子赔款;9月,中国明令停止原俄国驻华公使领事的外交官待遇,并接收了天津、汉口的俄租界。但中国政府并未宣布取

---

① 熊志勇、苏浩、陈涛:《中国近现代外交史资料选辑》,第238—240页。

消以前同俄国签订的一切条约,仅仅是声明暂时代管俄国在华利益而已。

1920年9月27日,苏维埃政府再次发出了由加拉罕签署的《俄罗斯苏维埃联邦社会主义共和国政府对中国政府的宣言》。其内容与之前的宣言基本一样,但值得注意的是宣言对中东路的处理比上一次有了变化,指出"俄中两国政府同意为苏俄需要另行签订使用中东铁路办法的条约,在订立条约时,除中俄外,远东共和国亦可参加"①。

苏俄的两次对华宣言,对长期形成的列强侵略中国的外交模式,是一个极大的冲击。中国人第一次感到能够与一个大国平等地相处,第一次有一个国家向中国表示真诚的友好,并尊重中国的独立。但同时,宣言本身并不具备法律效力,两次宣言的内容也存在前后矛盾或者不明确的地方。两次宣言在一定程度上是苏俄政府为打破自身外交孤立而采取的一种现实主义政策。

2. 中苏建交谈判

北京政府与苏俄政府的交往十分谨慎。1920年5月27日,中国新疆地方当局与苏俄地方当局土耳其斯坦政府委员订立《伊犁中俄临时通商条件》,之后形成一通商条约,并在中国西部边界设关收税。1920年5月,北京政府派出由陆军中将张斯麟率领的一个军事外交代表团到莫斯科访问。苏俄政府也通过远东共和国,派遣优林作为全权代表,率一商务代表团于8月26日到北京。优林重申苏俄愿取消沙俄政府压迫中国的不平等条约,要求与中国缔结平等的通商条约,并宣布旧沙俄公使领事已不能代表苏联。但因北京政府此前已收到美国政府致意大利政府的照会副本,内称承认苏维埃政府没有任何益处;法国公使亦对北京与苏俄接触提出了异议。北京政府便于9月16日声明:中国仅系追随协约国先例,与之讨论商务问题。在列强的压力下,北京政府并未认真与优林交涉。优林只得转向民间活动,1921年夏无果而返。之后,1921年12月12日苏俄又派裴克斯率一代表团到达北京。这时正值华盛顿会议期间,故裴克斯的活动仍仅限于民间,未能与政府正式交涉。

优林和裴克斯来华交涉失败后,苏俄驻英国代表克拉辛向中国驻英公使顾维钧商请恢复中俄邦交,并称愿以苏俄与英、德、意、瑞等国所订的商约为标准,与中国订立新约。顾维钧将此意转达给外交部,外交部认为这时可与苏俄交涉,并致电莫斯科,声明苏俄须以两次宣言和照会作为双方接洽的条件。1922年8月12日,苏俄政府派遣著名外交家越飞抵达北京。由于当时

---

① 熊志勇、苏浩、陈涛:《中国近现代外交史资料选辑》,第242页。

苏维埃国家在热那亚会议上挫败了帝国主义阴谋，使西方各国事实上承认了苏维埃政府，苏俄的地位在中国人民心中得到了提高，但北京政府对越飞的态度却仍然较冷淡。8月27日，越飞向中国外交部提议：在长春举行日俄会谈之前，先进行中俄会谈，解决外蒙古俄军撤退和中俄通商等问题，并请中国派人参与日俄会谈。外交部拒绝了这一提议，并声明将来的日俄会谈，未经中国同意不得议及中国事项。9月12日，外交部正式照会俄方，允许中苏开议。在会谈之前，顾维钧提出了两项先决条件：坚持要求苏军从外蒙古先撤走；以苏俄对华宣言作为谈判基础，即中东路应交还中国。越飞则于11月6日照会中国外交部，声明苏俄代表并没有履行两次对华宣言的义务。12月8日，他又向外交部说明，苏俄的宣言中提到放弃中东路权利，并不是无条件的。这样，双方出发点不一致，谈判迟迟不能举行。

1923年3月18日，北京政府专门成立中俄交涉督办公署，由王正廷任督办，准备与苏联交涉。1923年7月，两次对华宣言的署名者加拉罕到北京，中国朝野对他表示欢迎，中苏间的谈判自此正式开始。9月4日，加拉罕在北京对报界发表声明，重申了前两个声明的原则，这就是所谓第三次对华宣言，又称"加拉罕对华宣言"。然而谈判几经波折，长期拖延，双方直到1924年3月14日才拟定协议草案，并由王正廷草签。但外交总长顾维钧对文件提出了异议，认为：协定中未撤销俄（苏）蒙协约，也未规定撤退外蒙古的苏军，且东正教会在华地产移交苏方的要求无法律依据。他训令王正廷再与加拉罕谈判修正上述各议案。加拉罕对此十分不满，3月16日，他给王正廷一个紧急照会，要求中国政府在三日之内须承认所订的各协定，否则中国应对交涉破裂负责。北京政府则明令撤销中俄交涉督办公署，所有对苏交涉事宜，责成外交部办理。

北京政府的这一举动，引起了民间进步团体和个人的不满，他们纷纷致电政府，要求速订中苏协定。加拉罕也感到难以与北京政府继续谈判，便转而派人向奉天的东北地方政府和广州大元帅府交涉。

北京政府得知加拉罕开始与东北地方政府和广州大元帅府交涉，感到压力；而加拉罕方面的谈判也进行得不顺利。因此，双方都希望重开谈判。1924年5月，加拉罕与顾维钧重新进行密商。30日下午，北京政府正式通过了中苏间的协议。5月31日，谈判双方举行了签字典礼，中苏恢复邦交。双方签订《中俄解决悬案大纲协定》十五条、《暂行管理中东铁路协定》十一条，另外还有七个声明书和一个换文。

3.《中俄解决悬案大纲协定》

中国和苏联建交时所签订的一系列文件中,最为重要的就是《中俄解决悬案大纲协定》。其主要内容有:

(1) 协定签字后,即恢复两国的使领关系;

(2) 两国在签字后一个月内举行会议,商订一切悬案之详细办法,予以施行;

(3) 废止沙俄与中国、沙俄与其他国家所签订的涉及中国的条约和协定;

(4) 苏联承认外蒙古为中华民国的一部分,并声明苏联将从外蒙古撤军;

(5) 两国将通过谈判重新划定疆界;

(6) 提出了解决中东路问题的一些原则:中东路纯为商业性质,中国官方有权管理地方主权各项事务,中国资本可赎回中东路,等等;

(7) 苏联取消沙俄在中国取得的租界和领事裁判权等特权,放弃庚子赔款的俄国部分;

(8) 两国采取平等关税。

6月13日,加拉罕照会中国外交部,声明苏联将一反列强不把中国视为享受完全权利国的习惯,以平等公正的原则与中国建立外交关系,将向中国派驻大使一级的外交代表。而当时各国在中国皆维持公使级的关系。中国政府立即复照表示欢迎。这样,中苏两国建立了中国外交史上的第一个大使级外交关系。

《中俄解决悬案大纲协定》是在苏联这样一个大国主动提出放弃不平等特权的情况下缔结的。协定的签署和中苏建交,给帝国主义压迫中国人民的不平等条约体系以沉重打击,在当时的中国产生了非常积极的影响。中国人民从中看到了一种平等的新型国际关系模式,并以此作为反对列强在华特权斗争的有力武器,推进了中国废除不平等条约运动的发展。

然而,《中俄解决悬案大纲协定》并没有真正解决中俄之间的历史问题。首先,在中东铁路问题上,由于中东铁路是苏联在中国最主要的利益所在,因此苏联显然不想完全放弃其利益。其次,依照大纲第二条规定,两国应于协定签字后一个月内举行会议,以解决一切悬案,并应在六个月内完成工作。然而,中苏会谈迟至1925年8月26日才开始,中国以王正廷为代表。但27日加拉罕返国,会谈无果而终。苏联最终恢复了沙俄在中东路的权益,外蒙古问题也未解决。

第三节 北京政府的修约努力

"五四运动"之后,北京政府开始注意到不平等条约问题,希望能够通过修约的办法收回一些国家主权。而苏俄两次对华宣言的发布,以及《中俄解决悬案大纲协定》的签订,更是为北京政府的修约想法提供了现实参照。在华盛顿会议上,西方列强并没有满足中国的各项提案,只是做出了一些承诺。华盛顿会议结束后,北京政府开始着手落实这些承诺。

1. 北京政府的软弱外交

巴黎和会与华盛顿会议的召开,并没有给中国带来期望中的改变。相反,在第一次世界大战之后建立起来的凡尔赛—华盛顿体系中,中国仍然是西方列强肆意宰割的对象。华盛顿会议之后,西方各国继续在中国享有各种特权,并以各种手段谋求更多利益,而北京政府的应对则显得软弱无力。

金法郎案是北京政府这种软弱外交的一次体现。《辛丑条约》规定了4.5亿的庚子赔款,1905年清政府与各国换文,规定赔款按各国的货币兑换付给。赔款中,法国占15%强,以法郎支付。然而第一次世界大战后,法郎急剧贬值,一银两可兑换14法郎,法国政府感到吃亏。1922年7月,法国公使照会中国外交部,要求庚子赔款应按金法郎兑换交付(一银两只能兑4金法郎),并鼓动比利时、意大利和西班牙也要求按照金法郎比价支付赔款。11月28日,外交部长王正廷据理驳斥四国公使。

次年初,中国内阁更换,新任外长黄郛于2月10日表示同意法方要求,结果全国舆论哗然,国会明确反对。但法国知道中国急于召开关税会议,而这一会议的召开须以各国一致通过华盛顿会议的条约为条件。于是它便拒不批准《华盛顿条约》,组织《辛丑条约》的主要签字国联合照会中国外交部,要求对各国的庚子赔款一律用金价兑付。法国甚至还商请各国,在赔款按金价计算交付之前,从1922年12月1日起,法、比、意、西四国的赔款由海关税务司按金法郎硬金价值从中国的关余和盐余中扣除。①

1924年11月段祺瑞上任执政。段祺瑞因财政困难,急于拿回四国所扣留的关余和盐余约一千五六百万两,因而急谋承认金法郎案。1925年4月,外交部长沈瑞麟与法国公使通过照会的形式,就金法郎案达成协定。为了掩

---

① 庚子赔款由关税和盐税项下支付,缴纳赔款后关税剩下的款,称关余,盐税剩余之款称盐余。

人耳目,协定中把赔款改成按美元计算。这其实是换汤不换药,因当时法郎贬值,而美元的价值仍保持不变。金法郎案给中国造成了严重损失,从1922年以后,单是付给法国的赔款总数,中国就多付海关银6200多万两。

北京政府的软弱性也表现在五卅惨案的中外交涉中。1925年5月15日,上海日本工厂主枪杀中国工人顾正红,打伤十余人。30日,上海学生两千余人在上海公共租界散发传单、发表演讲,进行反帝宣传,支援工人斗争,被租界巡捕房拘捕多人。同日,列强决定在会审公堂开审被捕学生,激起上海人民的公愤,一万多群众在南京路举行反帝示威游行。英国巡捕头子下令对手无寸铁的群众开枪,打死13人,打伤数十人,另有数十人被捕。这就是震惊中外的"五卅惨案"。

惨案发生后,全国立即掀起了一场轰轰烈烈的反帝爱国运动,各地民众纷纷罢工、罢课和罢市,要求政府与列强交涉、惩办凶手和收回会审公廨,并要有关国家赔偿道歉、撤换工部局、保证华人在租界的言论、集会自由和罢工自由等。

然而,当时的段祺瑞政府却不敢问罪于列强。政府没有直接与引起事件的英日两国交涉,而是让外交部长沈瑞麟向时任公使团领袖公使的意大利公使提交了一份抗议照会,指责枪杀学生的行为"实为人道及公理所不容",要求"迅饬上海领事团速将被捕之人全行释放,并就地与特派江苏交涉员妥商办理,免再发生此类情事"。但公使团复照称:"事件之责任,可谓并不在租界当局,而在示威运动者矣。"之后北京政府再提两次抗议照会,公使团则在复照中反过来要求中国政府"从速平息"当前局势,"维持上海北京及中国全国之秩序"①。由于事态不断恶化,公使团决定由英、美、法、日、意、比六国组成"六国调查沪案委员会"赴沪调查,北京政府亦派税务帮办蔡廷干、外交次长曾宗鉴等赴沪交涉,但此次交涉未能取得任何成果。10月,双方重新开始善后交涉。公使团认为事出意外,英国巡捕开枪是正当的。12月,上海公共租界工部局致信中方,决定核准总巡麦高云、捕头爱伏生免职,并对死难者表示"惋惜",附送一张7.5万元的支票作为抚恤。北京外交总长声明不能承认,退回该款,但却无进一步措施,此案成为悬案。

2. 关税会议与法权调查

华盛顿会议上,列强曾同意,会议条约批准后三个月内,在中国召开关税

---

① 熊志勇、苏浩、陈涛:《中国近现代外交史资料选辑》,第251—254页。

会议和法权会议。法国在金法郎案中如愿以偿，遂于1925年7月7日批准了华盛顿会议的条约。这样，与会国已全部批准了关于中国的诸条约。8月5日，各国在华盛顿举行批准书的交换手续，条约即日发生效力，从而使中国具备了召开关税会议和法权会议的条件。

1925年10月26日，关税会议在北京开幕。中国代表王正廷在关于关税自主的提案中，提出了中国实行关税自主的办法：(1)要求各国正式声明尊重中国的关税自主，并承认解除现行条约中对关税的一切束缚；(2)中国保证裁废厘金与国定关税定率条例同时实行，至迟不超过1929年1月1日；(3)在完全实现关税自主前实行过渡办法，除现行5%的关税外，普通品加征5%的临时附加税，甲种奢侈品（即烟酒）加征30%、乙种奢侈品①加征20%的临时附加税。

然而，各国并没有诚意让中国实行关税自主。经过反复交涉与商讨，11月19日，会议声明，承认中国享受关税自主权，允许解除各项条约的束缚，但中国必须将裁撤厘金与国定关税率同时施行，并于1929年1月1日起发生效力。从表面上看，列强似乎已同意中国关税自主，但所附加的前提条件即裁撤厘金的问题，在当时中国国内军阀割据的局面下，根本不可能实现。这样，关税自主的承诺就仅只是一个泡影。

随后，会议对增加附加税问题进行讨论，由于直接涉及各国在华利益，会议久拖不决。正在此时，中国政局发生急剧变化，段祺瑞政府垮台。1926年5月初，各国代表纷纷离京，7月，各国代表声明停止会议。此次会议前后实际开会近一百天，除通过一关税自主案外，没有任何结果。

华盛顿会议还向中国承诺了召开法权会议。中国从20世纪初就开始要求撤废领事裁判权，并在巴黎和会和华盛顿会议上都一再提出，最终得到了各国来华进行法权调查的承诺。由于各种原因，法权调查委员会迟至1926年1月12日才正式在北京开幕。会后，各国委员即到汉口、上海、杭州、青岛、哈尔滨、天津等地去调查。调查完毕后，各国委员于6月22日重回北京开会，并于9月通过一个报告书。报告书分四部分：关于中国法典之报告、调查各省司法之报告、中华民国司法制度之现状，以及各国对于司法制度的劝告。其中最重要的是第四部分，它对中国今后司法制度的改良提出各种建议，声称只

---

① 在后来提案中说明，除烟酒外的一般奢侈品为丝棉毛等制品、各种装饰品、电器等。

有"此项建议实行至相当程度时,各国自可放弃所享有的治外法权"①。

这样,中国废除治外法权的要求实际上被否定了。列强可随时以不符合它们的要求为由,拒绝讨论放弃治外法权问题,从而掌握了废除中国领事裁判权的主动权。

法权调查期间,北京政府于1926年1月就"五卅惨案"问题与撤销上海会审公廨问题与列强公使团进行交涉,公使团拒绝了中方提出的会审公廨应完全适用中国现行法律的条件,谈判一开始就陷入僵局。5月,谈判转由孙传芳控制的地方淞沪督办公署与各国驻上海领事团继续交涉。8月31日,双方签署《收回上海会审公廨暂行章程》,规定由临时法院代替会审公廨,法院院长、推事由江苏省政府任命。涉及外人案,由领事会审;涉及租界华人案,由领事观审。领事不得干涉法官判决。1927年1月1日正式举行交还仪式,存在60年之久的会审公廨制度正式结束,但保留了"会审"制并扩展至一切刑事案件。

3. 其他收回主权的尝试

在巴黎和会和华盛顿会议上,中国代表曾提出取消"民四条约"的要求,但未能实现。在华盛顿会议上,日本政府迫于列强的压力,发表了关于"二十一条"的声明,表示可放弃其中对"南满"和"东蒙"铁路借款及关税担保的优先权,以及在"南满"聘用日籍顾问的优先权,撤回对第5号要求的保留权。这就为废除《民四条约》奠定了基础。

1922年底和1923年初,中国众议院和参议院分别一致通过"民四条约"无效议案,并立即咨请政府查照办理。3月10日,外交部长黄郛照会日本公使,并训令驻日代办亦提出相同照会:"重新声明,所有民国四年五月二十五日缔结之中日条约及换文,除已解决,即经贵国政府声明放弃各项外,应即全部放弃。并希指定日期,以便协商旅大接收办法,以及条约及换文废除之后之各项问题。"

中国国会议决废约期间,日本舆论界即污称中国国会不知国际礼仪,为无法暴乱之徒。中国政府提出照会后,日方则指责中国是得陇望蜀,主张断然拒绝。由于日本的顽固态度,废除"民四条约"之事无法交涉,成为中日关系中的一个悬案。

---

① 程道德、郑月明、饶戈平:《中华民国外交史资料选编(1919—1931)》,北京大学出版社1985年版,第259页。

此外，北京政府为了应付全国人民废除不平等条约的要求，并对抗南方广州国民政府的影响，于1926年发起了"修约外交"。

北京政府选择修约的第一个对象是小国比利时。1926年4月16日，外交部照会比利时公使，要求修改1865年中比《通商条约》。比利时政府表示愿意谈判修改，但新约未定之前，旧约依然有效。中方不肯接受，而比利时也在英法的怂恿下有恃无恐。双方交涉至11月6日，北京政府发表声明，宣布废除中比商约。比利时却向海牙国际法庭提出控诉。1927年1月8日，国际法庭做出了有利于比利时的判决。北京政府只好又与比利时政府重开谈判，但直至北京政府垮台，也未取得实质性进展。

北京政府还于1926年10月照会日本公使，要求修改1896年《中日通商行船条约》。日本非但没有拒绝，反而表示谈判不应仅限于修改商约问题。然而在随后的谈判中，日本反而要求扩大在东北的权益，提出修筑铁路、商租土地、增设领事馆等要求，且提出给北京政府贷款，而把修改商约问题搁置一边，谈判陷于停顿，中日商约遂成悬案。

1927年5月10日，中国与西班牙的《和好贸易条约》60年期满。1926年11月10日，外交部照会西班牙方面表示期满不再继续，要求另订平等新约。西班牙虽表示同意，却提出新约未订立前旧约依然有效，并拖延谈判。1926年11月12日，北京政府宣布中西条约失效，西方提出抗议，北京政府亦无可奈何，对西班牙的修约交涉又告夭折。

1927年8月7日，中法《越南边界通商章程》期满，外交部于2月4日向法方声明期满失效，重订新约。法方称按条约内容，只可修改，不能废止。但随后双方的修约谈判也成僵局。

北京政府还进行了其他一些修约谈判，但大都落空。北京政府的这些尝试，采取了一些异乎寻常的外交措施，也产生了一定的国际影响，但由于它本身日益衰落，已逐步丧失主持外交的地位，因而并未取得实质性进展。

4."皇姑屯事件"与北京政府的垮台

20世纪20年代初以来，奉系军阀张作霖依靠日本支持，势力逐步发展壮大。1924年10月，张作霖利用北京政变之机，进入关内，逐步掌握了北京政府的大权。

入关后的张作霖与英美各国有了更多的接触，与日本的关系逐渐疏远。但无论是英美、日本，还是张作霖掌控下的北京政府，在一点上却是完全一致的，那就是"讨赤反苏"，尤其是对于实行国共合作的广州国民政府，以及所谓

"赤俄势力"。1926年7月,广州国民革命军正式开始北伐,不到半年时间已席卷江南各地,这更让北京政府和西方国家感到担忧。在此背景之下,张作霖得到英、日的支持,公开查抄了苏联驻华大使馆。

1927年4月6日,张作霖突然派军警搜查了苏使馆区内的远东银行、俄国旧营房等,并借机在北京大事搜捕,逮捕了共产党员李大钊等人,抄走许多文件。之后,北京政府以所得文件中有苏联使馆收容共产党密谋叛乱为由,向苏联政府提出抗议。4月7日,苏联代办也向北京政府提出了强烈抗议,并提出四项要求:中国军警立即从苏驻华使馆撤走,立即释放苏使馆人员及经济调查处职员,交还被劫文件,交还各项失物。4月9日,苏联外交部亦提出抗议。4月16日,北京政府正式提出复驳,拒绝了苏联的要求。随后,苏联撤回使馆人员,事实上与北京政府断绝了交往,但北京政府并未撤回驻莫斯科的代办郑延禧,东北三省也仍保有苏联的领事,中苏两国的外交关系仍然维持。

北京政府的"讨赤"并未能挽救其自身灭亡的命运。国民革命军的北伐声势浩大,北洋各派军阀土崩瓦解,不断溃败。1927年6月18日,张作霖在北京建立了安国军政府,自称中华民国陆海军大元帅,成为北京政府末代统治者。

此时,张作霖与日本之间的矛盾也越来越严重。1927年4月,田中义一出任日本首相,加紧在中国东北地区的扩张。日本向张作霖提出修建满蒙五铁路的要求,即敦化—图们、长春—大赉、吉林—五常、洮南—索伦、延吉—海林五条铁路,还要求中国不得自行修建铁路。这五条铁路以南满铁路为基干,向东西北三个方向延伸,充分表明了日本欲控制整个南满的野心。为了实现这一目的,日本单方面拟定了一个"满蒙五铁路秘密协定"的文本,要求张作霖签字。张作霖深知该协议的结果将使日本完全控制其东北老家,但又不敢直接拒绝,只得采取拖延的办法应对。

1928年4月,南京国民政府重开北伐,张作霖不得已向日本求助,但他很快发现日本只是想借机实现所谓"满蒙分离计划",并不是要帮助自己打败蒋介石,于是再次对日强硬。日本最终决定,除掉张作霖,以便趁乱控制中国东北地区。

1928年,抵挡不住国民革命军北伐攻势的张作霖,向南京国民政府通电求和,随后乘火车离开北京,返回奉天。1928年6月3日夜,张作霖乘专列离开北京。6月4日凌晨,当张作霖乘坐的专列行驶至奉天附近南满铁路与京奉铁路的交汇点皇姑屯时,日本关东军引爆了预先埋设在此的炸药,炸死了张作霖,制造了震惊中外的"皇姑屯事件"。但此次事件并没有让日本达到自己的目的,由于张作霖的长子张学良在事件后秘密返回奉天,稳住了东北地区的形势,因此日本所期望的混乱局面并没有出现。

张作霖死后不久,6月8日,南京政府的军队进入北京,将北京改称北平,北京政府的统治至此宣告结束。

第四节 广州、武汉国民政府收回主权的斗争

辛亥革命时期,为避免西方国家干涉革命,孙中山并未把废除不平等条约和收回中国主权作为其政治口号提出来。当看到革命的成果最终变成军阀之间的混战后,孙中山的思想受到极大震动。相比之下,俄国十月革命的成功进行,让孙中山受到了启发。

1."以俄为师"的外交政策

1918年夏天,孙中山致电列宁,祝贺十月革命的胜利和苏维埃政府的成立。1920年10月31日,列宁委任苏联人民外交委员齐契林致信孙中山,提出关于恢复中俄友好商业关系等建议。1921年8月28日,孙中山在致齐契林的复信中表示愿与苏俄领导人"获得私人的接触",并表示"我非常注意你们的事业,特别是你们苏维埃的组织、你们军队和教育底组织"①。1921年12月,列宁委托共产国际代表马林与孙中山在桂林作了三次长谈。孙中山对苏俄的新经济政策很感兴趣,认为在打败北洋军阀后中苏可建联盟,目前可建立非正式联系。马林则建议孙中山改组国民党,联合社会各阶层,尤其是工农大众;与苏俄合建军官军校,建立革命武装;与中国共产党实行合作;等等。这次会见对孙中山未来政策的形成产生了决定性影响。

1922年1月4日,孙中山发表演说,称"法、美共和国皆旧式的,今日惟俄国为新式的。吾人今日当造成一最新式的共和国"②。后来更明确指出:"我党今后之革命,非以俄为师,断无成就。"孙中山"以俄为师"的政策主张逐步明朗起来。1922年9月起,孙中山着手进行国民党的改组工作,开始酝酿国共合作。

1923年1月22日,孙中山在他上海的寓所会见了从北京南下的苏联外

---

① 《孙中山全集》第5卷,中华书局2006年版,第593页。
② 熊志勇、苏浩、陈涛:《中国近现代外交史资料选辑》,第244页。

交家越飞,商讨改组国民党、建军及苏联援助中国革命等问题。26日,双方发表《孙文越飞宣言》,指出:"中国最要最急之问题,乃在民国的统一之成功,与完全国家的独立之获得。关于此项大事业,……中国当得俄国国民最挚热之同情,且可以俄国援助为依赖也。"①宣言的发表,标志着孙中山"以俄为师"的联俄政策的确立。

1923年2月,孙中山在广州重建大元帅府,就任大元帅职,正式开始推行联俄反帝的政策。1924年1月,在中国共产党和苏联的帮助下,标志着第一次国共合作正式开始的国民党第一次全国代表大会在广州召开。1月23日,大会通过了《中国国民党第一次全国代表大会宣言》,其中的对外政策部分如下:

(1) 一切不平等条约,如外人租借地、领事裁判权、外人管理关税权以及外人在中国境内行使一切政治的权力侵害中国主权者,皆当取消,重订双方平等、互尊主权之条约。

(2) 凡自愿放弃一切特权之国家,及愿废止破坏中国主权之条约者,中国皆将认为最惠国。

(3) 中国与列强所订其他条约有损中国之利益者,须重新审定,务以不害双方主权为原则。

(4) 中国所借外债,当在使中国政治上、实业上不受损失之范围内,保证并偿还之。

(5) 庚子赔款,当完全划作教育经费。

(6) 中国境内不负责任之政府,如贿选、僭窃之北京政府,其所借外债,非以增进人民之幸福,乃为维持军阀之地位,俾得行使贿买,侵吞盗用。此等债款,中国人民不负偿还之责任。

(7) 召集各省职业团体(银行界、商会等)、社会团体(教育机关等)组织会议,筹备偿还外债之方法,以求脱离因困顿于债务而限于国际的半殖民地之地位。

这七条形成了国共两党建立统一战线后外交政策的重要内容,也是中国近代史上第一次明确把废除不平等条约作为一个外交政策提出来。

2. 广州国民政府的反帝外交

1917年,孙中山在广州成立护法政府,1923年2月,又重建大元帅府。广

---

① 熊志勇、苏浩、陈涛:《中国近现代外交史资料选辑》,第245页。

州的革命政府是在孙中山"以俄为师"的指导思想下建立起来的,因此,它从诞生之日开始,就坚持推行反帝外交。

1923年11月,广州政府照会北京公使团,要求将粤海关关余拨还广州政府,否则将自行提取。中国的海关收入一向是被英国人所控制,每月的海关收入必须先扣除用以支付对外赔款和外债的部分,剩下的部分称为"关余",由税务司交付中国政府。1917年孙中山成立护法政府时,曾分得一部分关余,但在1920年因护法政府内部分裂而暂停交付。因此此次广州政府重新提出关余问题。然而,对于广州政府的要求,北京公使团却复照提出严重抗议。广州政府驳斥称:"中国海关始终为中国国家机关,本政府辖境内各海关,自应遵守本政府命令。且关税汇之交北京,不啻资助其战费,以肆其侵略政策,……此乃完全中国内政问题,无与列强之事。"①对此独立自主的行动,英美等国公然以武力相威胁,派遣十余艘军舰到广州的白鹅潭示威,这就是"白鹅潭事件"。但广州政府不为所动,坚持斗争。1924年4月,北京公使团被迫决定将粤海关关余拨付广州政府。

广州政府坚定的反帝立场使列强谋图推翻它。各国支持广东各商团扩建商团武装,英国更是直接策划了"商团事件"。当时英国煽动广东商会总会长陈廉伯,以建立商人政府为诱惑,要求他组织商团武装,推翻广州政府。陈廉伯遂偷运大批枪械到广州,广州政府果断将私运枪械的商船扣留。但英国仍然继续支持和鼓动商团军进行叛乱活动。1924年10月,商团武装向庆祝双十节的游行群众开枪,并公开策划发动武装叛乱。在此紧急情况下,广州政府断然采取措施,向英国提出抗议,同时坚决镇压了商团叛乱。

1925年3月12日,孙中山去世。7月1日,广州政府正式改称国民政府,由汪精卫任主席。广州国民政府继续推行反帝外交,领导了著名的"杯葛事件"。

1925年6月23日,广州人民举行了声援"五卅运动"的反帝示威游行,游行队伍行至沙基西桥口时,突然遭到珠江对岸沙面英法租界巡警的枪击,同时停泊在白鹅港的英法葡各国军舰也开炮轰击,当场打死83人,打伤500多人。

沙基惨案发生后,广州人民群情激愤,港粤工人商人组织"省港罢工委员会"实行罢工。广州国民政府立即于当天开始与英、法、葡三国进行交涉,严正抗议此次暴行。广州政府先后向英法各国提出三次抗议照会,详述事件经

---

① 程道德、郑月明、饶戈平:《中华民国外交史资料选编(1919—1931)》,第300—301页。

过,正式提出五项赔偿要求:"(一)此案各有关系国,应派大员向广东政府谢罪。(二)惩办关系长官。(三)除两通报舰外,所有驻粤各有关系国兵舰,一律撤退。(四)将沙面租界交回广东政府接管。(五)赔偿此次被毙及受伤之华人。"[①]但英法态度强硬,声明不能考虑这些要求。双方几番交涉无果。广州政府看到通过外交途径解决不了问题,便决定领导民众对英国实行经济绝交,以打击其在华利益。英国是五卅和沙基两次惨案的祸首,是西方列强在华势力的主要代表之一,在广东有重要的经济利益。因此,广州政府决定把英国作为重点打击对象,宣布对英经济绝交,封锁香港,禁止英货入口,禁止谷米杂粮、肉类蛋禽出口香港,断绝同香港的交通,同时以政府力量接济罢工工人,支持省港大罢工。这一举措使得香港商号纷纷倒闭,各项商务一落千丈,英国在华利益受到沉重打击。

"杯葛事件"持续了一年,在中英双方都引起了严重的后果。英国自不必说,广州政府同样也因对英贸易的萎缩在经济上和政治上都遭受损失,同时,维持罢工工人的生计也是一笔沉重的财政负担。而广州政府此时正准备北伐,急需安定后方,解除经济困难。因此,中英双方都希望就解决"杯葛事件"进行谈判。

1926年6月5日,广州政府外交部长陈友仁致函英国领事并转香港总督,建议中英双方进行谈判,英国明确表示同意。7月15日,双方开始谈判。然而,谈判从15日到24日共进行了五轮,中国方面提出四项办法:(1)组成公正仲裁机关;(2)死难者应由肇事方给予抚恤金;(3)中英共同借款给罢工工人,待惨案仲裁后,全部借款应由肇事方承担;(4)惨案的肇事者是外国水兵,因此英国水兵及军舰应全数撤离国民政府管辖下的领土和水域。对于这四项办法,英方均表示不能接受,谈判无法继续进行。在此情况下,广州政府便决定自主提高关税,宣布对于进口货物的普通商品加征2.5%的附加税,奢侈品加征5%,这项收入用来抚恤罢工工人。同时撤销了对香港的封锁,结束省港罢工。10月11日,广州国民政府正式开始征收附加税。对于广州政府的这项决定,各国未置一词,往来货物照章纳税。但在11月8日,葡萄牙领事突然以广州"领袖领事"的资格提出抗议,广州国民政府外交部长陈友仁当即退回了这一抗议书。这样,广州国民政府完全独立自主地增加了进出口税收,中国外交史上第一次实现了由中国人自己确定税率,自行决定征税。受广州国民政府的影响,北京政府也于1927年2月采取了同样的措施。

---

① 熊志勇、苏浩、陈涛:《中国近现代外交史资料选辑》,第255—259页。

3. 武汉国民政府的反帝外交

1926年7月1日,广州国民政府发表北伐宣言。9日,正式出师北伐。北伐进展顺利,不到半年即已占领湘、鄂、闽、浙、赣、皖六省全境或大部,进入长江流域。12月,广州国民政府迁往武汉。武汉国民政府继续执行坚决的反帝外交。

随着中国国内形势的改变,各国开始重新考虑其对华政策。武汉政府刚刚建立,英国驻华公使蓝普森即到武汉进行接触,随后,日本、美国、比利时等国,也先后派代表到武汉来了解情况。

由于长江流域是英国的势力范围,因此英国对于武汉政府格外关注,决定主动调整其对华政策。1926年12月18日,英国照会华盛顿会议参加国,认为此时北京政府已"至于垂灭",而广州存在"强健国民政府",因此提出:

(1)一旦中国成立有力的政府,即可与之商谈修约及其他悬案。

(2)各国应改变传统的对华态度和对华政策:"所谓中国经济政治,非外人监视不能发达者,各国应抛弃此种意见。""各国对于条约之态度,向来严格主张其权利者,亦应加以变通也。"

(3)关于关税问题。"关税会议未能践诺,致生种种恶果,本政府……今特提议,各国应立予中国以华会所定之附加税,而不附以何等之条件。""各国对于附加税,应即行准予征收,而不必要求担保,或附加条件云。""凡关于附加税进款如何支配储存各问题,应由中国主管官署,自行决定。"①

英国的提案公布后,各国也纷纷提出它们各自的对华政策。1927年1月16日,日本外相币原重喜郎在议会发表对华政策演说,宣布对华政策的新原则,表示"对于中国国民合理的希望,以同情与好意迎之,不辞协力进行,使之实现"②。1月27日,美国国务卿凯洛格亦发表对华政策声明,表示"美国政府以同情的兴趣注视中国民族的觉醒,并且欢迎中国人民在改变政府制度上所获致之每一进步"③。

对于各国所表示出来的新变化,武汉政府保持清醒的认识,认为这并不意味着西方列强甘愿放弃武装干涉的政策。1927年1月22日,武汉政府发表对外宣言阐明其基本外交主张,称:"目前待解决之问题,非各国声言,'为

---

① 熊志勇、苏浩、陈涛:《中国近现代外交史资料选辑》,第261—265页。
② 程道德、郑月明、饶戈平:《中华民国外交史资料选编(1919—1931)》,第369—370页。
③ 《中美关系资料汇编》第一辑,第374—377页。

适应中国合理之欲望计。'所欲赋与中国之事物,乃为民族主义之中国欲不背公道及正义,行将界与英国及其他列强者。""倘一日不能达到,则中国民族主义与英国帝国主义之间,必无妥协之可能。"宣言还强调,"英国及他国投机之人民,尚有悍然不顾,为虎作伥者,吾人亦当以'国际土匪'视之。尽法严惩,不使幸免也"①。

事实也的确如此,英美各国一方面做出上述表态,另一方面又不断向上海、武汉等地调集兵力。1927年1月1—3日,武汉人民举行庆祝迁都和北伐胜利的大会。3日,有宣传员在英租界内做演讲,英国即调集水兵驱逐群众,刺死刺伤多人。事件发生后,武汉民众群情激愤,举行示威大会,陈友仁也向英方提出严正抗议。1月5日,武汉群众冲入英租界,驱逐英国巡捕,武汉政府随即接管了英租界。1月6日,英国又在九江挑起事端。北伐军光复九江后,九江的码头工人组织了罢工,英国水兵对罢工横加干涉,开枪打死工人一名,打伤数人。九江工人义愤填膺,冲进英租界。9日,武汉政府派人接管了九江英租界。英国公使随后派参赞欧马利来武汉交涉。谈判期间,武汉政府态度坚决,英国只得接受中国的要求。2月19日,武汉政府与英国代表签订《收回汉口英租界的协定及换文》;3月5日,汉口英租界正式移交给中国。20日,双方签署《收回九江英租界协定》,确认汉口英租界协定办法完全适用于九江英租界。

此外,在领事裁判权问题上,1926年11月,武汉政府宣布取消外国领事的所谓"观审权";1927年2月9日,又宣告取消了外国人的"会审权"。这是中国走向司法独立的第一步努力。

然而,随着武汉政府内部的权力斗争不断加剧,其外交政策也开始动摇。这在南京惨案的处理上格外突出。1927年3月24日凌晨,北伐军攻占南京。当时社会秩序比较混乱,一些人乘机抢劫外侨商店、住宅和学校等,一些外国人的生命财产受到损失。当天下午,英美军舰向南京市区进行炮击,中国军民死伤两千多人,造成了严重的"南京惨案"。3月25日,英美驻汉口领事向国民政府提出抗议。同时,列强借口革命军屠杀南京外国人,向上海大量调兵。3月31日,陈友仁召见英美领事,就南京事件提出抗议,同时又对外侨生命伤亡等表示歉意。列强拒绝了抗议书,于4月11日联合向武汉政府发出最后通牒,提出惩凶、道歉、赔偿等要求。武汉国民政府则采取分别复照的办法,对日、意态度缓和,对英、美、法则强硬。

---

① 程道德、郑月明、饶戈平:《中华民国外交史资料选编(1919—1931)》,第370—374页。

然而此时,蒋介石在上海发动"四一二"政变,在南京另立国民政府。西方列强认为已没有必要再与武汉政府交涉,南京惨案的交涉也因此暂告一段落。1928年初"宁汉合流"后,中国外交转由南京国民政府为代表。

小　　结

在五四运动所带来的爱国主义和民族主义浪潮中,中国开始进入了20世纪20年代。这十年的中国无论是在内政还是外交上都表现得复杂多变。国内南北政府的对立造成了国家的动荡,同时也让我们可以更清楚地看到不同外交立场和政策所带来的不同效果。在华盛顿会议上,中国力图收回一些国家主权,但只是得到了一些承诺,并未有真正的收获。华盛顿会议结束后,北京政府力求将这些承诺付诸实践。尽管苏俄率先做出了表态,但由于北京政府本身为依附于不同西方国家的军阀所控制,国家也处于军阀割据的分裂状态,这种种原因使得北京政府无法以一个强有力的姿态去面对西方国家,其修约外交的努力往往无果而终。相比之下,广州、武汉的国民政府受到苏联的影响,坚决实行反帝外交。由于其能够发动广大人民群众的力量,其外交政策具备坚实的社会基础,再加上政府本身的坚定态度,从而在取消西方列强特权上获得了明显进展。然而,武汉政府不久为南京国民政府所取代,中国的外交又将进入一个新的阶段。

思考题

1. 试析中国在华盛顿会议上的得与失。
2. 试析苏俄两次对华宣言以及《中俄解决悬案大纲》的历史作用。
3. 北京政府的修约外交未能取得较大成果的原因是什么?
4. 广州国民政府反帝外交的历史经验是什么?

参考书目

孙莹、丁惠希:《大革命时期的中外关系》,武汉大学出版社1997年版。

王立新:《美国对华政策与中国民族主义运动》,中国社会科学出版社2000年版。

项立岭:《中美关系史上的一次曲折——从巴黎和会到华盛顿会议》,复旦大学出版社1993年版。

向青、石志夫、刘德喜:《苏联与中国革命》,中央编译出版社1994年版。

第十二章
南京政府初期的外交选择

20世纪20年代中国的民族主义运动推动中国政府开始改变对外政策。先是北京政府向列强提出修约的要求,后是广州政府干脆采取行动,争得一定的关税自主权。这场民族主义运动也让中国内政发生变化。由广州国共两党共同发动的北伐战争基本结束了军阀混战的局面,最终由南京国民政府初步统一了中国。南京国民政府成立初期,为了巩固政权,它一方面推行"联美抑日反苏"的外交政策,特别是制造了"中东路事件",追随西方阵营,试图消除苏联影响;另一方面开展实现关税自主权、收回领事裁判权,以及收回部分租界和租借地的谈判,继续修约外交。

第一节 "联美抑日反苏"的政策

正当北伐战争顺利进行之时,1927年4月12日,蒋介石发动了"四一二"政变,并于4月18日在南京另立国民政府。在经历了与武汉国民政府的争夺之后,1928年初,"宁汉合流",南京国民政府自此开始了对中国22年的统治。1928年6月北京政府宣告覆灭,随后南京政府逐步统一了全国,结束了国内长达数年的分裂状态。1928年2月21日,南京国民政府新任外长黄郛在对外宣言中表示:"吾人一方面极愿与各友邦以平等之地位,互相提携,完成此调剂世界经济之重任;而另一方面不得不希望各友邦与以达到前项目之赞助。而赞助方法之最重要最有效者,莫如将中国之国际束缚,悉数撤销。""现经公认为不平等之中外各约,国民政府为欲促其早日废除起见当并力准备切盼于最短期内得与各友邦开始商订新约,以平等及相互尊重领土主权为基础。""在前项新约尚未订立以前,国民政府准备与各友邦维持并增进其亲善关系,俾有以顺现代之变更情势并解除中外人民间接之发生困难,及误会之因。"①从南京国民政府后来的具体行动来看,其外交上的首要之事是尽力争取以美国为首的欧美国家的支持;同时,国民政府也注意到日本对中国的侵略野心不断加强,给中国带来严重威胁,因此试图抵制和削弱日本在华势力;此外,出于反共的需要,国民党政府努力清除苏联在中国的影响。

1. "宁案"中对欧美国家的妥协

1927年4月18日,南京国民政府刚刚成立之时所发表的《国民政府定都南京宣言》曾经声称:"务使一切帝国主义残余军阀及一切反革命派断绝根株。"②但随着南京政府的巩固,它逐渐放弃了"打倒一切帝国主义"的口号。1928年1月,蒋介石克服内部派系纠纷重新上台。为争取欧美国家的支持,南京国民政府越来越表现出了亲欧美的倾向。

南京国民政府建立后,便积极寻求协调与欧美国家的关系,其中特别注重亲近美国。南京国民政府各部门大量聘用美国顾问。美国人密拉德首先成为国民政府的顾问;之后,南京政府又聘请了4个美国顾问,其中就有以解决欧洲战后债务危机的"杨格计划"而著称的杨格;美国的汽车大王也成了中央政府的"名誉顾问"。此外,财政部有17个美国顾问,交通部有5个,连内务部也有1个。在这些美国顾问的引导下,南京国民政府显然要大力扩大与美国的政治经济联系。

南京国民政府与列强交涉的第一个问题就是之前未能解决的南京惨案,时称"宁案"。南京国民政府成立之初,列强以"宁案"未得到"合理解决"为由,不承认南京政府。为了不得罪列强,尽快获得西方国家的承认,南京国民政府在"宁案"上一再妥协退让。

早在国民政府成立之初,南京政府便派代表与美国外交官接洽,以解决南京惨案。南京政府的代表声称,在南京的外国人遭劫,是共产党人蓄意制造的。外交部长黄郛还宣称:"现在共产党之恶势力业已消灭,国民政府深信此后保护外人自必较易为力,决不致再有同样暴行。"美国方面则表示可以"宽大"处理,积极推动双方继续谈判。2月26日,黄郛与美驻华公使马慕瑞开始讨论相关问题,至3月30日,经过反复磋商,黄郛和马慕瑞以互换照会的

---

① 熊志勇、苏浩、陈涛:《中国近现代外交史资料选辑》,第269—270页。
② 中国第二历史档案馆编:《中华民国史档案资料汇编》第五辑第一编政治(一),江苏古籍出版社1994年版,第1页。

形式达成协议。南京国民政府在照会中表示:"对于美国国旗及美国政府代表等有不敬之处、领馆暨侨民受有生命财产上之损失,不得不以极诚恳之态度,向贵国政府深示歉意",保证不再发生同样事件,并"惩办肇事兵卒及其他人";"对于美国在宁领馆馆员及美侨所受生命财产上之损失,担任充分赔偿";提议"组织中美调查委员会,以证实美人从有关系之华人方面所确受之损失,并估计每案中所应赔偿之数目"①。美国政府则在复照中表示,同意按照中方所提办法解决"宁案"。

中英之间关于"宁案"的交涉也经历了数次谈判,英方反复无常,几次否定已谈成的议案。直至美国通过签订中美关税协定承认了南京国民政府之后,英国对华交涉才趋于积极。1928年8月9日,接替黄郛出任外长的王正廷与英国驻华公使蓝普森达成解决"宁案"的协议,互换照会。这个解决方案与中美之间的协定基本相同。同年9月24日和10月1日,意大利和法国分别在与南京国民政府谈判之后同意按照美英条件解决"宁案"问题。中日之间则因"济南惨案",迟至1929年5月2日才互致照会,解决"宁案"。至此,南京惨案的交涉全部结束。"宁案"问题的解决标志着南京国民政府与列强关系实现了正常化。

南京国民政府在"宁案"的解决上,对杀害中国人的西方国家不予追究责任,反而向它们表示歉意,并惩办中方兵卒。这反映出它与明确反对帝国主义的广州国民政府相比,外交政策已发生了重大变化。

在"宁案"的谈判过程中,南京政府还希望借机推动其修约外交的进行。黄郛在与美国商讨"宁案"的解决时,希望美政府同时可以表示愿意修改中美旧约,缔结平等条约。黄郛在致美国的关于修改不平等条约问题的照会中表示:"希望中美两国在外交上开一新纪元。本部长并提议,以平等及互相尊重领土主权为原则,修订现行条约,并解决其他悬案,为进一步之接洽。"美方在复照中表示,修约问题与宁案解决没有关系,但美国政府"希望当时所以必须载在旧约各条款之情形有以改善,俾得随时遇机将所有不需要及不妥当之约章得经双方同意,正式修改"。美国在这里虽重弹华盛顿会议的老调,但已表示愿意修改不平等条约。中国在与英国、法国进行交涉时,也提出了相同的修约要求。英国表示:"本国政府对于中国修约之要求,认为根本合理。……准备依相当程序,由依法委派之代表与贵国政府商议修订条约。"法国则表示"本国人民对之深表同情。……并希望发生机会,俾两国原有条约上不需要

---

① 程道德、郑月明、饶戈平:《中华民国外交史资料选编(1919—1931)》,第416—417页。

或不适用之条款,经双方同意正式修改。"①

2. "济南事件"的处理

南京国民政府的目标是要建立对全中国的统治,而日本则是其统一中国的巨大障碍。1927年8月,蒋介石一度下野。他利用这个机会于10月中旬到日本做长时间访问,希望得到日本的理解,支持他完成北伐。然而,这时日本正在支持张作霖,妄图借机扩大在中国东北的利益,控制这一地区,因而拒绝了蒋介石的要求。日本内阁首相田中义一公开表示,蒋介石只应"以南京为目标,统一长江为宗旨,何必急急北伐为?"②实际上,日本希望蒋介石不再北伐,只是划江而治;对此蒋介石是不能接受的。从此,他与日本关系产生裂痕,失去对日本的信任。

蒋介石在日本期间,还会见了美国驻日外交代表,双方达成了许多共识:(1)美愿全力支持蒋介石在中国建立政府,统一中国;(2)蒋介石政府保障美国在华一切权益,对美国在华任何地方的新措施,蒋应襄助建立,并发展之;(3)承认日本在东北的特殊利益,及其他地方已得的利益;(4)中国承认日本的西原借款等应得利益。两相比较,蒋介石认识到,日本仍是中国的头号威胁,而美国则可以作为他的靠山。

1928年4月,蒋介石复职后在美国的支持下进行"二次北伐"。5月1日,北伐军占领济南后,蒋介石等南京政府大员到济南办公。日本政府为阻止北伐军,先是支持孙传芳反攻南京,4月中旬又决定向山东派遣日军。对此,南京国民政府提出抗议,但日本毫不理会。5月3日,日军以保护日本侨民为名向进入济南的北伐军队挑衅,要求中国军队缴械,继而向中国军队开枪炮,致使中国军队死伤八百多人。更有甚者,日军公然破坏外交惯例,冲进外交部山东交涉署搜查,将交涉员兼外交处主任蔡公时及其随员等17人捆绑毒打,并残忍杀害,造成了"济南惨案"。

面对日军的残暴行为,蒋介石却要求中国军队不得还击,一律撤出济南;同时函告日本侵略军司令官福田彦助,声称将改道北伐。随后蒋介石又向全国民众发表讲话,表示济南惨案系"误会"所致,要求全国人民保持"镇静",不

---

① 程道德、郑月明、饶戈平:《中华民国外交史资料选编(1919—1931)》,第419—420、425、429—430页。
② 秦孝仪主编:《中华民国重要史料初编——对日抗战时期》绪编(一),台北:国民党党史委员会1981年版,第110页。

准反日,不准游行,等候政府交涉。5月4日,外长黄郛向日本外相田中提出抗议照会,指出"似此暴行,不特蹂躏中国主权殆尽,且为人道所不容。今特再向贵政府提出严重抗议"①。但日方不仅没有收敛,反于5月7日由福田彦助向蒋介石提出最后通牒,限12小时内答复。通牒要求:(1)严厉处罚与骚扰及暴虐行为有关的北伐军高级军官;(2)解除曾与日军抗争之军队的武装;(3)北伐军统辖下的所有地区严禁一切反日宣传;(4)北伐军须撤至济南及胶济铁路沿线两侧20华里以外;(5)为监视实行上列各项起见,在12小时内将辛庄、张庄两兵营开放。对于日军这些无理要求,蒋介石次日派人做出答复,除个别内容外,基本上全部答应。但日军仍以中方答复超过最后通牒规定的时间为由,向中国军队发起攻击。5月10日,日军攻占济南,大肆杀掠,中国军民死亡3608人、伤1455余人、财产损失2595万余元。②日军的行动完全无视中国的国家主权,肆意屠杀中国军民,残暴至极。当时,蒋介石在济南拥兵4万人,而日军仅3000人,但蒋介石却未做任何抵抗。

"济南事件"发生后,中日双方进行了多次交涉,但均未有成果。对于中方5月4日的抗议,日方未予答复。5月中旬,南京国民政府再次向日本政府发出抗议照会,谴责日本政府对第一次抗议照会拒不答复之无理行为,质问日军向中国军民开火是否出于日政府命令。但日本政府仍然置之不理,反而在5月18日令驻南京领事送来第三次出兵申明书,声称日本出兵济南是"为保护山东日本侨民及确保胶济路之交通"③。南京国民政府于5月29日复函驳斥,并再次要求日方派全权代表来华谈判。

在与日本交涉的同时,南京国民政府还向国际社会发出呼吁。5月10日,南京国民政府主席谭延凯致电国联秘书长德兰孟,通告日军在济南的暴行,要求国联调查公断。5月12日,谭延凯又致电美国总统柯立芝。美英等国都对日本占领济南不满,纷纷对其施加压力。在国际社会的压力下,日方不得不口头答应派人进行交涉,但又提出三项要求:不派全权代表,只派驻沪商务领事矢田七太郎为代表;不在南京谈判,只能在济南谈判;谈判的前提是中国政府向日道歉,惩办祸首,赔偿损失及保证日本在华侨民今后安全。南京政府拒绝了日方的要求。10月、11月间,矢田三次来南京谈判,但均未取得任何进展。

---

① 程道德、郑月明、饶戈平:《中华民国外交史资料选编(1919—1931)》,第436页。
② 同上书,第444页。
③ 同上书,第441页。

1929年1月25日,日本政府派全权代表、前驻华公使芳泽谦吉来南京与外交部长王正廷进行谈判。3月28日,双方以互换照会、议定书和声明书的形式,就"济案"达成协定:(1)日本自山东撤兵,中国保证在华日本人生命财产之安全;(2)设立中日共同调查委员会调查事件中双方损失。双方声明:"中日两国政府对于去年五月三日济南所发生之事件,……虽觉为不幸,悲痛已极,但两国政府与国民现颇切望增进睦谊,故视此不快之感情,悉成过去,以期两国邦交益臻敦厚。"①5月12日,日军退出济南,20日,撤离山东;中国军队接防。在这起事件的处理中,南京国民政府不要求日本对残杀中国人民的罪行承担任何责任,把日军犯下的罪行一笔勾销。这再次反映了它对外软弱妥协的特点。

3. 积极促成"东北易帜"

南京政府成立初期,日本试图利用新政权尚不巩固之机扩大它对中国东北地区的控制。1927年6月27日至7月7日,日本首相田中义一亲自在东京召集日本驻华的全部外交、军事与特务工作的官员,召开了专门研究侵华计划的"东方会议",确立了将"满蒙"从中国分离出去为根本方针的日本国策。8月16日,日本政府又在其占领的中国大连召开会议,研究落实东方会议所确定侵华方针的具体步骤。

"满蒙"是日本方面的叫法,指的是包括当时中国东三省(辽宁、吉林、黑龙江,日本称为"满洲")和内蒙古(热河、察哈尔、绥远)的地区。在日本领导阶层看来,中国东北地区占有极其重要的地位,它是提供战略物资、使日本自给自足的一个重要基地,是军部"总体战"战略得以进行的一个保障。日本本想利用奉系军阀张作霖来搞所谓的"满蒙"独立,但他并不那么顺从。"皇姑屯事件"之后,张作霖之子张学良接管东北地方大权。他是否愿与南京国民政府合作即"东北易帜"问题,成为中国统一能否实现的关键问题。这一问题同时又影响到日本在中国东北地区的地位,因此日本极力阻挠东北易帜。田中义一在张学良就任东三省保安总司令后即电令日驻奉天总领事林久治郎,要求他警告张学良不得与南京合作。蒋介石闻讯后立即派人秘密前往奉天,同张学良接触,劝说其易帜,并表示承认张学良对东北的统治。

张学良本人集国恨家仇于一身,不愿屈从日本,因此派人与南京方面接触。这时,南京国民政府正与日本驻沪总领事就济南事件进行交涉。1928年

---

① 程道德、郑月明、饶戈平:《中华民国外交史资料选编(1919—1931)》,第443页。

7月19日，中方通告日方，废止中日1896年《通商行船条约》，并表示东北易帜问题不解决，新约不可订。日方对此态度强硬，否认中国废约，要求中国收回东北易帜提议。同日，林久治郎公然向张学良表示：日本可以武力和财力支持他对付南京政府；次日，关东军司令官村冈长太郎也威胁张学良不要易帜。对于日本威逼利诱的种种手段，张学良都表示拒绝。7月21日，南京国民政府向日本抗议其阻挠中国统一的行动。但日本方面不肯罢手，反而派前驻华公使林权助为特使前往东北。8月9日，林权助在面见张学良时称：日本决不能牺牲东北以助成中国的统一，决不承认东北易帜。如果东北无视日本的警告，则日本已有采取重大行动的决心，要张学良三思。张学良断然表示：东北为中国的领土，自己作为中国人，自当为中国的统一尽力，希望日本不要干涉中国内政。8月13日，鉴于日方压力，张学良表示易帜将延期三个月。在此期间，张学良委派代表同南京政府达成协议：南京政府许以优惠条件，如扩大东北行政区域、将热河划入东北行政区、每月拨军饷1000万元等，以促成东北易帜。10月8日，南京政府改组，蒋介石出任主席。经他提名，张学良也被任命为国民政府委员。蒋介石以此劝张学良更换旗帜，宣誓就职。在南京政府的推动下，1928年12月29日，张学良发布通电，宣布遵守三民主义，服从国民政府，东北终于实现易帜。一夜之间，东北三省普遍改易旗帜，将代表原来北京政府的五色旗更换为代表南京国民政府的青天白日旗。12月31日，南京政府委任张学良为东北边防总司令长官，并将热河省划归东北行政区。张学良此举出乎日本预料，对此，日本领事林久治郎威胁张学良，必要时日本有采取断然措施的可能。

东北易帜使日本企图侵占中国东北地区的野心受挫，对于田中内阁也是一个打击。日本鉴于英美各国此时都已经承认南京国民政府，为避免自己的在华权益受到他国排挤，不得不在解决济南事件，以及承认南京政府等事情上采取积极态度，遂派芳泽谦吉来华，与南京国民政府就济南事件进行谈判。双方达成协议后，1929年6月3日，日本正式宣布承认南京国民政府，委任芳泽谦吉为驻华公使。6月8日，南京政府为表示与日本"修好"，将全国反日会改名为全国国民废除不平等条约促进会。

4. 反苏反共政策的实施

广州国民政府的北伐曾经得到了来自苏联的巨大支持。1924年6月，在苏联的帮助下，广州政府成立了黄埔军校，为北伐培养了大量军事人才。北伐开始后，苏联不仅派人参与制订北伐计划，还帮助广州国民政府整编了国民革命军,并提供了武器装备。据不完全统计,1925年间运抵广州的军火,仅子弹一项就价值56.4万卢布。1926年,又有大批武器分成四批运到广州,计有步枪1.8万枝,机枪近百挺,子弹1200万发,火炮24门,炮弹1000发,飞机15架等。在北伐时期,国民政府在外交中仍然沿用"联苏"的方针,以取得苏联的合作和支持,完成统一中国的最终目的。

然而,随着北伐的顺利进行,再加上西方列强分化国民政府的策略不断深入,国民政府的"联苏"政策也开始动摇。尤其是身任国民革命军总司令的蒋介石,竟以某些苏联顾问在工作时操之过急、方法不甚得当为借口,声称中国不是苏联的"殖民地",暗中策划反苏。最终蒋介石发动了政变,在"反共"的名义下成立了南京国民政府,驱逐原来革命政府中的苏联顾问,并大肆捕杀中共党员。

在对外政策上,南京国民政府自然也就抛弃了孙中山"以俄为师"的政策,转而采取明确的反苏政策。这一政策在撤销对苏联领事的承认一事上表现得格外突出。1927年12月10日,蒋介石提出与苏联断交的议案,他指出,各地的苏俄领事馆和苏俄银行都在为共产党服务,这种机关不封闭,共产党的扰乱是不会停止的,在革命未成功以前,一定要对俄绝交;……现在急需将俄国领事馆及商业机关一律封闭。这一提议立即被国民党二届四中全会预备会议通过。11日,共产党人在广州发动了起义。13日,国民党军队镇压了起义,同时借口广州起义与苏联有关,逮捕并枪杀了苏联驻广州副领事等十名俄国人。12月14日,南京国民政府又借口苏联领事馆参与了广州起义,照会驻各省的苏联领事馆:"查国民政府统治下各省之苏俄领事馆,及其国营商业机关,恒为宣传赤化藏匿共党之所",故"势难再事姑容,以遗党国无穷之祸,应即将驻在各省之苏维埃社会联邦共和国领事,一律撤销承认。所有各省之苏俄国营商业机关,一并勒令停止营业,以杜乱源,而便彻究"①。同时,南京政府外交部向各省派去交涉员,提出四条处理办法:(1)被撤销承认的苏俄领事馆中各人员须尽快离境;(2)苏俄各商业机关,如银行、轮船公司等,一律由警察监视其停业;(3)清查在华的苏联人,无正常职业和形迹可疑者,拘禁或驱逐;(4)凡苏藉侨民应领取外侨执照。南京政府继而查封了苏联在广州、上海、武汉等地的领事馆,没收各地苏联国营商业。在这种情况下,除了尚不在南京政府控制下的东北地区以外,苏联驻中国各地领事馆人员只得全部撤走。这样,南京政府实际上断绝了与苏联的外交关系。

---

① 程道德、郑月明、饶戈平:《中华民国外交史资料选编(1919—1931)》,第411页。

南京国民政府的反苏行动并非孤立事件。当时在国际上,西方国家曾掀起一股反苏浪潮,制造了一系列事件。1927年5月,英国武装警察在没有法律根据的情况下,袭击英苏贸易公司,并对苏断交;6月,苏联驻波兰大使被刺杀身亡。在中国国内,张作霖控制下的北京政府也在各国的支持下制造了搜查苏联大使馆的事件;南京政府通过撤销对苏联领事的承认一事,也加入了西方国家的反苏阵营。

此时的南京国民政府已经公开宣称反苏反共,1928年6月15日,国民政府发布对外宣言,其中明确讲到:"过去时代之军阀政治,固当然在所排除,其根本破坏现时之社会组织若共产党,亦必不容其存在。"①

第二节 南京国民政府的修约成果

南京国民政府刚成立时,外交部长伍朝枢在其就职演说宣布的外交方针中就已经提出:"将于相当时期提议废止不平等条约。"随着北京政府的覆灭,南京国民政府成为中国唯一中央政府,它便着手于继续推行北京政府已经开始尝试的"修约外交"。1928年6月15日,国民政府发布了对外宣言和"关于重订新约的宣言",明确宣告:"国民政府所倡导之国民革命,其根本目的在于建设一个新国家。现在军事时期将告终结,国民政府正从事于一切整顿与建设之工作,以期建设新国家之目的早日完成。""中国八十余年间,备受不平等条约之束缚,既与国际相互尊重主权之原则相违背,亦为独立国家所不许。……今当中国统一告成之会,应进一步而遵正当之手续,实行重订新约,以副完成平等及相互尊重主权之宗旨。"对于具体的修约方法,宣言提出:"除继续依法保护在华外侨生命财产外,对于一切不平等条约特作下列之宣言:(一)中华民国与各国间条约之已届满期者,当然废除,另订新约。(二)其尚未期满者,国民政府应即以正当之手续解除而重订之。(三)其旧约业已期满而新约尚未订定者,应由国民政府另订适当临时办法处理一切。"②

1. 关税自主的交涉

南京国民政府修改不平等条约、收回国家主权过程中最重要的一项内容,是对关税自主权的争取。

---

① 熊志勇、苏浩、陈涛:《中国近现代外交史资料选辑》,第272页。
② 同上书,第272—273页。

北京政府的关税会议以失败而告终，广州国民政府在"杯葛事件"后自主宣布实行"二五附加税"，列强被迫承认了这一事实。南京国民政府成立后，为了打开外交局面，外长伍朝枢于1927年7月20日向各国宣布，协定关税有碍国家主权，因此中国将从9月1日起在苏、皖、浙、闽、粤、桂六省实行1926年关税会议时各国提出的新税率，并提出了"国家进口关税暂行条例"、"出厂税条例"和"裁撤国内通过税条例"，加征附加税，并取消内地厘金及货物税。但由于此时南京政府尚不稳定，加之以日本为首的各国反对，因此此项规定并未真正实行。

至1928年中期，全国已基本统一。南京国民政府考虑到国内已初步安定，已具备与列强交涉关税自主问题的基本条件，于是开始着手此项工作。当时与中国订有协定关税条约的国家有13个，即美国、英国、法国、日本、意大利、德国、荷兰、比利时、葡萄牙、瑞典、挪威、丹麦和西班牙。对于中国方面表示的修改税率的愿望，各国反应不一，其中美国态度最为积极，表示愿意与中方接洽。6月间，驻美公使伍朝枢与美国务卿凯洛格开始会商，财政部长宋子文也与美国驻华公使马慕瑞在北平接洽。7月24日，国务卿凯洛格向中国外交部提出了题为"关于修约问题"的照会，强调："美国对于中国之友善，由来已久。美国政府及人民对于中国人民，凡能促进统一和平，及进步之一切举动，莫不表示欢慰。吾人不愿干涉中国之内政，吾人欲求于中国者，犹如吾人欲求于与美国友好之任何国家。"随后表示："预备以驻华公使为代表，与国民政府依法委派之代表，对于中美间条约关于关税之规定，即时商议，以期缔成新约。庶关税自主之原则，及此国之商务在彼国口岸及领土内得享有无异于他国商务享受之待遇之原则，得相互完全表明。"①

中美之间经过谈判，很快达成协议，财政部长宋子文和美国驻华公使马慕瑞于7月25日正式签订了《整理中美两国关税关系的条约》。条约规定："历来中美两国所订立有效之条约内所载关于在中国进出口货物之税率、存票、子口税并船钞等项之条款，应即撤销作废，而应适用国家关税完全自主之原则。"同时美国怕中国单方面对美提税，便做了一条保留意见："在彼此领土内享受之待遇，应与其他国享受之待遇，毫无区别。"②条约在1928年11月30日被批准，1929年2月20日在华盛顿互换而生效。条约承认中国可于1929年1月1日实现关税自主，同时又规定美国与其他国家所享受之待遇应无差

---

① 熊志勇、苏浩、陈涛：《中国近现代外交史资料选辑》，第275页。
② 《中美关系资料汇编》第一辑，第475页。

别。这样,只要还有一个国家享有关税特权,美国也将与之享有同样的权利。也就是说,美国所承认的中国关税自主只有在所有国家都承认时才有效。尽管如此,美国在西方各国中,还是首先走出了承认中国关税自主的第一步,这就打开了中国与外国重订关税条约的局面。美国也是以签订这个协定的方式承认了南京政府。

继与美国的交涉之后,南京国民政府又向其他各国提出修改条约的照会,各国基本都同意了中国的要求,先后与中国签订了关税条约。1928年12月7日,国民政府以"海关新税则"通告各国,宣布自1929年2月1日起实行关税会议所定的七级税率。除日本外,各国均未表示异议。

中国与各国签订新关税条约时间表

时间	事件
1928年7月25日	中美关税条约订立
1928年8月17日	中德关税条约订立
1928年11月12日	中挪关税条约、中比商约订立
1928年11月27日	中意通商条约订立
1928年12月12日	中丹通商条约订立
1928年12月16日	中荷关税条约、中葡通商条约订立
1928年12月20日	中英关税条约、中瑞关税条约订立
1928年12月22日	中法关税条约订立
1928年12月27日	中西关税条约订立
1930年5月6日	中日关税条约订立

在与各国谈判过程中,与日本的谈判最为艰难,时间也拖得最长。早在1928年7月19日,南京国民政府即向日本驻华公使提交关于修约问题的照会,提出中日之间以前所订条约多不适宜,因此希望日本能派全权代表与中国谈判,签订新约。但日本表示坚决反对,它在复照中表示:中日条约"并无废弃或失效之规定",并声称条约规定于期满后六个月内需提出修改,而中国实际也未提修改要求,所以"是条约及税则再有延长十个年间之效力,并无置疑之余地"。日方甚至威胁说,南京国民政府所颁布的临时办法为"蔑视国际信义之暴举","帝国政府为拥护条约上之权益,将有不得已出于认为适当之

处置"①。南京国民政府于8月14日再次照会日本公使,反驳了日本的观点,再敦促其商讨订新约。12月7日,当南京国民政府以新海关税则通告各国时,日本竟退回照会,表示不能承认。中日双方就关税自主问题的谈判反复交涉,直到济南事件解决、东北易帜实现,日本才顺应大势,同意与中国谈判。经过半年的商讨,中日双方才于1930年5月6日签订《中日关税协定》。协定规定:日本承认中国关税自主,相互给予最惠国待遇,三年之内中国对日本的主要货物不增税,中国废除厘金。

至此,所有与中国有协定关税关系的国家,都全部承认了中国的关税自主。但由于日本的要求,中国完全实行关税自主只能推到1933年5月。从1930年1月1日起,中国海关连续几年调整关税。1930年颁布的新税率为10%,1931—1932年升至15%,1933年再升至20%。1934年,中国第四次修改税则,关税升至27%。国家关税收入也从1928年的1.3亿元增加到1930年的3.8亿元。南京国民政府收回关税自主权,结束了中国近九十年来"协定关税"的局面,具有积极的历史意义。

然而,中国虽然在法律上实现了关税自主,但事实上还受到列强的影响。第一,从1931年1月1日实行的税则来看,一些重要商品的税率比起外国的同类产品所征税率要低得多。如烟酒的税率为50%,而外国通常是100%甚至几倍。其原因还是怕引起列强的不满。第二,南京国民政府对海关管理制度未做任何改变,故海关管理权仍操在外国人之手。海关"总税务司"一职仍由英国人担任,各地海关主要职务亦多由外人占据。1929年中国海关的外籍人员共230人,而中国人员只有100人,后来外人最多时达1488人之多。各地也并没有严格执行现行的关税率。

2. 收回领事裁判权的交涉

南京国民政府在与美、英等国订立关税条约之后,便开始考虑处理另一个列强在华的重要特权——领事裁判权。在华享有领事裁判权的国家原来有19个,第一次世界大战后德国、奥地利和苏联先后取消此项特权。1928年中国与比、意、丹、葡、西五国订立的商约中,都有"此缔约国人民在彼缔约国领土内,应受彼缔约国法律及法院之管辖"的规定,但却附有条件,即只有九国公约的签字国"议定取消领事裁判权之后",才能实行此条款。

1929年4月27日,南京国民政府外交部就撤废领事裁判权问题分别照

---

① 程道德、郑月明、饶戈平:《中华民国外交史资料选编(1919—1931)》,第463—464页。

会英、美、法、荷、挪、巴(西)六国驻华公使,说明:"在中国之领事裁判权,系旧时代之一种遗制,无待烦言。此种遗制,不仅不适合于今日情状,且足妨害中国司法及行政机关之顺利进行,而使中国在国际团体间应有之进步,受无谓之障碍。"而且"试观在中国停止享受该项特权之各国,对于其人民受中国法律之保护,均表示满意,亦从未发生烦言,述及其人民利益,曾受何种侵害"。因此,希望各国政府在废除领事裁判权的问题上,"将中国之愿望,立即予以同情之考虑"①。

可是,英、美、法、挪、荷五国迟至8月10日才复照中国,虽然声称对中国的要求表示同情,但都不愿放弃其特权,原因是中国尚未有独立的司法制度,司法状况不良,若放弃领事裁判权,则在华外人的生命财产将受威胁。因此,英国仅愿考虑修改现行领事裁判权的规定,美国主张逐渐放弃,其他国家则表示准备与各国一致行动。南京国民政府外交部又于9月5日第二次分别照会各国,说明领事裁判权是引起中国与外国纠纷的根源,并援引土耳其撤废此特权的事例,要求列强同意中国政府的请求。11月1日,各国复照南京国民政府,表示愿意讨论,但仍声明坚持原来的主张。

在相关交涉中,只有墨西哥于1929年10月31日与中国交换照会,正式声明自动放弃领事裁判权。

南京国民政府随后改变谈判策略,着重个别谈判,以图打开缺口。王正廷外长与英国公使兰普森、驻美公使伍朝枢与美国政府分别进行谈判,但均无结果。英国提出准备立即废弃对民事事件的领事裁判权,但主要商埠不在内;5年以后再放弃对刑事案件的裁判权。美国则一方面主张以特定案件逐步转移其法权于中国为原则,另一方面主张以特定区域逐步放弃其法权为原则。

12月28日,南京国民政府公布明令,定于1930年1月1日自动撤销各国在华领事裁判权。但外长王正廷又于次日训令各驻外使节,要他们向各国声明:"对于现有政府准备之办法,如有意见允于相当时期内,与之审议","国民政府12月28日的命令,实系一种步骤,用以祛除易于发生误会之原因,并增进中外人民之关系也等。"②这实际表明南京国民政府的命令只是一种姿态。但各国知道这一问题不可能单方面解决,故没有什么反应。不久,中国发生新军阀间的中原大战,关于领事裁判权的交涉遂陷于停顿。

---

① 熊志勇、苏浩、陈涛:《中国近现代外交史资料选辑》,第278页。
② 石源华:《中华民国外交史》,第351页。

1931年3月，中国开始与日本进行法权交涉，重光葵表示日本可撤废此特权，但提出交换条件，如内地的开放权、商租权之承认。中国则要求应无条件废弃，不允考虑日本提出的条件，因而交涉亦无法进行。

1931年5月4日，外交部正式宣告法权交涉停顿。接着颁布《管辖外国人实施条例》，规定于1932年元旦自动撤废各国的领事裁判权，在各商埠设特别法院，审处外侨之案件。主要内容有：(1) 自1932年1月1日起所有享有领事裁判权的外人，均应受中国法院的管辖；(2) 在沈阳、天津、青岛、上海、汉口、重庆、福州、广州、昆明等地设立特别法院，受理涉及外人的民、刑案件，外人的逮捕及其房屋或办公室的搜查均应依中国刑法典规定之，因犯刑事的外人被搜捕后须于24小时内交到相当法院；(3) 犯有刑事之外人可请中国或外国律师为其代理人或辩护人；(4) 触犯警章之外人应由当地警察审判，惟不得判以15元以上的罚金；(5) 外人幽禁下监的地方，由司法部特殊命令指定之。但是"九一八"事变发生后，南京国民政府为应对日本侵略，急于求得英、法、美等国的支持，撤销领事裁判权一事也就半途而废了。

在收回法权的谈判过程中，中国还与列强就收回上海租界司法权问题进行了交涉。1926年8月，北京政府曾与列强签订《收回上海会审公廨暂行章程》，规定改设临时法院于租界内。此机构不能审判外国人，而审判华人时，还得由外国领事或他派人陪审，当与审判官意见不合时可阻止执行。此制度严重侵害了中国的司法主权。1929年5月8日，国民政府外交部照会有关系之英、美、法、荷、挪、巴(西)六国，提议谈判。12月9日，英国派人来南京开始谈判，经几番周折交涉，1930年1月21日才达成协议，双方于2月17日签订《关于上海公共租界内中国法院之协定》。协定中规定：租界内设地方法院和高等法院，适用中国法律；废除领事会审、观审制度。这是中国收回司法主权的一个小小的收获。

这一时期，南京国民政府还与列强进行了收回一些租界和租借地的交涉。在北伐期间，英国与当时的武汉国民政府签订了交还汉口和九江租界的协定。南京国民政府时期继续进行相关交涉，1929年8月31日，中国与比利时签订《交还天津比国租界协定》；10月31日，中英就交还镇江英租界互致照会，定于11月15日收回该租界。1930年4月18日，中英订立《交收威海卫专约及协定》，解决了1924年10月北京政府期间被搁置的收回威海卫租借地问题，从而使英国在华盛顿会议上所做的许诺变为现实。9月17日，中英还就"关于解决厦门英租界土地产权问题"互致照会,规定一旦英国人办完在此地的永租地契,即取消租界。但上列交涉也不是完全彻底的,如英国在原租界和租借地,还保留有"永租权",对市政可提供咨询意见,还可无偿占用房屋等许多权益。

3. 加入《非战公约》

南京政府还采取行动,主动参与国际社会的一些活动,开展多边外交。这其中最为突出的就是加入《非战公约》。

1927年4月,法国外长白里安为纪念美国参加第一次世界大战十周年,通过美联社向美国人民发致贺信,建议法美两国签订《非战条约》。6月11日,白里安正式向美国驻法大使提出《非战公约》的建议,并附上公约草案。美国一开始反应较为冷淡,直至1927年底,才由美国国务卿凯洛格约见法国驻美大使,送交照会,表明《非战公约》不应仅限于美法两国,而应扩大到世界各国。在法美两国的倡导下,1928年8月27日,由14个国家的代表在巴黎正式签署了《巴黎非战公约》,条约的正式名称是《关于废弃战争作为国家政策工具的一般条约》,又称《白里安—凯洛格公约》。公约内容有两条:(1)反对以战争为解决国际纠纷之方法,并永弃战争为"一种国家政策的工具";(2)一切争端或冲突,除以和平之法解决之外,概不得诉诸其他方法。

南京国民政府在公约谈判初期就注意此事,希望加入这一多边外交文件。外交部电令驻美公使施肇基就近探寻接洽,并让施肇基向美国政府示意,希望由美国主动邀请中国加入。美国则表示要等条约签订后再邀请其他国家参加。在条约签订的当天,美国即向其他48个国家发出了邀请,建议加入公约。其中美驻华公使照会中国外交部,邀请中国参加。9月14日,外交部复照美驻沪领事转代公使,表示:"此项重要公约,主张和平,适合我中华民族相传之本性。""愿与美国一致行动,正式加入此项条约,共同促进世界之文明。"同时还借机表示:希望各国按条约精神,"使数十年来中外不平等条约,以及其他侵犯中国主权之事实,如驻扎外兵干中国领土等行动,皆能于最短期间以公正之方式一一废除,庶得确保中国之自由独立"。1928年11月27日,南京政府代表在华盛顿签字,加入该公约。

加入《非战公约》是南京国民政府在国际多边舞台上第一次主动采取的外交行动,在一定程度上改善了中国的国际地位。而从后来的历史事实来看,"九一八"事件之后,这个条约便与《国际联盟盟约》《九国公约》一起,成为南京国民政府揭露日本侵略行径、争取国际社会声援的重要法律依据。

第三节　中东路事件上的中苏角力

1927年底南京国民政府撤销对苏联领事的承认之后,中苏外交关系仅留东北一线。1928年底东北易帜后,中苏之间又爆发了更为严重的中东路事件。

1. 事件爆发原因

1924年5月,中国和苏俄签订的《中俄解决悬案大纲协定》与《暂行管理中东铁路协定》规定,中东铁路由中苏两国共管,双方本着平等的原则,平均分配管理人员;协定还规定,在订约之后六个月内谈判解决具体各项悬案。然而,由于苏联方面拖延,中苏之间迟迟没有举行所约定的谈判。这样,苏联方面就依然按照1916年沙俄与北京政府订立的《中东路管理局临时章程》来管理整个中东路事务,事实上恢复了沙俄时期在中东路上所获取的权益。依照规定,中国籍铁路督办不能单独做出决定,须得到俄国副理事长的同意才能生效;中东路理事会共十人,中苏各占一半,而议案必须得六人以上同意才能通过。中东路管理局的局长是苏联人,有绝对权威,可决定购买材料和支用路款等一切事务,且有苏籍副局长一人辅助,而中方的副局长则毫无权力。路局下属各处都以苏联人为处长,中国人为副处长。路局的员工多为苏联人,中国人只占少数,且多为翻译及低级职员。路局管理文件用俄文书写,一切财政结算也以卢布为准。整个中东铁路实际都在苏联的控制之中。

此外,中东路的财政问题也是双方争执的一个焦点。按1924年9月苏联与张作霖之间的《奉俄协定》,铁路所有利润,由路局理事会保存,在缔约双方解决分配问题之前不得动用。由于中苏事后未能谈判解决此问题,而路局一直为苏方所控制,中国方面分不到这笔利润。中东路在20年代后期盈利丰厚,1925年盈余达1682万卢布。可是这笔收入全由苏方控制。当时东北当局财政情况不好,希望把中东路的部分盈余拨归中国使用,但为苏方所拒。

中国对于苏方控制中东路的状况一直不满。1929年3月1日,中东路督办兼理事长吕荣寰曾向苏方提出讨论提案:(1) 路局长各种命令、公函及其他文件,只有得到华籍副局长与局长会同签字才有效;(2) 路局所有支出应得到稽核局的同意,否则不得动用款项;(3) 路局未经解决各案,交理事会解决;(4) 路局各科处及沿线各段各站管理人员名额由中苏两方平均分配;(5) 其他职员名额应逐步实现平均分配;(6) 路局管理应中俄文并用。苏方对此表示拒绝。中方稍后做了一些调整,再次提出最低限度的要求,但苏方仍然拒绝。显然,苏联不愿与中国分享对中东路的控制权,中苏在中东路的控制权问题上的分歧越来越严重。

南京国民政府的反苏反共政策也是中东路事件爆发的间接原因。蒋介石认为,中东路实际上是共产党赤化的机关,如果不把它解决,那么共产党就有可能与苏联保持联系。因此,他积极谋划挑起反苏事件,彻底断绝与苏联的关系,便于他放手镇压共产党领导的人民革命。

此外,蒋介石亦想利用此事作为制约张学良的一个手段。蒋介石在谈到消除各地军阀时,曾提出过所谓"外交对奉"。因为当时东北最大的挑战是外交问题,南有日本,北有苏联,张学良处境艰难。蒋介石想通过制造外交事件,向张学良施加压力,使之不得不更紧密地依靠南京国民政府。

2. 事件的发生与扩大

1929 年 5 月 27 日,东北地方当局的特警管理局声称,发现哈尔滨苏联领事馆召开共产国际的秘密会议,便派人闯入领事馆进行搜查,并将苏联总领事及领事馆人员 42 人逮捕,还查抄了一批文件。对此,苏联政府于 5 月 31 日向南京国民政府提出了严重抗议,但南京政府未予理会。东北地方当局同时电请南京政府借机抵制苏联在中东路的影响。7 月 7 日,张学良到北平与蒋介石商谈中东路问题。蒋介石说明在中东路问题上,各国政府至少会保持中立,暗中支持,估计苏方现在不会采取过激行动,故在外交上不成问题。他鼓励张学良采取断然措施,以武力接管中东路。东北当局即令中东路督办吕荣寰办理。1929 年 7 月 10 日,吕荣寰与苏籍中东路督办协商,要求对中东路悬案做最后的解决,苏方未做明确表示。吕荣寰随后便以铁路督办的名义下令,自即日起,所有以路局局长名义发布的文件,均应有华籍副局长附署方生效。苏方局长表示反对。7 月 11 日,吕荣寰下令撤换苏籍局长、副局长以下 59 名高级职员,并要特区长官遣送他们回苏联。同时,东北当局查封了中东铁路各职工会及苏联商务代表处,逮捕苏籍职工与苏联侨民。

7 月 13 日,苏联外交部向南京国民政府及东北地方政府提出最后通牒,历数了中国方面的反苏行为,回顾了苏联对华友善的政策,进而对事件的发生提出严重抗议。苏方提出三项要求:(1) 迅速召开会议以解决中东路的一切问题;(2) 取消政府机关对中东铁路的不合法行为;(3) 释放被捕的苏联人,停止对苏联人民的压迫。苏方限中国政府三日内给予满意的答复,否则,"将取用他种方略,以防卫苏联原则上之权利"。与此同时,苏联拘留、扣押在俄华侨千余人。南京国民政府于7月17日做出答复,声称苏联在华机关"有煽动中国人民,破坏中国国家社会,反对中国政府之各种有组织之宣传及工作",因此中国的行动是必要的。同时要求苏联政府释放被捕华人,善待中国侨民。①

对于南京国民政府的这种强硬态度,苏联政府于7月17日宣布,断绝与中国的外交关系:"苏联政府迫不得已,取以下所列之方法,归中国政府负之全责。(一)召回苏联驻中国使馆及侨务代表。(二)召回中东铁路苏联所派人员。(三)断绝中苏间铁路交通。(四)请中国驻苏联使领,迅速离苏联国境。"南京国民政府也针锋相对,于7月19日就中苏断交问题发表宣言,声称:"此次中东铁路事件之发生,乃由苏俄政府违反中东路协定精神之全部,及指使苏俄驻哈尔滨领事馆,与利用中东铁路机关及其人员之名义,为其宣传共产主义,图谋颠覆中国政府,假造各国使领馆信号扰乱东省治安,所累积之事实而起,是不仅为单纯的中东路权问题而已。""中东铁路交通关系,不仅为中俄两国之交通。乃苏联政府实行断绝中俄铁路交通,当然应负破坏国际交通之全责。"②

在这期间,中苏双方都进行军事动员,向边境地区集结军队。蒋介石发表《告东北将士书》,要求东北军进入紧急备战,并通电全国,号召"抗俄"。苏联则组建特别远东军,从东、北、西三个方向进攻中国东北。7月19日,苏军开始在绥芬河一带向中方守军开枪开炮。9月,苏军进一步加强了军事示威行动。10月12日,苏联海陆空军进攻黑龙江省的同江,中国海军江防军在同江战役中几近全军覆没。11月17日,苏军开始分东西两路大举进攻,仅几天时间,就攻占了东北数个重要城市,东北守军战死、被俘者上万,其他人员和财产损失更是难以计数。

---

① 程道德、郑月明、饶戈平:《中华民国外交史资料选编(1919—1931)》,第540—541页。
② 熊志勇、苏浩、陈涛:《中国近现代外交史资料选辑》,第279—282页。

冲突开始时,南京国民政府为防止战事扩大,曾电令驻德国公使蒋作宾,与苏联大使进行交涉,德国政府也表示愿以友邦名义进行善意的调停,但此番未能取得成果。面对战场上的不断失利,南京政府曾希望英、美等国出面干涉,要求国联调查。但当时正值世界经济危机,国联自身难保,无能为力。而且苏联表示中东路事件只能在中苏之间解决,不允许第三者干涉。1929年8月19日,南京政府又将中苏争端通知《非战公约》各国,并于12月3日向《非战公约》各国提出控诉,认为苏联的军事行动违反了公约原则,要求各国制裁苏联。列强都对中苏冲突表示关注,希望能用和平方法解决争端。

3. 中苏交涉

希望英、美等国进行干涉的想法失败后,南京国民政府即暗示东北当局可相机进行交涉,当时苏联亦倡议进行谈判。12月2日,张学良即派哈尔滨交涉员蔡运升赴伯力(哈巴诺夫斯克)与苏联领事西门诺夫斯基谈判。12月22日,双方达成了协定草案。其内容有:(1)按1924年"中苏协定"恢复冲突前状态;(2)被辞职的苏联职工均应复职;(3)双方冲突中的被捕者均应释放;(4)解除白俄军队的武装;(5)尽快恢复苏联在东北的领事馆及其他商业机构;(6)中苏双方的问题将由双方于1930年1月25日在莫斯科举行会议来商谈;(7)边境恢复和平状态,双方撤兵。《中苏伯力会议议定书》的草约签订后,中苏军事冲突停止,苏军撤出中国;中东路管理权之争也告一段落,恢复原状。

然而,南京国民政府对伯力会议草约却很不满意,1月25日,中苏正式会议也未能举行。1930年2月8日,南京政府外交部发表声明,称中方代表在谈判中超越了他的权限,故除了对中东路问题的规定外,其他内容一律否认,并表示将另派代表,重新进行谈判。2月15日,南京国民政府根据张学良的推荐,任命莫德惠为中苏会议的全权代表。莫德惠于5月9日到莫斯科,6月1日正式与加拉罕会谈。会谈分为中东路、通商和复交三个问题。苏方坚持要以1924年的两个协定和伯力议定书为基础进行谈判,但中方并不同意伯力议定书。后中方提出要赎路,苏方则坚持先恢复中苏外交关系和缔结贸易协定等,对赎路不感兴趣。1930年6月—1931年10月7日,中苏代表共举行25次会谈,但由于双方的观点相差太远,谈判毫无结果。

还在中苏谈判期间,"九一八"事变爆发,包括中东路在内的整个中国东北地区为日本所占领。苏联在谈判中表示对中国的同情,有关谈判也不得不终止。1931年12月,苏联主动提议与中国恢复外交关系。1932年10月5日,南京国民政府中央政治会议议决对苏复交,外交部长罗文干即训令中国在日内瓦出席军缩会议的代表颜惠庆为中苏复交谈判代表,与苏联代表李维诺夫在日内瓦进行密谈。1932年12月12日,双方宣布复交,颜惠庆被任命为中国驻苏联大使。1933年3月5日,颜惠庆抵达莫斯科,苏联大使鲍格莫洛夫也于5月2日到南京,两国外交关系至此正式恢复。

中东路事件是当时国际上所掀起的一系列反苏事件中最严重的一起。南京国民政府鼓动东北地方政府制造此事件,虽有一定收回路权的色彩,但更多是以反共反苏为目的。而苏联方面在中东路的管理中无视中国方面的正当要求,在事件发生后又大举出兵进攻中国,对事态的发生和加重也负有责任。此次事件中国未能达到目标,中东路的路权并未收回,其管理恢复原状。不仅如此,此次事件后,苏联虽然从东北地区撤军,但仍然控制着原属于中国的黑龙江上的黑瞎子岛等岛屿,这在后来的中苏关系中成为最难解决的问题之一。此外,中苏在中国东北地区的这场较量反而给日本提供了空隙。正是在中苏谈判期间,日本制造了"九一八"事变,随后迅速占领了整个东北地区。

小　　结

南京国民政府成立初期,其外交选择以"联美抑日反苏"为中心展开,希望能在国际上得到欧美国家的支持,借此遏制日本对华野心,而南京政府自身一贯的反共反苏立场也正好迎合了这一时期欧美国家的反苏潮流。从对外交涉的具体内容来看,刚刚成立的南京政府将修改不平等条约、收回国家主权视为第一要务,这既是在国内民族主义运动的推动下,对20世纪20年代修约浪潮的继承,同时也是南京政府巩固自身政权的需要。由于国内趋向统一,国际上得到了英美等国的支持,南京国民政府的修约外交取得了一定的成果,在中国摆脱不平等条约束缚的历程上迈出了重要一步。主动加入《非战公约》的行为更是使中国的外交活动进入了国际多边外交的领域。20年代末的中东路事件则十分复杂,兼具收回主权与反共反苏的色彩。中国在此次事件中损失颇多,尤其是给了日本可乘之机。由于日本对中国的威胁越来越严重,南京政府不得不改善与苏联的关系。

思考题

1. 南京国民政府"联美抑日反苏"政策的具体表现有哪些?
2. 如何评价南京国民政府的修约谈判?
3. 试比较北京政府与南京国民政府的修约外交。
4. 中东路事件发生的根本原因是什么?

参考书目

牛创平、牛冀青:《近代中外条约选析》,中国法制出版社1998年版。
王建朗:《中国废除不平等条约的历程》,江西人民出版2000年版。
史全生:《南京国民政府的建立》,河南人民出版社1987年版。

第十三章
应对日本扩大侵华的政策转变

20世纪20年代末,南京国民政府基本结束了军阀割据的局面,中国可以用统一的声音对外发言。修约外交使中国实现了关税自主,在收回主权方面迈出了关键的一步,但这样一个好的开头却遭到国际形势的冲击。此时,西方资本主义世界遭遇了前所未有的经济大危机。以美国为首的一些国家采取国家干预的手段来应对危机,而德意日等国则在危机的冲击下走向了反现代化的法西斯主义。日本强化对中国的侵略。面对日本的战争行为,南京国民政府的最初反应却是姑息妥协、步步退让。随着日本的要求不断升级,加之国内抗日救亡运动的兴起,南京政府的对日态度开始转为强硬。

第一节 "九一八"事变中的软弱态度

20世纪20年代,日本国内开始出现法西斯思想。经济大危机的爆发又进一步刺激了这一思想的发展,法西斯运动在当时的日本社会甚嚣尘上。日本的法西斯主义者在国内问题上的主张不尽相同,但在对外方面,却都认为日本应当积极对外扩张,从而达到所谓弘扬日本"国威"的目的。从明治初年开始,日本统治集团就将向中国扩张、征服亚洲作为其政策之一,此时面对经济危机,统治阶层也急于发动一场侵略中国的战争,希望能借此转移国内人民的视线,缓和阶级矛盾,同时还企图利用中国东北地区的丰富资源,来减轻这场经济大危机所带来的影响。

1. 日本制造"九一八"事变

中国的东北地区在地理上与日本比较接近,又蕴藏着丰富的自然资源,因此一直是日本垂涎的对象。继1927年"东方会议"确立了将"满蒙"从中国分离出去为根本国策之后,1931年1月23日,在日本第59次议会众议院全体会议上,当时还是山口县在野党政友会代表的松冈洋右登台向外相币原喜重郎发表质问。在发言中,他提出:"满蒙问题,我认为这是关系到我国存亡的问题,是我国民的——是我国民的生命线。"①"满蒙是日本的生命线",这句话很快成为一句流行语。

在侵略中国的问题上,日本军部表现得比政府积极,已经开始着手制订行动计划。1931年6月,日本陆军省拟定了《解决满洲问题方策大纲》,认为对中国东北"也许终于不得不采取军事行动",但"为争取国内外的谅解,采取措施,约以一年为期,即到明春为止,要求切实实施"②。然而,驻扎于中国辽东半岛,即日本所谓"关东州"地区的日本关东军则更为激进,他们主张应立即采取行动。早在1931年3月,日本关东军高级参谋板垣征四郎在日本陆军步兵学校发表讲话,就宣称中国东北"对帝国的国防和国民的经济生活有很深的特殊关系",是日本"国防的第一线",并得出结论说:"从目前中国方面的态度来考察,如果单用外交的和平手段,毕竟不能达到解决满蒙问题的目的。"③

1931年夏天开始,日本关东军不断在中国东北地区制造事端,为侵略战争寻找借口。7月,日本挑动朝鲜侨民在长春以北的万宝山地区强挖水渠,侵占中国农民的土地。中国农民交涉无望,便自行填渠。日本警察随即前来镇压,开枪打死打伤农民多人,十几人被捕,这就是"万宝山事件"。随后日本又制造了"中村事件"。日军参谋本部大尉中村震太郎于6月假冒农事专家,潜赴东北各地刺探军事情报,在黑龙江哈尔滨的兴安区被东北屯垦军逮捕处死。8月,日本驻沈阳总领事向中方提出抗议,日本军部乘机在日本国内进行仇华煽动,声称日本在"满洲"的特权与利益处在危险之中,"满洲问题"除使用武力外,别无解决途径。

9月,关东军在东北地区进行军事部署,开始有预谋、有步骤地为武力占领东北做准备。1931年9月18日晚上10点左右,日本军人炸毁了南满

---

① 江口圭一:《十五年戰争の開幕》,载《昭和の歴史》第4卷,东京:小学館1982年版,第20—21页。
② 复旦大学历史系中国近代史教研组:《中国近代对外关系史资料选辑(1840—1949)》下卷第一分册,上海人民出版社1977年版,第205页。
③ 复旦大学历史系编译:《日本帝国主义对外侵略史料选编(1931—1945)》,上海人民出版社1983年版,第3—13页。

铁路沈阳北部柳条沟的路轨,反诬是中国驻军破坏铁路、袭击日本守备队,并以此为借口,向东北军驻地北大营和沈阳城发动突然袭击,制造了"九一八"事变。

第二天早晨,日军便占领了沈阳,同时向东北全境发动进攻。仅19日这一天,日军就占领了长春、营口、辽阳、鞍山、本溪、抚顺、四平、安东等20座城市。到9月底,日本侵占了辽宁(除辽西)、吉林二省。11月19日,日军占领齐齐哈尔;1932年1月,日军占领锦州,随后迅速占领山海关外的辽西地区;2月,日军占领哈尔滨。至此,在四个多月中,东北三省一百多万平方公里土地、三千万同胞全部沦于日本帝国主义的蹂躏奴役之下。

"九一八"事变后,中国人民的局部抗日战争开始了。东北人民自发组织起抗日义勇军,出现了杨靖宇、赵尚志这样一批抗日英雄。此外,东北军的部分爱国官兵如马占山等,也坚持对日抵抗。

2. 国民政府的消极应对

面对日本的侵略行为,东北地方当局和南京国民政府的表现都十分软弱,没有足够的抵抗决心。早在1931年7月,当日本的侵略野心不断显现时,张学良便告诫东北政务委员会:"此时如与日本开战,我方必败。败则日本将对我要求割地偿款,东北将万劫不复,亟宜力避冲突,以公理为周旋。"① 8月16日,当日本军队不断在东北挑衅的时候,蒋介石曾密电张学良,要求:"无论日本军队此后如何在东北寻衅,我方应不予抵抗,力避冲突。"② 张学良随后致电在沈阳的东北军参谋长荣臻:"查现在日方外交渐趋吃紧,应付一切,极宜力求稳慎,对于日人无论其如何寻事,我方务须万分容忍,不可与之反抗,致酿事端。"③

事变发生之后第二天,张学良在会见记者时表示:"东北军既无抵抗之能力,亦无开战之理由,已经电沈,严其绝对不抵抗,尽任日军所为。"④ 9月24日,在给蒋介石、王正廷的报告中,张学良谈到事变后东北地方当局的处理:"当时日军突如其来,殊出意外。我军乃向官方请示办法,官方即根据前该命令,不许冲突,又以日军此举不过寻常寻衅性质,为免除扩大事件起见,绝对

---

① 吴相湘:《第二次中日战争史》上册,台北:综合月刊社1973年版,第83—84页。
② 复旦大学历史系中国近代史教研组:《中国近代对外关系史资料选辑(1840—1949)》下卷第一分册,第212页。
③ 《日本帝国主义侵华档案资料选编:九·一八事变》,中华书局1988年版,第67页。
④ 李新主编:《中华民国史》第七卷(1928—1932),中华书局2011年版,第522页。

抱不抵抗主义。"①而蒋介石于23日在公开讲演中强调:"此刻必须上下一致,先以公理对强权,以和平对野蛮,忍辱含愤,暂取逆来顺受态度,以待国际公理之解决。"23日,南京国民政府在《告全国军民书》中也强调:"现在政府既以此案件诉之国联行政院,以待公理之解决,故希望全国军队对日军避免冲突。"②

东北地方当局与南京国民政府之所以采取如此消极的态度,一个重要的原因在于蒋介石"攘外必先安内"的想法。当日本开始着手在东北军事行动时,蒋介石正亲自率领大军在江西围剿中国共产党领导下的红军,同时还在对付其他反蒋势力。1931年7月23日,蒋介石通电全国,强调:"赤匪军阀叛徒,与帝国主义者联合进攻,生死存亡,间不容发之秋,自应以卧薪尝胆之精神,作安内攘外之奋斗。""不先消灭赤匪,恢复民族之元气,则不能御侮,不先削平逆粤,完成国家之统一,则不能攘外。"③

9月20—23日,南京国民政府连续向日本政府提出了三次抗议照会。内容是:(1)日军的行动实为蔑视非战公约,破坏和平;(2)中国军队毫无抵抗而日军仍继续进攻,这是故意破坏和平,其责任应由日方负之;(3)要求日本撤军,恢复原状。可是,日本政府对中国的抗议不但不做任何答复,反于9月24日发表声明,颠倒黑白地诬陷说事件是因为"在奉天附近的一部分中国军队破坏了南满铁路的路轨,袭击了我方守备队",日本军队只是要"铲除危险的根源",并且在达到这个目的后,"大部分立即返回并集结于南满铁路附属地",还虚伪地表示"帝国政府在满洲没有任何领土欲望"。④

9月底,为应对事变所引发的一系列危机,国民政府成立了特种外交委员会,作为对日政策机关。⑤当时南京政府处理事变的基本方针为:军事上不抵抗,外交上不与日本直接交涉,依靠国联主持公道。11月,该委员会会议通过了"现在处理时局之根本方针",全面阐述了南京政府对局势的估计及对日方针:(1)日本军事政策是要占东三省;(2)英法不愿对日作战,故国联不会采取有力制裁措施;(3)美国可能会引《九国公约》对日本作有力的抵制;(4)中国的"对外策略"是不对日本宣战,须尽力顾及实际利益而在军事上做

---

① 秦孝仪主编:《中华民国重要史料初编——对日抗战时期》绪编(一),第259页。
② 复旦大学历史系中国近代史教研组:《中国近代对外关系史资料选辑(1840—1949)》下卷第一分册,第211页。
③ 李新主编:《中华民国史》第七卷(1928—1932),中华书局2011年版,第521页。
④ 复旦大学历史系编译:《日本帝国主义对外侵略史料选编(1931—1945)》,第41—43页。
⑤ 该委员会于1931年9月30日成立,迄于1932年1月2日。

出牺牲;(5)表明中国政府完全信任国联之意;(6)不与日本进行交涉。

1932年1月11日,蒋介石在奉化武岭学校作"东北问题与对日方针"的演说时,提出了他的所谓对日"四不"方针:不绝交、不宣战、不讲和、不定约。他认为中国没有"国防实力",若绝交宣战,则"沿海各地及长江流域,在三日内悉为敌人所蹂躏,全国政治、军事、交通、金融之脉络悉断,虽欲不屈服而不可得";而且这种做法会"自失其国联盟约非战公约与九国公约之权利",使中国负"破坏公约破坏和平之责"、"陷于万劫不复之地"。①

东北地方当局与南京国民政府的软弱态度使得日本侵略者更加肆无忌惮。日本完全占领东北后,便开始筹划建立伪"满洲国",以便将这块土地从中国分离出去,为它将来进一步吞并该地区做准备。为此,日本政府计划在南京国民政府的统治腹地制造一次事件,以迫使其进一步就范,同时还可以掩人耳目,转移西方各国的视线。

3. 日本扩大对华侵略

"九一八"事变之后,中国各地民众都掀起了反日运动,上海是当时日本对华经济侵略最大的据点,因此反日活动十分蓬勃。1932年1月18日,五名日本僧人在三友实业附近与该厂工人义勇军发生冲突,五名僧人中三人被殴伤,一人重伤身亡。日方乘机扩大事态。20日,32名"日本人在华青年同志会"的成员放火焚烧了三友实业社厂房,并打死公共租界华人巡捕一人,打伤两人。20日,约一千名日本侨民以"日僧事件"为由,公然集会示威,要求日本海军陆战队出面干涉此事。示威途中出现骚乱,日本侨民袭击华人商店、殴打中国居民、砸坏电车及公共汽车等。

面对这种情况,日本驻上海总领事村井仓松不仅不劝阻日本侨民的暴行,反而向上海市长吴铁城提出了四项要求:(1)上海市长对该事件进行公开道歉;(2)逮捕和处罚作案者;(3)对被害者进行经济赔偿;(4)取缔和解散上海以抗日救国会为首的一切反日组织和团体。并于27日发出最后通牒,限48小时答复,否则将采取自由行动。同时,日方集中日舰于黄浦江示威,调集陆战队登陆布防。上海市长吴铁城于限期前全部接受了日本的要求。日本领事本已满意,但日海军司令盐泽幸一又于1月28日深夜通知上海市政府,迫令中国军队撤出闸北。随后,日军即向驻闸北的中国驻军发动进攻。29日,日本海军又出动飞机在上海狂轰滥炸,使中国人民的生命财产遭到极大

---

① 熊志勇、苏浩、陈涛:《中国近现代外交史资料选辑》,第292、294页。

损失。中国当时最大的出版社——商务印书馆及其附属的东方图书馆均被炸毁。这就是"一·二八"事变。

日本发动军事进攻后,驻扎在上海的由蔡廷锴领导的十九路军进行了英勇的反击,在上海人民和全国人民的支持下,抗击日军三日,使之未能前进一步。日军不得不几次增援部队。直至3月初,中国军队才被迫放弃了第一道防线,转移至太仓、安亭一带。日军攻势亦告竭,其司令官白川义则旋即宣布攻势已达到预期目的,下令停止前进,战事告一段落。

事变发生后,南京国民政府担心南京的安全,于1月30日以避受强敌胁迫为名,宣布迁都洛阳。3月初又决定以洛阳为行都,并设陪都于西安,定名西京。

上海是西方列强在中国的利益中心,尤其是英、美等国。日本在上海制造事端,无疑对英美有很大影响。事变发生后,英美都向日本提出抗议,并同时增派军舰到上海。从1月29日开始,英美两国多次居间调停,法意两国后来也加入。南京政府对各国的调停均表示配合,但日本却屡次拒绝。

此外,英法等国也通过国联理事会向日本施加压力。事变之时,正在日内瓦出席国联理事会的中国代表颜惠庆于1月29日奉南京政府的命令向国联理事会提交议案,要求对"一·二八"事变进行讨论。尽管日本代表坚决反对,国联仍开始就上海的形势进行讨论。由于事态不断扩大,而日本始终不肯让步,国联理事会态度也转向强硬。2月16日,除中日之外的理事会12位理事向日本送交紧急警告书。但日本仍然置之不理,并在2月19日发表声明,声言国联盟约仅适用于有组织的国家,而中国内战十几年,情况完全混乱,并非有组织的国家,故盟约不适用于中国;日本所采取的行动,纯为保护自身利益,绝非侵略行动。中国代表颜惠庆当即对此予以驳斥,指出中国当前的不统一状态,日本要负很大的责任,而日本代表的发言中,也充满了矛盾之处。20日,国联理事会不顾日本代表的极力反对,决定将中日冲突移交国联大会处理。3月11日,国联大会通过了一项决议草案,指责日本的行为是违背国联盟约和国际公约的,国联会员国均不能承认这种行为合法有效。

由于英美采取了比较强硬的态度,国联大会对日本进行了谴责,日本感到很被动。同时鉴于"伪满洲国"已在3月初建立,其首要目的已达到,日本便同意了西方的调解。2月28日,中日双方就曾在英国的调解下举行非正式会晤。随后,双方又经过一段时期的争论,于5月5日正式签订《上海停战协定》,或称《淞沪停战协定》。协定内容为:(1)双方停止一切敌对行动;(2)中国军队留驻于协定前的原驻扎地区;(3)日本军队撤到公共租界及虹口方面之越界筑路地域,日军撤退后的地区由中国警察接管。日军可暂住邻接地区。此外还有三个附件,其主要内容是:(1) 取缔抗日运动;(2) 十九路军换防;(3) 浦东和苏州河南岸中国不得驻兵。协定虽然使日本停止了军事行动,但却迫使国民政府同意日军可以在其所控制的上海部分地区驻军,这既侵犯了中国主权,又为将来日军采取军事行动创造了条件。由此也可看出列强的调停只在于恢复上海的秩序,以维护自身的利益,它们并无意真正阻止日本对中国的侵略。上海局面稳定后,12月1日,南京国民政府从洛阳迁回南京。

日本在上海挑起事端的目的之一是为其在东北地区的进一步活动转移国际视线。因此,在"一·二八"事变的同时,日本开始筹划建立伪"满洲国",以便最终将这块土地从中国分离出去。1932年3月,日本成立所谓"满洲国",由前清废帝溥仪任"执政",以"新京"长春为"国都";9月15日,日本宣布正式承认"满洲国"。1934年3月,在日本的策划下,"满洲国"又改称"满洲帝国",溥仪由"执政"改称"皇帝",年号"康德"。

伪"满洲国"完全是日本控制之下的一个傀儡,是日本妄图占领中国的一个步骤。它的出现严重损害了中国的利益。在日本宣布承认"满洲国"的第二天,南京国民政府向日本发出抗议书,指出所谓满洲国只是一个"傀儡组织","使溥仪为主,一切实权则操之于向东京政府负责之官吏之手"。而日本承认"满洲国"的行为"一面适足以增加其罪戾,一面无异对国际联合会之权威,为侮辱性之挑战"。南京国民政府指出,日本的行为已违反了国际公法的基本原则、法律的初步原则与人道观念、国联盟约、《非战公约》《九国公约》,也违反了日本自己说过的誓约,以及国联的历史训诫。①

第二节　争取国际社会的支持

在日本帝国主义加紧对中国东北进行侵略扩张的时候,南京国民政府对日本采取了消极的应对政策,而把约束日本的希望寄托于国际社会。这一时期,南京国民政府除了谋求苏联的援助之外,还积极加强与欧美各国的关系。

1. 要求国联制裁日本

"九一八"事变爆发后,中国驻日内瓦的代表施肇基依照南京国民政府电

---

① 熊志勇、苏浩、陈涛:《中国近现代外交史资料选辑》,第299—301页。

令,于9月21日就此次事变照会国联理事会,陈述日军侵华经过,还根据国联盟约第十一条,要求理事会采取行动,阻止形势继续恶化。国联理事会随即于9月22日开会讨论此事。在施肇基报告了中国方面的情况后,日本代表发言,公然否认了中国代表提出的事实,称事变的爆发是因中方使中日关系紧张所致,主张中日直接交涉。施肇基表示,日本不撤退其军队,中国不可能同日本直接交涉。会议向中日双方政府提出"紧急通知书",要求双方不采取任何使事态恶化或妨碍和平解决的行动。但日本坚持不撤军,使得国联的提议成为废纸。施肇基随后要求国联派一调查团到中国进行调查,但国联并未同意这一要求,只是再次做出决议案要求日本撤军,也未被日方接受。除此之外,并没有进一步的行动。

国联对日本的侵略行为态度软弱既有其自身机制上的缺陷,也因为把持国联的欧洲列强企图通过纵容日本对东北的侵占,看到日本北上去进攻苏联。这样既可以打击苏联,又可以削弱日本。然而,10月8日,日军出动飞机轰炸锦州,表明了南下扩张的意图。这让英美等国担心日本会影响到其各自在长江流域的利益,因此各国的态度开始发生转变。

10月13日,国联理事会提前开会。15日,理事会主席提议,作为非战公约的发起国,美国应参加国联理事会讨论。除日本反对外,各国皆表赞成。随后,美国派代表与会。10月22日,理事会提出了第三个决议案,要求日本撤军。日本当即对此决议投了反对票。而按照盟约规定,决议案只有全体会员通过,才有法律效力。因此理事会主席白里安只得宣布这一议案只有"道义力量"而无法律约束力。

为了减少国际压力并制造伪"满洲国",日本方面于11月12日表示国联可以组织一个调查团前往"满洲和中国"进行调查。这样,12月10日,国联理事会的第四个决议案才得以通过,决定派遣一个由五人组成的调查团前往中国东北地区进行调查。1932年1月,调查团正式成立。英国前印度总督李顿担任团长,委员为法国前驻印度支那军司令官和法国殖民地防御委员会主席克劳德、美国前菲律宾副总督麦考易、意大利外交官马柯迪伯爵,以及德国殖民政策研究者希尼博士,国联秘书厅秘书股长、法国人哈斯受国联委派,担任调查团秘书长,中国代表顾维钧和日本代表吉田伊三郎则作为调查团的顾问参与活动。2月3日,李顿调查团从欧洲出发,先到美国,随后到东京,与日本政要会谈,直到3月14日始到上海,26日到南京,4月9日到北平,20日才到达东北,而这时伪"满洲国"已成立一个多月了。调查团在华调查期间,日本动用一切手段掩盖事实真相,对调查团严密封锁消息,严禁外人与之接触。6

月5日,调查团回到北平开始起草报告书,其间还曾赴东京与日本政府交换意见。9月4日,调查报告书在北平签字完成,并于10月1日在日内瓦、东京和南京同时发表。

国联调查团的报告书共分十章,前八章叙述事实,后两章提出解决问题的原则和建议。其主要内容有:(1)报告书把矛头指向苏联,称"苏联输入的共产主义的传布应该认为是基本因素之一",宣称日本侵占东北,不是"此一邻国以武力侵犯彼一邻国边界的简单案件",而是有"赤色的危险"。近年来苏联在外蒙古的优势和共产主义滋生于中国使日本忧虑。(2)报告书称中国的共产主义发展使日本忧虑"日益增加",中国人抑制日货行动为"中日冲突之重要原因"。(3)报告书明确地指出满洲是中国领土,中国也并非无组织的国家。中国的门户开放原则必须维持,以防止日本独占满洲。(4)报告书对日本所采取的手段"不能认为是合法的自卫手段"。报告书随后提出了解决中日问题的原则:(1)不承认日本对满洲的独占,不承认伪"满洲国";(2)但因"满洲为日本的生命线",故日本势力应留在满洲,其他强国"在此争议中亦有重大利益必须保卫";(3)在满洲应设立一自治政府,由外国人组成"顾问会议"来决定其内外大事,日本人在其中可占有重要比例。

这一报告书虽然明确了东北地区为中国领土,但对日本的侵略行径并未给予谴责。对此,南京国民政府训令出席会议的中国代表,对报告书表示原则上同意。日本对报告书则很不满意,认为"满洲国"之成立并非日本推动而是当地民意,中国不能被看作是有组织的独立国家,不具备领土完整的主权,并明确反对在满洲实行共管。

12月6—9日,国联大会就李顿调查团报告书进行讨论,之后又在十九国委员会上讨论。就在国联为报告书争论不休时,日军于1933年1月1日进占了山海关,公开暴露了侵略中国华北的野心。国联大会这才于2月24日通过了关于中日争议报告书,其内容基本来自国联调查团报告书,只是态度稍微强硬了一点。其主要内容为:(1)按《非战公约》和《九国公约》来解决满洲问题;(2)在南满铁路之外的日军应撤退;(3)在满洲建立一高度自治的特殊政治制度,同时照顾日本的特殊利益;(4)建议国联会员国今后不得在法理上或事实上承认伪满洲国;(5)建议中日两国在一特设的顾问委员会参与下,举行谈判解决满洲问题;等等。大会通过这一报告议案后,日本代表当即全体退席以示抗议,而此时日军已向热河发动进攻。3月27日,日本正式声明退出国联。国联对中日问题的调解宣告失败。

此后,南京国民政府利用日本退出国联之机,要求国联对日本进行制裁。

然而，直到抗日战争全面爆发，国联均未通过任何制裁日本的议案。这样，南京国民政府利用国联牵制日本、制裁日本的外交方针以失败告终。

2. 争取美国的支持

南京国民政府在寻求国联调解的同时，还在更广范围内积极寻求国际社会的同情和援助。南京国民政府把外交方针制定为："极力争取与国，并揭发日本军阀'要征服世界，必先征服中国'之野心，提高美英各国之警惕；同时信赖国联对九一八事件之调处，使全世界人士均能认清日本不顾集体安全，甘为戎首之侵略行为，俾能求取国际上对我之同情与援助。"①

"九一八"事变破坏了以日美妥协和门户开放政策为基础的华盛顿体系，因此美国政府迅速做出反应。1931年9月24日，美国国务卿史汀生向中日两国发出备忘录，要求停止军事行动并撤退军队。然而，由于美国在中国东北地区并无实质性利益，且正忙于国内的经济危机，因此美国并没有对日本的侵略行为进行有效的制止。相反，美国私下与日本政府达成谅解，要求日本军事占领应限于锦州以北。

然而，日本轰炸锦州的行为显然已打破了这一限制。就在日军轰炸锦州之后的第二天，史汀生召见日本驻美国大使，表示不满。10月10日，美国与英、法、意等四国的驻日本大使联合向日本提出抗议。10月15日，美国政府宣布将派代表以观察员身份列席国联理事会第十三次会议，参与讨论中日问题。10月20日，美国政府再次照会中日两国，希望两国尽快解决当前的问题。随后，美国与英法等国一起在中日之间进行调停，但由于日本态度强硬，调停未能取得成果。而且英美等国的调停只是集中在锦州一处，对于日军在东北其他地区的军事行动却并不在意。这显然是要鼓励日军北进，以威胁苏联。

1月3日，日军占领锦州。此举表明日本将以东北为基地，向华北进攻。日本的这一行动使美国很恼火。1月7日，美国政府分别向中日两国送交了同样内容的照会，声明："美国政府不能认许任何事实上的情势的合法性，也不拟承认中日政府或其代理人间所缔订的有损于美国或其在华国民的条约权利——包括关于中华民国的主权、独立或领土及行政完整，或关于通称为门户开放政策的对华国际政策在内——的任何条约或协定；也不拟承认用违反1928年8月27日中日美均为缔约国的巴黎公约之条款与义务的方法而获

---

① 吴东之：《中国外交史：中华民国时期(1911—1949)》，第316页。

致的任何局势、条约或协定。"①这一照会的内容被称为"不承认主义",或者"史汀生主义"。1月8日,美国国务院又发表补充声明:(1)美国无意争夺日本在满洲的权利;(2)不拟干涉中国和日本交通可能达成的解决事件的协议,惟此项协议不得损害美国的在华利益。很显然,不承认主义是美国对其传统远东政策——门户开放政策的一次确认。

中日两国都对美国的"不承认主义"照会做了答复。中国表示将坚持主权独立及领土完整之原则,决无订立此项条约或协定之意。日本则表示,日本政府将尽力维持满洲的门户开放政策,与在中国本部无异。这其实是故意将满洲与中国本部分开。日本声称,中国出现不安及分裂之状态,故《华盛顿条约》之适用要考虑此现状,表明日本可不遵守此条约;进而反诬中国官员自行逃走,不能自行组织,故满洲官员的更换属必要,从而为建立伪满洲国寻找借口。

此照会发出后不到两周,日本就在上海点燃了战火。因此,不承认主义并未能对日本的侵略起到制止作用,其他各国对它的反应也并不热情。但这一主义并非毫无意义,它使得日本的侵略成果难以合法化,尤其是在"一·二八"事变之后,不承认主义得到了国联的正式支持。从更长远的意义上来说,这一主义也为美国后来的对日政策奠定了基础。

美国还给予了中国其他一些支持。1933年4月17日,南京国民政府行政院副院长兼财政部长宋子文赴欧美访问。他拜会了美国总统罗斯福、国务卿赫尔等高级官员。5月19日,双方发表了《罗斯福宋子文会谈联合公报》,主要内容:(1)为求世界安宁,应实行裁军;(2)远东两大国的敌对行动,扰乱了世界和平,"此种敌对行动应立即停止";(3)应整顿国际财政金融秩序,应提高并稳定白银价格。5月29日,中美签署了《棉麦借款合同》,美国向中国贷款5000万美元,以棉麦形式提供。中国政府出售后可将所得用于复兴建设。但后来由于国内有关的工商业界人士反对,以及日本在华纺织厂的抵制,这项借款在执行中大大减少。

3. 积极开展"与国外交"

"九一八"事变发生时,南京政府已与苏联断交,正在就中东路事件进行谈判。事变爆发后,中苏1932年底正式恢复外交关系。出于共同对日的目的,两国关系有所改善。除在军事方面进行一些会谈之外,还加强了文化方

---

① 《中美关系资料汇编》第一辑,第476页。

面的交流。同时,为了配合谋求苏联援助的政策,蒋介石在国内也做出姿态,秘密与中共方面进行沟通。但苏联方面一直试图避免与日本发生冲突。1935年3月时,苏联还与伪"满洲国"就中东路买卖问题达成协议。

1933年6月5日,宋子文到达伦敦,开始对英国访问。6月12日,宋子文作为南京国民政府代表,出席在伦敦举行的"世界经济及货币会议",并于15日在会上发言,全面阐明了中国的外交政策,表达中国愿与欧美各国扩大经济联系的愿望。为稳定中国金融市场,宋子文还积极主张稳定银价。7月22日,主要用银国中国、印度等与美、加、墨、澳、秘等主要产银国签署了《白银协定》,此协定对稳定银价、巩固以白银为本位的中国金融市场起了一定的积极作用。

6月28日,宋子文致函国联秘书长,对过去几年来国联派专家来华工作表示感谢,请求国联帮助中国的复兴计划。7月18日,他又与顾维钧一同出席了国联行政院专门成立的审查中国要求的委员会。会议通过了对华进行技术合作的决议。国联组成了"对华技术委员会",将给予中国各种技术方面的援助。

在欧洲期间,宋子文还访问了法国、德国和意大利,宣传中国的主张。宋子文出访欧美对扩大中国影响、争取国际同情与援助起到了一定作用。

受世界经济危机和美国颁布的《白银法案》的影响,1934年下半年,中国白银开始大量外流,使得实行银本位制的中国发生了金融危机;再加上日本从中国大量偷运白银,危机更加严重。为解决危机,南京国民政府不得不向国际社会寻求援助。英国为维护其在世界金融的垄断地位,想借机把中国拉入英镑圈。1935年6月7日,英国决定派财政部首席经济顾问李滋罗斯作为经济使节访华。9月21日,李滋罗斯到上海,与宋子文、孔祥熙讨论中国币制改革方案。

10月中旬,中国金融形势危急。11月3日,财政部颁布紧急命令,宣布实行币制改革,规定自11月4日起以中央、交通、中国银行发行之钞票为法币,代替银币。英国虽到最后关头也未同意单独对华贷款,但对中国币制改革采取支持的态度。英驻华使馆以发布"国王敕令"形式,命令所有英在华金融机构配合南京国民政府的"币制改革",接受法币。11月7日,英国宣布如果中国放弃银本位,香港也将放弃。由于英国的支持和影响,南京国民政府虽宣布法币与英美日货币都有联系,却只规定法币与英镑的汇率,法币实际只与英镑发生连锁关系。币制改革遭到日本的坚决反对,日在华银行拒不交出白银,禁止法币在华北流通。

美国对南京国民政府实行的币制改革也十分不满。在财长摩根索的建议下,1935年12月9日,美国宣布停止向伦敦市场购买白银,并降低国外白银收购价。于是,白银倒流入中国,造成抢购外汇黄金危机。南京国民政府只得向美国求援。1936年3月13日,国民政府派陈光甫率中国银行考察团赴美。经与摩根索密谈,于5月中旬以备忘录及换文形式签订《中美白银协定》,规定中国保持币制独立,不与任何币制集团连锁,美国承购中国的白银。

这样,美国以其金元帝国地位,取得了中国货币争夺战的胜利。协定对中国也有一定积极意义,它增加了外汇基金,稳定了国内通货,避免了全国性的金融危机。这期间,国民政府还于1935年3月接受了英美联合提供的2000万英镑的贷款。币制改革密切了中国同美国和英国的关系,中国与这两个国家的外交关系升格为大使级。

南京政府促进与西方各国关系的努力虽未能达到制止日本扩张的目的,却加强了中国与英美的关系。同时,由于日本在华北的扩张,英美也感到它们的在华利益受到严重威胁。美英与日本在远东的矛盾冲突亦在酝酿之中。

国民政府还努力争取获得德国和意大利的支持。南京国民政府在成立之初便聘用许多德国军事顾问,"九一八"事变后双方进一步加强关系。德国派出高级军官来华,帮助改革中国军队;中国亦大量购买德国军火及其他物资。1935年5月18日,中德外交关系升格为大使级。不过,由于德国与日本逐渐接近,中德关系逐渐冷淡。

意大利为解决经济危机,愿扩大在华市场,争取原料产地和投资场所,故对华持积极态度。1934年9月26日,中意互换照会,把外交关系升格为大使级。10月17日,刘文岛首任驻意大使,这是中国派驻西方的第一个大使。意大利亦派海军、空军、财政顾问来华。后由于意大利侵入阿比西尼亚,中国支持国联对其进行制裁,意大利极为不满,双方关系转冷。

第三节 日本入侵华北与对日妥协

南京国民政府争取国际支持来约束日本的政策没有取得成功。1933年初,日本开始侵犯中国华北地区,南京国民政府改变了之前只依赖国联、不与日本直接交涉的立场。然而,中日之间的交涉基本变成了中国一系列的妥协退让。华北危机日益严重。

第十三章 应对日本扩大侵华的政策转变

1. 屈辱的对日交涉

日本侵占东北地区后,进而向华北发动进攻。1933年2月初,日本占领山海关,同时对热河进行军事部署。2月23日,日军兵分三路向热河发动进攻,并于3月4日占领其省会承德,一周后占领了全省大部。之后,日军继续向中国军队驻守的长城各口进攻。驻守在喜峰口、古北口和冷口的国民党军队进行了抵抗,这就是"长城抗战"。抵抗三个月后,滦县、玉田、平谷、蓟县、三河等地相继被占领,日军逼近平津。

在这种情况下,南京国民政府改变了不与日本直接谈判的政策,先是派人在上海与日本接触,继而让黄郛、何应钦等到北平主持与日谈判事务。5月中旬,中日双方开始交涉。对于此次交涉,南京国民政府的态度是,尽一切可能实现与日本的妥协。蒋介石则在致黄郛电中称,所签订的应是"停战协定,即非议和条约";汪精卫则致电黄郛称:"除签字于承认伪国、割让四省之条约外,其他条件皆可答应。"①

5月30日,中日双方在塘沽的日本陆军运输部办事处会计室开始进行停战谈判。会场四周戒备森严,日军更是将军舰开进塘沽港,炮口直指会场。5月31日正式谈判一开始,日方代表、日本关东军参谋次长冈村宁次少将便拿出日方拟定的协定草案,态度强硬地对中国代表表示,这是最后方案,一字不容更改,中方必须在两个小时内做出回答。中方代表、北平军分会总参议熊斌中将提出中国方面的意见,但冈村表示,中国只能对日方拟定的协定草案回答"是"或者"否",其他事宜应等协定签字后再说明。

在此情况下,中方代表被迫在日方提案上签字,这就是《塘沽停战协定》。这份协定是在中国方面没有任何申明和反驳的情况下,完全满足日方的要求。协定主要内容是:(1)中国军队撤退至延庆、昌平、高丽营、顺义、通州、香河、宝坻、林亭口、宁河、芦台所连之线以西、以南地区,不得进行任何挑战扰乱行为;(2)日军为确认第一条的实行情形,随时用飞机及其他方法视察,中国方面应予保护和便利;(3)日军如确认中国军队已遵守第一条的规定时,即不再越该线追击,自动退回至长城之线;(4)长城线以南及第一条所示之线以北、以东地区,中国警察不得由对日感情敌对的人员组成。

《塘沽停战协定》签订后,日本关东军并不满足,又与中方举行了三次"善后会谈"。其中最为重要的是第三次。1933年11月6日,冈村宁次携一份

---

① 沈亦云:《亦云回忆》下册,台北:传记文学出版社1980年版,第483、479页。

《关于华北善后交涉议定案》的文件到北平,与黄郛交涉。11月7日,双方正式开始谈判,讨论的议题有二,一是长城守备问题,二是伪满洲国在长城各口设立机构问题。谈判中,中方一再妥协让步,双方最后形成了会谈纪要:(1)中国接收不包含长城线的长城以西、以南地区;(2)华北当局应尽快在接收区毗邻长城的地点设置关东军指定诸机关;(3)华北当局应同意日军近期在接收区租用土地房屋;(4)华北当局应尽快与关东军指定人员协商长城内外贸易、交通、通信等事项。会谈纪要中虽无"满洲国"字样,但只是一种文字上的遮掩而已,南京国民政府事实上已经默认了"满洲国"的存在。1934年3月,日军在长城各口树立起"满洲国界碑"。

2. 中日关系的暂时缓和

南京国民政府加强与欧美各国合作的"与国外交"引起了日本的担心。为排斥英美势力、阻止中国从它们那里获得援助,日本外务省情报局长天羽英二于1934年4月17日发表非正式谈话,表明对中国这种做法的不满。其主要内容是:(1)"关于东亚问题,日本的立场和使命,也许和其他各国的立场和使命有所不同","日本有决心完成维持东亚和平与秩序的使命";(2)日本反对中国利用其他国家排斥日本;(3)各国对华采取共同行动,"即使在名义上是财政的或技术的援助,必然带有政治意义。……日本在原则上不得不对此表示反对"[①]。"天羽声明"充分暴露了日本试图将欧美国家排除出中国、独霸全中国的野心。谈话一经发表,立即引起各方的不同凡响。美英各国提出责难,质询日本政府究竟态度如何。

南京国民政府既认为此声明会使英美有所警觉,但又怕国际合作因此告吹,日本会更不利于中国,因此不敢对这一声明进行驳斥。在4月19日的外交部声明中,只是表示:中国政府"从无欲中伤任何他国之意,更无扰乱东亚和平之念。……中国与他国之合作,不论其为借款或技术协助,常限于不属政治之事项"[②]。

针对英美等国的质询,日本于4月20日做了说明,坚称日本"是维持东亚和平的唯一基础,负有全部责任",又表示"日本无意侵犯中国的独立和权益",也"无意侵犯第三国的权利",但"反对各国采取任何形式以导致扰乱东

---

① 复旦大学历史系编译:《日本帝国主义对外侵略史料选编(1931—1945)》,第159页。
② 熊志勇、苏浩、陈涛:《中国近现代外交史资料选辑》,第301页。

亚和平和秩序的行动"①。对此,南京国民政府又于4月25日发表第二次声明,表示:"中国的主权与其独立的国格,断不容任何国家以任何借口稍于干预。"责备日本影响中国的"门户开放",但也保证中国与其他国家的经济关系,"本无排除任何国家之意"②。显然,南京国民政府既试图加强与西方国家的关系,又不敢得罪日本。

为了避免刺激日本,导致更大的冲突,南京国民政府进行了一场与日本"亲善"的外交活动。

在《塘沽停战协定》谈判期间,中国就曾经被迫口头承诺取缔排日活动。1934年10月,蒋介石以徐道邻的名字,发表了《敌乎?友乎?——中日关系之检讨》一文,表示"日本终究不能作我们的敌人,我们中国亦究竟须有与日本携手之必要"③。随后他又多次表示中日之间应"相互提携"。1935年1月,日本外相广田弘毅发表演说,表示要实行"日中亲善、经济提携"的对华方针,蒋介石对此表示赞同。

南京国民政府更是以具体行动来证明要"中日亲善"。1934年5月,南京国民政府与日本达成华北与伪"满洲国"的通车协议,7月1日正式通车。同时,南京政府与伪"满洲国"达成海关协议,允许其在山海关和长城各口设立海关。1935年1月,南京政府又与伪"满洲国"通邮。为了进一步表示对日"亲善",南京国民政府取消了抵制日货法令,禁止排日活动。5月17日,中日两国同时发表公报,宣布将外交使节升格为大使,双方首任大使分别为有吉明和蒋作宾。6月,南京政府正式颁布"敦睦邻邦令",禁止中国人民发表反对日本侵略的言论、组织抗日团体。

南京国民政府试图以这些行动缓和与日本的矛盾,这时的中日关系也确实在短期内出现了比较平静的局面。但这种做法本身是违背国家根本利益的,激起了中国国内民众的强烈反对。日本也并没有因此减缓对华侵略的步伐,中国面临着更大的民族危机。

3. "华北事变"时的中日交涉

1935年1月22日,日方借口中国军队与伪满自卫团发生冲突,出动大批

---

① 复旦大学历史系编译:《日本帝国主义对外侵略史料选编(1931—1945)》,第160页。
② 复旦大学历史系中国近代史教研组编:《中国近代对外关系史资料选辑(1840—1949)》下卷第一分册,第264—265页。
③ 秦孝仪主编:《中华民国重要史料初编——对日抗战时期》绪编(三),台北:国民党党史委员会1981年版,第614页。

日伪军,向热河与察哈尔交界地区发动进攻,从而挑起了所谓"华北事变"。5月,日本借口天津日本租界两个汉奸被暗杀,以及所谓遵化县当局庇护并援助抗日武装两件事均违反了《塘沽停战协定》,调动日军入关,以武力威胁,随后日军多次与时任北平军分会代理委员长的何应钦交涉。5月29日,日本方面就两个事件向中国提出两点警告,同时提出国民党党部和中国部分军队撤出华北、罢免相关官员等五项要求。6月初,南京政府基本落实了日军的这些要求,然而,6月9日,日方再次提出四项要求,要求完全取消河北省内一切党部、中央军离开河北、全国禁止排日等。6月10日,何应钦表示口头答应这些要求,但日本继续催促中方用书面形式答复。6月11日,日本中国驻屯军司令官梅津美治郎给何应钦送来一份备忘录,备忘录首先确认了之前的九项要求:(1)罢免河北省政府主席于学忠等;(2)罢免暗杀事件和援助抗日武装事件中的相关责任人;(3)撤走宪兵第三团;(4)解散军分会政治训练处及北平军事杂志社;(5)取缔影响中日关系的蓝衣社、复兴社等秘密机关;(6)撤出河北省内一切党部;(7)第五十一军撤出河北;(8)第二十五师撤出河北;(9)禁止一切排日活动。此外,备忘录还增加了三项条件:(1)中国应尽快满足日本的各项要求,此外影响中日关系紧张的团体组织概不准进入河北;(2)任命省市官员时应尊重日本的愿望;(3)日本可监督以上各条的实施。7月6日,在得到行政院长汪精卫的同意后,何应钦复函梅津美治郎,表示接受备忘录中的内容。这样,再次对日妥协退让的《何梅协定》即告形成。

日本帝国主义在侵略华北的同时,又向察哈尔省进行扩张。1935年6月5日,关东军四名特务机关人员潜入察哈尔境内绘制地图,在张北县被中国第二十九军扣留,不久释放。日军随即将这件事渲染为"张北事件",以此为借口向察哈尔省境调集军队,称四名军人受到恐吓,向察哈尔省政府提出惩办事件责任人、二十九军后撤等要求,希望借此事在华北攫取更多的利益。6月18日,南京国民政府将二十九军军长、察哈尔省主席宋哲元免职,由二十九军副军长、察哈尔省民政厅长秦纯德代理省主席。6月23日,秦德纯与日方代表、奉天特务机关长土肥原贤二在北平谈判。关东军为配合此次谈判,调集兵力在长城一线进行实弹演习。在关东军的威胁下,南京政府再次妥协退让。27日,中日双方以换文的形式达成协议,主要内容为:(1)二十九军撤出昌平、延庆长城一线以东,以及独石口至张家口一线以北地区;(2)解散排日机构;(3)中方对此次事件表示遗憾,处罚责任人;(4)承认并协助"日满的对蒙工作"。此即《秦土协定》,日本由此控制了察哈尔省的北部地区。

《何梅协定》和《秦土协定》的达成,使得河北和察哈尔两省实际处于日本的控制之下,从而便利了日本下一步策划华北"自治"的行动。同时,这两个协定也使得国民党在华北的势力受到巨大打击,从而逐渐激化了南京国民政府与日本的矛盾。

第四节　内外压力下对日政策的转变

日本在华北扩张的目的是要将整个华北从南京政府的控制中分离出去,对于这样的结果,南京国民政府显然是无法接受的。在日本的步步进逼下,国民政府开始改变一味妥协的对日政策。

1. 抵制日本发动"华北自治"

《何梅协定》和《秦土协定》形成后,日本还不满意,企图完全控制冀、察、绥、晋、鲁五省。为此,日本策动了所谓"华北五省自治运动"和"内蒙自治运动"。

1935年9月,日本新任中国驻屯军司令官多田骏少将发表谈话,提出日军对华北的三点态度:(1)把反满抗日分子彻底地驱逐出华北;(2)华北经济圈独立;(3)通过华北五省的军事合作,防止赤化。而为了达到这个目的,就必须改变和建立华北政治机构。这一谈话充分反映了日本试图最终使华北独立,建成第二个"满洲国"。

10月29日,日本方面向河北省主席商震、平津卫戍司令宋哲元提出要求:撤销军事委员会北平分会、北平市长免职、取缔一切排日机关。面对日本的压力,南京国民政府曾以撤换北平市长及撤销军分会属中国内政为理由而拒绝,日方便表示:"我军唯有立即以自由行动,谋其实现。"北平市长只得于11月3日自动辞职,11月26日,北平军分会也被撤销。11月11日,土肥原到北平,要求宋哲元必须在11月20日前宣布华北自治,否则日军将采取行动。日方还派出军舰驶到大沽,派飞机在华北上空盘旋,以武力相威胁。然而,由于日本内部意见不一,至11月20日,日军并未采取武力。

11月23日,日本鼓动滦榆区行政督察专员殷汝耕在通县实行"自治",成立"冀东防共自治委员会"。12月25日,又指令殷汝耕组成伪"冀东防共自治政府",宣布脱离南京政府,改挂五色旗。

日本策动的这些分离活动,严重危及了南京国民政府的统治。南京国民政府的对日态度开始转为强硬。当日本向商震和宋哲元施加压力提出要求时,蒋介石表明了对二人的支持,促使他们拒绝了日本的无理要求。蒋介石还于 11 月 20 日会见日本驻华大使有吉明,明确不同意华北"自治"的态度。11 月 26 日,南京国民政府对宣布"自治"的殷汝耕发布通缉令,表明南京国民政府不承认任何由日本扶持起来的伪组织。同时,行政院决定:撤销军事委员会北平分会,特派何应钦为行政院驻北平办事长官。何应钦遂于 11 月 30 日北上。

日本对于何应钦北上采取抵制态度。在此情况下,12 月 7 日,中央政治会议通过了处理华北的四项原则:(1) 如可能,何应钦就任行政院驻北平办事长官,否则设立冀察政务委员会;(2) 冀察政务委员会委员应由中央委任,宋哲元为委员长;(3) 冀察一切内政、外交、军事与财政不得越出中央法令范围之外;(4) 绝对避免自治名义及独立状态。12 月 18 日,冀察政务委员会正式成立,宋哲元为委员长。这是南京政府对日明里妥协、暗中对抗的产物,它隶属于南京国民政府,但也具有较大的自主性。政务委员会的设立使得日本方面的"自治"计划丧失了根据,其阴谋也只能暂时搁置。

日本在华北地区进行扩张的同时还将内蒙古视为其侵略目标之一,策动"内蒙自治运动"。1935 年 7 月,日本关东军制定了《对内蒙措施要领》,决定要使内蒙脱离中国中央政府而独立。1936 年 2 月 12 日,在日本策划下,伪"蒙古军总司令部"成立,原锡林郭勒盟副盟长德王任总司令。5 月 12 日,伪"蒙古军政府"在化德成立,原乌兰察布盟盟长云王任主席,德王任总裁。继而在关东军安排下,伪"蒙古军政府"与伪"满洲国"缔结"共同防共军事同盟、互派代表、经济提携"的"蒙满协定";又与伪"冀东防共自治政府"缔结了"政治上共同防共,经济上互相支援"的"蒙冀协定"。

2. 关于"广田三原则"的交涉

在日本加快对华侵略的步伐之际,南京国民政府试图在外交上做出努力,牵制日本军方在中国的行动。1935 年 7 月 28 日,蒋介石会见回国述职的驻日大使蒋作宾,要他向日本传话:"只有强者事弱,然后乃有真正之同盟;无威胁而成之同盟。"9 月 7 日,蒋作宾向日本外相广田弘毅提出了调整中日邦交的三项基本原则:(1) 两国彼此尊重对方在国际法上的完全独立,日本应取消在华的一切不平等条约,军队和军舰非经对方许可,不得在对方的领土和领海驻屯通过或停泊,互相享有及遵守独立国家在国际法上所规定的一切权利与义务;(2) 两国彼此维持真正的友谊,凡非友谊行为,如破坏统一、扰乱治安或诽谤诬蔑等,不得施于对方;(3) 中日邦交恢复正常轨道,今后一切事件与问题,均须用和平外交手段解决;凡非外交机关的行为或其任意采取的压迫手段,应立即停止。

广田表示需要对此进行研究后方可答复。10月4日,日本外、陆、海三相达成谅解,制定了处理对华问题三原则:(1)"使中国方面彻底取缔排日的言论和行动,摆脱依靠欧美的政策","采用对日亲善政策,……使其与帝国进行合作";(2)"虽然最后必须使中国正式承认满洲国,但在目前不仅使中国事实上默认满洲国的独立,停止其反满政策,并且使其至少在与满洲国毗连的华北地区,在经济上和文化上与满洲国进行交往和合作";(3)在与外蒙古接连地区,应使中国与日本合作反共。① 这就是通常所说的"广田三原则"。三原则当时处于保密状态,至1936年初才公布出来。10月7日,广田约见蒋作宾,提出了上述三项原则,要求中方对此进行讨论。

南京政府对"广田三原则"采取了"拖"的办法,既不公开反对,也不无条件接受,而是提出日本根本无法接受的条件与之讨价还价。10月20日,蒋作宾代表中国政府答复广田,对于第一条,"中国本无以夷制夷之意";对于第二条,中国对于东北现状,"决不用和平以外之方法";对于第三条,如日本对中国采取友善态度,则拟与日本协商防止赤化之事。照会同时强调:"除满洲问题外,一切应回复九一八以前之状态。"②11月20日,蒋介石在南京会见日本大使有吉明,表示其本人赞成广田三原则。蒋介石试图以此换取日本放弃策动"华北自治"。

然而,11月25日"冀东防共自治政府"的建立打破了蒋介石的希望,严峻的现实迫使南京政府的态度强硬起来。12月20日,有吉明拜会中国新任外交部长张群,询问对"广田三原则"的态度,并称蒋介石曾表示赞成。张群则回答:中方并未接受"广田三原则",蒋介石的"个人赞成"绝非无条件赞成,只是赞成进行讨论。

中国明确表示未接受三原则,日本则于1936年1月21日由外相广田公开申明了三原则,而且更加重了语气,并声称中方已经表示赞成。对此,南京国民政府外交部于次日即发表声明予以否认,指出广田声称的中国方面已同意三原则,"殊非事实"。3月,新任日本驻华大使有田八郎与张群会谈,要求中国接受"广田三原则"。张群则说明:中国方面不赞同以"广田三原则"作为调整中日关系之基础,表示今后不愿再讨论"广田三原则"。而此时,日本军部对"广田三原则"也表示不满并进行指责。中日之间就"广田三原则"的交

---

① 复旦大学历史系编译:《日本帝国主义对外侵略史料选编(1931—1945)》,第179页。
② 秦孝仪主编:《中华民国重要史料初编——对日抗战时期》绪编(三),第645页。

涉便不了了之。

3. 张群—川越会谈

1936年3月,广田弘毅出任日本内阁总理大臣,加快了侵华步伐。日本不断在华北增兵,为全面侵华战争做准备。8月11日,日本内阁通过了《对中国实施的策略》,决定分三个方面加大侵略力度:其一,对于华北,要实现华北五省自治,使之成为"防共、亲日满的特殊地带","成为实现日满华三国合作互助的基础";其二,对南京政府,要使南京政府聘用日本人担任政治顾问、军事顾问和军事教官等,同时促进经济合作;其三,对于其他地方政权,应使之推行亲日政策。①

而南京国民政府的态度也在发生转变。1936年7月13日,蒋介石在国民党五届二中全会上发表讲话,对"最后关头"做了解释:"……中央对外交所抱的最低限度,就是保持领土、主权的完整。任何国家要来侵扰我们领土、主权,我们绝对不能容忍;我们绝对不订立任何侵害我们领土、主权的协定,并绝对不容忍任何侵害我们领土、主权的事实。再明白些说,假如有人强迫我们欲订承认伪国等损害领土、主权的时候,就是我们不能容忍的时候,就是我们最后牺牲的时候。"但他同时又声明,现在"并未到达和平绝望时期……还有一线的希望"。"我敢说最近外交途径,并未达到最后关头。"②显然,南京国民政府开始考虑设定对日政策的底线。

1936年8月,因日本强行在成都设领事馆而激起四川人民反抗,发生两名日本记者被打死的"成都事件",9月广东又发生了日本商人被杀的"北海事件"。为解决这些事件,从1936年9月15日至12月3日,张群与日本新任驻华大使川越茂先后进行了八轮会谈。日本方面不仅要求解决事件,而且提出华北自治、杜绝一切排日运动、共同防共等要求,中国则要求取消《塘沽协定》和《淞沪协定》,取消冀东伪政府等。双方各持己见,互不相让。12月3日,会谈最终破裂,中日关系更趋紧张。

与此同时,中国国内的抗日救亡运动也出现了一个高潮。1935年12月9日,北平学生举行了声势浩大的示威游行,反对"华北自治",要求停止内战、一致抗日。这次示威游行迅速发展成为全国性的爱国运动。1936年5、6月,上海成立了全国各界救国联合会。中国共产党提出建立民族统一战线,国民

---

① 复旦大学历史系编译:《日本帝国主义对外侵略史料选编(1931—1945)》,第203—206页。
② 熊志勇、苏浩、陈涛:《中国近现代外交史资料选辑》,第307—308页。

党内部要求抗战的呼声也越来越强烈。在这股浪潮之下,1936年12月12日发生了震惊中外的"西安事变"。东北军张学良部和西北军杨虎城部拒绝继续"剿共",在西安扣押蒋介石,进行"兵谏"。在国内外各种因素的共同作用下,在各方努力下,事变最终得到和平解决。蒋介石同意停止内战、共同抗日。1937年2月,国民党召开五届三中全会,表明对内和平统一,对外若"超过忍耐的限度",就要"决然出于抗战"①,从而为抗日统一战线的建立做好了准备。

小　结

"九一八"事变的爆发意味着中国的局部抗战已经开始。然而,由于南京国民政府始终坚持"攘外必先安内",未能积极应对日本的侵略,因此这种抵抗非常有限。从"九一八"事变全卢沟桥事变的这六年中,南京国民政府的对日政策有着非常明显的阶段性。"九一八"事变之后,南京政府不与日本直接交涉,而是将希望寄托于国联和美国。但此时的欧美国家正疲于应付严重的经济危机,以及开始趋于紧张的欧洲局势,未能给予中国更多支持。而日本更是直接以退出国联来摆脱国际社会的束缚。随着日军入侵华北,平津受到威胁,南京政府一方面积极加强与西方国家的关系,以牵制日本、加强自身实力,另一方面也开始与日本交涉;但其对日政策却是不断退让,试图以此换取日本的克制。这一时期的中日关系也由此出现了一种反常的缓和。然而,日本的侵略野心早已不止于华北,在日本的步步紧逼之下,南京国民政府对日态度终于开始转为强硬。而全国抗日救亡浪潮的出现,尤其是"西安事变"的发生,最终促成了停止内战、共同抗日的局面。

思考题

1. "九一八"事变后南京国民政府为什么采取消极对策?
2. 南京国民政府依赖国联制止日本扩张政策失败的原因是什么?
3. 南京国民政府在"九一八"事变后的消极对策造成了怎样的结果?
4. 试析日本侵入华北后南京国民政府对日政策的转变。

---

① 李新主编:《中华民国史》第八卷,中华书局2011年版,第647页。

参考书目

《大本营陆军部》摘译:《日本军国主义侵华资料长编》,四川人民出版社1987年版。

秦孝仪:《中华民国重要史料初编:对日抗战时期》,台北:国民党党史委员会1981年版。

中国社科院中日历史研究中心:《九一八事变与近代中日关系》,社会科学文献出版社2004年版。

第十四章
抗战前期的"苦撑待变"外交

日本侵入东北和华北以来,南京国民政府试图通过外交努力,防止中日全面战争爆发。南京政府做了大量的妥协,仍然无法满足日本的要求。日本对华侵略扩张的最终目的是要控制全中国,称霸亚洲乃至整个世界。在日本的步步紧逼之下,在全国人民抗日的要求下,南京政府走上了抗日的道路。在这种形势下,1937年日本通过"卢沟桥事变",挑起了全面侵华战争。全中国人民同仇敌忾,投入了全面抗战。南京国民政府力图通过外交努力,争取国际社会的支持和援助,但西方列强都陷于欧洲战场,南京政府采取了"苦撑待变"的政策。

第一节 自卫抗战与布鲁塞尔会议

日本在华的侵略要求与中华民族根本利益之间的矛盾是无法调和的,致使中日双方的外交谈判无果而终。对日本来说,政治手段不能迫使中国政府屈服,便要诉诸武力,以便占领整个中国,实现其称霸亚洲的野心。

1. "卢沟桥事变"的交涉与自卫抗战决策

日本在对外扩张过程中,总是制造事端,挑起冲突,再扩大侵略行动。日本为了发动全面侵华战争,又故技重演。1937年7月7日夜,驻北平附近的日本军队借口在卢沟桥附近演习时遭到中国驻军射击并有一名士兵失踪,强行要求进入宛平城搜查。8日,日军向中国驻军发起进攻,遭到顽强抵抗。起初,南京国民政府力求通过谈判把事变降低为一个地方性事件处理。外交部曾向日本驻华大使提出口头抗议,要求日本政府约束军人,不使事态扩大。

蒋介石曾电令宋哲元,一方面要下必死决战之决心,另一方面要争取进行谈判,尽量不要扩大事态。然而,卢沟桥事变后,日本政府决定出兵侵占中国华北。7月11日发表"关于派兵华北的声明",表明了日本已"下了重大决心",进行对中国的全面侵略战争。

"卢沟桥事变"激起中国人民强烈的抗日斗志。7月8日,中共中央通电:指出只有实行全民族抗战,才是中国的出路,号召全国人民、军队和政府团结起来,筑成民族统一战线的坚固长城。7月12日,中华民国政府外交部发言人在声明中公布卢沟桥事变的真相,要求日军立即停止军事行动。7月17日,蒋介石在庐山发表谈话。他说:"卢沟桥事件能否不扩大为中日战争,全系于日本政府的态度;和平希望绝续之关键,全系于日本军队之行动。"他表示"希望由和平的外交方法,求得卢事的解决",并提出四点条件:(1)任何解决,不得侵害中国主权与领土之完整;(2)冀察行政组织,不容任何不合法之改变;(3)中央所派地方官吏,如宋哲元等,不得任人要求撤换;(4)二十九军现在所驻地区,不得受任何约束。最后,蒋介石表示:"希望和平,而不求苟安;准备应战,而决不求战。"但"如果战端一开,那就是地无分南北,年无分老幼,无论何人,皆有守土抗战之责任,皆应抱定牺牲一切之决心"①。7月19日,外交部正式照会日本政府,要求不要扩大事态,表示中方"愿尽各种方法以维持东亚之和平"。

然而,日军不理会中国方面的表示,7月26日占领廊坊东站,并向宋哲元提出最后通牒,限24小时内二十七师撤离北平。7月25日,蒋介石电令宋哲元撤退到保定。尽管蒋介石于7月31日发表《告抗战全军将士书》,表示:"现在既然和平绝望,只有抗战到底,举国一致,不惜牺牲,来和倭寇死拼,以驱逐倭寇,复兴民族。"②但日军在8月初还是占领了北平和天津。

8月9日,日军在上海制造大山事件。日本海军陆战队军官大山勇夫与一名水兵乘车企图闯入虹桥机场,打死阻止他们的机场保安1人。他们两人也被保安队击毙。日本军队以此为借口,于8月13日向中国驻军发起进攻,挑起"八一三事变"。此后,日军开始轰炸上海、杭州和南京。这标志着日本已经发动全面对华侵略战争。

面对日本的侵略行径,8月13日,蒋介石向南京国民政府各部下令,指明中国"进入全面抗战"。14日,蒋介石发表了《自卫抗战声明书》,指出"中国

---

① 熊志勇、苏浩、陈涛:《中国近现代外交史资料选辑》,第310—312页。
② 吴相湘:《第二次中日战争史》上册,第378页。

为日本无止境之侵略所逼迫,兹已不得不实行自卫,抵抗暴力"。声明书历数了日本侵华的罪行,郑重声明:"中国之领土主权,已横受日本之侵略;国际联盟,九国公约,非战公约,已为日本所破坏无余。……中国以责任所在,自应尽其能力,以维护其领土主权及维护上述各种条约之尊严。中国决不放弃领土之任何部分,遇有侵略,惟有实行天赋之自卫权以应之。"①这一声明的发表,预示着中国正式开展全面的抗日战争。11月,南京国民政府迁都重庆,史称重庆国民政府,以示抗战决心。

1938年4月1日,国民党在武汉召开的临时全国代表大会上通过了《抗战建国纲领》,明确地提出抗战的外交方针。其主要内容是:(1)本着独立自主之精神,联合世界同情于我之国家及民族,为世界之和平与正义共同奋斗;(2)对于国际和平机构及保障国际和平之公约,尽力维护,并充实其权威;(3)联合一切反对日本帝国主义侵略之势力制止日本之侵略,树立并保障东亚之永久和平;(4)对于世界各国现存之友谊,当益求增进,以扩大对我之同情;(5)否认及取消日本在中国领土内以武力造成之一切伪政治组织,及其对内对外之行为。这一文件标志着国民党政府在政治上明确做出了进行全面抗战的决策。

这期间,国民政府以弱对强,试图"求和备战",争取了一定的备战时间和国际社会的同情。需要说明的是,中日双方进入全面战争,但两国之间并没有相互正式宣战。原因是,日本试图吞并中国,不需要宣布对华战争;而国民政府处于被动抗战地位,国际上并没有得到西方国家的公开支持,对日宣战只会使自身限于孤立。

2. 争取国联的支持与布鲁塞尔会议

抗日战争初期,南京国民政府在外交上广泛开展活动,尽可能地争取国际社会的同情和支持。而由欧洲列强把持的国际联盟则是国民政府首先争取的对象。1937年7月21—28日,蒋介石连续接见英、美、法、德、苏等国大使,要求各国单独或联合出面调停。他向英国驻华大使许阁森说:"现在局势,只有英美两国努力从中设法,或可变为和缓。"他对美国大使詹森表示:美国是九国公约的发起国,在国际法上和道义上都有协助制止日本行为的义务。7月28日,英国建议与美国一道调停中日纠纷。美国不同意,只表示可由两国驻日大使分别地并且非正式地向东京提出建议。英国外相艾登对日

---

① 熊志勇、苏浩、陈涛:《中国近现代外交史资料选辑》,第312—315页。

本驻英大使提出日本要自我节制，中国的忍耐是有限度的。美国国务卿赫尔于7月16日和8月12日两次发表声明，希望中日两国不要诉诸战争。8月中旬，上海日趋紧张的形势引起英国的高度关切，因为它在华全部投资的72%都在这个地区。它先后与其他列强向中、日两国提出调解建议：双方撤出军队，上海中立化等，但都因日本的拒绝而未能实施。

南京国民政府也曾派出行政院长孔祥熙作为特使与欧美各国秘密交涉，询问它们对中日问题的意见及政策，但各国外交人士的态度暧昧，没有一国采取积极支持中国的态度。因此，孔祥熙感到："当此中日战争开始之际，除我以武力抵抗自求生存外，似不无考虑其他运用途径之必要。"但中国并未中止通过外交途径，争取国际的同情和支持的努力。用孔祥熙的话说就是："除牺牲到底以求最后胜利外，尚须及时运用外交，以壮声势。"①

为此，南京国民政府仍像"九一八"事变时一样，做出更多的努力争取国际联盟的支持。1937年7月30日，中国驻国联首席代表向国联递交了第一份声明书，9月20日又交了一个补充声明。之后，中国代表根据这两次声明书，向国联秘书长递交了一分正式的声明书。声明书中援引国联盟约第十一、十七条，要求国联采取必要的行动。国联理事会怕得罪日本，不愿正式处理中日问题，将中国的提案转交远东咨询委员会审查。

在咨询委员会会议上，中国代表一直要求认定日本的行动属于侵略性质，可是除了苏联代表外，其他各国代表都害怕得罪日本，无人敢响应。10月5日，美国总统罗斯福在芝加哥发表演说，表示"现代世界在技术上和精神上是休戚相关、互为依靠的，任何国家都不可能与世界其余部分的经济和政治动乱完全隔绝开来"，他号召"爱好和平的国家……做出一致的努力去反对违反条约和无视人性的行为"，像对传染病人实行"检疫隔离"一样隔离侵略者。② 这个"隔离演说"发表后，国联会议的气氛才好些。10月6日，国联大会通过由咨询委员会提出的报告，形成了一份关于中日关系的决议。其基本内容是：（1）日本对华的军事行动，违反《九国公约》及《非战公约》；（2）对中国表示精神上之援助，请各会员国个别援助中国，勿采取削弱中国抵抗能力之任何行动。这一决议表明，国联虽然对中国表示了道义上的同情，但对于日本的侵华行动，并不愿采取任何制裁性措施。国联这样做的目的，是企图将责任推给《九国公约》签字国，故在另一议案中，建议召开《九国公约》签字

---

① 吴相湘：《第二次中日战争史》上册，第415页。
② 熊志勇：《中国与美国——迈向新世纪的回顾》，第141—142页。

国及其他在远东有特殊利益国家的国际会议,以便协商恢复中日之间的和平。

中国驻国联代表仍继续努力进行活动,数次提出议案,要求国联按盟约十六、十七条对日本施行经济制裁。[①] 国联仅于1938年2月5日通过议案对中国表示同情。9月30日,国联又通过议案,提出各会员国可个别采取盟约第十六条规定的办法。

在中国代表的努力下,由英法所控制的国联通过了道义上支持中国的议案。由于有关国家都没有承诺要采取的措施,国联决议没有给中国带来实际的支持。但这些决议在国际上明确了中国反抗侵略的正义性,表明了国际社会的同情,还是有意义的。

对于国联决议召开的《九国公约》签字国国际会议,美国因害怕得罪日本,不愿意担任东道国。尽管罗斯福发表了"隔离演说",但他第二天就对记者声明美国无意对日本实行制裁。由于英、法、荷等国也都不愿担任东道国,经多方协商,只得由欧洲小国比利时政府出面召集这次会议。比利时政府在英美的赞同下,向《九国公约》签字国和与远东有密切关系的国家发出邀请,在布鲁塞尔举行国际会议讨论远东问题。日本以问题须由中日两国解决、他国无权干涉为借口拒绝与会,德国亦附和日本而不愿参加。德国还声称,如果日本不与会,会议的决议就是单方面的裁决,这不公平,也无助于问题的解决。最终与会的国家有除日德之外的《九国公约》签字国及澳大利亚、加拿大、印度、新西兰、南非联邦、玻利维亚、墨西哥、丹麦、瑞典、挪威、苏联共19国。中国参加会议的代表是顾维钧、郭泰祺、钱泰、金问泗、胡世泽等人。会前,中国驻西方强国的使节积极进行活动,探寻各国政府对会议的态度。结果却令中国代表大为失望,列强态度显得非常消极。鉴于此,南京国民政府外交部根据当时的形势及各国的态度,谨慎地制定了参加会议的基本方针。10月24日,外交部长王宠惠电示中国代表团:(1)依照目前形势,会议无成功希望;(2)对各国态度须极度和缓,对德意两国亦须和缓周旋;(3)我方应使各国认识会议失败责任,应由日本担负。切不可因中国态度之强硬,而令各国责备中国;(4)上海问题应与中日整个问题同时解决;(5)我方应付会议之目的,在使各国于会议失败后,对日采取制裁办法;(6)应竭力设法促使英美赞成并鼓励苏联以武力对日。

[①] 《国联盟约》第十六条规定:签字国对侵略国应立即断绝各种商业上财政上的关系,禁止人民与之来往。第十七条规定:会员国与非会员国的争议或会员国受非会员国侵略时,适用前述条款规定。

布鲁塞尔会议于 1937 年 11 月 3 日召开。在第一次会议上，顾维钧发言四十分钟，讲辞坚定，论证详尽而有说服力，逐一驳斥日本侵华的种种借口，表达了中国为争取公正的和平而战斗到底的决心。最后他表示欢迎各国调停。会后，中国代表听从美国的劝告，退出了会议，以便邀请日本来参加会议，但日本仍拒之。

11 月 13 日，中国代表顾维钧再次发言，对会议毫无进展和日本不参加会议的态度表示失望。他提出："诸位能否决心停止对日本提供战争的物资及信贷，转而向中国进行援助？这是各国为完成制止日本侵略和履行捍卫本公约的义务的最温和的方式。"他还说明："中国人不是要求各签字国为我们打仗，但需要物资上的援助，以便使我们得以继续进行有效的抵抗。"但这个要求没有得到积极的响应。法国当时不允许中国物资从印度支那过境，法国代表说除非得到英美对法国的保证才能允许过境。美国代表说，要美国提供保证，即使是口头的保证也是绝对不可能的。由于美国当时实行"中立政策"，不可能给中国提供有效的援助。英国代表表示对贷款一事可以考虑，但在作战物资、武器和军火供应方面则坚持拒绝。会议还就日本拒绝与会一事进行了讨论，但并未做出结论。

在中国代表的要求下，会议于 15 日通过了一项声明，表示对日本坚决拒绝与各国共同讨论解决办法一事"殊难理解"，指出中日争端非仅与两国有关，且与《九国公约》签字国、巴黎《非战公约》签字国有关联，建议"在布鲁塞尔的与会各国必须考虑，在此局势之下他们的共同态度"。对于这项声明，尽管中方以加强中意经济合作来劝说，意大利代表还是投票反对。中国代表团随后发表了演说，并提供了书面文件，说明日本经济不能脱离外界独立，建议各国采取措施进行制裁。但这个建议未被会议接受。

在 11 月 24 日最后一次会议上，顾维钧对会议拒绝讨论实际措施表示遗憾，并希望会议的休会只是暂时性的，复会后进一步探讨和平解决的办法。会议最后通过了《九国公约会议报告书》，其内容空洞无物，仅强调《九国公约》的原则是国际和平所必需的，称远东冲突是与所有国家有关的事件，"深信远东战事的迅速停止不仅对中日两国，而且对所有国家有利"，建议中日双方"停止敌对行动，求助于和平程序"。它还宣告会议从此"休会"。[①]

令人遗憾的是，会议的结果不仅对日本的侵略未采取任何制裁措施，甚至连字面上的谴责都没有。南京国民政府通过外交努力寻求西方列强的援

[①] 石源华：《中华民国外交史》，第 511—514 页。

助和制裁日本的目的,完全没有达到。

第二节 争取欧洲列强的活动

随着在华侵略扩张的加剧,日本与在半殖民地中国保有传统的侵略势力的西方列强必然产生矛盾。国民政府试图密切与欧洲大国的关系,利用日本与德国、法国和英国等欧洲国家间的利益差异,争取利用它们牵制日本的侵略行径。在中国保有传统殖民利益的欧洲列强曾一度保持同情中国的态度,但在日本的压力下,转而采取损害中国抗战地位的行为。

1. 陶德曼调停

抗战初期,日本帝国主义想以武力和政治并用的策略,一方面向中国进行大规模的武装进攻,一方面企图用外交的手段诱使蒋介石屈服。1937年10月,日本试图邀约与之订有"防共协定"的德国做居间人,与南京国民政府联系,斡旋调停。

10月29日,德国驻华大使陶德曼求见南京国民政府外交部次长陈介,声称:"与日本争取解决的时机,现在已经到了。我们愿意做联系的途径。"11月5日,陶德曼在汪精卫的陪同下,会见了蒋介石,转达了日本政府提出的七项议和条件,其主要内容为:(1)内蒙自治;(2)在华北建立一非军事区,任命亲日长官;(3)扩大上海非军事区,由国际警察管制;(4)修改学校教科书;(5)共同反共;(6)减低对日关税;(7)尊重在华外侨权利。

12月2日,蒋介石在南京会见陶德曼,提出中国的意见:(1)中国接受日本的要求作为和平谈判的基础;(2)华北的主权完整和行政独立不受侵犯;(3)在和平谈判中,自始即由德国任中介人;(4)和谈中不得涉及中国与第三国之间的协约等。蒋介石特别强调说:"假如日本不愿意恢复战前状态,中国政府不能接受日本的任何要求。"[①]他还补充说明,如果他接受这些要求,中国政府是会被舆论的浪潮冲倒的。对于双方提出的条件,德方几经交涉,未获结果。日本占领南京后,在12月22日,狂妄的日本政府进一步提出了更苛刻的条件:(1)中国应抛弃亲共政策及反日反满政策,并与日本与满洲国合作;(2)日、中、满缔结密切的经济合作协定;(3)设立非武装区域,并在必要区域

---

① 复旦大学历史系中国近代史教研组:《中国近代对外关系史资料选辑(1840—1949)》下卷第二分册,上海人民出版社1977年版,第41页。

内成立特殊政权;(4)中国对日本做必要的赔偿。对此中国政府做出不置可否的答复。孔祥熙接到日方所提出的要求,表示这些条件没有人敢接受,因其责任过于重大。

1938年1月1日,陶德曼又将日本的具体条款内容,包括承认满洲国,以非正式的方式转达给中国外长王宠惠。1月12日,王宠惠向陶德曼表示,要求日方将详细办法正式通知中方。1月15日,由行政院长孔祥熙出面,再次要陶德曼向东京请求谅解。他说,中国"希望知道日本所提出'基本条件'的性质和内容,因为我们愿意尽每一分努力来寻求恢复两国之间的和平迹象"①。

然而,日本方面以为重庆国民政府是在敷衍。由于外交不能引诱蒋介石屈服,和谈阴谋未能得逞,日本政府感到很恼火。随着其武装侵略的进展,近卫内阁发表了一个声明,内称中国政府不接受日本所给的"最后重新考虑的机会",故宣布:"帝国政府今后不以国民政府为对手,而期望真能与帝国合作的中国新政权的建立与发展。"②1938年1月17日,日本政府告知德国方面,停止对中国方面的调停。因此,陶德曼调停便以无任何结果而告终。1月20日,中国驻日本大使奉命回国。28日,日本大使也离任回国。从此,中日之间再无正式的外交联系。

2. 中法就援华物资过境越南的交涉

抗战开始不久,日军即封锁中国东南沿海港湾,国民政府试图通过外交努力,保证其通过法国控制的国际运输线,获取抗战物资。国民政府曾积极与在越南处于殖民统治地位的法国进行交涉,力图利用滇越铁路的国际通道运入军火与物资,并力争保住这条国际通道的运输。然而法方以"牵涉中立问题",恐怕"引起对日纠纷","不能不从长考虑"相敷衍。1937年10月,当大批苏联军用物资拟借道越南转运中国之际,法政府却决定禁止军火过境越南。直到1939年1月驻苏大使杨杰到法交涉,法方才允诺对越南边境运输允予便利,军火各货抵海防之后,视同法货,由军队代运。

1939年9月,欧战爆发后,法国因无力兼顾远东,对日态度更趋妥协,再次向中国表示不准通过越南国境运输。经中方交涉,最后同意恢复秘密通融

---

① 复旦大学历史系中国近代史教研组:《中国近代对外关系史资料选辑(1840—1949)》下卷第二分册,第50页。
② 同上书,第92页。

之法。1940年6月，法国战败投降，日本乘机压迫法国让步。6月17日，日本迫使法国驻印支总督下令禁止军火、武器、卡车和汽油经由越南运往中国。7月5日，法印支总督接受日方要求，停止通过越南国境运输中国货物。10月23日法越当局继而宣布扣押在越南的所有中国官商货物。这样，中国通过越南进行军火和后勤补给运输的通道被掐断了。

3. 反对英国对日妥协

英国是最早侵略中国的国家，在中国的华北一直保留着很深的利益。但自私自利的英国为了避免与日本公开对立，拒绝制裁发动侵略战争的日本，甚至不惜损害中国的利益，完全不顾国民政府的外交交涉，与日本达成了一系列妥协协议。

1938年5月2日，英日订立《关于中国海关之协定》，将沦陷地海关税收交日本正金银行存储，使中国海关成为日本敛财的代理人。5月6日，中国政府向英国提出强烈抗议，声明不受该协议约束，保留中国在海关问题上的充分权利和自由。然而，到1939年中期，由于欧洲战云密布，形势危急，英国企图在远东讨好日本，以解其后顾之忧，开始与日本进行一笔牺牲中国求得与日本妥协的交易。这年6月，日本为打击英国在远东的利益及威信，迫使英国承认"东亚新秩序"，于6月14日找借口封锁了天津的英国租界。英首相张伯伦令驻日本大使克莱琪与日本交涉。日方骄横，要求将交涉范围扩大，谈判英国的对华政策。7月24日，日外相有田和英大使克莱琪达成了一个协议，英国承认当时中国的实际局势，承认日本军队可在中国镇压或消灭妨碍日军或有利于日军敌人的一切行动；英国无意赞助阻碍日军的上述行动和措施，在华英国人也不得采取此类行动和措施。这一协定承认了日本以暴力侵略中国所造成的实际局面，出卖了中国的利益。国民政府对这一协定非常不满。7月27日，外交部驻美大使馆的电报称："英日会谈中，英方发表之声明特令我方失望。"驻英大使郭泰祺在给驻美大使电报中也称："英日妥协最为我方顾虑。"①

然而，英国对日妥协的步伐并没有停止。1940年初，日本要求与英国一起监督封存南京国民政府币制改革遗留下来的存于天津英租界之银锭。尽管国民政府尽力劝阻英国，6月19日，英日两国还是在东京达成《天津英租界

---

① 中国社会科学院近代史研究所中华民国史组编：《中华民国史资料丛稿》专题资料选辑第三辑"胡适任驻美大使期间往来电稿"，中华书局1978年版，第23页。

问题协定》,名义上由两国共同封存这些资金,实际上日本可以加以使用。英国的行径再次损害了中国的抗战地位。

令人遗憾的是,英国变本加厉地向日本做出妥协——关闭滇缅公路。滇缅公路是在滇越铁路关闭后,中国南部仅剩的一条与外部世界联系的通道。日本为了切断中国与外部世界的联系,要求英国关闭这条公路。7月12日,英国方面居然同意日本的要求,准备关闭滇缅公路。这个决定使得中国舆论沸腾。外交部致电驻美大使胡适:"越南运输全停,缅甸一路为我生死关头,应立即进行外交活动。让美国阻止英国的行动。"胡适回外交部电:即竭力向美国陈说滇缅路危机,请其设法挽救。同时,驻英、驻苏中国大使也极力活动,力图阻止英国对日妥协。中国政府外交部于7月16日发表声明,批评英国此种举动"既不友谊,且属违法","无异帮助中国之敌人"。[①] 然而,英国不顾中国的声明,于7月18日起封闭滇缅公路3个月,禁止武器、弹药及铁路材料通过缅甸运送。

英国当时之所以这样做,是因为欧洲形势紧急,它想与日本实现妥协,防止自身被卷入远东事务中。这种只顾保障自己眼前利益,而不惜损害中国的抗日事业的做法是极其恶劣的。

4. 争取德意两国中立

中日战争开始后,国民政府希望尽可能得到国际社会的同情和支持,力图对德意采取中立政策。而德国和意大利两国在中国和日本之间保持中立,与中国仍然维持着正常的国家间关系。

事实上,抗战前期的德国在中日之间保持着一种中立的态度,甚至还与南京国民政府维持着某种程度的军事合作关系。日本曾向德国提出抗议,德方则表示日本在华北的行动影响德在华利益,以前所签《日德防共协定》是反苏而非反华。鉴于此,国民政府试图争取德国继续保持与中国的合作关系。而留住德国军事顾问团、继续发展中德军火贸易成为重要的外交任务。经过积极的外交努力,这项政策获得一定成效,1937年德国运送中国的作战物资总值达8278.86万马克,其中包括枪、炮、坦克、飞机、战车等,德国顾问仍继续活跃在中国抗日战场上。1938年2月,希特勒对德国政府进行了大清洗,比较亲华的官员均被撤换。20日,希特勒宣布承认"满洲国"。南京国民政府提出抗议。5月13日,德国又下令召回全体在华德国军事顾问。中德关系虽然

---

① 熊志勇、苏浩、陈涛:《中国近现代外交史资料选辑》,第323页。

因此陷于冷淡,但双方仍暗中保持着军事关系。1938年下半年,中德关系又有所回升,以致10月4日两国代表在重庆签订《货物互换及贷款合同》,中国通过提供矿产等原料,换取德国贷款,以获取军火。国民政府甚至还于1939—1940年期间试图寻求德国在中日之间调解联络。直至苏德战争爆发后,德国于1941年7月宣布承认汪伪政权,国民政府才正式断绝与德国的关系。

意大利因侵略阿比西尼亚,中意关系冷淡。中国代表曾劝意方不与日本一起反华,保持中立。布鲁塞尔会议上,意大利明显偏袒日本。1937年11月29日,意大利承认伪满州国,但仍继续对华进行军火贸易。1941年7月1日,德意两国承认汪伪政权,重庆国民政府遂与之断交。

第三节 联苏合美的外交努力

在争取欧洲列强支持的同时,南京国民政府也向苏联和美国求援。这两个国家都与日本有着尖锐的矛盾。日本控制中国东北直接损害了苏联在这个地区的传统利益,而且也构成了对苏联领土的威胁。日本在中国的扩张破坏了美国所主张的门户开放政策。

1. 联苏外交的展开

抗战初期,南京国民政府没有得到西方大国任何的实际援助,外交上很孤立。为了打破这种局面,蒋介石把他一贯的反苏政策放在一边,宁愿捐弃前嫌,加强与对中国抗战表示同情的苏联的关系。苏联看到中日战争爆发后,日军进展很快,担心日本一旦在中国获得成功,就会掉转枪口,向它发动攻击。为了防止这种情况发生,苏联政府决定帮助中国抗日,把日本陷在中国,不能北上攻苏。这样,中苏两国在抗击日本对华侵略的问题上具有了共同利益。

抗日战争爆发后刚一个多月,1937年8月21日,中国和苏联便签订了《中苏互不侵犯条约》。中国方面是外交部长王宠惠,苏联方面由驻华大使鲍格莫洛夫在南京签字。条约的主要内容是:(1)双方声明,斥责以战争为解决国际纠纷之方法,否认国家间以战争为施行国家政策之工具;(2)双方约定不得单独或联合其他一国或多数国对于彼此为任何侵略;(3)对方遭受第三国侵略时,缔约国对该侵略国不得直接或间接予以任何协助,并不得有任何行动或签订协定,以利于侵略国用以施行不利于受侵略的缔约国;(4)本条约不得对两国以前所订立双边或单边条约发生影响。这一条约虽只是互不侵犯的双边条约，但在日本对中国发动大规模进攻之时，中苏两国联手签约，起到了支持中国人民进行抗战的积极作用。

日本对这一条约很不满意。日本外相广田于9月1日对美国大使格鲁说："苏联和中国在最近几年中任何时候都可订这类条约。而竟然选在这样特殊的时刻和形势下来缔结，这对于他实属不幸。"在另一次谈话中，他还告诉格鲁，这个条约使中日和解更加困难。显然这一条约给日本的侵华进程造成了压力。

苏联既用条约的形式给予中国以道义上的支持，也在其他国际场合站在中国一边。在国联会议和布鲁塞尔会议上都明确地表示同情中国，给予外交支持，而且苏联还应南京国民政府的要求，对中国提供了大量的财政和军事援助。

《中苏互不侵犯条约》签订后，苏联为了支援中国急迫需要的飞机，决定自1937年9月15日起，每隔10天运来一个大队飞机到中国。当这些苏联飞机出现在中国上空时，日本空军的气焰立即受到严重打击。1938年3月1日，中苏两国在莫斯科签订了《关于使用五千万美元贷款之协定》。这笔贷款年息3分，5年为期。苏联把中国急需的飞机、火炮、坦克、汽车、机枪、弹药、燃料等军用物资折为贷款，经新疆运往中国。这是中国自从抗战爆发后，第一次从国外获得了一笔贷款。之后还不到半年，1938年7月1日，苏联又向中国贷款5000万美元，款项及贷款条件与第一次合同相同。1939年6月13日，中国特使孙科与苏联对外贸易部长米高扬又签订了1.5亿美元的贷款协定，用以购买苏联工业品及设备，中方以苏方规定的商品及矿产原料偿还贷款及利息。6月16日，双方又签订了通商条约，规定双方在关税上实行最惠国待遇，船舶在对方商港及领水的最惠国待遇及紧急停靠权等。在当时中国政府缺少外援，财政日益困难的情况下，这些资金给予中国的抗战以很大支持。苏联还采取了其他措施来支持中国的抗战。1937年底，苏联曾派朱可夫将军来中国考察，后任命崔可夫将军为中国军事顾问。苏联帮助中国建立了空军轰炸机队和歼击机队，截止到1939年秋，苏联向中国提供了1000架飞机，并有2000多名驾驶员的"航空志愿队"来华参战。航空志愿队中不少人献出了生命。1941年初，苏联再次向中国提供200架飞机，还派来军事顾问和工程技术人员500多人。显然，在西方列强因避免与日本发生冲突而拒绝直接帮助中国的情况下，苏联是当时唯一公开给予中国直接军事援助的国家。

抗战前半期，苏联对中国的援助对中国坚持抗战起到了积极的作用。蒋介石对从苏联获得的物资援助曾致电斯大林，表示感谢。但他还试图争取与苏联结成政治同盟,伺机拉苏联参战,以便共同联合打击日本。1938年初,孙科向斯大林转达了蒋介石请求苏联出兵中国参加对日作战的建议,斯大林未做明确答复,但表示苏将以物资援助中国。10月1日,蒋介石致电在苏联的南京国民政府副外长杨杰:如果国联做出决议的话,那么苏联应实行对我国抗战之诺言,"则苏联即可出兵","宜在远东予以侵略者之日本教训",并要求中苏订立互助协定。① 可是,这一步苏联是不愿意走的,苏联援华的目的就是为避免日苏战争。苏外交部长李维诺夫让杨杰转告蒋介石:"苏联以一国力量除本以往一贯之精神,在物质上竭力继续援助外,未便遽有个别行动。"即表示苏联不愿单独与日本对抗。对蒋介石所提出的两国订立互助协定的要求,只说要进行"考虑"。②

日本曾对苏联向中国提供援助提出了强烈抗议。苏联政府于1938年4月5日反驳说,苏联出售包括飞机在内的军火给中国,完全符合国际法的准则。日本还在中苏边境挑起事端,1938年7月底8月初发生了"张鼓峰事件"。张鼓峰是哈桑湖与图们江之间的一个小山。日本企图攻占受苏联控制的张鼓峰东坡,遭到苏军的坚决回击。

由于苏联对华援助是从自身的国家利益考虑的,所以1939年8月《苏德互不侵犯条约》签订后,由于德日两国的关系,日本减少对苏联的威胁,苏日冲突停止。苏联对中国的物资援助也就逐渐减少。1940年12月中国大使邵力子与米高扬谈判援华时,苏联便不愿再给中国新贷款,而是要求中国"以美款购俄械"。

尽管有苏德条约,德国法西斯对苏联的威胁依然越来越大。在这种情况下,苏联为了避免两线作战,1941年初又接受日本的请求进行条约谈判。中国方面发觉这个问题后,多次询问苏联方面有关情况,但苏联方面一直隐瞒。4月11日,国民政府对苏联驻华大使指出:"切盼苏联慎重,有以克服日本之欺骗外交。"③但4月13日,苏联就与日本签订了《苏日中立条约》。双方声明:"苏联保证尊重满洲国的领土完整和不可侵犯,日本保证尊重蒙古人民共和国的领土完整和不可侵犯。"④对中国而言,《苏日中立条约》的实质是在中

---

① 熊志勇、苏浩、陈涛:《中国近现代外交史资料选辑》,第319页。
② 中国第二历史档案馆编:《中华民国史档案资料汇编》第五辑第二编"外交",江苏古籍出版社1997年版,第217—218页。
③ 秦孝仪主编:《中华民国重要史料初编——对日抗战时期》第三编"战时外交"(二),台北:国民党党史委员会1981年版,第389页。
④ 世界知识出版社编:《国际条约集(1934—1944)》,世界知识出版社1961年版,第304页。

国抗日战争空前艰难的形势下,苏联以承认伪"满洲国"换取了日本承认"蒙古人民共和国",这不仅粗暴地侵犯了中国的领土主权,同时使日本在中国的侵略活动可以放开手脚,无所顾忌。因此,南京政府于 14 日发表声明指出:"东北四省及外蒙为中华民国之一部,""中国政府与人民对于第三国间所为妨害中国领土与行政完整之任何约定,决不能承认,并郑重声明:苏日两国公布之共同宣言,对于中国绝对无效。"①《苏日中立条约》签订后,苏联对华援助便基本上停止了。为了避免被日本所利用,国民政府没有采取其他反对措施,但中苏关系从此逐渐趋于冷淡。

2. 依托美国的外交活动

南京国民政府一直将美国视为其对外关系的依托,因为美国是最有实力的国家。全面抗战初期,国民政府对美政策的重点是在争取美国援助和劝阻美日贸易两个方面。

然而,美国对华政策却不如中国所愿。在布鲁塞尔会议上,美国不愿采取任何制裁日本、援助中国的措施,这使蒋介石感到非常失望。美国持这种态度的原因是:(1) 美国不愿与日本在远东发生冲突;(2) 美国与日本有较大的经济关系;(3) 美国仍有促使日本北上进攻苏联的幻想。因此,美国采取了一种"中立"的政策。1937 年 7 月 16 日,美国国务卿赫尔发表声明,称美国政府的政策为维护国际和平、国际法和国际条约之尊严等,指出:"正在进行的敌对军事行动或即将发生的敌对军事行动的任何形势都是使或者可能使各国的权利和利益受到严重影响。"他对日本对中国的侵略既未提名,更无指责。② 8 月 27 日,美国驻日本大使格鲁曾向国务卿建议:(1) 避免介入,(2) 保护美国在华利益,(3) 对交战双方维持友谊,保持中立。据此,美国总统罗斯福于 9 月 14 日宣布对中日两国施行"中立法":"美国政府之舰舶……所载之武器弹药及战斗材料,不得向中、日两国输送。"10 月 5 日,罗斯福在芝加哥发表著名的"隔离演说",不指名地指责日本为侵略者,提出应将侵略者隔离起来,批评美国国内孤立主义者目光短浅。然而由于国内孤立主义者的反对,罗斯福从这个立场后退了。12 日,他在一次广播讲话中指出为了解决中国的问题,"我们的宗旨是要同包括中国和日本在内的其他签字国合作"。

---

① 秦孝仪主编:《中华民国重要史料初编——对日抗战时期》第三编"战时外交"(二),台北:国民党党史委员会 1981 年版,第 390 页。

② 陶文钊:《中美关系史:1911—1950》,重庆出版社 1993 年版,第 176 页。

美国这种既不愿得罪日本,又与中国维持友谊的"中立政策",几乎一直维持到太平洋战争爆发。

1938年1月30日,蒋介石曾直接致函罗斯福总统,内称:鉴于中美友谊,在中国危难之际,"其希望美国之援助,尤属势所必然。……吾人急迫之愿望,则美国即于此时在经济上及物资上予中国以援助,俾得继续抵抗"①。可是,美国政府并没有积极回应蒋介石的请求。1938年10月1日,外交部致电尚未到任的新任驻美大使胡适,阐明了政府对美方针:(1)要求美国影响英国,使其不与日本妥协,并进而谋求中、美、英在亚洲合作抗日;(2)促请美国修正中立法,区别侵略者与被侵略者,对日本实行远距离封锁、进行隔离;(3)争取美国财政援华。显然,国民政府从宏观战略框架到具体对美工作,有了较为全面的政策安排。

1938年9月,为了在美国寻求财政援助,南京国民政府派财政部委员陈光甫到美国,在美国成立"复兴商业公司",由陈任董事。陈光甫频繁活动于美国政界、商界,揣度对方人士之心理,伺机进言。可见,当时国民政府争取美国援助的工作开展得并不容易。1938年底,由于武汉、广州失守,国民政府危如累卵,美国政府为了避免国民政府垮台,才同意给予小笔经济援助。12月30日,中美双方在纽约签订了《购售桐油合同》,之后于1939年2月8日形成《桐油借款合约》。美国答应给中国政府2500万美元的信用贷款。国民政府对于从美国获得贷款十分高兴。蒋介石在1938年12月18日致胡适电中道:"借款成功,全国兴奋。从此抗战精神必益坚强,民族前途实利赖之。"胡适则在回电中称:"此款成于我国最倒霉之时,其对于政治,意义明显。"可是,这次贷款后美国又没有什么积极的行动,直到1940年3月,美国才答应第二次贷款。4月20日,中美签订了《华锡借款合约》,金额仅为2000万美元。陈光甫在回国前曾致电蒋介石说:"国际间无慈善事业……今后抗战必须基于自力更生之原则,""我先自助,人方助我。否则,求人之事难若登天。"②10月22日,中美又订立《钨砂借款合约》,美国对华贷款2500万。这些贷款虽然很少,但还是起到稳定国民政府的作用。

国民政府在极力争取美援的同时,也在努力促使美国停止对日贷款,并

---

① 秦孝仪主编:《中华民国重要史料初编——对日抗战时期》第三编"战时外交"(一),台北:国民党党史委员会1981年版,第79页。
② 中国社会科学院近代史研究所中华民国史组编:《中华民国史资料丛稿》专题资料选辑第三辑"胡适任驻美大使期间往来电稿",第5、8、39页。

实现对日本的禁运。1938年初,美国决定不再向日本提供贷款,同时决定从6月起对日本实行"道义禁运",也就是不以立法形式禁止军火出口日本,而由国务卿出面,以人道主义为由劝告军火商不要再向日本出售飞机和军械。至1939年1月,美国各厂商都接受了国务院的劝告,不再向日本提供军火。然而,美国向日本出口的战略物资和原料却在不断增加,日本从中获取大量的战略资源,美国则大赚其钱。

国民政府对美国对日贸易非常担忧,企图通过外交途径,劝美国政府应该采取对日本禁运的政策。1938年10月12日,外交部致驻美大使馆电中即说:"我国正要求各会员国停止把军火售与日本。惟此与美国之合作,关系甚巨。我方切望美国再以切实劝告态度,令各商家停止以军用物品接济日本,尤以钢铁与汽油最关重要,勿令直接或间接输运日本。"然而,中国的劝告完全影响不了美国政策。虽然美国宣布于1939年7月26日废止"美日商约",但美日商业往来仍广泛进行着。9月26日,美国政府要求各有关企业停止出口11种原料,对飞机发动机、石油、燃料、机件、原料及废钢铁等物品采取许可出口制。尽管美国的禁运范围不断扩大,但中国外交部在1940年9月7日致电驻美大使称:美总统布告所列举统制出口物品……此时仍未能予敌重大打击,要求中国外交人员设法策动扩大禁运。12月24日,中国外交部致驻美大使馆电文仍称:"美实施统制,漏洞甚多。以钢轨、旧船、废旧电车及工作机械等虽均在统制之列,而仍可运日。"直到太平洋战争爆发后,美国对日战略物资禁运问题才得以真正解决。

尽管中美两国对阻止日本扩大在东亚的侵略进程有着共同利益,但在美国先欧后亚的战略框架下,中国当时仅只是牵制日本的一个筹码。

第四节 从"苦撑待变"到"积极促变"

进入全面抗战以后,国民政府起初试图采取一种军事与外交相结合的所谓"南北夹击"策略以遏止日本的侵略进程。一方面,它在对日作战过程中建立了平汉、津浦和沪宁三线阻击计划,试图在军事上"全力以赴,务求一胜";另一方面则在外交上采取了南联英美等列强、北结苏联的政策,试图通过它们的调解、援助或制裁日本等方式制止日本的侵略。国民政府把外交工作的重点放在寻求西方列强的支持,但对能够帮助其加强抗战地位的各种有利因素亦不拒绝。为此,因国民政府的反共政策而处于对立状态的苏联成为求援的对象,法西斯德国的调停它亦不拒,甚至对日本提出的"停战问题"也作了考虑。然而,其军事和外交努力的成效并不很大。

1. 实行"苦撑待变"的政策

日本侵略者凭借强大的军事实力,在战场上推进很快,攻占了一系列中国城市。1937年12月13日,日军占领了南京,试图以此迫使中国屈服。日军在南京对中国无辜军民进行了大规模的杀戮。根据1946年南京审判日本战犯军事法庭调查,确认被日军集体屠杀并被毁尸灭迹的有19万多人,被零散屠杀、尸体经过南京慈善团体掩埋的达15万多具,造成了震惊中外的"南京大屠杀"。① 1938年10月,日军占领了武汉和广州。蒋介石三线阻击日军的战略部署未获成功。国民政府军虽在多处对日军展开顽强抵抗,但中国东部领土基本上被日军占领,军事力量受到很大损失。国民政府所控制的大城市仅有西安、重庆、成都、昆明、长沙、洛阳等。然而日本方面由于战线拉得太长,虽然到1939年时投入了85万人(不包括关东军),但还是力量不够,又遭到中国共产党在敌后开展游击战的牵制,使之难以对国统区发动战略攻势。这样,中日战争出现僵持的局面,战争进程转入相持阶段。这一时期国民政府的求援外交亦没有取得多大效果。虽然国联决议对中国表示了同情,但欧美大国未对中国给予实际的援助,苏联的援助也很有限。国民政府在外交上处于无所依托的困境。

日军的"杀人比赛"

---

① 参见《东亚三国的近现代史》共同编写委员会:《东亚三国的近现代史》,社会科学文献出版社2005年版,第131页。早在1948年11月,远东军事法庭就明确指出:"在日军占领后最初六个星期内,南京及其附近被屠杀的平民和俘虏,总数达二十万人以上。"参见《远东国际军事法庭判决书》,张效林译,群众出版社1986年版,第486页。

在这种情况下,蒋介石不得不调整其外交政策,采取了所谓"苦撑待变"①的外交政策。早在1938年5月蒋就让各报纸公开发表了他在1934年7月写的《抵抗外侮与复兴民族》一文,主张"死守死拖,等待国际局势的变化",即苦撑待变之意。他预见到:"不患国际形势不发生变化,而患我国无持久抗战之决心。只要我能抗战到底,则国际形势到底必变。"②1939年1月,国民党第五次中央全会在重庆召开,蒋在开幕词中说:"我们一定要打击侵略,要国际条约恢复效力,要公理正义伸张,尤其要以我们的坚决抗战,证明暴力横行之必败,改移世界全体人类的视听,永保国际的和平。"③蒋介石认为,由于日本严重侵华,最终必然导致美日、英日和苏日之间的冲突,国际形势必将会朝有利于中国的变化发展。据此,蒋介石政府继续争取列强的援助,但目标不是制止日本的侵略,而是等待时机。显然,"苦撑待变"是一种消极被动的选择。

2. 利用变化局势的"积极促变"

抗战初期,重庆国民政府难以在外交上有所突破,中国在国际社会中处于相对孤立无援的境地。国民政府意识到,德意日法西斯国家将会结合起来,挑战英美的强势地位,最终必将形成两大集团的对决。因此,在敌强我弱的战略态势下,国民政府苦苦支撑抗战局面,等待国际局势发生有利的变化。

1940年,中国所面临的局势不断恶化。欧洲战争爆发后,日本加紧对中国政府的分化工作。3月下旬,在日本的诱使下,汪精卫逃离重庆,到南京组建了伪国民政府,自任代理主席兼行政院长。30日,重庆国民政府照会各国驻华使节,声明:"任何非法组织,如现在南京成立者,或中国他处所存在之其他组织,其任何行为,当然完全无效,中国政府与人民绝对不予承认。"④并称任何对伪政权的承认都被认作非友好和破坏国际法和国际条约的行为。当天,美国国务卿赫尔也发表声明,美国继续承认蒋介石领导的国民政府。日本坚持同汪伪政权进行谈判。双方于11月30日签订协议,日本承认汪伪政权。日本在支持汪精卫的同时也试图拉拢蒋介石。日本通过不同渠道与重

---

① "苦撑待变"这一提法源自胡适的表述。最早见于1938年7月30日胡适在给傅斯年的信中,提到"国事至此,除苦撑待变外,别无他法"。同年12月,胡适在纽约发表题为"北美独立战争与中国抗日战争"的演讲,公开提出了"苦撑待变"的主张。参见胡德坤、彭敦文:《战时中国对日政策研究(1937—1945)》,社会科学文献出版社2010年版,第282页。

② 熊志勇:《中国与美国——迈向新世纪的回顾》,第143页。

③ 荣孟源:《中国国民党历次代表大会及中央全会资料》下册,光明日报出版社1986年版,第539页。

④ 中国第二历史档案馆编:《中华民国史档案资料汇编》第五辑第二编"外交",第83—84页。

庆国民政府保持联系，甚至要促成蒋介石与派遣军总参谋长板垣征四郎的会谈。日本还通过德国提出新的媾和建议。德国外长对中国驻德大使说："中国若不速与日本议和，则日本必将承认汪伪。"重庆方面则坚持要日本取消汪伪政权。南京的汪伪政权也派人游说重庆政府，提议合流。蒋介石拒绝了经由汉奸的和谈。重庆国民政府于12月1日发表声明，宣布汪日条约无效。

在此期间，9月27日，德意日三国同盟正式成立，承诺互相"承认并尊重"在欧洲和东亚"建立新秩序的领导权"，从而形成了法西斯轴心国的一条战线。日本把自己拴在正与英法激战的德意法西斯的战车上，这就必然要导致日本与西欧强国的开战。蒋介石看到了这一点，因此对与日本的和谈采取消极态度。重庆国民政府充分利用这一有利的国际形势，提高自己的国际地位，力争在世界上树立一个大国之形象。于是，重庆国民政府的政策由"苦撑待变"转变为"积极促变"。蒋介石开始考虑中国在战争中所应采取的外交战略：力倡反战国家联合，共同抗击三国同盟；强调中国在战争中的特殊地位，争取英美的军事援助。

在这种新形势下，与日本已进行了三年抗战、牵制了大批日本军队的中国将与世界反法西斯的战争联系起来，大大凸显了中国的抗日战争在国际反法西斯战争中的地位。

3. 促进中美英三国合作的外交活动

国民政府试图获取美英两国的实质性援助，以便加强自身的抗战地位。1940年10月18日，蒋介石接见美国大使詹森，要求美国在3个月内提供500架飞机，并派遣志愿人员来华助战，他则保证在中美英的合作中，听从美国的领导。10月21日，蒋介石在致胡适电中要求转告美国政府，请求向中国提供大量飞机，贷与中国巨款。他甚至说："盖中国陆军与美国空军一部分，已足以消灭日本海军，而永奠远东安定的基础点。"由于国际和远东形势的险恶，美国感到它与日本的冲突不可避免，又担心蒋介石被日本拉拢。罗斯福决定采取紧急措施援助蒋介石。11月30日，美国政府宣布给予中国1亿美元贷款，其中5000万美元为平准基金贷款。同时，美国宣布将继续承认依照"宪法程序"产生的重庆国民政府。12月1日，蒋介石致电罗斯福表示感谢，称"已辟太平洋上和平光明之大道"。

重庆国民政府也对英国展开工作。1940年9月,英国同意重开滇缅公路,美国也表示支持。10月17日,滇缅路重开。根据英国的建议设立了中缅混合委员会,聘美国专家为主席,管理这条公路的运输。中英美多方努力改进运输条件,运输量大为增加。10月17日,蒋介石在接见英国大使时说道:英美素以殖民地看待中国,实为最大错误。他强调,英、美在远东的海、空军不足以保证远东和平,必须要有陆军配合,而"中国实有供给此项实力之能力,且能作有效之合作"。他还对中国的抗战地位作了估计,指出是中国的抗日使日本无法自由南下,从而保卫了英国的利益。他提议说:"今已至讨论联防计划之时。"①因此,他指出,当前希望英美并不是以朋友地位从旁协助,而应在平等基础上,与中国完全共同合作。可见,蒋介石已俨然以一个与英美平等的大国来商讨国际关系了。11月,英国也宣布给予中国1000万英镑的贷款。

　　为了争取大国的支持,蒋介石一方面采取递送情报和情报合作的办法,以图使美英苏都靠拢中国。他对英国说,据所获情报,日军向香港、缅甸进攻的可能性,比1939年大;对苏联说,据所掌握的情报,德国已作好全面侵苏的计划,时间应在1941年5月下旬,最迟不超过6月;对美国说,日本进攻美国的计划已定,时间应在12月,地点是太平洋某个海军基地。这些情报都是相当准确的。另一方面,蒋介石还积极游说列强以促变。他对美国说日本南下的可能性比北上大,德意企图联日攻美。但对苏则说日本有北进意图。实际上,这时德国攻苏、日本攻美的可能性已增大。

　　11月9日,蒋介石即正式向英美提出"三国合作的方案":"(1)坚持九国公约门户开放与维护中国主权、领土、行政完整之原则。(2)反对日本建设东亚新秩序或大东亚新秩序。(3)认定中国之独立自由为远东和平基础,亦即太平洋整个秩序建立之基础。"他建议的相互协助项目为:(1)英美贷款给中国;(2)英美向中国提供大量飞机及其他武器;(3)英美派军事、经济和交通代表团来华,组织远东合作机关,并受聘成为中国政府的顾问;(4)英美分别或共同对日开战时,中国陆军全部参战,中国的空军场所,供联军使用。②

　　在重庆国民政府的争取下,1941年2月4日,中美两国订立《金属借款合

---

① 秦孝仪主编:《中华民国重要史料初编——对日抗战时期》第三编"战时外交"(二),台北:国民党党史委员会1981年版,第39、40页。
② 秦孝仪主编:《中华民国重要史料初编——对日抗战时期》第三编"战时外交"(一),第111—112页,第107—108页。

同》，美国向中国贷款5000万美元。4月1日，中美、中英分别签订《平准基金协定》，给中国5000万美元和500万英镑贷款以支持中国法币地位。

重庆国民政府还极力想利用美国的《租借法》来得到军事装备。由于英国在抵抗法西斯的战争中财政极为困难，1940年12月29日，罗斯福发表一个重要的讲话说："过去两年的经验已经无可怀疑地证明，任何国家都不能够姑息纳粹，任何人都不能靠抚摸来把老虎驯服成小猫。不能姑息残忍的行为，对于燃烧弹是不能讲道理的。"①这个讲话在美国获得广泛的支持。于是，1941年初罗斯福便向国会提出制定专门法规援助盟国的建议。宋子文听说此事，便敦促罗斯福总统派特使来中国了解情况。2月7—27日，美国总统特使居里访问了重庆，蒋介石与他多次谈话，累计时间达27小时之多。蒋介石保证战时战后都与美国进行合作，希望美国提供更多的财政和军事援助，并选派顾问来中国。3月11日，美国国会通过了《租借法》。它规定可以用租借、出售、转让、交换及其他方法给对美国国防至关重要的国家提供美国的武器和其他装备。这项法令使战斗在反法西斯前线的国家能在资金不足的情况下得到所需物资，对盟国起到了重要的支援作用。4天后，罗斯福总统发表演说："千千万万的普通中国人民，在抗拒中国被敌人宰割中显示出同样伟大坚强的意志。中国通过蒋介石委员长要求我们提出帮助，美国已经答复，中国毫无疑问地将得到我们的帮助。"②5月6日，美国同意中国取得租借援助。（从1941年到1945年，美国对中国的租借援助达13亿多美元。）③6月，美国宣布愿于战后放弃在华特权。7月，罗斯福批准拉铁摩尔来华，担任蒋介石的政治顾问。8月1日，蒋介石发布命令，美国志愿飞行员在陈纳德将军的指挥下，正式成立志愿航空队（即"飞虎队"），并作为中国空军的一个单位。④ 这支美国志愿队主要在中国西南部担任空防任务。10月，美国军官团抵达重庆，两国的军事合作正式开始。美国军官团的主要任务是训练国民党军队和指导运用根据《租借法》从美国获得的物资装备。

---

① 陶文钊：《中美关系史：1911—1950》，重庆出版社1993年版，第221页。
② 李长久、施鲁佳：《中美关系二百年》，新华出版社1984年版，第106页。
③ 中美关系史丛书编辑委员会：《中美关系史论文集》（2），重庆出版社1988年版，第329页。
④ 早在1938年，陈纳德就组织了一支国际航空队，在保卫武汉期间对日军进行了几次有效的空袭。

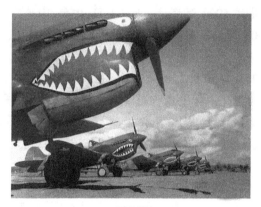
飞虎队战机

4. 阻止美日妥协

虽然美国开始向中国提供大量的援助以抵抗日本,但因其当时战略重心放在欧洲战场,也不具备两洋作战的能力,它并不想在东亚与日本直接对抗。德意日三国同盟形成后,美国政府起初认为此同盟并不稳固,企图拆散三国同盟。为此,美国打算通过与日本的谈判,避免两国矛盾进一步激化。美国考虑在中国问题上作一些妥协。因此,美日谈判即以中日问题为中心内容展开。日本一方面希望利用日美谈判,促使蒋介石屈服投降;一方面可麻痹美英两国,为它南下进攻争取时间。

1941年2月,日本新驻美大使野村到任。4月初,日美之间便开始进行谈判。4月16日,日本提出"日美谅解方案"。提案涉及两国对欧洲战争的态度,对中国事变的关系,对太平洋区域的军事力量、政治安宁及两国的经济关系等。美国方面表示同意里边的许多方面。5月12日,日本政府将正式提案交给美国政府,美国则于5月31日由国务卿赫尔提出提案。在一系列谈判中,美国一再在中国问题上让步,以求日本在整体上实现妥协。

蒋介石政府对日美会谈感到非常恐慌。他怕一旦日美会谈以牺牲中国为条件达成妥协,则美国将会丢弃重庆国民政府,而使中国单独对付日本。如果失去美国的支持,则将打破1940年底蒋介石所作的美英中联合抗击日本的三国同盟的构想,因而蒋介石密切注视着日美谈判的进展。他一方面要求其驻美外交代表随时报告谈判动向,一方面要他们利用外交手段阻止美国向日本让步。

6月22日,德苏战争爆发后,美日更加紧谈判步伐。10月,东条英机组阁，美国认为他是一贯反苏的，故感到很高兴。其实，东条已决心向南发动进攻，特派遣日本驻德大使本西赴美协谈，以施放烟幕。11月4日，日首相东条给日本代表提出了A、B两个谈判方案。日代表先交A案给美国，美国认为无新意。这时美国海军已截获日本的密码，知道日本的意图，但仍不放弃达成妥协的企图。11月20日，日方提出了条件极为苛制的B案，赫尔非常不满，但仍不愿中止谈判。美国打算达成一个临时协定，对日本做某些让步，如有限恢复美日贸易等。蒋介石得知这一情况后，十分着急。11月24日，他急忙致电胡适，要他转告美国务卿："此次美日谈话，如果在中国侵略之日军撤退问题没得到根本解决以前，而美对日经济封锁政策无论有任何一点之放松或改变，则中国抗战必立见崩溃，……切不可对经济封锁有丝毫之放松。"① 同一天，蒋介石亦致电在美的宋子文，要他向美方转达：任何放松对日经济压迫的措施，都将严重打击中国军队的士气。并于11月25日正式照会美方，强调美国可能的对日妥协举动，是"意图牺牲中国、绥靖日本"②。

　　蒋介石还要求英国一同出面干涉。蒋介石的态度在很大程度上影响了美国对日谈判的考虑，促使美国政府采取较为强硬的立场。美国国务院在一份备忘录中称"鉴于中国政府的反对"，以及其他国家的消极态度，美国应放弃妥协方案。11月26日，赫尔提出了一个使日本不能接受的方案，即内容为十项要点的"和平方案"。这一方案首先重复政治方面四项原则：(1) 日本从中国及越南撤退军、警；(2) 不支持重庆国民政府以外的任何政权；(3) 放弃在华特权；(4) 三国同盟协定不做有碍太平洋和平之解释等。日方认为，这个方案是美国的最后通牒。当日方对美国方案的答复送达美国国务卿时，珍珠港遭到袭击已过了55分钟。珍珠港事件挑起了太平洋战争。

小　　结

　　抗战开始后，南京国民政府积极进行军事抵抗，并通过国际社会的调解和制裁来阻止日本的侵略，但这项政策未能奏效。随着军事上的失利，大片国土沦丧，南京政府迁都重庆，实行"苦撑待变"，在坚持军事相持的情况下，继续开展争取国际同情和支援的外交活动，等待国际形势发生变化。随着德意日同盟的形成，美英与日本之间的矛盾日益尖锐化。国际形势向有利于中

---

① 秦孝仪主编：《中华民国重要史料初编——对日抗战时期》第三编"战时外交"(一)，第149页。
② 吴相湘：《第二次中日战争史》下册，台北：综合月刊社1974年版，第771页。

国的方向发展。中国外交由"苦撑待变"转为"积极促变",试图促成中美英三国合作抗日。尽管重庆国民政府在外交方面取得了一些明显的进展,但把希望过度寄托在求得英美的金钱和武器的援助,而不是唤起本国人民及军队的斗志,甚至在此期间加强反共活动,造成1941年初突袭新四军的"皖南事变",破坏国共合作,削弱了中国抗战的总体实力。一个大国抵挡不住小国的进攻,一个把中国命运放在他国手中的政府,很难不成为他人的棋子。

思考题

1. 试析抗战初期南京政府的外交决策。
2. 抗战初期为何中国在国际上处于外交困境之中?
3. 为什么德意日三国轴心正式形成后,重庆国民政府的对外政策便由"苦撑待变"转为"积极促变"?
4. 分析抗战初期美国对华政策的转变。

参考书目

陶文钊、杨奎松、王建朗:《抗日战争时期中国对外关系》,中共党史出版社1995年版。

吴相湘:《第二次中日战争史》,台北:综合月刊社1973年版。

徐蓝:《英国与中日战争1931—1945》,首都师范大学出版社2010年版。

薛衔天、金东吉:《民国时期中苏关系史(1917—1949)》中册,中共党史出版社2009年版。

第十五章
参加世界反法西斯阵营

日本侵略中国给国民政府造成十分困难的局面。中国军民的顽强抵抗未能阻止日本的攻势,国民政府不得不在保持抗争的同时,到处寻求国际支持和援助。但在复杂的国际形势下,各国都在考虑自身的利益,中国的呼吁得不到多大反应。国民政府只好苦苦等待国际形势的转变。这种期待是有根据的,因为日本的扩张野心没有任何节制。日本竟然对美国开战,导致太平洋战争的爆发。国际形势发生了国民政府所期待的变化,中国正式成为世界反法西斯国际统一战线中的主要成员。重庆国民政府力图通过外交努力争取大国地位,平等地与美英苏等大国交往,中国的外交活动范围大大扩展,造成了中国外交史上空前的局面。

第一节 加入世界反法西斯同盟

1941年,长达半年多的日美谈判没有取得任何结果。日本认为美国是在拖延时间,而日本的经济困难和扩张受阻都是美国的制裁造成的。尽管日本军方清楚美国的实力,但还是打算通过偷袭取得战场的上风。1941年12月7日,日本偷袭美国珍珠港,挑起了太平洋战争。

1. 对日德意宣战

虽然珍珠港事件给美国造成重大损失,但为美国政府打破国内孤立主义的约束并对日开战创造了条件。12月8日,美国对日本宣战。11日,德国和意大利向美国宣战,同一天美国也向它们宣战。美国最终投入了第二次世界大战。

此时,中国的抗日战争已进行了四年六个月,中国独立支撑,艰苦奋战。国民政府一直把胜利的希望寄托于美日矛盾的激化,美国对日宣战无疑极大地减轻了中国的战略压力,也使中国有可能获得更多来自美国的援助。12月8日上午8时,在国民党中央常委紧急会议上,蒋介石表示:"我国对日宣战,已无问题,手续亦甚容易。"① 但他仍认为必须等待苏联的态度,才能决定中国是否对日宣战。而美国政府认为不必等待苏联表态,中国立即宣战对大局有利。在这种情况下,12月9日下午7点,重庆国民政府正式对日本宣战。宣战书中称:"过去四年余之神圣抗战,原期侵略者之日本于遭受实际之惩治后,终能反省。……不料残暴成性之日本,执迷不悟,且更悍然向我英、美诸友邦开衅,扩大其战争侵略行动,甘为破坏全人类和平与正义之戎首,逞其侵略无厌之野心,……兹特正式对日宣战,昭告中外,所有一切条约、协定、合同,有涉及中、日间之关系者,一律废止,特此布告。"② 同日,中国亦对德国和意大利宣战。这样,中国和英美苏等国站在一起,共同对法西斯轴心国家进行战争,而中国则是远东战场的主要作战国。中国虽然不能击退日本的进攻,但牵制了上百万的日本军队。这对太平洋战场的反法西斯盟国具有重大的意义。这样,从欧洲、非洲到亚洲,反法西斯战线终于连成一片。

全面抗日战争已进行多年,为什么中国至此才正式对日正式宣战?其原因在于:第一,在当时的历史背景下,任何国家一旦宣战易受《非战公约》和一些国家订立的《侵略定义公约》的谴责和束缚,故日本一直也没有对华宣战,而国民政府如果宣战也会受到某种牵制。第二,由于美国执行所谓《中立法》,中国一旦宣战不利于中国争取从美国获得援助。第三,英美法等国为保欧洲局势,正在寻求与日本妥协,它们绝不会让中国对日宣战而使自己陷于两难选择。第四,国民党政府正在执行"苦撑待变"的外交方针,只有等待国际局势的有利变化后,才能对日宣战。

2. 中国战区的成立

国民政府在宣战后采取的第一个重大外交行动是极力促成远东反日军事同盟的建立。12月8日,蒋介石在重庆约见美、英、苏驻华大使,建议建立中、美、英、澳、荷、加、新等国组成的反日军事同盟,推美国为领导,指挥共同作战之军队,并订立一不单独媾和的条约。12月10、11日,蒋介石两次邀集

---

① 石源华、金光耀、石建国:《中华民国史》第十卷(1941—1945),中华书局2012年版,第4页。
② 熊志勇、苏浩、陈涛:《中国近现代外交史资料选辑》,第332页。

美、英等国大使及武官,商讨中、英、美、荷、澳五国联合对日作战的具体计划,并向美国总统罗斯福转达四点建议:(1)请美国提出五国联合军事行动的具体计划;(2)在苏联未对日宣战前,请美国提出香港、菲律宾、新加坡、缅甸、荷印区域间联合军事行动的具体计划;(3)五国初步谈判的地点应为重庆,其永久地点待讨论决定之;(4)由美国提出五国军事互助协定的方案。①

蒋介石的建议得到了美国的积极响应。美国总统罗斯福于16日致电蒋介石,建议于12月17日在重庆召开中、美、英等国参加的联合军事会议,讨论在东亚地区共同对日的作战计划。英国对召开联合军事会议的提议也表示赞同。三国联合军事会议遂于12月23日在重庆举行。会议对在远东进行联合军事行动的计划初步达成一致,中、美、英三国朝着联合作战迈出了一大步。

12月31日,罗斯福致电蒋介石说:"予今征得英、荷政府代表之同意,建议麾下负指挥现在或将来在中国境内活动之联合国军队之责。予等并建议,该战区包括联合国家军队可以到达之安南及泰国国境。予等并信欲使此统帅部发挥效力,应立即由中、美、英三国政府代表组成一联合计划作战参谋部。"蒋介石则在1942年1月2日的回电中对这一建议表示"自当义不容辞,敬谨接受"②。太平洋战争爆发后,美国总统罗斯福提议将参与对轴心国作战的26个国家称为"联合国家"(United Nations)。1942年1月1日,美、英、苏、中等26国政府代表在华盛顿签署了《联合国家宣言》,约定签约各国"保证运用其军事与经济之全部资源,以对抗与之处于战争状态之'三国同盟'成员国及其附从国家","并不与敌国缔结单独之停战协定或和约"③,这表明国际反法西斯统一战线正式成立。美国总统罗斯福将中国列为四大国之一,一起领衔签署了《联合国家宣言》。1月3日,美国宣布,经美英与荷兰等有关国家商议决定,由蒋介石作为盟军在中国战区(包括越南、泰国和联合国家军队以后可能到达的地方)的最高统帅。自此,中国四大国之一的国际地位开始得到确定。

---

① 秦孝仪主编:《中华民国重要史料初编——对日抗战时期》第三编"战时外交"(三),台北:国民党党史委员会1981年版,第47页。
② 同上书,第97、98页。
③ 复旦大学历史系中国近代史教研组:《中国近代对外关系史资料选辑(1840—1949)》下卷第二分册,第167页。

中国代表团在《联合国宪章》上签字

3. 联合英美抗击日军

重庆国民政府为了保证大国的地位,加强自己的实力,开展了争取美、英援助的外交活动。罗斯福答应了中国的援助请求。1942年1月6日,罗斯福在国情咨文中称:"英勇的中国人民在四年半的时间里,经受了轰炸和饥饿,一再击败了侵略者。"咨文得到国会议员的认可。[①] 1月30日,美国国务院和财政部正式提出对华贷款五亿美元的议案。美国国会在短时间内通过了该议案。3月21日,中美双方在华盛顿签订了《五亿美元借款协定》。这是二战中美国给予中国的最大一笔贷款。6月2日,中美双方又订立了一项《抵抗侵略互助协定》,规定两国在军事、经济及情报方面互相援助。中美还在多方面进行军事合作。1942年4月,美军飞机开始轰炸东京。为了缩短飞行航程,一部分飞机完成任务后直飞中国浙江降落。中国军民多方配合,救助了失散或受伤的美国飞行员。美国帮助中国训练了许多军官,并直接向中国陆海空军提供了大量军事装备。

同时,蒋介石也从英国获得了一些援助。1941年12月23日,中英两国签订了《共同防御滇缅路协定》。1942年2月2日,英国宣布给予中国5000万英镑以内的借款。1942年3月27日,两国在重庆交换了《关于重庆加尔各答航空运输换文》,英国同意中国的航空公司"立即开办重庆加尔各答间通过昆明、腊戍、吉大港或通过昆明、腊戍、仰光与吉大港载运客货邮件之航空运

[①] 罗伯特·达莱克:《罗斯福与美国对外政策 1932—1945》下册,商务印书馆 1984 年版,第 474 页。

输"①。从而为中国从缅甸和印度获取军事战略物资开辟了航线。

中美英三国还建立了联合作战指挥机构。美国派出陆军中将史迪威到中国充任中国战区参谋长,协助蒋介石指挥抗日军事行动。自1941年底以来,三国在重庆不定期召开由三国高级军事将领参加的军事会议,以制定和协调对日作战计划。

中国战区的主要战事是在缅甸进行的。1942年1月初,日军大规模侵入缅甸。1942年3月,中国正式组建"中国远征军第一路军司令部",受盟军中国战区参谋长、东南亚美军总司令史迪威指挥。第一路军司令卫立煌未到任,由副司令杜聿明代理总司令,兵力共计十万。远征军入缅作战标志着滇缅战场的正式开辟。滇缅战场的作战可分为两个阶段,即第一阶段为1942年4月至1942年底的远征军初次入缅作战;第二阶段为1943年10月至1945年1月进行的滇西、缅北反攻战。

在第一阶段战役中,中国军队于1942年3月底在中路进行了同古防御战,消灭了日军的有生力量。在西路,中国远征军突破日军包围圈,在仁安羌地区解救了英军7000多人。但由于英国放弃缅甸退保印度,再加上远征军的中美指挥官意见不同,战场情况发生逆转,日军先后占领曼德勒、平满纳、仁安羌等地,4月底攻占腊戍,切断滇缅公路,远征军被迫分两路撤退,一部分退入印度,另一部分轻装转移,穿过缅甸北部的野人山地区撤向云南。撤退时正值雨季,热带恶劣的自然环境使得10万远征军,撤到云南和印度后仅剩下4万余人,撤退减员超过了作战减员。远征军滇缅战场作战初战失利。

在这种情况下,美国方面不得不通过飞越喜马拉雅山南部支脉的"驼峰"运输线从印度向中国空运援助物资。这对中国抗战局面不利,中国希望收复缅甸,美国和英国也表示支持。但中方要求美英海空军全力支持,拒绝单独使用中国军队;英国借口兵员不足,无法抽调实施这个计划的兵力,也不愿中国军队过多卷入南亚;美国提出由英国进行指挥,并要求把美国援助充分用于这个计划。经过长时间的交涉,三方才同意投入战斗。在第二阶段战斗中,1943年10月,中美联军从印度出发反攻缅北。1944年5月,中国远征军越过怒江向腾冲攻击。经过一年左右的战斗,至1945年3月底,中美军队合作战胜了日军,歼敌16万人,收复缅北和滇西地区。这是抗战以来正面战场最成功、最扬威的一次战役。

---

① 王铁崖:《中外旧约章汇编》第三册,第1242—1243页。

中国远征军入缅作战打通了中国和盟国之间的陆路交通线,保护了中国战场的后方——大西南,促进了抗战的胜利。滇缅战场的开辟有力地配合了中国东线战场的抗战,加速了日本法西斯的崩溃。远征军在滇缅的作战也有力地支持了盟军在中缅印战场以及太平洋等战场的对日作战。

第二节 提升中国国际地位的努力

在抗战后期,重庆国民政府通过外交努力,促使英美承认中国在反法西斯战争中的重要性,争取平等地位,以便提高中国的国际地位,树立大国形象。

1. 加强与亚洲国家的关系

1942年初,日本进入泰国,占领了马来西亚和新加坡,继而向缅甸发动进攻。德日法西斯轴心国家试图在西亚实现会师,控制欧亚大陆。印度的战略地位便凸现出来。而日本为了侵吞印度,早就开始向印度进行经济、政治和文化的渗透。当时印度国内的局势相当复杂。英国在印度的殖民统治激起了印度人民的强烈反抗。太平洋战争爆发后,国大党拒绝无条件同英国合作,要求成立责任内阁,并且战后实现独立,同英国及英印当局的矛盾十分尖锐。而日本在印度大肆宣传"亚洲乃亚洲人之亚洲"、"解放有色人种"以及"驱逐英、美帝国主义于亚洲"等口号,企图促使印度脱离英国而加入"大东亚共荣圈"。在日本全方位的渗透和演变之下,印度国内"反英亲日"的情绪日益高涨。

为防止印度民族主义者倒向日本,蒋介石决定出访印度,调解英印纠纷。1942年2月4日,蒋介石偕夫人宋美龄及王宠惠等人起程访问印度,2月9日抵达新德里。蒋介石对英印双方进行了两面劝和的工作,劝告英国给予印度自治权,使印度成为一个自治邦,而印度则暂时放弃完全独立的要求。在会见英方印度总督时,蒋介石表示,今后太平洋战争将主要在英、荷两国殖民地内进行,因此对于殖民地内的民众,一定要从速赋予实权,采取切实的办法,使其力量得以充分发挥。蒋介石还广泛召见印度国大党领袖和土邦王公,劝说他们同英印政府妥协。蒋介石曾四次会见尼赫鲁详细分析了印度革命的特点,指出印度不宜进行武力革命。他希望印度国民乘此大战的机会,集中精力培养民众力量,争取国际同情,以达到先实行自治然后再独立的目标。2月18日,蒋介石与甘地在加尔各答会晤,双方交谈长达5个多小时。蒋介石希望说服甘地放弃不合作主义,领导国民参战抗日。他说:"印度不参战,固为中国的损失,然中国此种损失亦即印度的损失。我希望国民大会改变政策,参加战争的理由即在于此。我相信印度参战,对本身有益而无损,且与推倒英国在印统治权之目的并行不悖,殊途而同归。""如印度参战,同情者的数量定必增加,否则必致减少",从而失去一争取自由的机会。① 然而英印双方都没有接受蒋介石的劝告,蒋介石对此深感失望。2月21日,蒋介石访印结束,发表了《告印度人民书》。该文件表示,当今世界已经分为两个阵线,印度应该加入反侵略的民主阵线。"凡参加反侵略战线之同盟者,无论何国,皆在整个反侵略民主阵线之中共同合作,而非单独与某一国合作与不合作之问题也。"②虽然蒋介石的调解没有取得预期效果,但此行还是对中印关系起到了积极作用。此后,国民政府一直支持印度的独立运动,并为此多次与英国交涉,最终迫使英国承诺一旦战局好转,将为印度问题制定最公平合理的解决方案。这一切都为中印两国关系奠定了基础。

1942年,蒋介石访问印度

抗战期间,重庆国民政府通过支持朝鲜和越南的抗日斗争和争取民族独立的运动,以加强自己在亚洲的地位。1919年4月"大韩民国临时政府"在上海成立,1935年迁入南京,全面抗战后于1939年迁入重庆。在重庆国民政府的支持下,临时政府公开挂牌办公。国民政府给予了财政援助,并帮助建立

---

① 秦孝仪主编:《中华民国重要史料初编——对日抗战时期》第三编"战时外交"(三),第422页。
② 熊志勇、苏浩、陈涛:《中国近现代外交史资料选辑》,第334页。

了韩国光复军。1942年10月国民政府军事委员会拟订了《对韩国在华革命力量扶助运用指导方案》,12月27日,蒋介石正式批准了这个方案。该方案的基本精神是:将援朝政策的重点从辅助朝鲜革命力量,参加中国抗战,转移到强化朝鲜独立复国力量,帮助战后朝鲜实现独立,并确定了"于适当时机,先他国而承认韩国临时政府"的原则,试图扶助该临时政府成为朝鲜独立后亲华的正统政府。① 国民政府还专门成立由高级官员组成的负责援朝事务的机构,并对朝鲜爱国革命力量给予经济援助,1944年初,韩国临时政府向国民政府提出借款100万元,基本上得到了满足。国民政府还在国际上不断宣传战后韩国应实现独立的主张。但由于美苏等大国对于承认韩国临时政府问题没有明确表态,中国国民政府也未能实现在抗战期间承认韩国临时政府的政策。但开罗会议期间,在中国的坚持下,开罗宣言明确表示了:"我三大盟国轸念朝鲜人民所受之奴隶待遇,决定在相当期间,使朝鲜自由独立。"②明确了战后朝鲜独立复国的目标。

重庆国民政府亦积极扶植越南革命同盟会及越南国民党,推动"亲华、反法、抗日"运动,主张越南独立,但对胡志明领导的越南独立同盟却不予以支持。1943年8月27日,中国与法国维希政府断绝外交关系后,曾一度提出侧击河内日军的计划,遭到在伦敦的"自由法国"的反对。法方还反对对越南的托管或让越南独立的主张,因此蒋介石不能不有所顾虑。蒋介石曾向罗斯福建议,首先不是让越南独立,而是所谓原则上赞同国际托管,由中美两国尽力帮助越南在战后逐步独立。当罗斯福询问如何国际托管时,蒋介石称"由中、美、苏、法、菲律宾各派一人,另选越南二人,成立托管机构,训练越南人建立自治政府"。罗斯福表示认可。③ 但是在英法的坚决反对下,蒋介石支持越南独立的计划并没有完全落实。

2. 与美英订立新约

抗日战争时期,国民政府继续了修约外交的进程,并取得了一定的成果。1941年5月31日,外交部长郭泰琪与美国国务卿赫尔换文,提出中美可在战争期间举行废约谈判。1942年4月19日,宋美龄在美《纽约时报》发表题为"为是我观"的文章。文章回顾了列强与中国签署不平等条约的历史,批评列

---

① 石源华、金光耀、石建国:《中华民国史》第十卷(1941—1945),第62页。
② 熊志勇、苏浩、陈涛:《中国近现代外交史资料选辑》,第336页。
③ 吴东之:《中国外交史:中华民国时期(1911—1949)》,第553—554页。

强令中国蒙受屈辱,侵犯中国主权,尤其指出领事裁判权是"一种恶劣的司法制度",呼吁各国尽早废除在华特权。1942年10月10日,美英两国同时通知重庆国民政府,愿自动放弃在中国的各种特权,另依平等互惠的原则议订新约,并表示将在近期内提出草约,以供中国政府考虑。

美英等国之所以在此时愿意与中国谈判废除不平等条约问题,首先是因为中国加入世界反法西斯同盟,并取得了大国地位,然而,英美仍在中国保有不平等条约所规定的许多特权,这就与中国新的国际地位很不相称。同时,美英等国也希望通过签订新的条约鼓励中国继续抗战。特别是此时日本正与汪伪政府商谈签订新约问题,并赶在中美、中英新约签订前就与汪伪政府签订了关于交换租界和撤销领事裁判权的条约。这对美、英两国以及重庆国民政府都产生了压力。

10月24日,美国驻华大使提交了美国方面的条约草案。10月30日,英国驻华大使亦提交了草案。中国政府就美英提交的条约草案进行了审核,并提出了修改案,再与英美代表进行多次交涉。1943年1月11日,中国与美国和英国签订的《关于取消在华治外法权及处理有关问题之条约》同时公布,史称中美和中英"新约"。中美条约由中国驻美大使魏道明和美国国务卿赫尔在华盛顿签订,条约还附有双方就某些具体规定的换文。中英新约则由中国外交部长宋子文与英驻华大使薛穆在重庆签订。

中美之间关于废除不平等条约的交涉主要涉及四个问题:(1)关于沿海贸易权问题,美望保留。中方不同意,美方的条件是若中国给其他国家这种权利,美国亦自动取得。(2)美国在华财产问题,美提出应以美国法律来评定,中方认为领事裁判权既废,不应由美方法律评定,美方坚持,中方让步。(3)关于内地经商问题,美欲保留,中方表示今后商约中再定。(4)在华美军问题,美要求以美军法律管辖,中方让步。

在中英交涉中,上述问题亦提出来,但重要的是香港问题。中方认为英国应交还一切租界和租借地,包括九龙租借地,香港也应收回。英国认为九龙租借地和香港应排除在谈判之外,香港港口为英国属地,战后英将继续接管。中方指出,香港港口是中国领土,已为日军窃据,在中国战区之内,中国有收复之义务。英方亦明确表示,绝对不能谈及港九,否则中英谈判达不成协议。此时,外交部长宋子文、驻英大使顾维钧等人都担心若英国因香港问题而拒签新约会使中英关系彻底破裂,并认为"战争时期,盟国应该表示团结一致,这点极为重要"①。最终,中方在签约的同时照会英方,声明中国对于九龙租借地问题"保留日后提出讨论之权",英方复照称,业已将此通知转达本国政府。英方在条约和换文中没有做出任何承诺,承担任何义务②。归还九龙租借地的交涉以中方的失败而告终。

中美新约内容共有 8 个条款,并附中美双方的换文各一个,其主要内容为:(1)废除美国人在华领事裁判权;(2)取消《辛丑条约》给予美国的一切特权,上海、厦门公共租界给予美国之权利应终止;(3)美国人或政府在华境内所有不动产之权利不得因第一条之规定而取消;(4)放弃通商口岸制度,废除沿海贸易权和内河航行权;(5)中国同意美人在全部中国领土内享有旅行、居住及经商之权利并享有不低于本国人之待遇;(6)战后最迟六个月内双方进行谈判,签订一项内容广泛之"友好通商航海条约"。

中英新约的内容与中美新约基本一致,只是多了英方同意把天津和广州英租界交还中国,放弃海关税务司之职,但保留九龙租借地。抗战期间及战后不久,中国亦与其他西方国家签订了类似条约。至此,中国修约外交中的废除领事裁判权问题最终得以解决,但中国不平等条约的历史并没有从此结束。

3. 争取中国大国地位的外交努力

把中国列为"四大强国"之一,是美国总统罗斯福于 1941 年 12 月底在华盛顿召开的阿卡迪亚会议上提出的战略构想。因为这既可加强中国在抗战中的地位,又可支持美国在太平洋的战争。1942 年 1 月 1 日的《联合国家共同宣言》上,中国作为四大国之一在文件上签字,这是中国以四大国的地位第一次在国际文件上出现。此后,重庆国民政府进行了不断的外交努力,使其他大国逐步接受了中国的大国地位,并在一系列国际文件中体现出来。

由于中国大国地位的确立需要得到美国的支持,美国便成为中国外交活动的主要对象。1942 年 10 月,美国共和党领袖威尔基以总统私人代表的身份访华。蒋介石曾向他表述了对战后亚洲形势的看法,认为战后世界重要的问题是太平洋问题,其次是种族问题。他对威尔基说,中国视美国为唯一的乐于使亚洲各民族取得平等地位的国家,所以极愿美国出面解决远东问题。他还提出了解决远东问题的设想:东北四省,包括旅大租借地和台湾归还中

---

① 《顾维钧回忆录》第 5 分册,中华书局 1987 年版,第 17—18 页。
② 秦孝仪主编:《中华民国重要史料初编——对日抗战时期》第三编"战时外交"(三),第 781 页。

国,旅顺可由中美共用;印度、朝鲜等应该独立;中共问题与中苏关系有关,美国应注意。这是蒋介石以亚洲代言人的身份提出了战后亚洲的安排。

1942年11月26日至次年7月4日,蒋介石夫人宋美龄应美国总统罗斯福的邀请访问美国。宋美龄此行的目的是,以特殊的身份在美国游说,宣传中国在反法西斯战争中的作用,赢得美国舆论同情,争取美国的支持与援助。在访问过程中,宋美龄受到了罗斯福总统的接见,并受邀在美国国会发表演讲。1943年2月18日,宋美龄在美国国会发表演讲,在演讲中她宣传中国的抗日战争,呼吁美国人民给予支持。她的演讲多次获得听众的鼓掌和欢呼,博得了议员们的好感。演讲实况由四家大广播电台在全美广播,引起巨大轰动。之后,宋美龄数次与罗斯福见面,请求美国援助中国,商谈缅甸大反攻问题,提出战后亚洲安排的建议。

1943年6月30日,罗斯福致电蒋介石,表示他和宋美龄进行了一系列令人满意的谈话,并表示盼望与蒋介石在今年秋天的某个时间会面,而两人的会见是非常重要的。如果蒋介石同意,罗斯福建议会晤的地点应该是中美两国首都中途的某个地点。蒋介石热烈欢迎这一提议,他在7月8日的复电中说:"多年来,中即期望能与阁下聚首共商互有利益之各种问题",并建议于9月举行会晤。① 这样双方就首脑会晤问题初步达成了一致意见。

罗斯福努力执行"使中国成为大国"的政策,并计划与蒋介石举行首脑会晤,而要使这一会晤得以实现,就必须使中国成为英苏所正式承认的大国,使中国成为名正言顺的四强之一。然而,虽然中国作为四个领衔国之一签署了《联合国家共同宣言》,但英国和苏联一直不愿承认中国的四强之一的地位。为此,罗斯福对英苏做工作。

英国首相丘吉尔曾表示:中国"作为一个民族,我钦佩他们,喜欢他们,也同情他们一直遭受的政治腐败。但是决不能指望我接受一个我认为是完全不真实的价值标准"。于是,美国便对英国做工作。1943年3月,英国外相艾登访美期间,罗斯福和赫尔直率指出:丘吉尔演讲中未提中国是四强之一,是一个严重错误。美将尽力增强中国的地位,使之成为战后有力国家,监视日本。4月7日,罗斯福再告艾登,中国可为"世界警察之一"②。1943年5月12—25日,在华盛顿召开称为"三叉戟会议"的美英首脑及三军参谋长会议上,罗斯福强调中国作为抗日基地的必要性,主张积极援华。丘吉尔却不认

---

① 陶文钊、杨奎松、王建朗:《抗日战争时期中国对外关系》,中共党史出版社1995年版,第372页。
② 石源华:《中华民国外交史》,第588页。

为中国是重要基地,轻视援华。但在罗斯福的坚持下,双方妥协,达成协议:（1）积极发展空中援华;（2）发动缅北战役,打通滇缅公路。① 1943年8月14—24日,在加拿大召开的魁北克会议上,罗斯福、丘吉尔再次讨论战争问题,宋子文参加了讨论亚洲对日作战问题。会议决定了太平洋作战计划、发动缅北攻势、打通滇缅公路。在中美共同努力下,丘吉尔终于接受了把中国列为四大国的提法。美英中三国共同制定了美英苏中四国关于创立常设的联合国组织的宣言草案。这标志着英国正式接受了中国的大国地位。

这样,大国中未承认中国为四大国地位的只剩下苏联了。1943年中苏之间因新疆问题关系很不愉快。但美国努力调和中苏关系,同时亦做苏方工作。赫尔曾向苏驻美外交官表示:中国是有极大潜力的国家,战后中国是亚洲主要强国,中苏在四强中的平等地位有助于改善两国关系。1943年8月,美英苏讨论三国首脑会议问题,并决定先开三国外长会议讨论安全问题。此后,美英两国驻华外交代表分别将草拟的联合宣言草案递交重庆国民政府,以征求意见。国民政府外交部及时做出答复,表示赞同美国之草案,并注意到英国修正稿已全部容纳美国草案内容,提出希望英美在与苏联交涉时与中方保持磋商。显然,美英中三国已在处理国际事务中共同协调相互立场。

1943年下半年,战局已逐渐明朗化。轴心国的实力已大为削弱,同盟国家取得了优势。10月19—30日,美英苏在莫斯科召开三国外长会议。其中一个重要内容是讨论战后世界安全问题,签署有关国际文件。美苏之间曾就是否让中国参加签署宣言问题产生分歧。美方表示会前已将会议草案送交中国,而英国支持美国的立场。苏联外长莫洛托夫却表示,只应三强,不应四强,否则苏联不愿签字。因为苏联此时尚未与日本交战,它担心与中国公开结合会使苏联对日政策失去灵活性。然而,美国国务卿赫尔在会上表示:"假若参加反侵略战争最重要的一个大国,竟被排除,这种心理影响,是有害于联合国的统一性。"② 最后苏方接受了美英的立场。美英苏三国决定邀请中国外长参加会议。中国政府立即接受了邀请,委派中国驻苏联大使傅秉常参加会议。10月30日,四国正式签署了《中苏美英关于普遍安全的宣言》。宣言共有七条,大意是:四国联合,共同对敌,直至各轴心国在无条件基础上放下武器为止;四国共同保证战后的和平与安全,建立一个普遍性的国际组织,爱好

---

① 石磊主编:《现代国际关系史》下册,燕山出版社1995年版,第910—911页。
② 石源华:《中华民国外交史》,第589页。

和平国家无论大小,均得加入为会员国;战后,除非为实现本宣言内所预期的目的,将不在其他国家领土内使用其军事力量等。这是中美英苏四大国首次共同发表宣言,标志着中国的大国地位得到了其他大国的完全承认,中国国际地位进一步提高,同时也奠定了战后中国在联合国安理会常任理事国的地位。

莫斯科外长会后,美国总统罗斯福考虑召开一次四大国首脑会议,讨论对轴心国作战问题和战后的国际安排,因苏联不愿参加讨论日本问题的会议,而英国不愿让中国插足欧洲事务,美国决定在埃及的开罗召开由美国、英国和中国三国首脑出席的会谈,而后在伊朗德黑兰举行美、英、苏三国首脑会议。罗斯福决定邀请蒋介石参加开罗会议。

蒋介石对这一邀请非常高兴,因为会议将既可以突出显示中国的大国地位,又使他可以有机会劝英美加强对日作战,并争取得到更多的英美援助。1943年11月21日,蒋介石偕夫人及王宠惠等人到达开罗。11月22日,中美英三国首脑开第一次会议。会议期间,蒋介石与美国罗斯福保持密切接触,对英国丘吉尔则很疏远。11月23日,在罗斯福举行的一次宴会上,蒋介石曾与之进行长谈。谈话范围涉及广泛的议题,如中国的国际地位,日本皇室地位问题,军事占领日本问题,日本对华赔偿问题,领土安排问题,中美军事合作,朝鲜、越南、泰国的地位问题,对华经济援助问题,外蒙古及唐努乌梁海问题,和统一军事指挥问题等。可以说这次谈话内容为今后处理中日战争及战后问题奠定了基础。会议于12月1日结束,并发表了有名的《开罗宣言》。其主要内容为:(1)中、美、英三国进行战争的目的在于制止及惩罚日本的侵略,不为自身图利,也没有拓展领土的意图。(2)三国的宗旨在剥夺日本自1914年第一次世界大战开始后在太平洋所夺得或占领之一切岛屿,在使日本所窃取于中国之领土,例如满洲、台湾、澎湖群岛等,归还中华民国。日本亦将被逐出于其以武力或贪欲所攫取之所有土地。(3)三国决定在相当期间,使朝鲜自由独立。

在开罗会议上,中国领导人能够与美英强国的领袖共同讨论战争及战后安排,提出自己的建议,标志着中国的国际地位被提升至前所未有的高度。值得指出的是,《开罗宣言》明确提出了要求日本无条件投降的基本条件,规定日本必须归还战前所夺取的他国领土,并对战后东亚政治做出安排,因而具有十分重要的历史意义。

中国国际地位的提高不仅表现在中国跻身于四大国之一,还表现在中国参与了联合国的创立。《联合国家宣言》为战后建立全新的国际组织迈出了第一步,《关于普遍安全的宣言》则提出建立国际组织问题。1944年8月,美、英、苏三国举行敦巴顿橡树园会议。在8月21日—9月28日第一阶段会议中,形成了《关于建立普遍性国际组织的建议案》,该文件构成了《联合国宪章》的基本内容。9月29日—10月7日,美、英、中三国举行第二阶段会议,中国代表提出一系列补充意见。吸收了中国意见后,《建议案》作为四强一致同意文件,提交旧金山联合国创立会议审议。1945年2月,雅尔塔会议决定于1945年4月25日在美国旧金山召开联合国制宪会议,会议请柬由美国、英国、苏联、中国和法国临时政府发出。旧金山会议于4月26日正式开幕,6月25日通过《联合国宪章》。次日,大会举行宪章签字仪式,中国按字母顺序列于首位。中国代表团首席代表顾维钧在《联合国宪章》上第一个签署下自己的名字。中国因为在世界反法西斯战争中不可磨灭的贡献,成为联合国的创始会员国和安理会常任理事国。

蒋介石参加开罗会议

第三节　中国与美英苏之间的分歧

太平洋战争爆发后,同盟国家在东方的共同战略目标是打败日本帝国主义,但由于中国与其他盟国之间战略重点的差异以及国内矛盾的存在,致使中国与其他大国存在不少分歧与矛盾。

1. 史迪威事件

美中之间在远东的战略有一定的差别,从而产生了两国间的一些矛盾。美国的远东战略取向有两点:一是利用中国人力和地利,通过援助中国,尽快打败日本;二是利用战时援华,在远东树立一个亲美的"强国",以求战后代替日本与美国进行政治经济合作稳定亚洲,并与苏联抗衡。而重庆国民政府的战略取向则不同,一方面它试图借用美英之力,打击日本,结束战争;另一方面它利用西方援助,保存并扩张实力,"消极抗日,积极反共"。

这些矛盾最典型的表现就是蒋介石与美国派来的中国战区参谋长史迪威之间的矛盾。在政治上,蒋介石更多地着眼于战后的反共,把保存实力看得比抗日更重要,甚至以胡宗南二十万大军封锁中共,防止抗日人民武装发展壮大;史迪威则主张应联合中国共产党抗日,分配军事物资给中共,将胡宗南部队调到抗日前线。在军事上:蒋介石与史迪威也早有矛盾,其矛盾主要表现在中国远征军入缅作战的战略方面。蒋介石的基本主张是保存实力,并要求加强陈纳德的飞虎队的力量;而史迪威则十分看中缅甸的战略地位,要求中国对滇缅战场投入全力,并与陈纳德有分歧。蒋介石认为,史迪威应该为中国远征军入缅第一阶段战斗失利负责。此外,在租借物资的控制权和军队的指挥权等问题上,双方均发生了争执。

蒋介石与史迪威的尖锐矛盾导致了直接的碰撞。1944年5月,正当反法西斯战争顺利进行之际,中国战场上却出现了意外的逆转。日本为了打通"大陆交通线",发动了豫湘桂战役,国民党军队又一次在战场上大溃败。而在敌后的八路军和新四军则英勇战斗,与国民党军队形成鲜明对比。这时,史迪威要求蒋介石把围困陕甘宁地区的几十万军队调到抗日前线,甚至以扣压援华物资相威胁。但蒋介石固执己见,坚决不干。

由于看到蒋介石政权军事上的无能,美国政府非常着急。罗斯福于6月18日派副总统华莱士来华访问,但未能解决问题。美国政府决定采取强制措施,改变中国的政治形势。7月7日,罗斯福致电蒋介石:为挽救危局,须速采取措施,"余意应责成一人,授以调节盟军在华资力之全权,并包括共产军在内"。又说:"予拟将史迪威晋升上将,并建议将伊编置于阁下直辖之下,统率全部华军及美军,并请阁下予以全部权力与责任。"①也就是说,要蒋介石把兵权交给史迪威。中美关系史中有名的"史迪威事件"爆发。

蒋介石没有断然拒绝这一要求,而采取了拖延战术。他于7月8日致电罗斯福,表示原则上同意这一建议,但同时提出,由于"中国军队与政治内容不若他国之简单……故非有一准备时期,不能使史将军指挥顺利以副尊望!余甚望阁下能派一富有远大政治见解而得阁下完全信任之全权代表来渝,调

---

① 梁敬錞:《史迪威事件》,商务印书馆1973年版,第255页。

整予与史迪威间之关系,以增进中美之合作。"①罗斯福的态度则很坚决,于7月15日又电催蒋交出兵权。8月10日,美方电告蒋介石已令前陆军部长赫尔利,现以总统私人代表身份,偕美国驻华经济调查团团长纳尔逊来华。8月23日再催蒋交兵权。9月18日罗斯福第五次致电蒋,要求"必须立即委任史迪威将军,授以全权"②。此电由史迪威亲自交给蒋介石。蒋介石对此事非常恼火。9月19日,蒋在日记中写道,此"关系余平生最大的耻辱也"。

9月16日,赫尔利到达重庆。9月24日,蒋介石与之进行谈话,申述了他要求美国召回史迪威的原因。蒋介石列举了史迪威的种种不足,归根结底是史迪威不能对蒋介石的命令"表示绝对服从",而且竟敢违背他的"命令与意志"。本来担负调解蒋史二人关系任务的赫尔利却完全站在了蒋介石一边。赫尔利的态度助长了蒋介石的气焰,他向在美国的宋美龄和孔祥熙致电,让他们在与美国要人的接触中说明,召回史迪威问题"涉及立国主义、国家主权与个人人格,不能迁就",他已下了"最大决心"。③ 10月9日,蒋介石交给赫尔利一份长篇备忘录,把豫湘桂作战失败的责任完全归咎于史迪威。同日,他正式致电罗斯福总统,坚决要求美国召回史迪威。10月10日,赫尔利将备忘录和电报一起转达华盛顿,并加了一段按语,劝说罗斯福改变态度,答应蒋介石的要求。10月12日,赫尔利在给罗斯福的电报中说:"如果你在这场争论中维护史迪威,你将失去蒋介石,并且你还会连同失去中国。……美国势必在中国遭到失败。……我谨建议你解除史迪威的职务。"④于是,罗斯福下决心召回史迪威。10月18日,罗斯福电告蒋介石:召回史迪威,任命魏德迈为中国战区参谋长,兼任驻华美军司令官。10月19日罗斯福正式下令调回史迪威,另派魏德迈到中国接替史迪威之职,并任命赫尔利为驻华大使。"史迪威事件"至此结束。

美国召回史迪威反映了美国对华政策的深层次考虑。美国要支持中国继续抗战,但更为重要的是要扶持中国成为一个统一、稳定、亲美的盟国,成为美国战后在亚太地区的主要盟友,并帮助美国对付其他大国,主要是苏联,而蒋介石是美国认定的中国领袖。因此,美国的利益已经与蒋介石的个人地位密切相关,在这种情况下,当史迪威与蒋介石发生矛盾的时候,美国自然选

---

① 梁敬淳:《史迪威事件》,第256页。
② 同上书,第269页。
③ 同上书,第277—278页。
④ 熊志勇:《中国与美国——迈向新世纪的回顾》,第160页。

择站在了蒋介石一边。

2. 中英之间的争论

中英之间由于历史和现实的原因,相互之间的关系比中美关系还要复杂。第一,英国对日作战是为了维护它在远东的殖民体系。英国把它在亚洲殖民地排除在《大西洋宪章》适用范围之外。丘吉尔宣称:"只要我还在这里,我们就要坚持传统,毫不放松地保持帝国的完整。"①故在英国看来,远东的战争既是反法西斯战争,又是维护其殖民利益的战争。当两者发生矛盾时,英国便把后者摆在首位;中国则要求英国动员其在远东的力量投入对日抗战,为此应给予其殖民地自治权利。第二,英国担心一个强大的中国会对它在远东的殖民利益构成威胁,更怕中国会成为亚洲被压迫民族反殖民主义的榜样,形成与大英帝国抗衡的中心,所以总是不尊重、不承认中国的大国地位。中国抗战开始后,中英之间就发生"有田—克莱琪协定"、封闭滇缅公路事件等纠纷。太平洋战争爆发后,双方不仅就香港问题,而且在以下问题上也都发生争执。

滇缅战役问题:缅甸战争初期,英担心中国势力侵入缅甸,一直不愿让中国军队入缅作战。英军在缅作战败退时,中国远征军入缅,曾为营救英军做出巨大牺牲。但英军却不顾友军安危,临阵脱逃,陷中国军队于危险之中。中国军队退入印度后,英国还以"维护治安秩序"为名,欲解除中国军队武装,遭到拒绝。盟国讨论反攻缅甸时,英国一直态度消极。其间,美英曾一度确定两栖进攻的作战计划,英国从缅南进攻,中美从缅北进攻,但因英国拒不执行而告吹。

西藏和东北问题:如前所述,英国不仅在香港问题上顽固坚持殖民主义的立场,而且在中国西藏和东北回归问题上,阻挠中国捍卫主权。对于西藏,英国不断地玩弄花招,企图分离西藏与中国的关系。1943年5月,英国驻华大使曾对中国军队在青海集结表示质疑,而遭到了中国外交部的严正驳斥。蒋介石也表示,"西藏为中国领土,我国内政,决不受任何国家预问。……如其再提此事,应请其勿遭干预我国内政之嫌,以保全中英友谊"②。6月,英国外交部又在一份备忘录中表示,西藏的战略地位极其重要,必须由英国控制

---

① 罗伯特·达莱克:《罗斯福与美国对外政策1932—1945》下册,第612页。
② 中国第二历史档案馆编:《中华民国史档案资料汇编》第五辑第二编"外交",第593页。

西藏,把西藏从中国分离出去,使西藏成为印、苏、中三国之间的一个缓冲国。① 中英两国就西藏问题在开罗会议上发生争执。中方表示:"西藏本为中国领土之一部分,其与中国关系,纯属中国内政,切盼英方根本改变其过去对西藏所持之政策,俾中英能彻底了解,增进邦交。"② 而英国则坚持其错误立场。战后收回中国东北,是中国人民进行伟大的抗日战争最起码的要求。太平洋战争爆发后,国民政府曾多次发表声明表示战后要收回东北主权,并要求英国政府发表宣言支持中国的这一立场。但英国政府担心这样做会引起连锁反应,危及它在香港等地的地位和利益。因此,英国处心积虑地造成东北是一个"独立国家"的印象。国民政府多次对此提出抗议。英国官员甚至表示战后应该允许日本人在东北继续从事经济活动,这些言论引起了中国朝野的强烈不满。中国政府在这一问题上的坚决立场也为开罗会议明确宣布将东北、台湾和澎湖列岛归还中国奠定了基础。

战争贷款问题:1942年2月,当美国宣布给中国提供5亿美元贷款时,英国也宣布将给中国5000万英镑贷款,但英国的贷款却久拖不行。国民政府要求英方兑现诺言。英方则称这只是一个姿态,用以宣传,以鼓舞中国人民士气,并无付款打算。中方对此极为不满。双方进行两年多的交涉,1944年5月,顾维钧与艾登签订《中英财政协助协定》,确定英国对华贷款总额仍为5000万英镑,但直到战争结束,中国也没有完全得到英国的战争贷款。

3. 中苏矛盾加深

苏联在中国抗战最艰难的1941年与日本签订中立条约,使得中苏关系迅速变冷。太平洋战争爆发后,两国关系未见好转。由于苏联在中国新疆的动作带来更多矛盾。抗战爆发后,新疆是中国获取外援的重要通道,战略地位十分重要。然而,苏联通过与新疆地方军阀建立直接联系,逐渐扩大了在新疆的影响。1938年1月,苏联红军在扼制新疆与内地交通要道的哈密兴建营房、机场、电台、测象站。1940年11月26日,新疆军阀盛世才以新疆省政府名义与苏联签订《租借新疆锡矿合同》,其内容如下:(1) 苏在新疆有权探寻、考察、开采锡矿及附产有用矿物;(2) 苏有权进行地质勘探,地理测量,利用自然资源,设置水电,建电站,利用各式运输工具,建公路、铁路,装设电报、电

---

① 石源华、金光耀、石建国:《中华民国史》第十卷(1941—1945),第456页。
② 秦孝仪主编:《中华民国重要史料初编——对日抗战时期》第三编"战时外交"(三),第534页。

话,购置建筑材料;(3)苏可将矿物制成成品;(4)苏方可建一采锡公司,称为"新锡",并可设分所;(5)新政府应拨土地给"新锡",其中包括森林采伐,此系开采及获取建筑材料的区域;(6)新疆政府对"新锡"为本约所规定之目标的活动不得干涉;(7)"新锡"有权建立武装;(8)本约有效期50年。① 显然,这是一个不平等协定,体现了一种大国沙文主义的行为。苏联据此在新疆获得了很大的政治经济影响力。

德苏战争爆发后,盛世才转而投靠国民党,解散"反帝同盟",逮捕中共党员。7月16日,蒋介石会见苏驻华大使潘友新,指出今后凡涉及新疆与苏联关系事务概由中国中央政府负责。1943年4月间,苏联驻迪化领事面告盛世才:所有在新疆地质考察团(即"新锡"工作人员),完全停止工作,考察团成员一律撤回,一切机械运回苏联。盛世才亦声明:《新锡合同》作废,要求撤走探矿人员,独山子油矿设备亦全撤走。至此,苏联在新疆的直接军事和经济影响基本消失,但苏联仍在暗中保持对新疆地方势力的某种影响,国民党政府与苏联在新疆所形成的矛盾依然存在。

苏联在这一时期实现了对原属中国的唐努乌梁海的强占。辛亥革命前后,外蒙古宣布独立,影响到唐努乌梁海地区的各旗也宣布独立,沙俄乘机强占了该地区。1918年,北京政府曾一度将唐努乌梁海地区重新纳入其管辖之下,但苏联红军很快在清剿白俄军队的名义下占领了该地区。1921年,唐努乌梁海在苏联的策动下再度宣布独立,定国名为"唐努图瓦共和国",后改为"图瓦人民共和国"。苏联与之建立外交关系。1944年8月,图瓦人民共和国小呼拉尔非常大会通过宣言,"请求"苏联接纳该国为加盟共和国。10月,苏联最高苏维埃决议接受其"请求"。"图瓦人民共和国"遂改名为"图瓦苏维埃社会主义自治共和国",隶属于俄罗斯苏维埃联邦社会主义共和国。②

除此之外,苏联还贬低中国在世界反法西斯阵营中的地位,如前所述,拒绝出席开罗会议和对中国签署《普遍安全宣言》持消极态度等等,都是这种表现。苏联还在暗中支持新疆地方势力与国民党中央政府对抗,导致了南疆地区出现武装割据的状态,使得国民政府与苏联之间在新疆所形成的矛盾进一步激化。这一切导致国民党政府对苏联的不满,再加上其传统的反苏反共立场,使得中苏关系渐行渐远。

---

① 郭廷以:《俄帝侵入中国简史》,文海出版社有限公司1983年版,第97页。
② 沈志华主编:《中苏关系史纲——1917—1991年中苏关系若干问题再探讨》,社会科学文献出版社2011年版,第80页。

第四节 抗战胜利前夕的外交活动

在国际反法西斯力量的打击下，1944年，德意日在战场上处于下风。日本在太平洋战争上连连失败，中国则局部展开反攻。抗日战争结束前，国民政府越来越多地考虑战后的国内外布局，其外交活动主要是调整中美、中苏两组大国关系，以争取有利于己的格局。

1. 争取美国支持国民党政府

1944年，美国使馆曾按中共之要求，建议派美军观察组到延安。美国副总统华莱士来华后正式向重庆国民政府提出这一要求，蒋介石被迫答应。1944年6月9日，在华外国记者21人组成"西北参观团"先期到延安。1944年7月22日—8月7日，以包瑞德上校为首的美军观察组（"迪克西使团"）分批到达延安。蒋介石对此极为不满。

史迪威事件解决后，蒋介石积极争取美国支持国民党政府。新任中国战区参谋长的魏德迈十分注意协调与蒋介石的关系，积极主张加强对国民党的军事援助。曾来调解史迪威事件的赫尔利也特别注意搞好与蒋介石的关系。赫尔利临行之前，罗斯福总统向他阐述了他此次来华的目标。一方面是要防止中国崩溃，并使中国继续抗战，支持蒋介石的领导地位，调解蒋介石与史迪威之间的矛盾；另一方面也要帮助蒋介石解决中国政治问题，例如中央政府与中共的关系问题。根据罗斯福的指示，赫尔利来华后与共产党进行了接触。1944年10月，赫尔利与中共代表林伯渠、董必武在重庆会谈三次。11月7日，他飞到延安，与毛泽东举行两天会谈，就促进国共合作，全力打败日本，复兴中国，达成"五项建议"协议草案，双方签了字。内容是：（1）中国国民党与中国共产党应通力合作，为击败日本而统一国内武力，并共同致力于中国的复兴工作；（2）国民政府应即改组为一联合政府，军事委员会亦应同时改组为联合军事委员会；（3）联合政府所采取的政策，其目标应为：提倡进步与民主；主持公道及维护公民信仰自由、出版自由、言论自由及集会结社自由，"保护公民的人身权利及住宅不受侵犯"；（4）一切抗日武力应遵守并实施联合政府及联合军事委员会之命令；所有获自友邦之军事配备，应公平分配与各该武力；（5）中国的联合政府承认中国国民党、中国共产党及一切抗日政党的合法地位。赫尔利认为，这五点协议"是使共产党签订协议，将它们武装部队的控制权交给国民政府的唯一文件"①。

赫尔利回重庆见蒋介石时,蒋对此大为不满,提出三点反建议:(1) 中国共产党之武装改编为国军的一部分,在薪饷、津贴、军火等方面取得与其他部队同样的待遇;(2) 中共在抗战建国方面拥护国民政府,经由军事委员会将其部队交由国民政府统一指挥,中共高级军官可以参加军事委员会;(3) 中国共产党拥护三民主义,国民政府保障言论、出版、集会、结社等民主权利。

国民党提出的三点建议的目的完全是要中共举手投降,当然遭到中共方面的反对。周恩来曾一度从重庆返回延安,国共谈判陷于中断。1945年1月下旬,周恩来重返重庆,国民党为了做出一些新姿态提出四点新建议:(1) 在行政院下设立战时内阁;(2) 成立整编委员会,由美国军官一人,国共两方各一人组成;(3) 由一名美国军官作中共军队总司令,国共两方各任命一人为副司令;(4) 整编委员会成立后,政府承认中共合法地位。中共方面提出:"立即废除一党专政,成立民主的联合政府与联合统帅部,承认一切抗日党派的合法地位,取消一切镇压人民自由的法令,废除一切特务机关,停止一切特务活动,释放政治犯,撤退包围陕甘宁边区和进攻八路军、新四军的军队,承认中国解放区一切抗日军队及民选政府的合法地位等等。"②但是,蒋介石拒绝讨论成立联合政府的问题,公然宣称:"联合政府是推翻政府,党派会议是分赃会议。"③中共表示反对,会谈再次陷于中断。于是,赫尔利便完全倒向了蒋介石一方,以图压中共让步。

1944年11月17日,赫尔利被正式任命为驻华大使。在蒋介石的影响下,赫尔利和魏德迈都一致认为美国应支持蒋介石政府。1945年2月17日,赫尔利与魏德迈一起回国述职,行前他们向美国政府提出"反对美国援助中国共产党的建议"④。然而,在赫尔利和魏德迈回国述职期间,美驻华使馆艾哲逊和谢伟思等使馆官员向美国务院送交一份报告,指出美国支持蒋介石的政策必将加速促成中国的混乱局面,进而建议"总统用肯定的字句通知委员长,声言我们由于军事上的需要要与共产党人及其他有助于抗日的适当团体合作,并予以供应"。报告还提出,如果蒋介石拒不采取政治军事改革,就对

---

① 《中美关系资料汇编》第一辑,第142、148页。
② 《中共中央文件选集》第15册,中共中央党校出版社1991年版,第11—12页。
③ 陶文钊:《中美关系史:1911—2000》上卷,上海人民出版社2004年版,第262页。
④ 吴东之:《中国外交史:中华民国时期(1911—1949)》,第590页。

他采取"像丘吉尔对南斯拉夫问题所采用过的政策"①。赫尔利对这份报告大为不满,罗斯福从战后东亚格局考虑则对赫尔利表示支持,决定非经蒋介石同意,美国不能援助中共。罗斯福并指示赫尔利经伦敦、莫斯科回中国,以便"得到英国、苏联政府对美国支持蒋介石的政策的合作"。自此,在重庆国民政府的外交努力下,蒋介石得到美国的明确支持。

2.《雅尔塔协定》与《中苏友好同盟条约》

1944年初期,欧洲反法西斯战争的胜利已成定局,美国希望在远东对日作战问题上作出安排,并为战后安排作考虑,而解决远东问题应有苏联参加。因此,美国考虑在对苏关系上要确保两个目标:(1)苏联对日参战;(2)苏联保证支持国民党,不支持共产党。

6月10日,美驻苏大使哈里曼奉命会晤斯大林,讨论中国问题。斯大林在晤谈中表示同意哈里曼的意见,即蒋介石是唯一能使中国统一的人,应予以支持。1945年4月,赫尔利取道莫斯科返回中国时,苏外长莫洛托夫与之会谈时称:"中国共产党人实际上根本不是共产主义者,……苏联没有援助中共,也不愿中国发生内战。"②这表明在对待中国问题上,苏联首先看重的是自身利益。

随着德意帝国的迅速走向崩溃,日本在太平洋战争中节节败退,美英苏三国都感到胜利在望,需要开会讨论结束战争的方法及战后的安排。1944年10月,美方与苏方在商讨苏出兵攻日问题时,斯大林表示可在结束对德战争三个月后对日作战,条件是:(1)美国帮助在西伯利亚储备作战物资;(2)盟国间应在战后苏联领土等问题达成一政治协定,其内容是苏联与中日间的有关问题。1944年12月,斯大林向美国驻苏大使哈里曼提出了具体要求:(1)租借旅顺和大连两个港口及周围地区;(2)租借中东铁路和南满铁路;(3)承认外蒙古现状;(4)千岛群岛和库页岛南部应归苏联所有。1945年2月4—11日,美英苏三国首脑在苏联度假胜地雅尔塔召开会议。美国为了诱使苏联在结束对德战争后,迅速转向远东对日宣战,便背着中国与苏联就远东问题进行谈判,结果形成了一个秘密协议——《苏美英三国关于日本的协定》。其基

---

① United States Department of State, *Foreign Relations of the United States*, 1945, Volume Ⅶ, *The Far East: China*, U. S. Government Printing Office, Washington, 1969, pp. 242—246.
② United States Department of State, *Foreign Relations of the United States*, 1944, Volume Ⅵ, *China*, U. S. Government Printing Office, Washington, 1967, p. 97; *Foreign Relations of the United States*, 1945, Volume Ⅶ, *The Far East: China*, pp. 338—339.

本内容是:(1)维持外蒙古现状;(2)恢复1904年以前俄国在东北的"俄权利",大连商港国际化,苏联租用旅顺口为海军港,中苏共同经营中东铁路和南满铁路,库页岛南部及其邻近岛屿交还苏联;(3)千岛群岛交予苏联。这一协议违背了国际关系准则,美国背着中国,以牺牲中国权益换取苏联对日作战,是对中国主权的践踏。

1945年三四月间,美国通过各种渠道向中国透露了《雅尔塔协定》的主要内容。6月12日苏驻华大使彼得罗夫会见蒋介石,按照《雅尔塔协定》向中国提出了缔结中苏之间新条约的五项先决条件:(1)恢复旅顺之租借,建立苏联海军基地;(2)大连商港国际化,并保证苏联在该港有优势的权利;(3)在保持中国在东三省主权完整条件下,组织中苏合办公司,共同使用中东铁路和南满铁路;(4)关于蒙古人民共和国,应保持现状,即蒙古人民共和国为一独立国家;(5)库页岛南部及其接壤诸岛及千岛群岛应当归还苏联。蒋介石此时不得不询问美国的态度,企图获得美国的支持。但美国驻华大使赫尔利心于6月15日,奉命把雅尔塔秘密协定告知中国,并强调说,罗斯福在雅尔塔会议上同意并支持苏联的要求,他本人也支持这个协定。面对美苏两个盟友共同向中国施加压力,国民政府不得不吞下苦果,并派宋子文和蒋经国去苏联谈判。谈判中,双方在一系列问题上都存在巨大的争议。

然而,迅速变化的国际国内形势对国民党政府的决策产生了直接的影响。7月26日,《波茨坦公告》正式公布,盟国要求日本按照开罗宣言的内容无条件投降。8月5日,美国要求"中苏之间不能再达成使中国进一步让步的协议"。由于美国于8月6日在日本投下第一颗原子弹,苏联感到了压力,希望立即恢复谈判。8月8日,苏正式对日宣战,同时中苏重开谈判。谈判中,苏联又提出将把日本在东北的企业与财产划为苏军的"战利品"。国民党政府表示反对,认为东北工业"皆应归我国所有",对此"在订约之前应与之切商或声明也"①。对此,苏方表示日后再议。8月9日,苏联军队进入中国。同日,美国向日本投下第二颗原子弹。

为配合苏联红军作战,1945年8月10—11日,八路军总司令朱德连续发布关于受降和对日军展开反攻等七道命令,命令人民武装收缴日伪军武装。毛泽东于8月13日在延安干部会议上作《抗日战争胜利后的时局和我们的方针》,对当前的形势作了深入分析,提出了无产阶级革命的策略,对于以蒋介

---

① 秦孝仪主编:《中华民国重要史料初编——对日抗战时期》第三编"战时外交"(二),第642页。

石为代表的中国大地主大资产阶级政府实行"针锋相对,寸土必争"的方针,八路军、新四军主动出击,在胶济、津浦、陇海、平绥、北宁、德石、平汉、道清等铁路线控制若干据点,收缴日伪武装。以蒋介石为首的国民党政府在美国的支持下想独占抗战胜利果实,排斥中共武装力量的受降权。蒋介石要求中共领导的第十八集团军:"应就地驻防待命,""勿再擅自行动。"①

蒋介石担心东北为人民军所占,指令加速与苏谈判,主张在以下方面作出保证:苏联不援助中共,尊重中国领土主权之完整,不干涉新疆内政,规定苏军自东北撤退期限并须提供保证。在此基础上"中方可作重大让步"②。

就在日本正式宣布投降的前一天,中苏两国于8月14日正式签订《中苏友好同盟条约》,条约另附两项换文,以及《关于中国长春铁路之协定》、《关于大连之协定》、《关于旅顺口之协定》和《关于中苏此次共同对日作战苏联军队进入东三省后苏联军总司令与中国行政当局关系之协定》等。条约等文件的主要内容是:(1)双方在对日战争中"彼此互给一切必要之军事及其他援助与支持","不与日本单独谈判","不缔结反对对方之任何同盟"等。(2)苏联政府支持国民政府,尊重中国对东三省的完全主权和承认中国对该地区领土和行政的完整。苏联不干涉新疆内政。战胜日本后三个月,苏军全部从东北撤退。(3)宣布大连为自由港,旅顺口为中苏共同使用海军根据地。(4)中东铁路及南满铁路合并为中国长春铁路,由中苏共同所有、共同经营,为"纯粹商业性质之运输事业",恢复苏联对中东路的权利。(5)战后外蒙古举行公民投票,如民意赞成独立,中国承认之。

国民党政府之所以在日本投降的时刻签订严重损害中国主权的条约,是因为它要获得苏联对其统治中国合法性的承认,便于它接收东北主权,进而防止苏联支持中国共产党领导的人民武装控制东北。因此,国民党政府的这一行为突出地反映了其反共用意。

3. 中日密谈投降事宜

1944年下半年,日本取胜无望。日方希望尽快与中国方面联系,体面结束在中国的战争。国民党政府则也希望与日本接触,以便获得日本的默许进入沦陷区,取得对共产党的战略优势。10月,日本首相近卫之弟水谷川忠磨到上海与重庆代表徐明诚举行秘密会谈。徐明诚提出的条件是:日本首先停

---

① 吴东之:《中国外交史:中华民国时期(1911—1949)》,第621页。
② 同上书,第609页。

止对国民党正面战场的军事进攻,然后再举行"和平谈判"。日方表示接受这个条件。但在会谈时重庆方面要求必须采取"官方正式活动"的方式,而日外相重光葵则力主暂取"静观",谈判未能进行。

1945年初,德国溃败。5月8日,德国正式签署了无条件投降书。日本也处于失败之势。4月后,广西日军沿湘桂线向湖南撤退。5月下旬,国民政府军收复南宁,6月下旬收复柳州,7月下旬收复桂林。7月8日,日驻华军副参谋长今井武夫与中国河南第十战区副司令长官兼第十五集团军总司令何国柱在河南新站集密谈。今井要求双方直接谈判停战,提出对伪满和汪伪的处理不能有违日本的"道义责任"。而何国柱强调中国是同盟国的一员,不能违背国际义务与日本单独媾和,日本必须向盟国投降,中国可以将日本的愿望转达给盟国。今井认为双方的理解差距过大,建议将会谈结果各自向本国政府报告,听候指示。

蒋介石与日本密谈的目的是,促使日本撤出中国,以打消苏联出兵的借口,并使国民政府军尽快进入沦陷区,以压制共产党的抗日人民武装。由于双方观点差距很大,以及盟国之间有过不能单独对日媾和的承诺,致使密谈难以深入,无果而终。

1945年8月15日,日本正式宣布无条件投降。9月2日,代表日本政府的重光葵外相、代表大本营的梅津美治郎参谋总长在停泊于东京湾的美国的"密苏里"号军舰上正式签订投降书,盟军最高统帅及包括中国代表徐永昌将军在内的各盟国代表签字,接受日本投降。9月9日,在南京原中央军校礼堂,日本驻华侵略军代表冈村宁次和中国政府的代表何应钦分别在日军降书上签字。中国人民的抗日战争终于结束了,给人类带来巨大浩劫的第二次世界大战也正式结束。

小　　结

太平洋战争爆发后,国际形势发生了有利于中国的变化。中国迅速抓住机会,对日、德、意等轴心国宣战,并加入世界反法西斯阵营,成为同盟国的重要成员之一。在这种情况下,中国的国际地位也迅速得以提升。中国一方面加强与亚洲国家的联系,同时与美、英等国签订新的条约,收回了一部分中国国家主权,更为重要的是,中国成为四大国之一以及联合国的创始会员国和安理会常任理事国。这种国际地位的变化对于战后直到今天的中国外交都有着极其重要的意义。但值得指出的是,中国的大国和战胜国地位的取得是有一定条件的。其中,太平洋战争的爆发让国民政府盼来了有利的国际形势和对日作战的同盟者;美国出于战后格局的考虑扶植国民政府,对提升中国国际地位产生了重要作用。正因为中国实力有限,美苏英等大国在关键问题上仍无视中国的权益,而重庆国民政府从反共利益出发容忍甚至接受那些侵权的做法,致使中国平等的大国地位打了很大的折扣。抗日战争以中国胜利告终,但中国人民争取独立的斗争尚未完成。

思考题

1. 分析抗战后期国民党政府争取大国地位的外交努力。
2. 开罗会议的意义何在?对后来的中国外交产生什么影响?
3. 抗战期间,中国与美英苏存在哪些分歧?为什么说中国大国地位是虚弱的?
4. 分析《雅尔塔协定》与《中苏友好同盟条约》。

参考书目

胡德坤、彭敦文:《战时中国对日政策研究(1937—1945)》,社会科学文献出版社2010年版。

王真:《抗日战争与中国的国际地位》,社会科学文献出版社2003年版。

吴孟雪:《美国在华领事裁判权百年史》,社会科学文献出版社1992年版。

第十六章
南京国民政府外交的终结

经过长期的艰苦抗战,中国人民终于赢得了抗日战争的最后胜利。在战时,中国与世界上主要盟国的关系并不是一帆风顺的,中国与美、英、苏等国家都产生了这样那样的摩擦。经过一系列的互动,蒋介石领导下的国民政府得到美国和苏联政府支持的承诺,以便其在战后与共产党较量,为此国民政府让出了中国的众多权益。这就在中国形成了错综复杂的美、苏、国、共四角关系,这种复杂的关系对战后中国的内政和外交产生了深远的影响。一方面,南京政府忙于处理日本投降所带来的各种事务,并争取扩大中国在国际上的影响;另一方面,国共之间的内战使南京政府越来越倒向美国。

第一节 对日受降与战争问题的处理

日本战败后,中国作为战胜国,与各盟国一起接受日本的投降,享受胜利的喜悦。过去数年,甚至数十年国家所受的屈辱,逐渐得以洗刷。对于日本长期以来对中国的侵略,战胜后的中国国民政府出于各种考虑,采取了"以德报怨"的政策。

1. "以德报怨"与对日受降

1945年8月14日,日本裕仁天皇颁布《停战诏书》,宣布接受《波茨坦公告》,无条件投降。同一天,蒋介石在重庆发表《就抗战胜利告全国军民及世界人士书》的广播讲话,其中讲道:

> 我中国同胞们须知,"不念旧恶"及"与人为善",为我民族传统至高、

至贵的德性。我们一贯声言,只认日本黩武的军阀为敌,不以日本的人民为敌。今天敌军已被我们盟邦共同打倒了,我们当然要严密责成他忠实执行所有的投降条款;但是我们并不要报复,更不可对敌国无辜人民加以污辱,我们只有对他们为他的纳粹军阀所愚弄,所驱迫而表示怜悯,使他们能自拔于错误与罪恶。要知道,如果以暴行答覆敌人从前的暴行,以奴辱来答复他们从前错误的优越感,则冤冤相报,永无终止,决不是我们仁义之师的目的。这是我们每一个军民同胞今天所应该特别注意的。①

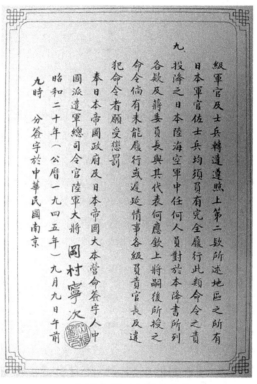

日本投降书日方签字部分

蒋介石这个讲话通常被称为"以德报怨"讲话,而国民政府也基于这种想法,对战败的日本采取了"以德报怨"的政策。其中最重要的内容之一就是对日本战俘和侨民的大遣返。日本投降后,在中国境内的战俘与侨民多达213万余人,加上苏联接收的东北地区160万侨民,总数超过370万人。从战后至

---

① 熊志勇、苏浩、陈涛:《中国近现代外交史资料选辑》,第340页。

日本投降书中方签字部分

1946年底,中国政府调用了大量人力、物力,陆续将这些人平安地遣送回国,对于伤病者还实行特殊护送。中国政府的这一做法,使包括日本在内的几乎所有国家都感到意外。

此外,尽管盟国曾经决议要派军队占领日本,美国也在战后邀请蒋介石协助盟军占领日本,但最后中国国民政府还是表示,不向日本派遣占领军。

"以德报怨"的政策虽然对于化解两国民族矛盾、解决诸多问题有积极作用,也为中国赢得了良好的国际声誉。但这种对日本的宽大政策却是与中国国内政治斗争的需要联系在一起的,给以后的中日关系留下障碍。蒋介石政府通过此项政策来拉拢日本、防止共产党因受降而扩充实力。在发表"以德报怨"讲话后不久,蒋介石即向原驻华日军指挥官冈村宁次发出命令,要求日军停止军事行动,保持现有态势,一切听候中国陆军总司令何应钦的指挥。

9月9日,中国战区的受降仪式在南京陆军总部大礼堂举行,共有各国军官及记者400余人出席。中方总代表为何应钦,日方代表为冈村宁次。仪式结束后,何应钦发表讲话,宣布中国将走上和平建设的道路,开创中华民族复兴的伟业。

南京受降仪式

根据盟国所划定的受降范围,中国战区的受降范围包括中国大陆(东三省为苏联受降区)、台湾以及越南北纬十六度以北地区。为此国民党划分了15个受降区,受降自9月11日开始,到10月中旬结束。其中,9月28日,中国占领军在河内接受了日军投降。在此之前的8月18日,中法两国在重庆签订《交收广州湾租借地专约》,法国将曾被日本占领的广州湾租借地归还中国,以表示对中国的友好。

然而,在中国的受降范围中,香港却成为一个例外。按照受降区域的划分,香港属于中国战区,应该由中国受降,但此事却受到英国的阻挠。实际上,早在1942年中英新约谈判时,中国就提出归还九龙租借地和香港的问题,但英国表示拒绝。至二战结束前,中国又几次努力,希望借机收回香港;美国也曾建议香港主权交回中国,中国将其开为自由港,但这些提议都遭到英国的反对。日本投降后,中国政府派遣军队开进新界、南九龙,准备渡海进入香港岛,接受日军投降。但是,英国方面宣称:香港是英国的海外领地,英国作为一个主权国家,可以不受战区限制,向香港日军受降。英国随后派出一支舰队前往香港。中国政府希望由美国出面劝阻英国,但英国首相艾德礼也致电美国总统杜鲁门,要求他指示盟军最高统帅麦克阿瑟部署香港日军向英军投降事宜。杜鲁门随后按照英国要求办事,并同时通知中国。蒋介石对此十分不满,当即致电杜鲁门,恳请不要对《波茨坦公告》和麦克阿瑟原来发布的投降条款作任何片面的修改,以免带来更多的问题。他建议让日本先向中国政府投降,美英可派代表参加,然后由蒋介石授权英国部队登陆并重新占领香港。而美方坚持英国在香港的主权,中国军队不得不撤出九龙。几经交涉,英国最终同意采取委托受降的方式。1945年9月16日,香港受降仪式在香港总督府举行,中国派代表参加。但英方根本无视中国的存在,完全以香港的解放者自居,甚至严禁当地居民悬挂中国国旗进行庆贺。

2. 台湾回归祖国

台湾自古以来就是中国的领土。1895年,日本根据不平等的《马关条约》强行割占台湾,对台湾进行了长达五十年的殖民统治,这是殖民时代强权政治的产物。

1943年12月1日,中、美、英三国共同发表的《开罗宣言》针对日占领中国领土提出:"三国之宗旨在剥夺日本自1914年第一次世界大战开始后在太平洋所夺得或占领之一切岛屿,在使日本所窃取于中国之领土,例如满洲、台湾、澎湖群岛等,归还中华民国。日本亦将被逐出于其以武力或贪欲所攫取之所有土地。"①宣言谴责了日本自甲午战争以来对中国的侵略,确认了中国对东北地区、台湾、澎湖群岛的固有主权,肯定了中国收复这些地方的神圣权利。这一宣言因此具有重大意义。

1945年7月26日,中、美、英三国首脑在《波茨坦公告》中又重申:"开罗宣言之条件必将实施,而日本之主权必将限于本州、北海道、九州、四国及吾人所决定其他小岛之内。"②日本天皇在8月14日的投降诏书中明确表明:"朕深鉴于世界大势及帝国之现状,欲采取非常之措施,以收拾时局,……已饬令帝国政府通告美英中苏四国愿接受其联合公告。"③在9月2日的投降书中,日本也明确表示承认接受《波茨坦公告》。

二战末期这些具有法律效力的国际文件,使得中国收回台湾具有了坚实的法律依据。中国政府在日本投降后即着手收复台湾工作,并做了大量的细致的准备。1945年9月1日,陈仪被任命为台湾省行政长官兼警备总司令,负责台湾的接收与日后行政管理。从10月17日起,中国军队陆续在台湾基隆和高雄登陆。10月24日,陈仪由重庆到达台北。

10月25日上午9时,具有历史意义的受降仪式在台北公会堂举行。出

---

① 熊志勇、苏浩、陈涛:《中国近现代外交史资料选辑》,第336页。
② 复旦大学历史系中国近代史教研组编:《中国近代对外关系史资料选辑(1840—1949)》下卷第二分册,第283页。
③ 复旦大学历史系编译:《日本帝国主义对外侵略史料选编(1931—1945)》,第551页。

席受降仪式的中国受降主官为台湾行政长官兼台湾警备总司令陈仪,日方投降代表为原台湾总督兼第十方面军司令官安藤利吉,此外还有中方驻台部队的将领、国民政府各部委驻台代表、台湾各界代表及美军联络组顾问等共约300人。陈仪和安藤利吉分别代表中国国民政府和日本政府在日本投降书上签字。安藤利吉递交投降书后,陈仪即发表演说,宣布:"从今天起,台湾及澎湖列岛已正式重入中国版图,所有一切土地、人民、政事皆已置于中华民国国民政府主权之下"。① 至此,台湾终于又回到祖国的怀抱。举行受降仪式的10月25日也因此被定为"台湾光复节"。

在台湾的受降仪式

3. 对日本战犯的处理

战争结束后,另一个重大的工作就是对战犯的处理。日本战败投降后,一些恶贯满盈的日本战犯自知罪责难逃,纷纷以自杀的方式结束了罪恶的一生。第一个畏罪自杀的是日本陆军元帅杉山元,原关东军司令官本庄繁,原内阁首相、侵华主谋之一近卫文麿等也相继自杀。1946年1月19日,盟国占

---

① 中国第二历史档案馆:《抗战胜利后台湾日军投降及南京国民政府军事接收档案资料选(下)》,载《民国档案》1989年第1期,第35页。

领军总司令麦克阿瑟发布特别公告,宣布在日本东京成立由中国、美国、苏联、英国、法国、荷兰、印度、加拿大、新西兰、菲律宾、澳大利亚十一国法官和检察官组成的远东国际军事法庭,对日本战犯进行审判。《远东国际军事法庭宪章》也于同日公布。根据宪章,法庭有权审理三种犯罪:破坏和平罪、普通战争犯罪及违反人道罪。犯有这三种罪行的战犯通常分别被称为甲级战犯、乙级战犯和丙级战犯。国际军事法庭以审判甲级战犯为主,乙、丙级战犯主要由设在各受害国的法庭单独审理。此次审判就是"东京审判",中国派出法学界权威、立法院立法委员梅汝璈出任法官。

1946年4月29日,经过认定,远东军事法庭对以东条英机为首的28名甲级战犯正式予以起诉,并于5月3日开始进行审理。28名战犯包括头号战犯东条英机,提出灭亡中国"广田三原则"的广田弘毅,特务头子、"中国通"的土肥原贤二,"九一八"事变主谋之一板垣征四郎,南京大屠杀的罪魁祸首松井石根,积极策划发动侵略中国的小矶国昭,原日本中国派遣军总司令畑俊六,《何梅协定》的策划者梅津美治郎,日本战时外交路线的策划者和执行者东乡茂德等人。东京审判持续了两年多的时间,至1948年11月12日才结束。其间共开庭818次,有419名证人出庭作证,受理证据4336份,英文审判记录48412页。判决书长达1231页,从1948年11月4日起开始宣读,到11月12日才读完。判决书确认,日本的内外政策在其受审查时期,即1928至1945年间,都是旨在准备和发动侵略战争。28名甲级战犯中,被判处绞刑的东条英机等7人于1948年12月23日在东京巢鸭监狱被执行绞刑,木户幸一等16名被判无期徒刑,其余也受到其他刑罚。

除参加东京审判之外,中国作为战胜国,分别在保定、东北、南京、广州、上海、济南、武汉、太原、台湾等地设立军事法庭,审判在侵华战争中犯有严重罪行的日本乙级和丙级战犯。国民政府开列日本重要战犯名单261人,其中一些是甲级战犯,已由远东国际军事法庭起诉处理,其余为日军侵华部队的重要将领、战时日本的重要人物,以及伪政权的主要顾问等。但侵华日军总司令冈村宁次和侵华日军参谋长小林浅三郎等人却未被列入此名单。在国内外舆论的压力下,1948年7月,南京政府才以"战犯嫌疑罪"的名义开庭审理冈村宁次。但1949年1月,法庭宣告冈村宁次"无罪"释放。

1946年2月15日,南京审判战犯军事法庭成立,主要审理制造南京大屠杀惨案的日本战犯。法庭根据调查和民众的控告信,向东京盟军总司令部提出,要求将南京大屠杀的主犯和其他罪大恶极的战犯引渡到中国,接受中国对他们的审判。1946年8月,被盟军总部关押在巢鸭监狱的乙级战犯谷寿夫被引渡到南京，于1947年3月10日被判处死刑，并于4月26日执行枪决。1947年5月，中国外交部又要求引渡进行"杀人比赛"的战犯向井敏明和野田毅。两人被引渡到南京后，于1947年12月18日被判死刑，并于1948年1月28日被处决。

从1945年12月中旬起至1947年底，中国各地的军事法庭共受理战犯案件2435件，被判刑的日本战犯400余名，其中判处死刑的共141名，其余都被无罪遣返。被判刑者到1949年初也都陆续被遣返回国。①

第二节 国际舞台上的外交活动

1946年5月5日，中国国民政府正式从重庆还都南京，战时状态宣告结束。国民政府积极在国际舞台上展开外交活动，希望中国能作为一个独立国家，与其他大国一样平等地参与国际事务，突显自身作为大国的国际地位和国际责任。

1. 参与联合国的组建

联合国是二战后中国外交的一个重点。1946年3月，国民党六届二中全会在《对于外交报告之决议案》中，特别提出，中国外交政策方针是："我国为联合国安全理事会五常任理事国之一，所负责任特别重大。今后自应根据一贯政策，与美、苏、英、法诸大盟邦及其他爱好和平之国家密切合作，以加强联合国之组织，而求国际间各项问题之合理解决。"②

中国积极参与了联合国的酝酿、成立与发展。《联合国宪章》签字仪式于1945年6月举行后，各国随即按照旧金山会议的商定，设立联合国筹备委员会，从而在联合国尚未正式成立之前，执行规定职务，拟定临时办法，为整个联合国主要机构的正式成立做准备。筹委会设在伦敦，由宪章签字国各派一名代表组成，在旧金山举行了第一届会议。筹委会下设执行委员会，在筹委会闭会期间行使其职权，为联合国的正式成立提出计划，尤其是为联合国第一届大会提出计划。执行委员会由澳大利亚、巴西、加拿大、智利、中国、捷克

---

① 中华人民共和国成立后，从苏联政府接收了969名战犯，加上解放军后又逮捕的战犯，共1109人。新中国政府仅对部分犯有严重罪行的战犯进行起诉，对次要和一般战犯不予起诉，有47人在关押期间死亡。从1956年开始，鉴于大部战犯对自己的罪行已有不同程度的悔改，决定对他们按照宽大政策予以处理。到1964年，在中国的战犯全部被释放回国。

② 荣孟源：《中国国民党历次代表大会及中央全会资料》下册，第1049页。

斯洛伐克、法国、伊朗、墨西哥、荷兰、苏联、英国、美国、南斯拉夫14国代表组成,中国代表为顾维钧,他还被推选为执行委员会轮流担任的五主席之一,这是中国第一次在重要国际会议上担任主席。按照规定,筹委会在联合国秘书长选定后即行解散,因此,筹委会及其执行委员会实际上是联合国正式机构成立之前的过渡组织,其重要性可想而知。中国在此机构中扮演重要角色,为联合国的成立作出重要贡献。

1945年10月15日,波兰补签了《联合国宪章》。这样,51个宪章签字国成了联合国创始会员国。10月24日,《联合国宪章》正式生效,联合国宣告正式成立。中国不仅成为联合国创始国,而且作为一个大国成为联合国安理会常任理事国。这是战后中国国际地位提高的重要标志,也是中国在反法西斯战争中发挥大国作用的结果。

联合国成立后,中国积极参与其各项工作与活动。1947年9月5日,南京政府派外交部长王世杰为首席代表,顾维钧、蒋廷黻等为代表,出席联合国第二届大会,参与讨论当时争执十分激烈的否决权问题。

此外,中国与联合国之间也进行了其他一些合作。1945年11月14日,联合国救济善后总署与中国签订了给予中国救济的协定。1948年5月21日,南京政府又与国际儿童急救基金会签订协议,在救济儿童、少年、孕妇、乳母方面获得联合国的援助。

2. 发展同更多国家的关系

战后中国欲全面开展外交工作,首先要解决的是废除对华不平等条约的问题。在1943年中国与英、美两国分别签订新约,废除在华各项特权之后,中国又陆续与比利时、卢森堡、挪威、加拿大、瑞典、荷兰签订了废除不平等条约的条约、协定或换文;作为英联邦国家,澳大利亚和南非则与英国同例办理;秘鲁也于1943年宣布放弃在华特权。二战结束后,中国又继续与法国、瑞士、丹麦、葡萄牙等国订立了类似的文件;日本和意大利作为战败国自然无法再保持其特权。

在取消旧有的不平等条约后,南京国民政府又制定了一系列条款来处理遗留问题,如"执行收回法权各约须知"、"接收租界及北平使馆界办法"、"清理各国在华官有资产、义务及债务暂行条例"等。

为了符合其大国地位,南京国民政府也积极谋求与各国建立和发展外交关系。到1947年,中国与24个国家有了大使级外交关系,有公使级外交关系的国家达17个,驻外领馆有76个。南京国民政府还相继与多米尼加、伊拉克、古巴、巴西、阿富汗、墨西哥等国家签订友好条约,并着手与英国、法国、荷兰、泰国、智利、阿根廷、印度等国商讨订立通商条约。

根据《中苏友好同盟条约》,1945年10月20日,外蒙古举行全民投票决定是否独立,南京政府派内政部次长雷法章前往视察。24日,外蒙古中央选举委员会副主席宣布参加投票的97%的人赞成独立。1946年1月5日,蒙古人民共和国部长会议、大国民会议和人民革命党中央委员会联席会议通过了有关独立的决议。同日,南京国民政府发表公告,承认外蒙古的独立。随后,国民政府表示愿意与蒙古建立外交关系,但后来由于冷战局势和中苏关系的变化,中蒙未能建立正式外交关系。

南京政府还致力于开展多边外交。1947年6月,南京政府在上海召开联合国远东经济委员会会议,到会的除中国外,还有澳大利亚、美国、英国、法国、印度、泰国、菲律宾、缅甸、苏联等十个国家的代表。中国外交部长王世杰在会议上致辞,称:"在中国开这种性质的会议,这还是第一次,深感荣幸。"同年9月15日,又在南京召开全国对外贸易会议,参加会议的除了有国内19个省市的代表之外,还特别邀请了东南亚及墨西哥等地的华侨商会代表参加,以其开拓对南洋的商务,加强同亚洲、南美各国的关系。

这一时期,中国成为关税及贸易总协定(GATT)的创始国。二战后,为了建立世界自由贸易秩序、消除各国关税与非关税壁垒,1947年10月30日,包括中国在内的23个国家的代表在日内瓦签署了一项多边协定——关贸总协定。1948年4月21日,中国政府签署了关贸总协定《临时适用议定书》,并从1948年5月21日开始,正式成为关贸总协定的缔约方。①

尽管南京国民政府在外交活动上十分积极,但由于中国在抗战结束后不久即陷入内战,受国内局势的影响,其在外交方面的成就也比较有限。

而在对海外侨民的保护方面,南京政府则显得不够得力。虽然政府曾明确表示要保护各国华侨的合法权益,但在现实中,当越南、印度尼西亚、泰国等地华侨利益受损,南京政府却未能进行强有力的交涉。

第三节 内战期间的中美关系

国民政府试图在国际事务中发挥大国的作用,但国内形势的变化迫使国

---

① 由于南京政府是在1946年与美国谈判《中美友好通商航海条约》时被迫接受了自由贸易的原则,才成为关贸总协定的发起国,1950年台湾当局出于对美国的不满,宣布退出关贸总协定。

民政府更多地考虑如何运用外交资源来为内战和其统治而服务,这就决定了它很快倒向美国。二战结束时,美国已经成为超级大国,国民党政府希望利用美国的援助和支持来巩固自己的政权。而美国从其全球战略出发,在中国问题上也表现得很积极。

1. 抗战结束初期的国内形势

抗日战争时期,蒋介石国民党暂时停止了对共产党的武装进攻,国共联合抗日。但在抗战结束后,国共之间的矛盾重新成为主要矛盾。而对于此时的国民政府来说,共产党在抗战中力量的壮大更是成为其心头大患。

至1945年9月,共产党已拥有127万人的军队,268万以上的民兵,120余万党员,19个解放区及其1亿多人口。中共领导的人民武装力量的扩大,改变了国共两党的力量对比,双方力量的对比已由抗战开始时的18.88:1,降为4.1:1。这个变化是蒋介石不愿看到的,也是他最为担心的。因此在抗战结束后,蒋介石在处理战后问题、开展大国外交的同时,也在积极为内战做准备。

在战争结束初期,国民党主要从两方面来为自己赢取优势地位,限制共产党的进一步发展,即一方面邀请共产党进行和平谈判,另一方面积极抢占战略要地。

抗战胜利之时,蒋介石于8月14日、20日、23日三次电邀毛泽东赴重庆"共商国家大计",并由美国驻华大使赫尔利和国民政府军事委员会政治部部长张治中飞赴延安迎接。为了表明中共的合作态度,8月28日,中共中央派出毛泽东、周恩来、王若飞为代表,由延安飞赴重庆与国民党进行谈判。

与此同时,蒋介石千方百计地抢占主要城市和交通要道。由于国民政府的军队大都在大后方,所以它一方面争取日本方面的配合,要求日军只向国军缴械,另一方面向美国求援,力促美军在中国沿海港湾,特别是广州、青岛、秦皇岛等地登陆,还请求美方派飞机迅速空运国民政府军。美国出于其全球战略的考虑,对此表示赞同和支持。美国参谋长联席会议指令魏德迈全面援助国民政府军队夺取日军所占领的地区和武器装备,并将协力中国政府控制主要的港口和交通中心。从8月27日开始,美国帮助国民政府从空中、海上和陆上向东北、华北、华中和华南地区运送部队,抢占日军投降后的真空地带。据统计,自抗战结束到1946年7月,美国帮助国民党政府运送的兵力达50余万人。这些兵力被分布在东北、华北等重要地区,在后来蒋介石发动的内战中发挥了重要作用。此外,在国民党尚未到达之前,美国还直接派出军队占领一些战略要地。9月26日,美国派出海军陆战队两个师开赴中国海岸,于30日在塘沽登陆,"接收"天津;随后美军又在秦皇岛、青岛等地登陆。到1945年底,美国驻华军队最多时达11.3万人。①

对于国民政府抢占战略要地的做法,中共中央采取了"针锋相对、寸土必争"的方针,在国共重庆谈判的同时,以"向南防御、向北发展"的态势,对仍盘踞在中国领土上拒不投降的日军和伪军发起进攻,迫使他们投降,先后收复了华北、东北、华东的190座城市及广大农村。

2. 马歇尔调处

尽管在1945年10月10日,国民党与中共在重庆谈判中达成协议,提出避免内战、和平建国的原则,但实际上,双方的军队冲突不断。这一形势表明,中国可能会发生内战。为了加强实力、准备内战,蒋介石向美国提出援助要求。

对于美国而言,首先,雅尔塔会议后,美国和苏联各自在远东地区经营自己的战略,中国是其远东战略中的重要一环,美国力图在中国扶持一个亲美反苏的政权,以遏制苏联。因此在反共这一点上,美国与蒋介石国民党是一致的。但是另一方面,美国并不希望中国发生内战。第二次世界大战的硝烟尚未散尽,战争必然会招致世界人民的反对。而且,此时的美国正计划复兴欧洲,也无法再投入更多的人力物力到中国的内战之中。出于这些考虑,美国总统杜鲁门任命原参谋长联席会议主席乔治·马歇尔将军为总统特使,前往中国以调解中国的国共矛盾。

马歇尔于1945年12月到达重庆。在他的参与和推动下,国共两党于1946年1月5日达成停止一切军事冲突的协议。同日,由中共代表周恩来、国民党代表张群和美国总统特使马歇尔组成的三人小组成立,三人小组随后于1月10日正式发布了《停战协定》。协定于13日正式生效,其中规定:"(一)一切战斗行动立即停止。(二)除另有规定者,所有中国境内军事调动一律停止。惟对于复员、换防、给养、行政及地方安全必要之军事行动,乃属例外。(三)破坏与阻碍一切交通线之行动立即制止,所有阻碍该项交通线之障碍物,应即拆除。(四)为实行停止冲突,立即于北平成立军事调处执行部。该部由三委员组织成,一人代表中国国民政府,一人代表中国共产党,一人代表美国。所有必要训令、命令应由三委员一致同意,以中华民国国民政

---

① 陶文钊:《中美关系史:1911—2000》上卷,上海人民出版社2004年版,第287页。

府主席名义经军事调处执行部发布之。"①按照协定,由国民党代表郑介民、共产党代表叶剑英和美国代表罗伯逊组成"军事调处执行部",以负责《停战协定》的监督执行。

马歇尔调处

在《停战协定》签订的当天,以解决国共冲突为目标的政治协商会议在重庆国民政府大礼堂开幕。在38名政协会议代表当中,有中共代表7人,国民党代表8人,青年党代表5人,此外还有民盟和社会无党派人士代表。1946年1月31日,会议签订了"政协五项协议",内容涉及政府组织、和平建国、国民大会、宪法草案和军事问题等诸多方面。

根据"双十协定"和政协决议,三人小组②于2月14日开始工作。25日,国共双方又达成了军队整编的基本方案,规定一年之后全国军队整编为108个师,其中中共军队占18个师;一年半后缩编为60个师,其中中共军队10个师。整军方案签订后,4月,马歇尔与国共双方代表到华北、华东、华中各地巡视,检查停战命令的执行情况,历时7天。

停战协定、政协决议和整军方案是在马歇尔的调处下,国共双方及其他各界代表共同努力的结果。然而此时国共双方仍然在一些地区存在军事冲突,尤其是东北地区。1946年1月,中共在东北已有20余万军队,控制着一批中小城市。随着越来越多的国民党军队被运抵东北,他们步步进逼中共控制的解放区。国民党军队在4月初相继侵占已由中共军队所控制的海城、鞍

---

① 《中美关系资料汇编》第一辑,第630页。
② 此时国民党方面改派张治中为代表。

山、昌图等城市,随后向四平发起猛攻。中共军队在坚守四平的同时,于4月18日占领由国民党收编的原伪军驻守的长春。

4月19日,马歇尔返回重庆与蒋介石会晤。蒋介石反对继续执行对中共妥协的政策,抱怨美国对其支持不够。但马歇尔认为继续调处对蒋有利,不同意采取公开内战的做法。4月22日,他向蒋介石提出,国民党军在东北如果不与共军妥协,美国就将停止运送国民党军到东北并将撤退海军;同时他也向周恩来提出,只要中共退出长春,其他问题就可谈判解决。周恩来强调东北应无条件停战,反对国民党再增兵东北。但在23日,马歇尔一方面提出东北停战草案,另一方面决定再运国民党两个军到东北。国民党方面对此仍不满足,又提出长春路沿线两侧30里以内地区由国民党军队接收等要求作为停战的条件。在谈判中,马歇尔无法说服蒋介石,于是他更多地对中共施加压力,遭到中共方面的抵制。谈判一直未能有结果。

6月26日,国民党军队公然在中原地区向中共军队发起大规模进攻,挑起全面内战。中共代表团为此发表声明,谴责蒋介石破坏停战协定的行为,表示中共仍将坚持争取和平、反对内战的立场。国民党发动全面内战后,三人小组实际上已无法解决问题。

国民党军队不断地向解放区发起进攻。10月11日,国民党军队占领中共在华北的重要政治军事中心张家口。中旬,马歇尔提出按双方军队实际控制线停火的建议,实际上是在包庇国民党的军事行动,自然遭到中共方面的反对。11月15日,国民党违背政协决议,单方面宣布召开国民大会,遭到中共的强烈谴责。19日,周恩来离开南京回延安。马歇尔调处失败。1947年1月6日,杜鲁门宣布召回马歇尔出任国务卿。

3. 订立《中美商约》

1943年中美新约规定,两国在战争结束后6个月内进行谈判,签订一项友好通商航海条约。1945年4月,美方便将中美商约的草案交给中方,随后中美双方就这份约稿做了初步的讨论。中方坚持要平等互惠,并要兼顾中国的经济政策;美方强调优惠保障的必要性。正式谈判于1946年2月5日开始,最初在重庆,后移到南京。谈判集中于3个问题:外国公司的法律地位、国民待遇以及最惠国条款。经过9个月的谈判,11月4日,《中美友好通商航海条约》在南京签字。该条约的谈判如此艰难是因为美国要在战后建立全球的自由贸易体系,它把这个理念及相关要求强加给南京政府。为了取得美国在战后的支持,南京政府最后做出了妥协。

条约内容十分广泛,最关键的是第十五条规定:"缔约双方,对于得由志愿相同之所有其他国家参加之方案,而其宗旨及政策,系求在扩大基础上扩充国际贸易,并求削减国际商务上一切歧视待遇及独占性之限制者,重申其赞同之意。"这就是表示对自由贸易的认同。

其他主要规定如下:

(1) 缔约一方的国民在彼方享有居住、旅行及从事经商、制造、科学、教育、宗教及慈善事业的权利,为此可以取得、保有、建造、租赁房屋和租赁土地,并与彼方的法人及团体待遇相同。

(2) 此方出口商品,关税享受彼方给予第三国的优惠待遇。美国法人及团体在中国种植、出产或制造的物品所纳内地税及输出中国享有国民待遇。

(3) 此方船舶应与任何第三国船舶一样,享有装载货物前往彼方任何开放口岸、地方及领水的自由。一方以后若以内河航行权或沿海贸易权给予任何第三国时也应以同样的权利给予彼方。

(4) 缔约一方对他国采取军事行动时,另一方在对方国家的公民应参加所在国陆海军服役。

(5) 应允许双方在对方自由开办学校和进行宗教活动,不得阻止"具有历史、考古或艺术价值之国家宝物之输出者"。①

这个条约从文字上看,似乎双方享有对等的权利,但由于中美两国经济实力悬殊,文化教育水平存在巨大差距,事实上条约是单方面对美国有利。

在此前后,国民政府还同美国签订了其他一系列协定条约,如《美国在华空中摄影协定》(1945年11月)、《中美三十年船坞秘密协定》(1946年9月)、《中美空中运输协定》(1946年12月)、《中美青岛海军基地秘密协定》(1947年1月)等等。通过签订这些条约协定,美国确立了在华的优越地位。为了保护其利益,它也就更加关注中国的局势。

针对这些条约,中共中央于1947年2月1日发表声明:"对于一九四六年一月十日以后,由国民党政府单独成立的一切对外借款,一切丧权辱国条约及一切其他上述的协定、谅解,与今后未经政治协商会议通过或未经征得本党和其他参加政治协商会议各党派同意的一切同类外交谈判,本党在现在和将来均不承认,并决不担负任何义务。"②

----

① 王铁崖:《中外旧约章汇编》第三册,第1429—1451页。
② 复旦大学历史系中国近代史教研组:《中国近代对外关系史资料选辑(1840—1949)》下卷第二分册,第424—425页。

4. 争取美国的经援军援

抗战胜利后,为了扶植一个亲美的政府,美国向国民党政府提供了大量的援助,即使是在马歇尔调处期间,美国政府仍以多种形式向国民党政府提供援助。1946年4月29日,美国与国民政府签署美派驻华军事顾问团协议。5月,美方同意贷款1500万美元。6月14日,美蒋又签订5170万美元的信贷协定。到1946年6月底为止,美国在战后对华援助额已达到7.81亿美元,其中部分用于转运国民党军队和训练其军事人员。8月31日,美国还不顾中共方面的反对,与国民党政府签订了《中美剩余战时财产出售协定》,把原价值近8亿美元的战时剩余物资以1.75亿美元廉价转让。

1946年6月22日,中共中央主席毛泽东发表《关于反对美国军事援蒋法案的声明》,指出援蒋法案"对中国的和平安定与独立民主有极为不利的影响,因此中国共产党坚决反对此项法"。毛泽东代表中国共产党进一步指出:"美国实行所谓军事援助,实际上只是武装干涉中国内政,只是以强力支持国民党独裁政府继续陷中国于内战、分裂、混乱、恐怖和贫困,只是使中国不能实现整军复员和履行其对于联合国的义务,只是危害中国国家安全独立与领土主权完整,只是破坏中美两大民族的光荣友谊与中美贸易的发展前途。……在此种现实情况之下,中国共产党不得不坚决反对美国政府继续以出售、交换、租借、赠送或让渡等方式将军火交给中国的国民党独裁政府,坚决反对美国派遣军事使团来华,并坚决要求美国立即停止与收回对华的一切所谓军事援助,和立即撤回在华的美国军队。"①

进入1947年下半年,中国国内形势发生了新的变化。由中共各部队组建成的中国人民解放军从防御转入进攻,取得节节胜利。10月10日,解放军总部发表宣言,号召"打倒蒋介石,解放全中国"。相比之下,国民党政府却处境艰难,军队败退,财政恶化。国民党官员不断地向美国方面求援。早在1947年1—2月间,行政院长宋子文多次向美国驻华大使司徒雷登说明财政困难,提请美国注意事态发展的结果,称"唯有美国给予某种具体的援助和支持才能稳定经济形势并改善政治局面"②。他还以备忘录形式,请求美国贷款1.5亿美元。3月底,国民政府外交部长要求美国提供1亿发步枪子弹。4月中旬,蒋介石按照美国的要求改组政府,拉一些小党派的人士装潢门面充民主。

---

① 《中共中央文件选集》第16册,中共中央党校出版社1992年版,第208—209页。
② 陶文钊:《中美关系史:1911—2000》上卷,上海人民出版社2004年版,第325页。

然后,他令驻美大使顾维钧向马歇尔国务卿提出贷款10亿美元。与此同时,司徒雷登接连报告军事、经济、政治各方面的情况都对蒋介石不利,他预计几个月内东北就会落入共产党之手。一些美国政客因此激烈地批评政府的对华政策。由在华有重大利益和亲蒋的美国人组成的院外援华集团也积极活动,要求政府改变政策,全力支持国民党。

马歇尔离开中国才几个月,中国的形势竟然发生了如此大的变化,这出乎杜鲁门和马歇尔的预料。5月26日,美国取消对国民党政府的武器禁运,并批准出售1.3亿发子弹,不久美国又批准交付若干运输机。

7月9日,美国政府决定派魏德迈访华,对中国形势和美国可能采取的措施做一调查。魏德迈率领经济、兵工、政治、军事等方面的专家于7月22日至8月24日访问了中国。他在华期间从北到南访问了十几个城市,不仅会见了蒋介石,还听取了张群等一批高级官员的报告,又同中国工商界等各方面的人士座谈。在华期间,魏德迈公开地尖锐批评国民党政府,要求它进行广泛改革。9月19日,魏德迈向杜鲁门递交了一份长篇报告。他指出国民党"反动的领导、高压和腐败已使政府失去人心",经济"正在崩溃与瓦解之中","目前军事局势有利于共军"。他建议美国向蒋介石提供经济和军事援助,否则,"一个中国共产党统治下的中国,对美国利益是有害的"①。

10月27日,中美签订《关于美国救济援助中国人民之协定》,美国承诺将提供2700万美元的救济。此后,美国陆续又出售了几批军事物资。1948年2月18日,杜鲁门向国会提出拨款5.7亿美元的经济援助方案。20日,马歇尔在参众两院外委会上说明:美国政府"极愿帮助中国政府",已经给了大批援助,但由于国民党不争气,结果"现在已经处于极端劣势的地位"②。经过国会讨论,《援华法》作为1948年《援外法》的一部分于4月2日通过,3日杜鲁门签字批准,援助金额为4.63亿美元。6月,众院拨款委员会把援助总额减为4亿美元。为了实施《援华法》,国民政府7月3日与美国订立了《关于经济援助之协定》。美国给予中国的援助中有一部分用于购买军火。

第四节　新旧对外政策的交替

尽管得到了来自美国的支持,但日益腐败的国民党还是越来越得不到国

---

① 《中美关系资料汇编》第一辑,第770—783页。
② 陶文钊:《中美关系史:1911—2000》上卷,上海人民出版社2004年版,第334页。

内人民的支持。在国共战场上,国民党的败局越来越明显。面对这样的情况,美国出于种种考虑,开始从中国撤出。

1. 南京政府反共外交政策的失败

1948年7月到1949年9月,国共双方进行了辽沈战役、淮海战役和平津战役三大决战。1948年11月,人民解放军已经取得辽沈战役的胜利,整个东北地区处于人民解放军的控制之下。11月16日,美国在华军事顾问团团长巴大维将军在给陆军部的一份报告中表示对国民党政府彻底失望:"自从我到职以来,没有一次战役是因为缺乏弹药或装备而失败的。据我看来,他们的军事崩溃,完全可以归因于世界上最拙劣的领导,以及其他许多足以破坏士气的因素,这些因素引起了战斗意志的完全丧失。""蒋委员长已经丧失了他在政治上的和他的群众的支持。他企图把政府迁往他处而继续维持,至于全国人民是否拥护,不得而知。相信这种迁移,仅仅足以延长战争的结束,无论政府迁往哪里,共军终究将压倒政府。纵令有美国的援助,在政府能予足量的新军以训练、装备而开赴前线以挽救危局以前,共军即将压倒政府。为了这个理由,除非美国的全面军事支援,包括派遣美国军队使政府处于一个新的地位在内,而我并不赞同派遣美国军队,因此我建议依照原定计划,撤回美国联合军事顾问团。"

走投无路的蒋介石和其他高级官员以共同反共为由,呼吁西方各国的援助。11月9日,他亲函杜鲁门要求迅速增加军援,请美国顾问参加指挥作战。宋美龄于11月21日向美国发表广播讲话,请求援助;一周后更是直接赴美进行活动。1949年1月,李宗仁上台后要求美国贷款10亿美元,至少5亿美元来帮助他抵御共产党军队的进攻。但是这些活动都没有引起美国政府的积极反应。

美国政府已经开始重新考虑它的对华政策。1948年11月26日,马歇尔在内阁会议上讲:"中国的国民党政府正在退出历史舞台,无论我们做什么都救不了它了。"[①]1949年1月12日,美国政府拒绝再次充当国共之间的调解人。26日,美国正式宣布停止训练国民党军队,随之撤回美国军事顾问团。1月22日,艾奇逊接任美国国务卿。2月24日,艾奇逊会见一批议员。当他谈到中国事态时,他说:当森林中有一棵大树倒下,在飞扬的尘埃落定以前,人

---

① 陶文钊:《中美关系史:1911—2000》上卷,上海人民出版社2004年版,第337页。

们无法看清破坏的程度。① 艾奇逊的对华政策随即被描述为"等待尘埃落定"。不久,一些议员建议向国民党政府提供新的援助,3月15日艾奇逊写信给参院外委会主席康纳利说:"美国的巨额援助肯定会被浪费掉,指导中国政府军事行动的打算将毫无效果,而美国将可能被导致直接介入中国的内战","这种援助的结果肯定是一场灾难"。② 这时,美国最关切的问题已经转为新中国政府将同苏联保持什么关系,但没有形成明确的政策。

为了取得国际支持,1949年7月,蒋介石以国民党总裁的身份访问菲律宾,与菲律宾总统季里诺会谈后发表联合声明,称:"鉴于远东国家之自由与独立,现正遭受共产势力之严重威胁","远东国家应即成立联盟,加强合作与互助,以反抗并消除此种威胁",建议"凡准备参加远东联盟之国家,应即派遣有全权之代表,组成筹备会议以制定本联盟之具体组织"③。同年8月,蒋介石访问韩国,此行"不仅商谈有关中韩两国当前重要诸务,并将讨论远东各国筹组反共联盟问题"。8月8日,与韩国总统李承晚于镇海发表联合声明,再说声称:"国际共产主义之威胁,必须予以消灭。"然而,对于蒋介石建立"太平洋反共联盟"的建议,亚洲各国和者盖寡,应者寥寥。

国民党政权的败局已定。1949年12月7日,国民党政权辗转于广州和重庆后,败逃台湾,其作为中国政府的外交活动也就此完结。

2. 中共对外政策的形成

中国共产党自1921年成立之后,便不断地针对国际形势和中国对外关系提出自己的主张,但直到1935年在延安比较稳定地建立了自己的根据地之后,它才能够作为一个政权实体具体实施对外政策。1935年12月,中共中央提出,党的对外政策主张应是"建设于不放弃一切可能争取反对日本帝国主义和中国卖国贼的胜利的基础之上,同一切和日本帝国主义及其走狗卖国贼相反对的国家,党派,甚至个人,进行必要的谅解,妥协,建立国交,订立同盟条约等等的交涉"④。1936年起,中共领导人陆续热情地接待了美国记者斯诺等外国记者访问延安,把抗日根据地的情况介绍给世界。埃德加·斯诺于1937年出版的《西行漫记》(又名《红星照耀中国》),可谓影响一时。抗日战

---

① 陶文钊:《中美关系史:1911—2000》上卷,第339页。
② 同上。
③ 石源华:《中华民国外交史》,第714页。
④ 《中共中央文件选集》第10册,中共中央党校出版社1991年版,第616—617页。

争爆发后,中共提出立刻同苏联结成军事同盟,争取英美法同情的政策。中共向各国共产党和人民发出呼吁,并得到积极的响应。1940年12月,毛泽东在题为《论政策》的党内指示中,提出党的对外政策原则是"利用矛盾,争取多数,反对少数,各个击破",并具体地指出要区分作为侵略者的日德与反对这种侵略的英美。太平洋战争的爆发使中国共产党有机会与英美政府建立联系。中共驻重庆的八路军办事处利用各种场合接近美国驻华军政人员和新闻记者,力图通过他们更多地宣传中国共产党的政策主张,并进而影响美国的对华政策。1944年,中共欢迎以包瑞德上校为首的美国军事观察组对延安和其他根据地的访问。为此,中共中央在8月18日发布了《中央关于外交工作指示》,指出:"应把这看作是我们在国际间统一战线的开展,是我们外交工作的开始。"①11月,美国总统特使赫尔利访问延安,开始谈判解决中国内部两党和解问题。中共希望由美国迫使国民党同意建立联合政府,但由于赫尔利的扶蒋政策,这次努力未有结果。

抗战结束后,中共一方面利用苏联的有限支持,派大批军队进入东北地区,扩大解放区;另一方面避免同美军发生冲突,防止同美国对抗。中共欢迎马歇尔调处国共争端,以迅速同国民党达成停战协议的方式来支持他的工作。然而,由于美苏两国冷战格局的逐渐形成,美国在中国内战中越来越偏袒国民党。毛泽东在1946年8月同美国记者斯特朗的谈话中提出了"中间地带"理论,即战后世界的基本形势是美国到处侵略,而"中间地带"的国家和人民展开反对美国侵略和扩张的斗争。根据这一判断,他提出了建立世界反美统一战线。1947年10月10日,中国共产党发表了《人民解放宣言》,提出了"打倒蒋介石,解放全中国"的口号,宣布了中国人民解放军的同时也是中国共产党的八项基本政策。这预示着中国历史正在发生重大的转折,因为中国共产党在宣言中已否认国民党政府代表中国的合法地位,决心建立新型的民主政府取而代之。1947年12月,中共中央接受世界已划分为两大阵营和苏联是和平民主阵营的领导者的观点。中共强烈谴责美国对国民党的支持,同国民党展开坚决的军事斗争。

在人民的支持下,中共在内战中取得节节胜利。1949年4月21日,人民解放军渡过长江,一举解放南京。随后,华东和中南等地也都相继解放。国民党政府退往广州时,要求各国使馆也从南京迁走,但美国使馆的一部分人却留了下来,美国驻华大使司徒雷登根据艾奇逊的指示打算同新政权进行接

---

① 《中共中央文件选集》第14册,中共中央党校出版社1992年版,第314页。

触。5月13日,艾奇逊就承认新政府问题向司徒雷登提出三条原则:"(甲)该政府事实上控制了该国领土和行政机构,包括维持公共秩序;(乙)该政府有能力并愿意履行其国际义务;(丙)其掌权得到国内人民普遍接受。"①他还询问是否承认新政府会使共产党对美国的在华权利和财产采取合理的态度,并为保护美国利益带来最大的希望。艾奇逊特别强调履行国际义务这一点对于给予承认的关键作用。

中国共产党在准备建立新政权时也制定了外交政策。1949年春夏之间,毛泽东先后提出了"另起炉灶"、"打扫干净屋子再请客"和"一边倒"的方针。3月,毛泽东在中共七届二中全会上讲话中一方面表示"愿意按照平等原则同一切国家建立外交关系",另一方面强调敌视中国人民的帝国主义只要一天不改变态度,"我们就一天不给帝国主义国家在中国以合法的地位"。但中共认为美国不会很快改变其反共政策,因此决定与美国建交的问题"不但现在不应急于去解决,而且就是在全国胜利以后的一个相当时期内也不必急于去解决"。② 同时,毛泽东在4月28日给总前委和华东野战军负责人的电报中也指出:"如果美国及英国能断绝和国民党的关系,我们可以考虑和它们建立外交关系。"③6月底,毛泽东又在《论人民民主专政》一文中公开宣布,积几十年的经验,新中国将倒向社会主义一边。他说:"我们在国际上是属于以苏联为首的反帝国主义战线一方面的,真正的友谊的援助只能向这一方面去找,而不能向帝国主义战线一方面去找。"④"一边倒"的原则一方面反映了新中国领导人担心帝国主义不甘心在中国的失败,有可能对中国进行武装干涉,因此中国需要从社会主义阵营一方面寻求支持和援助;另一方面就是要旗帜鲜明地表明中国的政治态度,使帝国主义国家不要再对新中国的性质存有任何幻想。

南京解放以后,担任军管会外事处长的黄华根据中共中央的指示,在五六月间几次会见司徒雷登。黄华要求美国政府断绝同国民党政府的关系,停止对其援助,并撤退在华的武装部队,以表明美国放弃了干涉政策,这样中美之间才能建立起新关系。中共方面还曾同意司徒雷登以私人身份来北平访问。司徒雷登接到邀请后,报告了国务院。他认为这是绝无仅有的机会,有利于同中共改善关系。然而,杜鲁门政府没有批准这项访问。7月1日,艾奇

---

① United States Department of State, *Foreign Relations of the United States*, 1949, Volume IX, *The Far East: China*, U. S. Government Printing Office, Washington, 1974, p. 22.
② 《毛泽东选集》第四卷,人民出版社1991年版,第1435页。
③ 《毛泽东外交文选》,中央文献出版社、世界知识出版社1994年版,第83页。
④ 《毛泽东选集》第四卷,第1475页。

逊指示说:在任何情况下都不得访问北平。美国政策的变化可以从《论人民民主专政》一文发表后司徒雷登的报告中得到解释。他说:"应该感谢毛泽东,他空前清楚地说明了最高领导的立场,不必再从字里行间来寻找他们实际执行的和公开申明的政策之间有何不同。"①美国意识到新中国倒向苏联一边是不可阻挡的。

由于美国政府的态度变化,司徒雷登再逗留下去就没有意义了。他于8月2日离开南京回国。就在司徒雷登返国途中,8月5日,美国国务院发表长达1千多页的《美国与中国的关系》白皮书,并附有7月30日艾奇逊为发表白皮书写给杜鲁门的信。白皮书叙述了从1844年中美签订《望厦条约》至1949年中国全国基本解放这百余年的美中关系,特别评述了从抗战以来美国对华政策的制定和结局。白皮书总结了内战期间美国给予国民党政府的援助,它们包括:"中国战场美军总部在计划重新展开中国陆军及遣返日军上所给予的援助;驻华北陆战队在占领重要地区并为政府控制重要交通线上所给予的援助以及顾问团所提供的援助。除了这些形式的援助而外,美国政府自对日战争胜利日以来,已批准给予中国政府以总额约达十亿美元的赠予及贷款形式的军事援助。在此同一时期内,另外还批准了十亿美元的经济援助。自然,经济援助不可避免地是有间接的军事价值的。"②尽管如此,国民党政权还是垮台了。艾奇逊坦率地承认:"不幸的但亦无法逃避的事实,是中国内战的不幸结果为美国政府控制所不及。美国在其能力的合理限度之内所曾经做或能够做的,都不能改变这个结果。美国所未做的,对于这个结果也没有影响。这是中国内部势力的产物,这些势力美国也曾试图加以影响,但不能有效。中国国内已经达到了一种定局,纵令这是未尽职责的结果,但仍然已成定局。"③

就发表白皮书一事,中共方面通过新华社从8月12日起连续发表评论文章,指出这是美国侵略中国的自供状,为中国人提供了一本绝好的反面教材。其中,18日毛泽东亲自写的《别了,司徒雷登》一文,谴责"美国出钱出枪,蒋介石出人,替美国打仗杀中国人,'毁灭共产党',变中国为美国的殖民地,完成美国的'国际责任',实现'对华友好的传统政策'",但这个政策失败了,司徒雷登"是美国侵略政策彻底失败的象征"。④

---

① United States Department of State, *Foreign Relations of the United States, 1949, Volume Ⅷ, The Far East: China*, U. S. Government Printing Office, Washington, 1978, pp. 405—407.
② 《中美关系资料汇编》第一辑,第394页。
③ 熊志勇、苏浩、陈涛:《中国近现代外交史资料选辑》,第360页。
④ 《毛泽东选集》第四卷,第1494、1491页。

1949年10月1日,中华人民共和国宣告成立。半殖民地半封建的旧中国外交时代终于结束了。

小　　结

抗日战争结束后,中国积极与盟国合作,接受日本投降,处理战争所造成的各种问题。同时,中国也积极参与到各项国际事务当中去,以一个独立大国的身份,与更多的国家发展更加广泛和合理的外交关系。中国人民以数年艰苦抗战为自己争取到了国际地位的提高,中国本可以在此时期取得更大的外交成果,但由于国民党坚持其独裁统治,工作重心始终放在如何消灭共产党上,其争取日本的配合以及寻求美国支持的外交,都是为此目标而服务的。然而,国民党自身的各种问题已经使它越来越多地失去了国内民众的支持,其统治基础不断被削弱,也破坏了中国在国际社会上发挥更大作用的机会。尽管得到了来自美国的援助,国民党依然无法取得内战的胜利,其在中国大陆的统治迅速崩溃。相比之下,中国共产党在长期的斗争中积累了经验,形成了广泛的群众支持基础,从而登上执政的舞台。新生的中国共产党政权坚持独立自主的外交方针,虽然曾与美国有所接触,但在当时的国内外形势下,中国最终选择了依靠苏联、与美国对抗的外交道路。

思考题

1. 结合抗日战争以来的史实简述中国成为联合国创始国的历程。
2. 试析国民政府对日"以德报怨"的政策。
3. 马歇尔调处失败的原因是什么?
4. 分析1945年以后中国共产党的对美政策。

参考书目

田桓主编:《战后中日关系文献集(1945—1970)》,中国社会科学出版社1996年版。
牛军:《从赫尔利到马歇尔——美国调处国共冲突始末》,东方出版社2009年版。
牛军:《从延安走向世界——中国共产党对外关系的起源》,中共党史出版社2008年版。
资中筠:《美国对华政策的缘起和发展(1945—1950)》,重庆出版社1987年版。

参考书目

一、通史

〔美〕马士:《中华帝国对外关系史》,上海书店出版社 2000 年版。
程道德:《近代中国外交与国际法》,现代出版社 1993 年版。
李兆祥:《近代中国的外交转型研究》,中国社会科学出版社 2008 年版。
刘培华:《近代中外关系史》,中华书局 1986 年版。
石源华:《中华民国外交史》,上海人民出版社 1994 年版。
石源华:《中外关系三百题》,上海科技教育出版社 1991 年版。
苏浩:《百年中国大事要览·外交卷》,党建读物出版社 2002 年版。
唐培吉:《中国近现代对外关系史》,高等教育出版社 1994 年版。
王立诚:《中国近代外交制度史》,甘肃人民出版社 1991 年版。
吴东之:《中国外交史:中华民国时期(1911—1949)》,河南人民出版社 1990 年版。
杨公素:《中华民国外交简史》,商务印书馆 1997 年版。
张历历:《20 世纪的中国·对外关系卷》,甘肃人民出版社 2000 年版。
张圻福:《中华民国外交史纲》,人民日报出版社 1995 年版。
洪均培:《国民政府外交史》,华通书局 1930 年版。
刘彦:《中国外交史》,台北:三民书局 1979 年版。

二、国别关系

东亚三国的近现代史共同编写委员会:《东亚三国的近现代史》,社会科学文献出版社 2005 年版。
高鸿志:《近代中英关系史》,四川人民出版社 2001 年版。

黄国安:《中越关系史简编》,广西人民出版社 1986 年版。

蒋非非等:《中韩关系史》,社会科学文献出版社 1998 年版。

骆晓会:《近代中苏关系史述论(1917—1949)》,延边人民出版社 2001 年版。

潘琪昌:《百年中德关系》,世界知识出版社 2006 年版。

萨本仁、潘兴明:《20 世纪的中英关系》,上海人民出版社 1996 年版。

沈志华主编:《中苏关系史纲——1917—1991 年中苏关系若干问题再探讨》,社会科学文献出版社 2011 年版。

陶文钊:《中美关系史(1911—1950)》,重庆出版社 1994 年版。

王宏纬:《喜马拉雅山情绪:中印关系研究》,中国藏学出版社 1998 年版。

王为民:《百年中英关系》,世界知识出版社 2006 年版。

王希隆:《中俄关系史略:1917 年前》,甘肃文化出版社 1995 年版。

王晓秋:《近代中日关系史研究》,中国社会科学出版社 1997 年版。

吴景平:《从胶澳被占到科尔访华:中德关系(1861—1992)》,福建人民出版社 1993 年版。

鲜于浩、田永秀:《近代中法关系史稿》,西南交通大学出版社 2003 年版。

项立岭:《中美关系史全编》,华东师范大学出版社 2002 年版。

熊志勇:《百年中美关系》,世界知识出版社 2006 年版。

熊志勇:《中国与美国——迈向新世纪的回顾》,河南人民出版社 1999 年版。

徐晓亚:《百年中法关系》,世界知识出版社 2006 年版。

薛衔天:《民国时期中苏关系史(1917—1949)》,中共党史出版社 2009 年版。

杨闯、高飞、冯玉军:《百年中俄关系》,世界知识出版社 2006 年版。

杨考臣:《中日关系史纲》,上海外语教育出版社 1987 年版。

杨元华:《从黄埔条约到巴拉迪尔访华:中法关系(1844—1994)》,福建人民出版社 1995 年版。

张历历:《百年中日关系》,世界知识出版社 2006 年版。

周卫平:《百年中印关系》,世界知识出版社 2006 年版。

朱宗玉:《从香港割让到女王访华:中英关系 1840—1986》,福建人民出版社 1990 年版。